Wie heißt... auf deutsch ?

Vocabulaire allemand - français

Recueil d'expressions indispensables à la communication

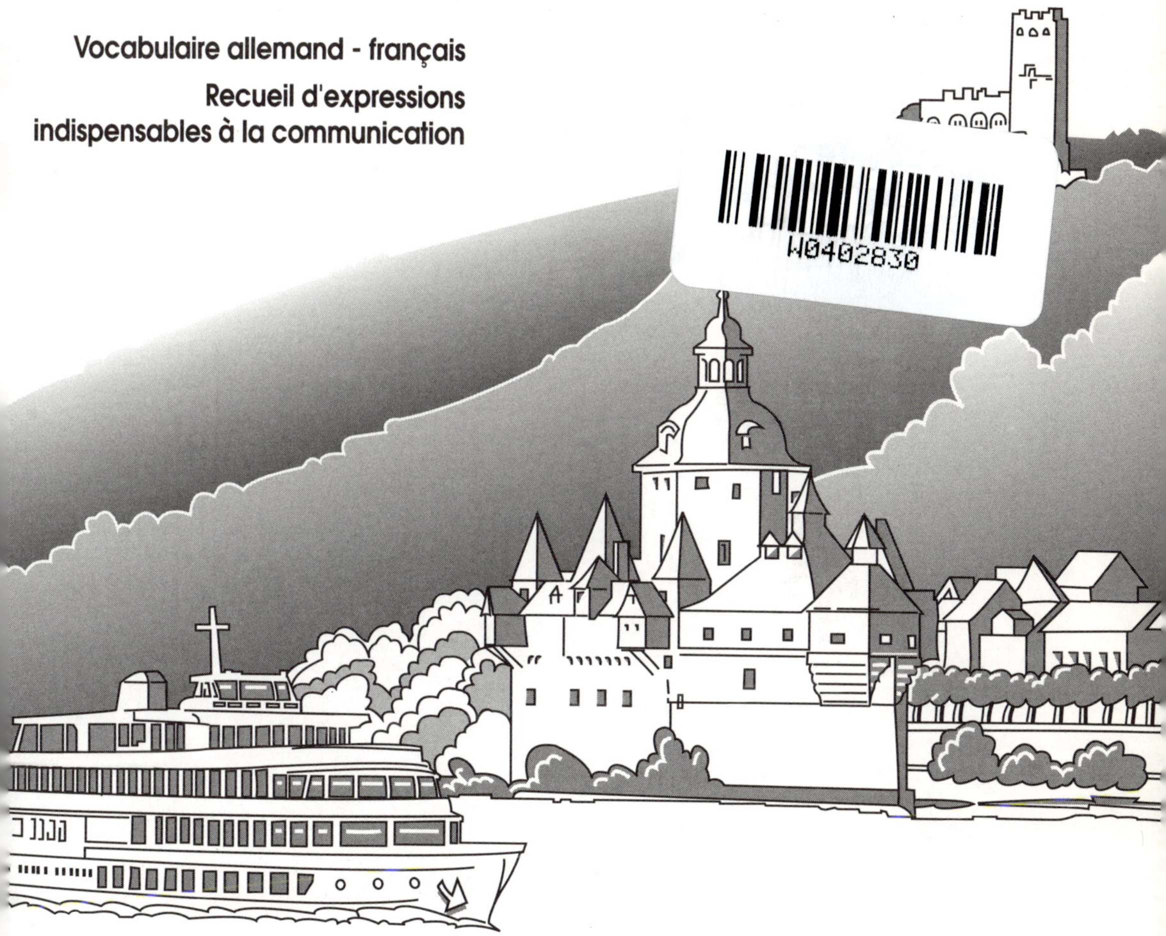

R.BUNK

Y.DEBANS

AVANT-PROPOS

« **Wie heißt ... auf deutsch ?** » est un vocabulaire complet de l'allemand d'aujourd'hui, qui s'adresse aux élèves des lycées, et aux étudiants du premier cycle.
Il reprend systématiquement les acquis lexicaux du collège, et les complète par des thèmes de civilisation et de littérature tels qu'ils sont abordés au lycée, notamment en classe terminale et au-delà : relations humaines, problèmes sociaux, protection de l'environnement...

Mais « **Wie heißt ... auf deutsch ?** » n'est pas un simple recueil de mots : aussi souvent que possible, ceux-ci sont présentés en contexte, afin de mettre en évidence leur fonctionnement et de faciliter ainsi leur emploi.

Un chapitre spécial, consacré au commentaire de texte et de document iconographique, fournira aux élèves les outils linguistiques qui leur permettront de s'exprimer de manière claire, complète et personnelle.

La partie notionnelle-fonctionnelle, en offrant un éventail de possibilités d'exprimer une même intention de communication (la joie, la déception, l'approbation...) aidera l'apprenant à préciser, à nuancer, son expression, à l'adapter au mieux à la situation orale ou écrite.

Nous espérons vous apporter une aide réelle et efficace lors de vos contacts avec le monde germanique, et vous remercions des suggestions ou remarques qui pourraient contribuer à améliorer la qualité de cet ouvrage.

LES AUTEURS

SOMMAIRE

I VOCABULAIRE

a) ***Classement par chapitre***

b) Classement par ordre alphabétique

II DIFFICULTES

III NOTIONS ET FONCTIONS

illustrations intérieures : DELIUS

ISBN : 2-903891-20-6

DER MENSCHLICHE KÖRPER
LE CORPS HUMAIN

der Mensch (en,en)	l'homme, l'être humain
der Mann (¨er)	l'homme
die Frau (en)	la femme
das Kind (er)	l'enfant
der Junge (n,n)/ der Bube (n,n) (süddt.)/ der Knabe (n,n) (lit.)/ der Bursche (n,n)	le garçon
das Mädchen (-)	la fille
der Jugendliche/ein Jugendlicher	l'adolescent
der Erwachsene/ein Erwachsener	l'adulte
der Greis (e)	le vieillard
menschlich	humain
männlich	masculin
weiblich	féminin
kindlich	enfantin
kindisch	puéril

DER KOPF (¨e) : *LA TETE*

das Gesicht (er)	le visage
die Stirn (en)	le front
die Schläfe (n)	la tempe
das Auge (n)	l'œil
die Pupille (n)	la pupille
das Lid (er)	la paupière
die Wimper (n)	le cil
die Augenbraue (n)	le sourcil
die Backe (n)/die Wange (n)	la joue
die Nase (n)	le nez
das Nasenloch (¨er)	la narine
das Kinn (e)	le menton
der Mund (¨er)	la bouche
die Lippe (n)	la lèvre
die Oberlippe (n)	la lèvre supérieure
die Unterlippe (n)	la lèvre inférieure
die Zunge (n)	la langue
das Gebiß (sse)	la dentition, le dentier
der Zahn (¨e)	la dent
der Backenzahn (¨e)	la molaire
der Schneidezahn (¨e)	l'incisive
der Milchzahn (¨e)	la dent de lait
der Weisheitszahn (¨e)	la dent de sagesse
der Kiefer (-)	la mâchoire
die Spucke/der Speichel	la salive
das Zahnfleisch	la gencive
der Gaumen (-)	le palais
die Mandel (n)	l'amygdale
das Ohr (en)	l'oreille
das Ohrläppchen (-)	le lobe de l'oreille
das Trommelfell (e)	le tympan
die Kehle (n)	la gorge
der Hals (¨e)	le cou
der Nacken (-)	la nuque
niesen	éternuer
beißen (i,i)	mordre
kauen	mâcher

DAS AUSSEHEN (GESICHT) : *LA PHYSIONOMIE*

der Bart (¨e)	la barbe
der Schnurrbart (¨e)	la moustache
das Grübchen (-)	la fossette
die Sommersprosse (n)	la tache de rousseur
die Falte (n)	la ride
faltig	ridé
eine hohe Stirn	un front haut
eine niedrige Stirn	un front bas
die Stirn runzeln	froncer les sourcils
die Haut	la peau
eine geschmeidige Haut haben	avoir la peau douce
die unreine Haut	la peau impure
glatt	lisse
blaß	pâle
bleich	blême, blafard
der Pickel (-)	le bouton
pickelig	couvert de boutons
gut/schlecht aussehen	avoir bonne/ mauvaise mine
ein frisches Aussehen haben	avoir le teint frais
gesund aussehen	avoir l'air en bonne santé
der Gesichtszug (¨e)	le trait du visage
grobe Gesichtszüge	des traits grossiers
feine Gesichtszüge	des traits délicats
die Gesichtsfarbe	le teint
ein vorspringendes Kinn haben	avoir le menton saillant
ein fliehendes Kinn	un menton fuyant
spitz	pointu
eine krumme Nase	un nez de travers
die Hakennase (n)	le nez crochu
die Stupsnase (n)	le nez retroussé
die Augenfarbe (n)	la couleur des yeux
braune Augen haben	avoir les yeux marron
blauäugig	aux yeux bleus
Schlitzaugen haben	avoir les yeux bridés
schlitzäugig	qui a les yeux bridés
schmale Lippen haben	avoir les lèvres fines
wulstige Lippen	des lèvres épaisses
die Narbe (n)	la cicatrice
die Zahnlücke (n)	le creux entre les dents
vorstehende Zähne haben	avoir les dents qui avancent
die Schönheit	la beauté
der Gesichtsausdruck	l'expression du visage/l'air
ein langes Gesicht machen	faire grise mine
ein finsteres Gesicht haben	avoir l'air sombre
ein trauriges Gesicht machen	faire triste mine
übers ganze Gesicht strahlen	rayonner
ein freundliches Gesicht	un visage aimable
böse	méchant
ein böser Blick	un regard méchant

DAS HAAR (e) : *LE CHEVEU*

blondes Haar haben	avoir les cheveux blonds
braune Haare haben	avoir les cheveux châtains
rothaarig	aux cheveux roux/rouquin
graue Haare bekommen	commencer à grisonner
dünnes Haar haben	avoir le cheveu peu fourni
langhaarig	aux cheveux longs
das Haar kurz tragen	avoir les cheveux courts
glatt	lisse
kraus	crépu
struppiges Haar haben	avoir les cheveux ébouriffés
die Locke (n)	la boucle
gewelltes Haar haben	avoir les cheveux ondulés
eine Glatze haben	être chauve
fette Haare haben	avoir les cheveux gras
trockne Haare haben	avoir les cheveux secs
spröde	desséché
die Schuppen	les pellicules
der Haarausfall	la chute des cheveux
unter Haarausfall leiden (i,i)	avoir les cheveux qui tombent
Ihm fallen die Haare aus.	Il perd ses cheveux.
nachwachsen (u,a,ä) (sein)	repousser

DAS GESICHT	
Er ist seinem Vater wie aus dem Gesicht geschnitten.	Il est tout le portrait de son père.
Er lachte mir ins Gesicht.	Il me rit au nez.
das Gesicht verlieren	perdre la face
ein Gesicht wie drei Tage Regenwetter machen	faire une tête d'enterrement
DER KOPF	
sich etwas durch den Kopf gehen lassen	réfléchir à qc
den Kopf verlieren (o,o)	perdre la tête
sich den Kopf über etwas (Akk.) zerbrechen (a,o,i)	se casser la tête sur qc
seinen Kopf durchsetzen	parvenir à ses fins
sich etwas (Akk.) aus dem Kopf schlagen (u,a,ä)	s'ôter qc de la tête
nicht auf den Kopf gefallen sein	ne pas être tombé sur la tête
DAS AUGE	
ein Auge zudrücken	fermer les yeux (sur qc)
der Gefahr ins Auge sehen (a,e,ie)	regarder le danger en face
Ringe um die Augen haben	avoir des cernes sous les yeux
Aus den Augen, aus dem Sinn.	Loin des yeux, loin du cœur.
soweit das Auge reicht	à perte de vue
Ich traute meinen Augen nicht.	Je n'en croyais pas mes yeux.
Das schadet den Augen.	C'est mauvais pour les yeux.
Ihr stehen die Tränen in den Augen.	Elle a les larmes aux yeux.
DAS OHR	
die Ohren spitzen	tendre l'oreille
jn übers Ohr hauen	escroquer, duper qn
Ich bin ganz Ohr.	Je suis tout ouïe.
bis über die Ohren in Schulden stecken	être criblé de dettes
nur mit halbem Ohr zuhören	n'écouter que d'une oreille
DIE NASE	
sich die Nase putzen	se moucher
jn an der Nase herumführen	mener qn par le bout du nez
die Nase voll haben	en avoir par-dessus la tête
eine verstopfte Nase haben	avoir le nez bouché
Mir läuft die Nase.	Mon nez coule.
die Nase in alles stecken	fourrer son nez partout
DER MUND	
Sie ist nicht auf den Mund gefallen.	Elle n'a pas la langue dans sa poche.
Sie nimmt sich kein Blatt vor den Mund.	Elle ne mâche pas ses mots.
die Mund-zu-Mund Beatmung	le bouche-à-bouche
Er hält lieber den Mund.	Il préfère se taire.
DIE LIPPE	
sich auf die Lippen beißen (i,i)	se mordre les lèvres
Sie bringt kein Wort über die Lippen.	Elle reste bouche cousue.
DIE ZUNGE	
jm die Zunge herausstrecken	tirer la langue à qn
Ich habe mich auf die Zunge gebissen.	Je me suis mordu la langue.
eine böse Zunge haben	être une mauvaise langue
Es liegt mir auf der Zunge.	Je l'ai sur le bout de la langue.

DER ZAHN

Zähne bekommen (a,o)	faire ses dents
mit den Zähnen klappern/knirschen	claquer/grincer des dents
bis auf die Zähne bewaffnet sein	être armé jusqu'aux dents

DER HALS

aus vollem Halse lachen	rire à gorge déployée
Hals über Kopf	en toute hâte
Hals- und Beinbruch !	Bonne chance !
jm um den Hals fallen (ie,a,ä)(sein)	se jeter au cou de qn

DAS HAAR

um ein Haar	pour un peu
Das ist doch an den Haaren herbeigezogen.	C'est tiré par les cheveux.

DIE WIMPER

Ohne mit der Wimper zu zucken	sans sourciller

DER RUMPF : *LE TRONC*

der Knochen (-)	l'os
das Knochengerüst/ das Skelett	le squelette
das Knochenmark	la moëlle osseuse
die Wirbelsäule	la colonne vertébrale
der Wirbel (-)	la vertèbre
die Bandscheibe (-)	le disque inter-vertébral
der Rücken	le dos
das Rückenmark	la moëlle épinière
das Becken (-)	le bassin
die Rippe (n)	la côte
der Brustkorb	la cage thoracique/la poitrine
die Brust (¨e)	la poitrine/le sein
der Busen (-)	les seins
die Schulter (n)	l'épaule
das Schulterblatt (¨er)	l'omoplate
das Schlüsselbein (e)	la clavicule
die Hüfte (n)	la hanche
die Taille	la taille
der Bauch (¨e)	le ventre
das Becken (-)	le bassin

DIE GLIEDMAßEN : *LES MEMBRES*

die Gliedmaße (n)	le membre
das Glied (er)	le membre
das Bein (e)	la jambe
der Oberschenkel(-)	la cuisse
der Oberschenkel-hals (¨e)	le col du fémur
das Knie (-)	le genou
die Kniescheibe (n)	la rotule
das Schienbein (e)	le tibia
die Wade (n)	le mollet
der Knöchel (-)	la cheville
der Fuß (¨e)	le pied
die Ferse (n)	le talon
die Fußsohle (n)	la plante du pied
die Zehe (n)	l'orteil
die Sehne (n)	le tendon
die Achillessehne (n)	le tendon d'Achille
der Muskel (n)	le muscle
das Gelenk (e)	l'articulation
der Arm (e)	le bras
die Achsel (n)	l'aisselle
die Achselhöhle (n)	le creux de l'aisselle
der Unterarm (e)	l'avant-bras
der Ellbogen (-)	le coude
das Handgelenk (e)	le poignet
die Hand (¨e)	la main
die Faust (¨e)	le poing
der Finger (-)	le doigt
der Daumen (-)	le pouce
der Zeigefinger (-)	l'index
der Mittelfinger (-)	le majeur
der Ringfinger (-)	l'annulaire
der kleine Finger	le petit doigt
der Fingernagel (¨)	l'ongle
schwitzen	transpirer
der Schweiß	la transpiration/la sueur
nach Schweiß riechen (o,o)	sentir la transpiration
an den Nägeln kauen	se ronger les ongles
am Daumen lutschen	sucer son pouce
die Daumen drehen	se tourner les pouces

DIE ORGANE : *LES ORGANES*

das Organ (e)	l'organe
das Herz (ens,en)	le cœur
die Herzkammer (n)	le ventricule
die Herzklappe (n)	la valvule du cœur
schlagen (u,a,ä)/ klopfen	battre
das Blut	le sang
das Blutgefäß (e)	le vaisseau sanguin
der Blutkreislauf	la circulation sanguine
die Ader (n)	l'artère
die Schlagader (n)	l'artère aorte
die Vene (n)	la veine
die Lunge (n)	le poumon
die Luftröhre (n)	la trachée-artère
der Kehlkopf (¨e)	le larynx
die Speiseröhre (n)	l'oesophage
der Magen (-)	l'estomac
der Darm (¨e)	l'intestin
der Dickdarm (¨e)	le gros intestin
der Dünndarm (¨e)	l'intestin grêle
der Blinddarm (¨e)	l'appendice
die Milz (en)	la rate
die Leber (n)	le foie
die Galle (n)	la bile
die Gallenblase (n)	la vésicule biliaire
die Bauchspeichel-drüse (n)	le pancréas
die Harnröhre (n)	l'urètre
die Niere (n)	le rein
die Blase (n)	la vessie
das Zwerchfell (e)	le diaphragme
das Gehirn (e)	le cerveau
der Nerv (en)	le nerf
der Urin	l'urine
die Verdauung	la digestion
verdauen	digérer
schwer verdaulich	difficile à digérer
das Fleisch	la chair
atmen	respirer
ausatmen/einatmen	expirer/inspirer
die Atmung	la respiration
der Atem	l'haleine
außer Atem sein	être hors d'haleine

DIE ÄUßERE ERSCHEINUNG : *L'ASPECT EXTERIEUR*

die Figur (en)	la silhouette
eine gute Figur haben	être bien fait/bien proportionné
die Gestalt (en)	la silhouette/la stature
hübsch aussehen (a,e,ie)	être/faire joli
gepflegt	soigné
ein vornehmes Aussehen haben	avoir l'air distingué
reizend	ravissant
entzückend	charmant/ravissant
schön/häßlich	beau/laid
jung/alt	jeune/vieux
jugendlich wirken	faire jeune
groß/klein	grand/petit
dick/dünn	gros/maigre
schlank	mince
mager/abgemagert	maigre/amaigri
dürr	décharné
gebrechlich	fragile
zart	tendre/délicat
stark/schwach	fort/faible
kräftig	vigoureux
fett	gras
beleibt	corpulent/replet
körperlich behindert	handicapé physique
untersetzt/ gedrungen	trapu

DIE GLIEDER

an allen Gliedern zittern	trembler de tous ses membres

DER ARM

jm unter die Arme greifen	soutenir qn (financièrement)
jn auf den Arm nehmen	faire marcher qn

DIE HAND

Ich habe alle Hände voll zu tun.	J'ai du travail par-dessus la tête.
Das liegt auf der Hand.	C'est évident.
jn in der Hand haben	avoir qn sous sa dépendance
Hände hoch !	Haut les mains !
Hände weg davon !	N'y touche pas !
aus der Hand lesen	lire dans les mains

DER FINGER	
keinen Finger rühren	ne pas bouger le petit doigt
sich in den Finger schneiden	se couper au doigt
Das kann man sich an den fünf Fingern abzählen.	Cela saute aux yeux.
DIE FAUST	
etw. auf eigene Faust machen	faire qc de son propre chef
DIE ACHSEL	
mit den Achseln zucken	hausser les épaules
DAS BEIN	
etw. auf die Beine bringen (a,a)	mettre qc sur pied
jm ein Bein stellen	faire un croche-pied à qn
die Beine unter die Arme nehmen (a,o,i)	prendre ses jambes à son cou
sich auf die Beine machen	se mettre en route
DER FUß	
zu Fuß gehen	aller à pied
von Kopf bis Fuß	de la tête aux pieds
auf freiem Fuß sein	être en liberté
auf eigenen Füßen stehen	être indépendant
Das hat weder Hand noch Fuß.	Cela n'a ni queue ni tête.
auf großem Fuß leben	vivre sur un grand pied
DIE SCHULTER	
etw. auf die leichte Schulter nehmen	prendre qc à la légère
DAS HERZ	
Ich danke Ihnen von ganzem Herzen.	Je vous remercie de tout cœur.
sich etw. zu Herzen nehmen (a,o,i)	prendre qc à cœur
Das liegt mir am Herzen.	Cela me tient à cœur.
etw. auf dem Herzen haben	avoir qc sur le cœur
sein Herz bei jm ausschütten	s'épancher auprès de qn
Ihr Tod hat ihm das Herz gebrochen.	Sa mort lui a brisé le cœur.
sich ein Herz fassen	prendre son courage à deux mains
Mir fällt ein Stein vom Herzen.	Je suis soulagé d'un grand poids.
Sie ist schweren Herzens abgefahren.	Elle est partie le cœur lourd.

DIE KÖRPERPFLEGE
LES SOINS CORPORELS

sauber/schmutzig	propre/sale
sich waschen (u,a,ä)	se laver
die Seife (n)	le savon
der Waschlappen (-)	le gant de toilette
das Duschmittel (-)	le gel de douche
ein Bad nehmen (a,o,i)	prendre un bain
sich baden	se baigner
sich duschen	se doucher
das Bademittel (-)	le gel de bain
sich abtrocknen	s'essuyer
das Handtuch (¨er)	la serviette
das Badetuch (¨er)	la serviette de bain
sich die Zähne putzen	se laver les dents
die Zahnbürste (n)	la brosse à dents
die Zahnpasta (ten)	le dentifrice
gurgeln	se gargariser
das Mundwasser	l'eau dentifrice
das Baby trockenlegen	changer le bébé
die Windel (n)	la couche
die Windeln wechseln	changer les couches
DIE GESICHTSPLEGE	LES SOINS DU VISAGE
die Haut reinigen	nettoyer la peau
schützen	protéger
nähren	nourrir
behandeln	traiter
verjüngen	rajeunir
die Reinigungsmilch	le lait démaquillant
das Gesichtswasser	la lotion tonique

die Feuchtigkeitscreme (s)	la crème hydratante
die Nährcreme	la crème nourrissante
die Faltencreme	la crème antirides
eine Creme auftragen (u,a,ä)	appliquer une crème
einwirken lassen (ie,a,ä)	laisser agir
die Gesichtsmaske (n)	le masque
sich schminken	se maquiller
das Make-up	le fond de teint
der Lidschatten (-)	le fard à paupières
die Wimperntusche (-)	le mascara
sich die Wimpern tuschen	se mettre du mascara
wasserfest	résistant à l'eau
sich die Augen umranden	dessiner le contour des yeux
der Puder (-)	la poudre
sich die Nase pudern	se mettre de la poudre sur le nez
die Puderdose (n)	le poudrier
der Lippenstift (e)	le rouge à lèvres
sich abschminken	se démaquiller
sich rasieren	se raser
der Rasierapparat (e)	le rasoir
schnurlos	sans fil
die Rasierklinge(n)	la lame de rasoir
der Rasierpinsel(-)	le blaireau
der Rasierschaum	la mousse à raser
das Rasierwasser(-)	la lotion de rasage
einreiben (ie,ie)	frictionner

DIE NAGELPFLEGE	LES SOINS DES ONGLES
die Nagelschere (n)	les ciseaux à ongles
sich die Nägel schneiden (i,i)	se couper les ongles
die Nagelfeile (n)	la lime à ongles
sich die Nägel feilen	se limer les ongles
der Nagelzwicker(-)	le coupe-ongles
der Nagellack (e)	le vernis à ongles
sich die Nägel lackieren	se vernir les ongles
der Nagellackentferner (-)	le dissolvant pour ongles
den Nagellack entfernen	enlever le vernis à ongles

DIE HAARPFLEGE	LES SOINS DES CHEVEUX
der Kamm (¨e)	le peigne
sich kämmen	se peigner
die Haarbürste (n)	la brosse à cheveux
der Lockenwickler (-)	le bigoudi
sich die Haare eindrehen	se mettre des bigoudis
die Dauerwelle (n)	la permanente
der Fön (e)	le sèche-cheveux
« waschen und legen »	la mise en plis
« fönen »/die Fönfrisur	le brushing
der Pony/ die Fransen (pl.)	la frange
der gerade Schnitt	la coupe au carré
sich die Haare färben	se teindre les cheveux
tönen	colorer
der Pferdeschwanz (¨e)	la queue de cheval
der Zopf (¨e)	la tresse
flechten (o,o)	faire une tresse
die Frisur (en)	la coiffure
sich die Haare tönen lassen	se faire faire une couleur
die Koteletten	les pattes

DIE SINNE/ DIE WAHRNEHMUNG/ DAS SPRECHEN
LES SENS/ LA PERCEPTION/ LA PAROLE

DER GESICHTSSINN
LA VUE

sehen (a,e,ie)	voir
die Sicht	la visibilité/ la vue
jm die Sicht nehmen (a,o,i)	boucher la vue à qn
sichtbar	visible
das Sichtfeld	le champ de vision
die Ansicht (en)	la vue/le point de vue
die Ansichtskarte (n)	la carte postale
die Aussicht (en)	la vue/le panorama
die beruflichen Aussichten	les perspectives professionnelles
der Überblick/ die Übersicht	la vue d'ensemble
den Überblick verlieren (o,o)	perdre la vue d'ensemble
überblicken	embrasser d'un coup d'œil
der Blick (e)	le regard/la vue
seinen Blick auf etw.(Akk.)richten	diriger son regard vers qc
die Blicke auf sich ziehen (o,o)	attirer les regards sur soi
auf den ersten Blick	à première vue
auf etw./jn einen Blick werfen (a,o,i)	jeter un regard sur qc/qn
erblicken	apercevoir
der Anblick	la vue
beim Anblick von	à la vue de
jn ansehen/ anschauen	regarder qn
jm zusehen/ zuschauen	regarder qn
schauen	regarder
jm bei etw. zuschauen	regarder qn faire qc
auf jn blicken	regarder qn
zu Boden blicken	baisser les yeux
bemerken	remarquer/observer
wahrnehmen (a,o,i)	s'apercevoir de/ percevoir
die Wahrnehmung (en)	la perception
beobachten	observer
die Beobachtung(en)	l'observation
jn anstarren	fixer qn du regard
auf etw. starren	regarder fixement qc
ins Leere starren	regarder dans le vide
blinzeln	cligner des yeux
jm zublinzeln	faire un clin d'œil à qn
betrachten	contempler
von allen Seiten betrachten	regarder sous toutes les coutures
flüchtig sehen (a,e,ie)	entrevoir
sich etw. ansehen	regarder qc
sich Fotos ansehen	regarder des photos
jn mustern	dévisager qn
etw. mustern	examiner/inspecter de près qc
angesehen sein	être bien considéré
das Ansehen	l'estime/la considération
schielen	loucher
nach etw. schielen	regarder qc d'un œil d'envie
kurzsichtig	myope
weitsichtig	presbyte
blind	aveugle
blind werden	perdre la vue

DAS LICHT/DER GLANZ/DIE DUNKELHEIT
LA LUMIERE/L'ECLAT/L'OBSCURITE

DAS LICHT(er)	LA LUMIERE
das elektrische Licht	la lumière électrique
ein mildes Licht	une lumière tamisée
lichtempfindlich	sensible à la lumière
glimmen	rougeoyer (lueur faible)
flimmern	scintiller
blenden	éblouir/aveugler
leuchten	luire
glänzen	briller/resplendir
strahlen	rayonner
funkeln	étinceler
scheinen (ie,ie)	briller/luire
blinken	clignoter
schillern	miroiter/chatoyer
schimmern	jeter une faible lueur
glühen	rougeoyer/être incandescent
glitzern	scintiller/étinceler
glühend heiß	brûlant/torride
eine glühende Hitze	une chaleur torride/ une fournaise
der Hoffnungs-schimmer (-)	la faible lueur d'espoir
ein leuchtendes Beispiel	un exemple éclatant
eine glänzende Idee	une excellente idée
vor Freude strahlen	rayonner de joie
der Strahl (en)	le rayon
die Sonnenstrahlen	les rayons du soleil
funkelnagelneu	flambant neuf
das Blinklicht (er)	le feu clignotant
das Blinkzeichen(-)	le signal lumineux
schillernd	à reflets changeants
blendend aussehen	avoir une mine magnifique
der äußere Glanz	l'éclat apparent
seinen Glanz verlieren (o,o)	perdre son éclat
der Schein	la lueur
im Schein der Kerzen	à la lumière des bougies
Der Mond scheint.	Il y a un clair de lune.
bei Mondschein	au clair de lune
grell	cru/aveuglant/criard
ein grelles Licht	une lumière aveuglante
in grellen Farben	aux couleurs criardes
grellrot	d'un rouge criard
schreiend	criard, voyant (couleur)
hell	clair
Es wird hell.	Il commence à faire jour.
DIE DUNKELHEIT	L'OBSCURITE
bei Einbruch der Dunkelheit	à la tombée de la nuit
in der Dunkelheit	dans l'obscurité
dunkel	obscur/sombre
Es wird dunkel.	La nuit tombe.
im Dunkeln tappen	ne pas savoir à quoi s'en tenir/aller à tâtons
dunkelgrau	gris foncé
dunkelhäutig	de peau noire
finster	sombre
die Finsternis	l'obscurité/les ténèbres
ein finsteres Zimmer	une pièce sombre
die Sonnen-finsternis	l'éclipse du soleil

Ich habe keinen blassen Schimmer.	Je n'en ai pas la moindre idée.
Es flimmert mir vor den Augen.	J'ai des éblouissements.
Die Lampe leuchtet nicht hell genug.	La lampe n'éclaire pas assez bien.
wie auf glühenden Kohlen sitzen (a,e)	être sur des charbons ardents
vor Begeisterung glühen	brûler d'enthousiasme
Es ist nicht alles Gold, was glänzt.	Tout ce qui brille n'est pas or.
Mir geht ein Licht auf.	Je commence à y voir clair.
bei genauerer Betrachtung	en y regardant de plus près
Es war Liebe auf den ersten Blick.	Ce fut le coup de foudre.
eine schöne Aussicht auf den See haben	avoir une belle vue sur le lac
Sie mustert sie mit neugierigen Blicken.	Elle les dévisage d'un regard curieux.

jn auf Schritt und Tritt beobachten	surveiller les faits et gestes de qn
sich die Stadt ansehen	visiter la ville
Er genießt bei allen großes Ansehen.	Il jouit d'un grand prestige auprès de tous.

DER GEHÖRSINN : *L'OUIE*

hören	entendre
auf jn hören	écouter qn, obéir à qn
etw. vom Hörensagen wissen	savoir qc par ouï- dire
der Hörer/der Zuhörer (-)	l'auditeur
der Hörer (-)	l'écouteur (téléphone)
den Hörer abheben (o,o)	décrocher
den Hörer auflegen	raccrocher
jm zuhören	écouter qn
horchen/lauschen	écouter attentivement
an der Tür horchen	écouter à la porte
vernehmen (a,o,i)	percevoir
jn vernehmen/ verhören	soumettre qn à un interrogatoire
die Vernehmung (en) das Verhör (e)	l'interrogatoire
das Gehör	l'ouïe
das Gehör verlieren	devenir sourd
taub	sourd
schwerhörig	dur d'oreille
der Ton (¨e)	le son/le ton
ein tiefer Ton	un son grave
in scharfem Ton	d'un ton sec
in spöttischem Ton	d'un ton railleur
ein schriller Ton	un son aigu
ertönen	retentir/résonner
der Klang (¨e)	le son
einen schönen Klang haben	rendre un beau son
klangvoll	sonore
klingen (a,u)	sonner/résonner
der Laut (e)	le son
Wie lautet die Antwort ?	Quelle est la réponse ?
läuten	sonner
Es läutet.	On sonne.
laut	bruyant/haut
eine laute Stimme haben	avoir la voix forte
lauter sprechen (a,o,i)	parler plus fort
leise	doux/léger/bas
mit leiser Stimme	à voix basse
leise sprechen	parler bas
nicht im Leisesten	pas le moins du monde
still	silencieux/tranquille
eine stille Ecke	un coin tranquille
im Stillen	en son for intérieur
still sein	se taire
die Stille	le silence/le calme
in aller Stille	dans la plus stricte intimité
das Stillschweigen über etw. bewahren	garder le silence sur qc
stillschweigend	tacitement/sans mot dire
der Lärm	le bruit
Lärm machen/lärmen	faire du bruit
ein betäubender Lärm	un vacarme assourdissant
der Lärmschutz	la protection contre le bruit
lärmend	bruyant/tumultueux
lärmende Kinder	des enfants bruyants
der Schall	le son
schalldicht	insonorisé
schallen	retentir/résonner
die Schall-geschwindigkeit	la vitesse du son
die Schallmauer	le mur du son
schallend	sonore/retentissant
schallendes Gelächter	des éclats de rire
der Krach	le bruit/le vacarme
Krach machen	faire du bruit
zusammenkrachen	s'effondrer avec fracas
mit jm Krach haben	être brouillé avec qn

GERÄUSCHE : *LES BRUITS*

das Geräusch (e)	le bruit
das Getöse	le fracas
klopfen	battre/frapper (cœur/à la porte)
schlagen (u,a,ä)	battre/frapper
klingeln	sonner
läuten	sonner (cloche)
pfeifen (i,i)	siffler

klatschen	applaudir
knallen	claquer (la porte)
rascheln	faire du bruit (papier froissé/ feuilles mortes)
knistern	pétiller (feu)
knarren	grincer/craquer (plancher/porte)
knirschen	crisser (neige/ sable)
mit den Zähnen knirschen	grincer des dents
donnern	gronder (tonnerre)
krachen	craquer (glace)/ claquer (coup de feu)
knattern	crépiter (arme)
quietschen	grincer (porte/ freins)/crier de joie (bébé)
rauschen	bruire (arbre/eau)
schnarchen	ronfler

Er stellt sich taub.	Il fait le sourd.
Ich erkenne ihn am Klang seiner Stimme.	Je le reconnais au son de sa voix.
Sang-und klanglos verschwinden	filer à l'anglaise
Das klingt schon besser.	C'est déjà mieux.
Sie schrie so laut sie konnte.	Elle criait à tue-tête.
Viel Lärm um nichts !	Beaucoup de bruit pour rien !
keinen Laut von sich geben	ne pas souffler mot
den Ton angeben	donner le ton
große Töne spucken	se donner de grands airs
Der Ton macht die Musik.	C'est le ton qui fait la musique.
ein Flugzeug mit Überschallgeschwindigkeit	un avion supersonique
Ich habe es mit eigenen Ohren gehört.	Je l'ai entendu de mes propres oreilles.
Ich habe davon gehört.	J'en ai entendu parler.
Ich habe auf seinen Rat gehört.	J'ai écouté ses conseils.
Laßt bald von euch hören !	Donnez-nous bientôt de vos nouvelles !
die Stille vor dem Sturm	le calme avant la tempête
Das klingt wie eine Symphonie von Beethoven.	On dirait une symphonie de Beethoven.
Plötzlich krachte ein Schuß.	Soudain un coup de feu retentit.
ein Lärm, daß einem Hören und Sehen vergeht	un bruit étourdissant

DER GERUCHSINN : *L'ODORAT*

der Geruch (¨e)	l'odeur
ein angenehmer Geruch	une odeur agréable
übel	mauvais
fad	fade
muffig	(odeur de) renfermé
ekelerregend	nauséabond
geruchlos	inodore
riechen (o,o)	sentir
gut/schlecht riechen	sentir bon/ mauvais
nach Gas riechen	sentir le gaz
aus dem Munde riechen	sentir de la bouche
duften	sentir bon
duftend	odorant/qui sent bon
der Duft (¨e)	le parfum/l'arôme
stinken (a,u)	puer
übelriechend	malodorant/fétide
der Gestank	la puanteur
ein fürchterlicher Gestank	une odeur abominable
der Wohlgeruch	l'odeur agréable/ le parfum
der Lavendelgeruch	l'odeur de lavande
schnüffeln/ schnuppern (Hund)	flairer (chien)
sich verbreiten	se répandre

einen guten Riecher haben	avoir le nez creux
Ich kann ihn nicht riechen.	Je ne peux pas le sentir.
Er ist stinkfaul.	Il n'y a pas plus paresseux que lui.

DER GESCHMACKSSINN : *LE GOUT*

der Geschmack	le goût
ein fader Geschmack	un goût fade/ insipide
salzig	salé
eigentümlich	particulier/bizarre
bitter	amer
herb	âpre/sec (vin)
süß	sucré/doux
würzig	épicé
sauer	aigre
säuerlich	acidulé
mild	peu épicé/doux
ekelhaft	répugnant/dégoûtant
würzen	assaisonner/épicer
scharf gewürzt	relevé
das Gewürz (e)	l'épice/le condiment
jm schmecken	être du goût de qn/ plaire à qn
gut/schlecht schmecken	avoir bon/mauvais goût
scheußlich schmecken	avoir un goût affreux
angebrannt schmecken	avoir un goût de brûlé
nach Olivenöl schmecken	avoir un goût d'huile d'olive
einen feinen Gaumen haben	avoir le palais fin
etw. genießen (o,o)	savourer qc
kosten	goûter/déguster
köstlich	délicieux

Da läuft einem das Wasser im Munde zusammen.	Cela vous fait venir l'eau à la bouche.
Es ekelt mich davor.	Cela me dégoûte.
Das hat mir gut geschmeckt.	J'ai aimé cela.
Wie schmeckt's ?	C'est bon ?

DER TASTSINN : *LE TOUCHER*

das Gefühl	la sensation/ le toucher
fühlen	toucher/sentir
die Berührung	le contact
berühren	toucher (avec les doigts)
anfassen/angreifen (i,i)	saisir
betasten	tâter/palper
nach etw. tasten	chercher à tâtons
streifen	effleurer/frôler
streicheln	caresser
kitzeln	chatouiller
kratzen	gratter
zwicken	pincer
regelmäßig	régulier
eben	plat/plane
gleichmäßig	uniforme
weich	mou/moelleux
hart	dur
rauh	rugueux
scharf	aiguisé/coupant
stumpf	émoussé
glatt	lisse
rutschig	glissant
glitschig	visqueux
klebrig	collant/gluant
geschmeidig	souple/flexible
seidig	soyeux
trocken	sec
naß	mouillé
feucht	humide
klamm	moite
durchnäßt	trempé
schwammig	spongieux
eiskalt/eisig	glacé/glacial
kalt	froid
frisch/kühl	frais
lauwarm	tiède
warm	chaud
heiß	très chaud
brennend heiß	brûlant

mit gemischten Gefühlen	avec des sentiments mitigés
Die Kugel hat ihn gestreift.	La balle l'a effleuré.
den Ring vom Finger streifen	ôter la bague de son doigt
Der Stoff fühlt sich wie Seide an.	Au toucher, ce tissu ressemble à de la soie.
Das hat mich seltsam berührt.	Cela m'a laissé une impression étrange.

DAS SPRECHEN : *LE LANGAGE*

ÜBER(Akk.)/VON etw. SPRECHEN (a,o,i)	PARLER DE QC
mit jm sprechen	parler à/avec qn
deutlich sprechen	parler distinctement
die Muttersprache (n)	la langue maternelle
die Fremdsprache(n)	la langue étrangère
das Gespräch (e)	la conversation
mit jm ins Gespräch kommen (a,o)	entrer en conversation avec qn
gesprächig	communicatif
der Gesprächs-partner (n)	l'interlocuteur
aussprechen	prononcer/achever de parler
sich ausprechen	s'expliquer
sich entschieden gegen etw. aussprechen	se prononcer avec fermeté contre qc.
die Aussprache (n)	la prononciation/ la discussion
etw. mit jm besprechen	parler de qc avec qn
die Besprechung(en)	l'entretien/les pourparlers
sich versprechen	se tromper en parlant/ faire un lapsus
der Versprecher	le lapsus
sich widersprechen	se contredire
jm widersprechen	contredire qn
der Widerspruch(¨e)	la contradiction
auf heftigen Widerspruch stoßen (ie,o,ö)	se heurter à une forte opposition
MIT JM REDEN	PARLER A QN
über(Akk.)/von etw. reden	parler de qc
die Rede (n)	le discours
eine Rede halten (ie,a,ä)	prononcer un discours
die Unterredung(en)	l'entretien
sich mit jm verabreden	prendre rendez-vous avec qn
mit jm verabredet sein	avoir rendez-vous avec qn
die Verabredung(en)	le rendez-vous
SAGEN	DIRE
sich nichts sagen lassen	ne vouloir rien écouter
offen gesagt	à vrai dire
RUFEN (ie,u)	APPELER
nach jm rufen	appeler qn
um Hilfe rufen	appeler au secours
jn anrufen	appeler qn (au téléphone)
der Anruf (e)	l'appel téléphonique
ausrufen	s'écrier/crier
der Ausruf (e)	le cri
ein freudiger Ausruf	un cri de joie
plaudern/schwatzen	bavarder
schwatzhaft	bavard
plappern	papoter
schreien (ie,ie)	crier
der Schrei (e)	le cri
das Geschrei	les cris
mit lautem Geschrei	à grands cris
der Schreihals (¨e)	le braillard
brüllen	hurler/vociférer/ rugir
flüstern	chuchoter
jm etw. ins Ohr flüstern	chuchoter qc à l'oreille de qn
murmeln	murmurer
das Gemurmel	les murmures
schluchzen	sangloter
das Geschluchze	les sanglots
seufzen	soupirer
der Seufzer (-)	le soupir
stöhnen	gémir
das Gestöhne	les gémissements
klagen	se lamenter/se plaindre
sich bei jm über jn/etw. beklagen	se plaindre à qn de qn/qc
jammern	se lamenter
der Jammer	la misère/ la détresse
ein Bild des Jammers	un tableau de désolation
das Gejammer	les lamentations
murren	grogner
brummen	grommeler/marmonner
jubeln	jubiler
der Jubel	la jubilation/ l'allégresse

allgemeinen Jubel auslösen	provoquer l'allégresse générale
jauchzen	pousser des cris de joie/exulter
lispeln	susurrer
stottern	bégayer
meckern	grincher/renâcler/râler

alle Anzeichen sprechen dafür, daß ...	tout porte à croire que ...
im Laufe des Gesprächs	au cours de la conversation
ein Gespräch unter vier Augen	une conversation en tête-à-tête
von diesem und jenem sprechen	parler de choses et d'autres
von etw. anderem sprechen	parler d'autre chose
schlecht von jm sprechen	dire du mal de qn
Sie reden nicht mehr miteinander.	Ils ne se parlent plus.
Reden ist Silber, Schweigen ist Gold.	La parole est d'argent, le silence est d'or.
Das ist nicht der Rede wert.	Ce n'est pas la peine d'en parler.
aus vollem Halse schreien	crier à tue-tête
Er schreit wie am Spieß.	Il crie comme si on l'écorchait.
die Seufzerbrücke	le pont des soupirs
Was du nicht sagst !	Pas possible !
Das brauchen Sie mir nicht zu sagen !	A qui le dites-vous !
gesagt, getan	aussitôt dit, aussitôt fait
Was wird man dazu sagen ?	Qu'en dira-t-on ?
Wen wollen Sie sprechen ?	A qui voulez-vous parler ?

DIE BEWEGUNG
LE MOUVEMENT

eine rasche Bewegung machen	faire un mouvement brusque
sich bewegen	bouger/remuer
bewegungslos	immobile
beweglich	mobile/agile
die Beweglichkeit	la mobilité/ l'agilité
die Geste (n)	le geste
gestikulieren	gesticuler
die Gebärde (n)	le geste
die Haltung	la tenue
eine schlechte Haltung haben	se tenir mal
sich gerade halten (ie,a,ä)	se tenir droit
sich kaum mehr auf den Beinen halten	tenir à peine sur ses jambes
DER GANG	LA DEMARCHE/ L'ALLURE
gehen (i,a)(sein)	aller/marcher
hin und her gehen/ auf und ab gehen	faire les cent pas
auf den Zehen-spitzen gehen	marcher sur la pointe des pieds
ziellos herumgehen	marcher sans but précis
die Treppe hinaufgehen	monter l'escalier
die Treppe hinuntergehen	descendre l'escalier
(in den Bus) steigen (ie,ie)/einsteigen	monter (dans le bus)
(aus dem Bus) steigen/ aussteigen	descendre (du bus)
DER SCHRITT (e)	LE PAS
kleine Schritte machen	faire de petits pas
den Schritt beschleunigen	presser le pas
Schritt für Schritt	pas à pas
einen Fuß vor den anderen setzen	mettre un pied devant l'autre
schreiten (i,i) (sein)	marcher
DER WETTLAUF(¨e)	LA COURSE A PIED
laufen (ie,au,äu) (sein)	courir
um die Wette laufen	faire la course
im Laufschritt	au pas de course
rennen (a,a)(sein)	courir (à toutes jambes)
losrennen	partir en vitesse
auf und davon rennen	détaler
DIE EILE	LA HATE
eilen (sein)	se hâter
sich beeilen	se dépêcher
die Hast	la hâte
hasten (1)	se hâter/se presser
rasen (sein)	aller à toute vitesse
losrasen (sein)	partir en toute hâte
sausen/flitzen (sein)	aller à toute vitesse/filer
SICH SCHLEPPEN	SE TRAINER
trödeln	traîner/prendre son temps
bummeln (sein)	flâner/se balader
einen Stadtbummel machen	faire une balade en ville
schlendern (sein)	flâner/déambuler
trippeln (sein)	trottiner
hinken (1)	boiter
humpeln (1)	boiter, aller clopin-clopant
schlurfen/latschen (sein)	traîner les pieds
stolzieren (sein)	se pavaner

schwanken (sein)	chanceler
torkeln (sein)	tituber
kriechen (o,o) (sein)	ramper
auf allen vieren kriechen (sein)	marcher à quatre pattes
krabbeln (sein)	marcher à quatre pattes (bébé)
(durch den Schnee) stapfen (sein)	marcher péniblement (dans la neige)
(umher) irren (sein)	errer
herumschweifen (sein)	vagabonder
schleichen (i,i) (sein)	se glisser, marcher furtivement
herumschleichen (sein)	rôder
sich heran-schleichen	s'approcher furtivement
sich davon-schleichen	partir en cachette

(1) Ces verbes se conjuguent avec SEIN seulement s'ils sont accompagnés d'une indication de direction : Gestern hat er noch gehinkt./Er ist zur Tür gehinkt.

DER STURZ (¨e)	LA CHUTE
fallen (ie,a,ä) (sein)	tomber
hinfallen (sein)	tomber par terre
auf den Rücken fallen (sein)	tomber à la renverse
der Länge nach hinfallen (sein)	tomber de tout son long
stürzen (sein)	faire une chute/ se précipiter
ins Zimmer stürzen (sein)	se précipiter dans la pièce
zu Boden stürzen	tomber par terre
aus dem Fenster stürzen (sein)	tomber de la fenêtre
hinfliegen (o,o) (sein)	tomber
sich fallen lassen	se laisser tomber
zusammenbrechen (a,o,i)(sein)	s'effondrer
zusammensacken (sein)	s'affaisser
stolpern (sein)	trébucher
rutschen (sein)	glisser
ausrutschen (sein)	déraper
stampfen/trampeln	trépigner
sich umdrehen	se retourner

DER SPRUNG (¨e)	LE SAUT/LE BOND
springen (a,u) (sein)	sauter
aus dem Bett springen (sein)	sauter du lit
über einen Graben springen (sein)	sauter un fossé
mit geschlossenen Füßen springen (sein)	sauter à pieds joints
hochspringen (sein)	bondir
vor Freude hochspringen (sein)	sauter de joie
an die Decke springen (sein)	sauter au plafond
hüpfen (sein)	sauter/sautiller
auf einem Bein hüpfen (sein)	sauter à cloche-pieds
strampeln (Baby)	gigoter
zappeln	gigoter

DIE VERBEUGUNG	LA REVERENCE
sich verbeugen/sich verneigen	s'incliner
eine Verneigung machen	faire une révérence
sich bücken	se baisser
sich krümmen (vor Lachen)	se tordre (de rire)
den Arm beugen	plier le bras
sich hinauslehnen (aus dem Fenster)	se pencher (par la fenêtre)
hocken	être accroupi
in die Hocke gehen/ sich hinhocken	s'accroupir
sich (in eine Ecke) kauern	se tapir (dans un coin)
sich ducken	se recroqueviller
knien	être agenouillé
sich hin/nieder-knien	s'agenouiller

EINEN SCHUBS GEBEN (a,e,i)	POUSSER qn
jn schubsen	pousser/bousculer qn
schieben (o,o)	pousser
jn beiseite schieben	écarter qn
sich drängen	se pousser/se presser
sich vordrängen	passer devant les autres (queue)
sich durchdrängen	se faufiler
das Gedränge	la cohue/la bousculade

ziehen (o,o)	tirer
stehen (a,a)	être debout
aufstehen (sein)	se lever
stehen bleiben (sein)	s'arrêter
liegen (a,e)	être couché
sich langlegen	s'allonger
sich hinlegen	se coucher
sitzen (a,e)	être assis
sich setzen	s'asseoir
der Sitz (e)	le siège
werfen (a,o,i)	lancer/jeter
sich strecken/ sich räkeln	s'étirer
(die Beine) ausstrecken	étendre (les jambes)
aufheben (o,o)	ramasser
hochheben (o,o)	soulever
nicken	acquiescer (de la tête)
schlagen (u,a,ä)	battre/frapper
hauen	taper
schnell/rasch	rapide
hastig	pressé/précipité
flink	leste/agile
schwungvoll	plein d'entrain
(un) geschickt	(mal) adroit
zappelig	remuant
schwerfällig	lourd/pesant

Er ging an mir vorbei, ohne mich zu grüßen.	Il est passé devant moi sans me saluer.
Ich komme morgen bei dir vorbei.	Je passerai te voir demain.
Das springt in die Augen.	Cela saute aux yeux.
Er sitzt wegen Diebstahls.	Il est en prison pour vol.
Ihr Mann macht Seitensprünge.	Son mari a des aventures amoureuses.
Ihr Hund folgt ihr auf Schritt und Tritt.	Son chien la suit pas à pas.
Das ist gehupft wie gesprungen.	C'est bonnet blanc et blanc bonnet.
jemanden übers Ohr hauen	rouler qn
sich auf die faule Haut legen	fainéanter

DIE GEFÜHLE
LES SENTIMENTS

das Gefühl (e)	le sentiment
gefühlvoll	plein de sensibilité/sentimental
gefühllos	insensible
gefühlsmäßig	par intuition
ein unbehagliches Gefühl haben	avoir un sentiment de malaise
ein feines Gefühl haben	avoir de la sensibilité
seine Gefühle verbergen (a,o,i)	cacher ses sentiments
fühlen	sentir/ressentir
jn etw. fühlen lassen (ie,a,ä)	faire sentir qc à qn
sich geschmeichelt fühlen	se sentir flatté
jm schmeicheln	flatter qn
seinen Gefühlen freien Lauf lassen	donner libre cours à ses sentiments
die Gefühlsduselei	la sensiblerie
mitfühlend	compatissant
das Mitgefühl	la compassion
mit jm mitfühlen	compatir avec qn
sein tiefes Mitgefühl ausdrücken	exprimer ses sincères condoléances
die Empfindung (en)	la sensation
empfinden (a,u)	ressentir/éprouver
die Empfindlichkeit	la susceptibilité/la sensibilité
empfindlich	susceptible/sensible
die Empfindsamkeit	l'émotivité/la sensibilité
Freude empfinden	éprouver de la joie
die Freude	la joie
jm etw. nachempfinden	comprendre ce que ressent qn/se mettre à la place de qn
Das kann ich dir nachempfinden.	Je te comprends tout à fait.
jn rühren	toucher/émouvoir qn
Nichts rührt ihn.	Rien ne l'affecte.
jn zu Tränen rühren	toucher qn jusqu'aux larmes
die Rührung	l'émotion

DIE STIMMUNG/DIE LAUNE
L'ETAT D'AME/L'HUMEUR

in gedrückter Stimmung sein	être déprimé
niedergeschlagen sein	être abattu
in guter Stimmung sein	être de bonne humeur
für Stimmung sorgen	mettre de l'ambiance
nicht in Stimmung sein	ne pas être dans son assiette
guter/schlechter Laune sein	être de bonne/mauvaise humeur

DIE FREUDE : *LA JOIE*

vor Freude strahlen	rayonner de joie
zu meiner großen Freude	à ma grande joie
jm Freude machen/bereiten	faire plaisir à qn
jm die Freude verderben (a,o,i)	gâter la joie de qn
an etw. (Dat.) Freude haben	trouver du plaisir à qc
außer sich sein vor Freude	être transporté de joie
sich freuen	être content/se réjouir
sich auf etw.(Akk.) freuen	se réjouir à l'idée de qc
Ich freue mich darauf.	Je m'en réjouis d'avance.

DIE ZUFRIEDENHEIT : *LA SATISFACTION*

zur allgemeinen Zufriedenheit	à la satisfaction générale
sich mit etw. zufriedengeben (a,e,i)	se satisfaire de qc
jn zufriedenlassen	laisser qn tranquille
jn zufriedenstellen	satisfaire qn
hocherfreut	ravi

DAS GLÜCK : *LE BONHEUR*

zum Glück	heureusement
jm Glück bringen (a,a)	porter bonheur à qn
jm Glück wünschen	souhaiter du bonheur à qn
glückbringend	qui porte bonheur
glücklich/überglücklich	heureux/enchanté
sich glücklich schätzen	s'estimer heureux
durch einen glücklichen Zufall	par un heureux hasard
der Glückspilz (e)	le veinard
lächeln	sourire
aus vollem Halse lachen	rire à gorge déployée
sich das Lachen verbeißen (i,i)	étouffer un rire
Mir ist nicht zum Lachen zumute.	Je n'ai pas le cœur à rire.
Das ist nicht zum Lachen.	Il n'y a pas de quoi rire.
schallendes Gelächter	des éclats de rire
quietschvergnügt sein	être heureux comme un poisson dans l'eau
vergnügt	joyeux
das Vergnügen	le plaisir
an etw. (Dat.) Vergnügen finden	prendre plaisir à qc
Viel Vergnügen !	Amusez-vous bien !
mit dem größten Vergnügen	avec le plus grand plaisir

DIE BEGEISTERUNG : *L'ENTHOUSIASME*

sich für etw. begeistern	s'enthousiasmer pour qc
von jm/etw. begeistert sein	être enthousiasmé par qn/qc
js Begeisterung dämpfen	tempérer l'enthousiasme de qn
ein begeisterter Anhänger	un fanatique
von jm/etw. hingerissen sein	être ravi par qn/qc
hinreißend	ravissant
überwältigt sein	être impressionné

DER WUNSCH/DIE LUST *LE SOUHAIT/L'ENVIE*

Es ist mein sehnlichster Wunsch.	C'est mon vœu le plus cher.
wunschlos glücklich sein	être comblé
sich (Dat.) etw. wünschen	souhaiter qc
Wie Sie wünschen !	Comme vous voudrez !
es wäre zu wünschen, daß ...	il serait souhaitable que ...
jm Glück wünschen	souhaiter du bonheur à qn
von etw. träumen	rêver de qc
mit offenen Augen träumen	rêver les yeux ouverts
der Traum (¨e)	le rêve
Lust haben,etw. zu tun	avoir envie de faire qc
zu nichts Lust haben	n'avoir envie de rien
die Lust zu etw. verlieren (o,o)	perdre toute envie de faire qc
es vergeht einem die Lust etw. zu tun	cela vous enlève l'envie de faire quoi que ce soit
Lust auf etw. haben	avoir envie de qc
etw. wahnsinnig gern tun (a,a)	adorer faire qc
etw. vorziehen(o,o)	préférer qc

DIE ANGST : *LA PEUR*

die Furcht	la crainte
vor jm/etw. Angst/ Furcht haben/ sich vor jm/etw. fürchten	avoir peur de qn/qc
etw. befürchten	redouter qc
in Angst/Furcht geraten (ie,a,ä)	être saisi de peur
Angst bekommen(a,o)	prendre peur
jm Angst machen/jm Angst einjagen	faire peur à qn
vor Angst zittern	trembler de peur
um jn Angst haben	avoir peur pour qn
um jn/etw. fürchten	craindre pour qn/qc
um sein Leben bangen	craindre pour sa vie
in ständiger Angst leben	vivre constamment dans la peur
Ich bekomme es mit der Angst zu tun.	Je suis pris de peur.
Mir wird Angst.	Je prends peur.
Mir ist himmelangst.	J'ai une peur bleue.
verängstigt	apeuré
jm Angst einflößen	inspirer de la peur à qn
beängstigend	inquiétant/alarmant
furchtbare Angst haben	avoir une peur terrible
furchterregend	qui fait peur
Angstkäufe tätigen	faire des achats (par peur d'une pénurie)
(der) Angsthase !	(le) froussard !
davonlaufen (ie,au,äu) (sein)	partir en courant
fliehen (o,o)(sein)	fuir
entfliehen (o,o) (sein)	s'enfuir
die Flucht ergreifen (i,i)	prendre la fuite
flüchten	s'enfuir/s'évader
ausreißen (i,i) (sein)	faire une fugue
Gänsehaut bekommen (a,o)	avoir la chair de poule
Lampenfieber haben	avoir le trac

DAS ENTSETZEN : *L'EPOUVANTE*

das Entsetzen	l'épouvante/l'effroi
starr vor Entsetzen	glacé d'effroi
entsetzlich	effrayant/ épouvantable
entsetzt sein	être épouvanté
der Schrecken	la frayeur
mit dem Schrecken davonkommen (a,o) (sein)	en être quitte pour la peur
erschrecken (a,o,i) (sein)	s'effrayer
jn erschrecken	effrayer qn
erschreckend	effrayant/terrifiant
jm einen Schrecken einjagen	causer une peur bleue à qn
vor nichts zurückschrecken	ne reculer devant rien
das Grauen	l'horreur/ l'épouvante
Es graut mir davor. (Dat.)	Cela me fait horreur.
grauenvoll	épouvantable
die Panik	la panique
von Panik ergriffen werden	être saisi de panique
ein unheimliches Gefühl	un sinistre pressentiment

MÖGEN : *AIMER*

etw. gern tun	aimer faire qc
jn/etw. gern haben	aimer qn/qc
jn/etw. lieber haben	aimer mieux qn/qc
jn gut leiden können	aimer bien qn
jn/etw. mögen	aimer bien qn/qc
jn/etw. lieben	aimer qn/qc
jn leidenschaftlich lieben	aimer passionnément qn
die Leidenschaft (en)	la passion
die Liebeserklärung (en)	la déclaration d'amour
eine Liebelei	une amourette
lieb	cher
Es wäre mir lieb, wenn ...	J'aimerais que ...
die Liebe	l'amour
aus Liebe zu	par amour pour

jn über alles lieben	aimer qn par-dessus tout
etw. bevorzugen	préférer qc
eine Schwäche für etw. haben	avoir un faible pour qc
völlig verrückt auf jn/etw. sein	être fou de qn/qc
zärtlich	tendre
das Liebesabenteuer (-)	l'aventure amoureuse
die Liebes-geschichte (n)	l'histoire d'amour
der Liebesbeweis(e)	la preuve d'amour
Liebling ! Schatz ! Schätzchen !	Mon chéri ! Ma chérie !
sich in jn verlieben	tomber amoureux de qn
sich in jn verknallen/ vernarren	s'enticher/ s'amouracher de qn
in jn verknallt/ vernarrt sein	être fou de qn
jn anbeten	adorer qn
sich mit jm verstehen (a,a)	s'entendre avec qn
sich mit jm befreunden	se lier d'amitié avec qn
der Freund (e)/die Freundin (nen)	l'ami/l'amie
dicke Freunde/ Feundinnen sein	être de grand(e)s ami(e)s
jn zum Freund haben	avoir qn pour ami
die Freundschaft (en)	l'amitié
das freundschaftliche Verhältnis/die freundschaftlichen Beziehungen	les relations amicales

NICHT MÖGEN : *NE PAS AIMER*

jn nicht ausstehen können (o,o)	ne pas supporter qn
von jm enttäuscht sein	être déçu par qn
die Enttäuschung (en)	la déception
jm eine Enttäuschung bereiten	causer une déception à qn
eine bittere Enttäuschung erleben	connaître une amère déception
jn verachten	mépriser qn
die Verachtung	le mépris
jn verächtlich behandeln	traiter qn avec dédain
der Haß	la haine
jn hassen	haïr qn
haßerfüllt sein	être plein de haine
eine Abneigung gegen jn empfinden (a,u)	éprouver de l'antipathie envers qn
jn betrügen (o,o)	tromper qn
der Betrug	la tromperie/la fraude
unerträglich	insupportable
unangenehm	désagréable
von jm./etw. genug haben	en avoir assez de qn/qc
einer Sache (Gen.) überdrüssig sein	être lassé de qc
der Überdruß	la lassitude
abstoßend	répugnant

DIE ERLEICHTERUNG : *LE SOULAGEMENT*

erleichtert sein	être soulagé
erleichtert aufatmen	respirer de soulagement
noch einmal davongekommen sein	l'avoir échappé belle
beinahe	presque
Er wäre beinahe ertrunken.	Il a failli se noyer.
gerade noch erwischen	attraper de justesse

DIE ÜBERRASCHUNG : *LA SURPRISE*

jm eine Überraschung bereiten	faire/réserver une surprise à qn
jn überraschen	surprendre qn
angenehm überrascht sein	être agréablement surpris
überraschend	de façon inattendue
das Erstaunen	l'étonnement
zu meinem großen Erstaunen	à ma grande surprise
erstaunlich	étonnant/surprenant
erstaunt sein	être étonné
verblüfft sein	être stupéfait
verblüffend	stupéfiant/déconcertant
die Verblüfftheit/ die Verblüffung	la stupéfaction/la perplexité
sich über etw. (Akk.) wundern	s'étonner de qc
Das wundert mich.	Cela me surprend.
verwundert sein	être étonné
verwunderlich	étonnant/étrange
unglaublich	incroyable
sprachlos	sans voix
seltsam/sonderbar	étrange
seinen Augen/Ohren nicht trauen	ne pas en croire ses yeux/ses oreilles
über etw. (Akk.) staunen	s'étonner de qc
Da staunst du !	Cela t'étonne !
aus dem Staunen nicht herauskommen (a,o)(sein)	aller de surprise en surprise

DAS MITLEID : *LA PITIE/LA COMPASSION*

mit jm Mitleid haben	avoir pitié de qn
Mitleid erregen/ erwecken	faire pitié
das Erbarmen	la miséricorde/la pitié
erbärmlich	pitoyable/misérable
erbarmungslos	sans merci/ impitoyable
jm leid tun (a,a)	faire de la peine à qn

DER KUMMER : *LE CHAGRIN*

jm Kummer machen/ bereiten	causer du chagrin à qn
vor Kummer sterben (a,o,i)(sein)	mourir de chagrin
über etw. (Akk.) bekümmert sein	être attristé par qc
die Sorge (n)	le souci
sich um jn Sorgen machen	se faire du souci pour qn
die Unruhe	l'inquiétude
sich beunruhigen	s'inquiéter
beunuhigt	inquiet
beunruhigend	préoccupant
der Gram	la peine/le chagrin
sich über etw. (Akk.) grämen	s'affliger/se chagriner de qc
sich zu Tode grämen	mourir de chagrin
der Jammer	la misère/la détresse
Es ist ein Jammer, daß ...	C'est malheureux que ...
Mir ist jämmerlich zumute.	Je me sens misérable.
(sich) quälen	(se) tourmenter

DIE TRAURIGKEIT : *LA TRISTESSE*

die Traurigkeit	la tristesse
traurig	triste
ein trauriges Gesicht machen	faire triste mine
trübselig	sombre/mélancolique
trübsinnig	morose/triste
trübe Gedanken	des idées noires
Trübsal blasen (ie,a,ä)	broyer du noir
todunglücklich	terriblement malheureux
völlig fertig sein	être au bout du rouleau
bedrückt/	affligé/abattu

niedergedrückt/ niedergeschlagen	
die Bedrücktheit	l'accablement
schwermütig/ melancholisch	mélancolique
weinen	pleurer
jn/etw. beweinen	pleurer qn/qc
um jn weinen	pleurer qn
weinerlich sein	pleurnicher
die Träne (n)	la larme
zu Tränen gerührt sein	être touché aux larmes
Tränen vergießen (o,o)	verser des larmes
den Tränen nahe sein	être au bord des larmes
seine Tränen trocknen	sécher ses larmes
seine Tränen abwischen	essuyer ses larmes
Krokodilstränen weinen	verser des larmes de crocodile
sich die Augen ausweinen	pleurer toutes les larmes de son corps
heulen (fam)	pleurer
schluchzen	sangloter
nachdenklich	songeur

DER ÄRGER : *LA COLERE*

der Ärger	l'irritation/la colère
seinen Ärger unterdrücken	réprimer sa colère
jn ärgern	irriter/contrarier qn
sich ärgern	se mettre en colère
sich krank/grün und blau ärgern	se fâcher tout rouge
jn verärgern	irriter qn
verärgert aussehen (a,e,ie)	avoir l'air irrité
ärgerlich	fâcheux/contrariant
jn reizen	exciter/agacer qn
in gereiztem Ton	d'un ton irrité
die Wut/der Zorn	la fureur/la rage
in Wut geraten (ie,a,ä)	se mettre en colère/ s'emporter
seine Wut an jm auslassen (ie,a,ä)	passer sa fureur sur qn
jn in Wut bringen (a,a)	faire enrager qn
eine Wut auf jn haben/auf jn wütend sein	être furieux/en rage contre qn
vor Wut platzen/vor Wut kochen	fulminer
wütend werden	se mettre en colère
der Wutausbruch(¨e)	l'accès de colère
seinem Zorn Luft machen	donner libre cours à sa colère
zornig	en colère
jn beleidigen	offenser/injurier qn
sich beleidigt fühlen	se sentir offensé
beleidigend	injurieux/offensant
das Schimpfwort (¨er)	le gros mot
jn beschimpfen	insulter qn
sich über jn/etw. entrüsten	s'indigner de qn/qc
aufs äußerste entrüstet sein	être exaspéré
die Entrüstung	l'indignation
eine beleidigende Bemerkung/ Äußerung	une remarque injurieuse
die Beleidigung(en)	l'injure
der Groll	la rancœur/la rancune
jm grollen	avoir de la rancune envers qn

DIE AUFREGUNG : *L'ENERVEMENT*

sich über etw. (Akk.) aufregen	s'énerver pour/de qc
in der allgemeinen Aufregung	dans l'agitation générale
in heller Aufregung sein	être dans tous ses états
aufgeregt	excité/agité
nervös	nerveux
schwache Nerven haben	avoir les nerfs fragiles
jm auf die Nerven gehen/fallen	taper sur les nerfs de qn
mit den Nerven fertig sein/runter sein	être à bout de nerfs
die Nerven verlieren (o,o)	s'affoler

nervenaufreibend	énervant	**die Nervosität**	l'énervement
der Nervenzusammenbruch (¨e)	la dépression nerveuse	**die Nervensäge**	le casse-pieds

DIE SCHAM : *LA HONTE*

die Scham	la honte	**jm Schande machen**	faire honte à qn
sich wegen etw./für jn schämen	avoir honte de qc/ pour qn	**beschämend**	honteux/humiliant
sich zu Tode schämen	mourir de honte	**jn demütigen**	humilier qn
das Schamgefühl (e)	le sentiment de honte	**demütigend**	humiliant
die Schande	la honte/le déshonneur	**die Demütigung(en)/ die Erniedrigung (en)**	l'humiliation
		jn erniedrigen	rabaisser qn

DIE VERZWEIFLUNG : *LE DESESPOIR*

die Verzweiflung	le désespoir	**an etw. (Dat.) verzweifeln**	désespérer de qc
etw. aus Verzweiflung tun (a,a)	faire qc en désespoir de cause	**das Unglück**	le malheur
die Verzweiflungstat (en)	l'acte de désespoir	**das Elend**	la misère
Es ist zum Verzweifeln !	C'est à désespérer !	**die Qual (en)**	le tourment
jn zur Verzweiflung bringen (a,a)	réduire qn au désespoir	**nicht über etw. (Akk.) hinwegkommen (a,o)**	ne pas pouvoir se consoler de qc
		etw. nicht mehr aushalten können	ne plus pouvoir supporter qc

DER NEID : *L'ENVIE*

bei jm Neid erregen	exciter l'envie de qn	**auf jn neidisch sein/jn beneiden**	envier qn
aus (purem) Neid	par envie	**jm etw. nicht gönnen**	ne pas concéder qc à qn
neidisch	envieux		

DIE EIFERSUCHT : *LA JALOUSIE*

eifersüchtig	jaloux	**die Eifersuchtsszene**	la scène de jalousie
auf jn eifersüchtig sein	être jaloux de qn		
jn eifersüchtig machen	rendre qn jaloux		

DIE SEHNSUCHT : *LA NOSTALGIE*

vor Sehnsucht sterben (a,o,i) (sein)	mourir de nostalgie	**sehnsüchtig**	nostalgique
sehnlich	ardent	**sich nach jm/etw. sehnen**	avoir la nostalgie de qn/qc

GUTE UND SCHLECHTE EIGENSCHAFTEN
LES QUALITES ET LES DEFAUTS

die Eigenschaft(en)	la qualité
die Veranlagung(en)	la disposition
für etw. veranlagt sein	avoir des prédispositions pour qc
das Wesen	le caractère/ la nature
Das liegt in seinem Wesen.	C'est dans sa nature.
die Gemütsverfassung	l'état d'âme/ le moral
der Charakter (e)	le caractère
charakterfest	de caractère ferme
seinen wahren Charakter zeigen	se montrer sous son vrai jour
die Charakterschwäche (n)	la faiblesse de caractère
charakterlos	sans caractère/ faible/mou
die Charakterlosigkeit	le manque de caractère

DIE GUTEN EIGENSCHAFTEN : *LES QUALITES*

DIE GÜTE	LA BONTE
die Güte selber sein	être la bonté même
ein guter Mensch	un homme bon
Gutes tun	faire le bien
zu nichts gut sein	n'être bon à rien
es gut meinen	être bien intentionné
DIE BESCHEIDENHEIT	LA MODESTIE
bescheiden	modeste
die Bescheidenheit selbst sein	être la modestie en personne
selbstlos	désintéressé
DIE EHRLICHKEIT	L'HONNETETE
ehrlich	honnête
es ehrlich mit jm meinen	être honnête envers qn
DIE AUFRICHTIGKEIT	LA SINCERITE/ LA FRANCHISE
aufrichtig	sincère/franc
an js Aufrichtigkeit zweifeln	douter de la sincérité de qn
aufrichtig gegenüber jm sein	être sincère/franc envers qn
DIE TREUE	LA FIDELITE/ LA LOYAUTE
jm die Treue halten (ie,a,ä)	rester fidèle à qn
treu	fidèle
die eheliche Treue	la fidélité conjugale
untreu	infidèle
seiner Frau untreu werden/sein	tromper sa femme
DIE GEDULD	LA PATIENCE
geduldig	patient
Geduld haben/sich gedulden	avoir de la patience
die Geduld verlieren (o,o)	s'impatienter
DIE NACHSICHTIGKEIT	L'INDULGENCE
nachsichtig	indulgent
mit jm nachsichtig sein	être indulgent envers qn
Nachsicht üben	montrer de l'indulgence
DIE VORSICHT	LA PRUDENCE
die Umsicht	la circonspection

vorsichtig	prudent
umsichtig	circonspect
mit Vorsicht vorgehen (i,a)	procéder avec prudence
vorsichtshalber	par mesure de prudence
DER MUT	LE COURAGE
jm Mut machen/jn ermutigen	encourager qn
jm den Mut nehmen/ jn entmutigen	décourager qn
(wieder)Mut fassen	(re)prendre courage
all seinen Mut zusammen-nehmen (a,o,i)	prendre son courage à deux mains
mutig	courageux
die Mutlosigkeit	le découragement
tapfer	brave/vaillant
sich tapfer halten (ie,a,ä)	tenir bon
kühn	hardi/audacieux
die Kühnheit	la hardiesse/ l'audace
waghalsig/wagemutig	audacieux/téméraire
der Wagehals (¨e)	le casse-cou
das Wagnis (se)	l'entreprise aventureuse
beherzt	brave/courageux
kaltblütig	qui a du sang froid
die Kaltblütigkeit	le sang-froid
DIE OFFENHEIT	L'OUVERTURE D'ESPRIT/ LA FRANCHISE
offenherzig	franc/ouvert
offen	ouvert
DER STOLZ	LA FIERTE
ein falscher Stolz	une fierté mal placée
auf jn/etw. stolz sein	être fier de qn/qc
DIE SELBST-SICHERHEIT	LA SURETE DE SOI/ L'ASSURANCE
selbstsicher	sûr de soi/assuré
selbstbewußt	sûr de soi
selbstbewußt auftreten (a,e,i) (sein)	manifester une grande assurance
das Selbstvertrauen	la confiance en soi
der Mangel an Selbstvertrauen	le manque de confiance en soi
die Selb-ständigkeit	l'indépendance
selbständig	autonome
DIE HILFS-BEREITSCHAFT	LA SERVIABILITE
hilfsbereit	serviable
DIE FREUND-LICHKEIT	L'AMABILITE
freundlich	aimable
Seien Sie bitte so freundlich und...	Ayez l'amabilité de...
die Herzlichkeit	la cordialité
herzlich	cordial
ein herzliches Verhältnis zu jm haben	avoir des relations cordiales avec qn
liebenswürdig	aimable
zu jm liebenswürdig sein	être aimable avec qn
lieb	aimable/gentil
Wie lieb von Ihnen !	Que c'est aimable de votre part !
die Gefälligkeit	la complaisance
aus Gefälligkeit	par complaisance
gefällig	complaisant
der Gefallen (-)	la faveur/ le service
jm einen Gefallen erweisen (ie,ie)	rendre un service à qn
jm um eine Gefälligkeit bitten (a,e)	demander un service à qn
nett	gentil
Das ist nett von dir !	C'est gentil de ta part !

DIE SCHLECHTEN EIGENSCHAFTEN : *LES DEFAUTS*

DIE BOSHEIT	LA MECHANCETE
böse	méchant/mauvais
böse werden	se fâcher
jm böse sein/auf jn böse sein	en vouloir à qn
jn böse ansehen (a,e,ie)	regarder qn de travers
bösartig/boshaft	méchant/malfaisant
Böses ahnen	présager un malheur
jm Böses antun(a,a)	faire du mal à qn
böswillig	malintentionné/ malveillant
die Frechheit	l'insolence/ l'impertinence
die Frechheit haben, zu	avoir l'audace de
frech	insolent/effronté

ungezogen	mal élevé/impertinent
unerzogen	sans éducation
unartig (Kind)	mal élevé/« vilain »
gemein	vache (fam.)
eine gemeiner Kerl	un type ignoble/ un salaud (gross.)
Das ist gemein !	C'est vache !
sich jm gegenüber gemein benehmen (a,o,i)	se conduire d'une façon ignoble avec qn
die Gemeinheit (en)	l'action vile/ la vacherie (fam.)
die Rücksichts-losigkeit	le manque d'égards/ la rudesse
rücksichtslos	sans égards
rücksichtslos vorgehen (i,a) (sein)	ne pas prendre d'égards
DIE HABSUCHT/ HABGIER	LA CUPIDITE
habsüchtig/ habgierig	cupide/avide
DER GEIZ	L'AVARICE
geizig	avare
mit etw. geizen	lésiner sur qc
der Geizkragen/ Geizhals	l'avare/le radin
DIE GRAUSAMKEIT (en)	LA CRUAUTE
die Unmenschlich-keit (en)	le caractère inhumain
grausam	cruel
unmenschlich	inhumain
jn unmenschlich behandeln	traiter qn de manière inhumaine
DIE FEIGHEIT	LA LACHETE
feig(e)	lâche
der Feigling	le lâche
DIE SCHWÄCHE	LA FAIBLESSE
die menschliche Schwäche	la faiblesse humaine
schwach	faible
der Schwächling (e)	le faible
schwache Nerven haben	avoir les nerfs fragiles
die Schüchternheit	la timidité
schüchtern	timide
DIE NEUGIER	LA CURIOSITE
js Neugierde erregen	intriguer qn
neugierig	curieux
neugierig machen	rendre curieux/ intriguer
neugierig sein, ob...	être curieux de savoir si...
DIE VOREINGENOM-MENHEIT	LE PREJUGE/ LE PARTI PRIS
voreingenommen sein (gegen jn)	avoir des préjugés/ du parti pris (envers qn)
DIE SCHEINHEILIG-KEIT	L'HYPOCRISIE
scheinheilig	hypocrite
der Scheinheilige/ ein Schein-heiliger	l'hypocrite
eine Scheinheilige	une sainte nitouche
die Heuchelei (en)	l'hypocrisie/ l'imposture
heucheln	faire l'hypocrite
der Heuchler	l'hypocrite
heuchlerisch	hypocrite/faux
vortäuschen	feindre
sich verstellen	cacher son jeu
DER HOCHMUT	L'ORGUEIL
hochmütig	orgueilleux
hochnäsig	hautain
die Überheblichkeit/ die Arroganz	l'arrogance
überheblich/ arrogant	arrogant
herablassend	dédaigneux
eitel	vaniteux
die Eitelkeit	la vanité
eingebildet	imbu de soi-même
DIE GLEICHGÜLTIG-KEIT	L'INDIFFERENCE
gleichgültig	indifférent
das ist mir gleich-gültig/das ist mir gleich/ das ist mir egal	cela m'est égal
teilnahmslos	indifférent/ apathique
DIE DICKKÖPFIG-KEIT	L'ENTETEMENT
dickköpfig	entêté
der Dickkopf/der Dickschädel	l'entêté
einen Dickkopf haben	avoir la tête dure
bockig	boudeur/obstiné
bocken	s'obstiner/bouder
stur	obstiné
die Sturheit	l'obstination
eigensinnig/ eigenwillig	qui n'en fait qu'à sa tête

DIE KRANKHEIT UND IHRE BEHANDLUNG
LA MALADIE ET SON TRAITEMENT

DIE GESUNDHEIT	LA SANTE
bei bester Gesundheit sein	être en parfaite santé
gesund sein	être en bonne santé
wieder gesund werden (u,o,i) (sein)	recouvrer la santé
sich wohl fühlen	se sentir bien
das Wohlbefinden	le bien-être
aus gesundheitlichen Gründen	pour des raisons de santé
vor Gesundheit strotzen	respirer la santé
der Gesundheit schaden	nuire à la santé
gesundheitsschädlich	nocif/nuisible
gesund und munter	frais et dispos

DIE HEILUNG	LA GUERISON
heilen	guérir
die Heilgymnastik	la kinésithérapie
unheilbar	incurable
die Heilkräuter	les herbes médicinales

DIE KRANKEIT(en)	LA MALADIE
krank werden	tomber malade
die Erkrankung (en)	la maladie
an einer Krankheit erkranken	contracter une maladie
leicht/schwer	bénin/grave
harmlos/akut	anodin/aigu
kränklich	maladif/souffreteux
krankhaft	maladif
sich krank fühlen	se sentir mal/malade
sich krank melden	se faire porter malade
sich krank schreiben lassen	se faire prescrire un arrêt de travail
sich krank stellen	faire semblant d'être malade
der Kranke/ein Kranker	le malade
eine Krankheit feststellen	diagnostiquer une maladie
der Krankenwagen(-)	l'ambulance
die Rettung	le secours d'urgence
die Rettung rufen (ie,u)	appeler le SAMU
die Bahre (n)	le brancard
das Krankenhaus (¨er)	l'hôpital
ins Krankenhaus eingeliefert werden	être transporté à l'hôpital
im Krankenhaus liegen (a,e)	être hospitalisé
aus dem Krankenhaus entlassen werden	sortir de l'hôpital
die Notaufnahme (n)	l'admission d'urgence

EINE ANSTECKENDE KRANKHEIT	UNE MALADIE CONTAGIEUSE
der Krankheitserreger (-)	l'agent pathogène
das Krankheitssymptom (e)	le symptôme d'une maladie
der Virus (en)	le virus
die Mikrobe (n)	le microbe
die Bakterie (n)	la bactérie
die Epidemie (n)/ die Seuche (n)	l'épidémie
die Impfung (en)	la vaccination
der Impfstoff (e)	le vaccin
impfen	vacciner
sich gegen eine Krankheit impfen lassen	se faire vacciner contre une maladie
die Viruskrankheit (en)	la maladie virale
der Keuchhusten	la coqueluche

der Husten	la toux
die Windpocken(pl.)	la varicelle
die Masern (pl.)	la rougeole
die Röteln (pl.)	la rubéole
der Scharlach	la scarlatine
die Pocken (pl.)	la variole
die Tuberkulose	la tuberculose
die Gelbsucht	la jaunisse
die Leukämie	la leucémie
der Krebs	le cancer
der Lungenkrebs	le cancer du poumon
der Herzinfarkt(e)	l'infarctus
AIDS	le SIDA
an AIDS erkrankt sein	être atteint du SIDA
die Erstickung	l'asphyxie/ l'étouffement
ersticken (sein)	(s')étouffer

DER SCHWINDEL/ DAS SCHWINDEL-GEFÜHL (e)	LE VERTIGE
Mir ist schwindlig.	J'ai le vertige.
die Ohnmacht	l'évanouissement
in Ohnmacht fallen/ ohnmächtig werden	s'évanouir
bewußtlos sein	avoir perdu connaissance

DIE MAGENVER-STIMMUNG (en)	L'EMBARRAS GASTRIQUE
einen verstimmten Magen haben	avoir l'estomac dérangé
sich den Magen verderben (a,o,i)	attraper une indigestion
die Beschwerden	les troubles
Magenbeschwerden haben	avoir des dérangements d'estomac
einen schweren Magen haben	avoir des lourdeurs d'estomac
der Durchfall (¨e)	la diarrhée
die Verstopfung(en)	la constipation
das Geschwür (e)	l'ulcère/l'abcès
die Vergiftung (en)	l'intoxication/ l'empoisonnement
sich übergeben (a,e,i)/sich erbrechen (a,o,i)/ brechen	vomir

DER SCHMERZ(en)	LA DOULEUR
Kopfschmerzen haben	avoir mal à la tête
das Kopfweh	le mal de tête
Mir tut der Kopf weh./Ich habe Kopfweh.	J'ai mal à la tête.
das Bauchweh	le mal de ventre
sich weh tun	se faire mal

SICH VERLETZEN	SE BLESSER
leicht/schwer verletzt sein	être légèrement/ grièvement blessé
die Verletzung (en)	la blessure
der Verletzte/ein Verletzter	le blessé
die Verwundung (en)	la blessure (guerre)
der Verwundete/ein Verwundeter	le blessé
die Wunde (n)	la blessure/la plaie
sich in den Finger schneiden (i,i)	se couper au doigt

DER BLUTDRUCK	LA TENSION ARTERIELLE
einen zu hohen/zu niedrigen Blutdruck haben	avoir une tension trop élevée/ trop basse
das Cholesterin	le cholestérol
die Kreislauf-störungen	les troubles circulatoires
die Blutung (en)	l'hémorragie
bluten	saigner
Herzklopfen haben	avoir des palpitations
die Blutgruppe (n)	le groupe sanguin
die Blutübertragung (en)	la transfusion sanguine
die Blutabnahme (n)	la prise de sang
Blut spenden	donner du sang
der Blutspender	le donneur de sang
infiziertes Blut	du sang contaminé
die Mandel-entzündung (en)	l'amygdalite
entzündete Mandeln haben	avoir une inflammation des amygdales
die Erkältung (en)	le refroidissement
sich erkälten	prendre froid/ s'enrhumer
eine Erkältung haben	avoir attrapé froid
der Schnupfen (-)	le rhume
der Heuschnupfen(-)	le rhume des foins
niesen	éternuer
Gesundheit !	A tes/vos souhaits !
hochziehen (o,o)	renifler
husten	tousser
das Fieber	la fièvre
Fieber messen (a,e,i)	prendre la température

hohes Fieber haben	avoir une forte fièvre
der Schüttelfrost	les frissons
das Bett hüten	garder le lit
eine verstopfte Nase haben	avoir le nez bouché
sich die Nase putzen/sich schneuzen	se moucher

DAS VERHÜTUNGSMITTEL	LE MOYEN CONTRACEPTIF
das Präservativ(e)/das Kondom (e)	le préservatif
die Pille (n)	la pilule
sich die Pille verschreiben lassen (ie,a,ä)	se faire prescrire la pilule
die Schwangerschaft (en)	la grossesse
der Schwangerschaftstest (e)	le test de grossesse
schwanger sein	être enceinte
ein Kind erwarten/in anderen Umständen sein	attendre un enfant
der Schwangerschaftsabbruch (¨e)	l'interruption de grossesse
einen Schwangerschaftsabbruch vornehmen (a,o,i)	faire une interruption de grossesse
die Abtreibung (-)	l'avortement
abtreiben (ie,ie)	avorter
ein Kind zur Welt bringen (a,a)	mettre un enfant au monde
entbinden (a,u)	accoucher
die Entbindung (en)	l'accouchement
der Kaiserschnitt (e)	la césarienne
die Fehlgeburt (en)	la fausse couche
die Frühgeburt (en)	la naissance prématurée/le prématuré
der Brutkasten (¨)	la couveuse

DIE OPERATION(en)	L'OPERATION
sich operieren lassen/operiert werden	se faire opérer
sich am Blinddarm operieren lassen	se faire opérer de l'appendicite
die Narkose (n)	l'anesthésie
der O.P., der Operationssaal (säle)	la salle d'opération
die Röntgenaufnahme (n)	la radio
sich röntgen lassen	se faire radiographier
die Röntgenstrahlen	les rayons X
die Organverpflanzung (en)	la transplantation d'organes
der Herzschrittmacher (-)	le régulateur cardiaque
einen Herzschrittmacher eingesetzt bekommen	se faire implanter un régulateur cardiaque
die Chemiotherapie (n)	la chimiothérapie

DIE ARTHROSE (n)	l'ARTHROSE
das Rheuma	le rhumatisme
an Rheuma(tismus) leiden (i,i)	souffrir de rhumatismes
körperbehindert	handicapé moteur
die Lähmung (en)	la paralysie
lahm	paralysé
der Gelähmte/ein Gelähmter	le paralysé
der Rollstuhl (¨e)	la chaise roulante

die Hautverbrennung (en)	la brûlure de la peau
der Ausschlag (¨e)	l'eczéma
der Juckreiz	les démangeaisons
jucken	démanger
Es juckt mich am Rücken.	J'ai des démangeaisons dans le dos.
Mich juckt die Nase.	Le nez me gratte.
sich das Bein brechen (a,o,i)	se casser la jambe
der Gips	le plâtre
sich den Fuß verstauchen	se fouler le pied
die Verrenkung (en)	la luxation
die Zuckerkrankheit (en)	le diabète
zuckerkrank sein	être diabétique
der Zuckerkranke/ein Zuckerkranker	le diabétique

DIE NEUROSE (n)	LA NEVROSE
nervös	nerveux
die Schlaflosigkeit	l'insomnie
das Schlafmittel(-)	le somnifère
eine Schlaftablette einnehmen (a,o,i,)	prendre un cachet pour dormir

das Beruhigungsmittel (-)	le calmant
sich beruhigen	se calmer
durchdrehen	s'affoler
verrückt werden	devenir fou
das Angstgefühl (e)	le sentiment de peur
einen Pychotherapeuten aufsuchen	consulter un psychothérapeute
das Unterbewußtsein	le subconscient
die Psychiatrische Anstalt (en)	l'asile d'aliénés
das Irrenhaus (¨er)	la maison de fous (iron.)
die Zwangsjacke (n)	la camisole de force
die psychotherapeutische Behandlung (en)	le traitement psychothérapeutique
geistig behindert	handicapé mental
die Karies	la carie
der Bohrer (-)	la fraise
bohren	passer la fraise
die Plombe (n)/die Füllung (en)	le plombage
die Krone (n)	la couronne
einen Zahn ziehen (o,o)	arracher une dent
das Gebiß (isse)	le dentier
die Zahnspange (n)	l'appareil dentaire

DER ARZT (¨e)	LE MEDECIN
der praktische Arzt	le médecin généraliste
der Hausarzt	le médecin de famille
der Facharzt	le spécialiste
der Augenarzt	l'oculiste
der Hals-Nasen-Ohrenarzt (HNO)	l'oto-rhino (O.R.L.)
der Kinderarzt	le pédiatre
der Frauenarzt	le gynécologue
der Hautarzt	le dermatologue
der Zahnarzt	le dentiste
der Internist (en,en)	le spécialiste des maladies internes
die Krankenschwester (n)	l'infirmière
der Krankenpfleger (-)	l'infirmier
der Heilpraktiker (-)	le guérisseur
die Praxis (-xen)	le cabinet
der Warteraum (¨e)	la salle d'attente
die Behandlung (en)	le traitement
jn behandeln	traiter qn
der Patient (en,en)	le malade
die Untersuchung (en)	l'examen
jn untersuchen	examiner qn
abhorchen	ausculter
den Puls fühlen	tâter le pouls
den Blutdruck messen (a,e,i)	prendre la tension
eine Spritze geben (a,e,i)	faire une piqûre
eine Diagnose stellen	établir un diagnostic
das Medikament (e)	le médicament
ein Medikament verschreiben (ie,ie)	prescrire un médicament
die Kur (en)	la cure
der Kurort (e)	la station thermale

DIE APOTHEKE (n)	LA PHARMACIE
der Apotheker	le pharmacien
die Arznei (en)/das Medikament (e)	le médicament
das Rezept (e)	l'ordonnance
rezeptpflichtig	sur ordonnance
frei verkäuflich	en vente libre
die Tablette (n)	le cachet
die Pille (n)	la pilule
die Kapsel (n)	la capsule/la gélule
der Saft (¨e)	le sirop
der Hustensaft(¨e)	le sirop pour la toux
das Zäpfchen (-)	le suppositoire
der Verband (¨e)	le pansement
die Mullbinde (n)	la bande de gaze
das Pflaster (-)	le sparadrap
die Salbe (n)	la pommade
lutschen	sucer
im Munde zergehen lassen	laisser fondre dans la bouche
schlucken	avaler
die AOK (die Allgemeine Ortskrankenkasse)	la caisse primaire d'assurance maladie
die Zusatzversicherung (en)	l'assurance complémentaire
ersetzen	rembourser
teilweise	partiellement
das Gesundheitswesen	la santé publique
die Vorbeugung	la prévention
vorbeugend	préventif
zur Vorbeugung	préventivement
einer Erkrankung vorbeugen (Dat.)	prévenir une maladie
die Vorsorgeuntersuchung (en)	le contrôle préventif

sich krank lachen/sich (halb) tot lachen	mourir de rire
Was ist dir über die Leber gelaufen ?	Quelle mouche t'a piqué ?
etwas auf Herz und Nieren prüfen	examiner qc sous toutes ses coutures
eine künstliche Niere	un rein artificiel
Gift und Galle spucken	cracher feu et flamme
Das macht mir viel Kopfzerbrechen.	Cela me préoccupe énormément.
Mir knurrt der Magen.	J'ai grand-faim.
mit nüchternem Magen	à jeun
Mir bleibt die Spucke weg.	Je n'en reviens pas.
Ich habe starke Schmerzen im Oberarm und im Rücken.	J'ai de fortes douleurs au bras et dans le dos.
Ich habe Bauchschmerzen, Halsschmerzen, Kopfschmerzen ...	J'ai mal au ventre, à la gorge, à la tête ...
Haben Sie Temperatur/Fieber ?	Avez-vous de la fièvre ?
Atmen Sie tief durch ! Husten Sie !	Respirez profondément ! Toussez !
Haben Sie etwas gegen Kopfschmerzen ?	Avez-vous quelque chose contre les maux de tête ?
Ich bin erkältet.	Je suis enrhumé.
Ich habe meine Tage. Ich brauche Binden/Tampons.	J'ai mes règles. Il me faudrait des serviettes hygièniques/des tampons.

DIE KLEIDUNG
LES VETEMENTS

der Modeschöpfer(-)	le grand couturier
der Schneider (-)	le tailleur
entwerfen (a,o,i)	créer/dessiner
die Modezeichnerin (nen)	la modéliste
die neueste Mode	la toute dernière mode
der letzte Schrei	le dernier cri
mit der Mode gehen/ die Mode mitmachen	suivre la mode
altmodisch	démodé
die Modenschau	la présentation de mode
das Mannequin (s)	le mannequin
Mode vorführen	faire une présentation de mode
das Modell (e)	le modèle
die Modezeitschrift (en)/das Modenblatt (¨er)	le journal de mode
modern/modisch	moderne
der Laufsteg (e)	le podium
die Bekleidungsindustrie (n)	l'industrie de l'habillement
das Bekleidungsgeschäft (e)	le magasin de vêtements
die Damenbekleidung	les vêtements pour dames
die Abteilung für Herrenbekleidung	le rayon de vêtements pour hommes
die Kleidung	les vêtements
die Konfektionskleidung	le prêt-à-porter
das Kleidungsstück (e)	le vêtement
die Sachen/ die Anziehsachen	les affaires/les vêtements
sich kleiden	se vêtir
sich geschmackvoll kleiden	s'habiller avec goût
sich ausziehen(o,o)	se déshabiller
sich anziehen	s'habiller
etw. anziehen	mettre qc/ passer qc
einen Anorak anziehen	mettre un anorak
warm angezogen sein	être bien couvert
sich umziehen	se changer
anprobieren	essayer (un vêtement)
in etw. (Akk.) hineinschlüpfen (sein)	enfiler qc
etw. überziehen in etw. (Akk.)	mettre qc par-dessus (robe/manteau)
jm passen	être à la taille de qn
Die Hose paßt ihm gut.	Le pantalon lui va bien.
jm (gut) stehen (a,a)	aller bien à qn
Die Farbe steht dir gut.	La couleur te va bien.
(gut/schlecht) sitzen	aller bien/avoir une bonne coupe
kleidsam	seyant
eng	étroit
weit	ample
knapp	juste
ausgeschnitten	décolleté
kurzärmelig	à manches courtes
langärmelig	à manches longues
knielang	qui descend jusqu'aux genoux
knöchellang	qui descend jusqu'aux chevilles
kniebedeckt	qui recouvre les genoux

DAMENBEKLEIDUNG
LES VETEMENTS DE FEMMES

das Kleid (er)	la robe
das Brautkleid	la robe de mariée
das Abendkleid	la robe du soir
der Rock (¨e)	la jupe
der Hosenrock (¨e)	la jupe-culotte
der Faltenrock (¨e)	la jupe plissée
der Minirock (¨e)	la mini-jupe
das Kostüm (e)	le tailleur
die Bluse (n)	le chemisier
der Mantel (¨)	le manteau
der Popeline-Mantel /der Gabardine-Mantel	l'imperméable
der Pelzmantel (¨)	le manteau de fourrure
der Bademantel (¨)	le peignoir de bain
der Morgenrock (¨e)	la robe de chambre
die Strickjacke (n)	la veste de laine
stricken	tricoter
die Jacke (n)	la veste
der Pullover(-)/der Pulli (s)	le chandail/le pull-over
der Rollkragen-pullover (-)	le pull-over à col roulé
die Schürze (n)	le tablier
DIE DAMENUNTER-WÄSCHE	LES SOUS-VETE-MENTS (dames)
die Strumpfhose (n)	le collant
der Strumpf (¨e)	le bas
der Slip (s)	le slip
der Schlüpfer (-)	la culotte
das Höschen (-)	la petite culotte
der BH (s)/der Büstenhalter (-)	le soutien-gorge
der Unterrock (¨e)	le jupon
das Hemd (en)	la chemisette
die Spitze (n)	la dentelle
bestickt	brodé
die Rüsche (n)	le volant
der Badeanzug (¨e)	le maillot de bain
das Nachthemd (en)	la chemise de nuit
das Tuch (¨er)	le foulard
das Schultertuch (¨er)	le châle

HERRENBEKLEIDUNG
LES VETEMENTS D'HOMMES

die Hose (n)	le pantalon
der Anzug (¨e)	le costume/le complet
das Hemd (en)	la chemise
die Krawatte (n)/ der Schlips (e)	la cravate
die Fliege (n)	le nœud papillon
das Sakko (s)	le veston
die Weste (n)	le gilet
die Unterhose (n)	le slip
der Boxershort (s)	le caleçon
das Unterhemd (en)	le gilet de corps
die Badehose	le maillot de bain
der Freizeit-Anzug (¨e)/der Trainingsanzug (¨e)/der Jogging-anzug (¨e)	le survêtement
die Jeans	le jean
der Schlafanzug(¨e)	le pyjama
die Socke (n)	la chaussette
der Kniestrumpf(¨e)	la chaussette montante
der Gürtel (-)	la ceinture
der Manschetten-knopf (¨e)	le bouton de manchette
der Hut (¨e)	le chapeau
die Schirmmütze (n)	la casquette
die Baskenmütze (n)	le béret basque
der Schal (s)	l'écharpe
die Hosenträger (pl.)	les bretelles
DER SCHUH (e)	LE SOULIER/ LA CHAUSSURE
der Stiefel (-)	la botte
der Schnürschuh (e)	la chaussure à lacets
der Pumps (-)	la chaussure à talon
der Ballerina-Schuh	la ballerine
der Slipper (-)	le mocassin
die Freizeitschuhe/ die Jogging-schuhe	les baskets
der Schuster (-)	le cordonnier
der Absatz (¨e)	le talon
niedrige/hohe Absätze	des talons bas/ hauts
flache Schuhe	des souliers plats
die Schuhe putzen	nettoyer les souliers
die Schuhcreme (s)	le cirage

die Schuhe glänzen	faire briller les souliers
die Sohle (n)	la semelle
besohlen lassen	faire ressemeler
die Einlage (n)	la semelle intérieure
der Schnürsenkel (-)	le lacet
die Größe (n)	la pointure
DIE ÄNDERUNGS-SCHNEIDEREI(en)	L'ATELIER DE RETOUCHES
der Kragen (¨)	le col
der Ärmel (-)	la manche
die Falte (n)	le pli
der Knopf (¨e)	le bouton
Der Knopf ist ab (gerissen).	Le bouton est tombé.
den Knopf annähen	coudre le bouton
die Naht (¨e)	la couture
nähen	coudre
der Faden (¨)	le fil
die Nadel (n)	l'aiguille
die Schere (n)	les ciseaux
der Reißverschluß (üsse)	la fermeture éclair
erneuern	renouveler
der Druckknopf (¨e)	la pression
das Knopfloch (¨er)	la boutonnière
zerrissen sein	être déchiré
stopfen	repriser
kürzer machen	raccourcir
länger machen	rallonger
das Schulterkissen (-)	l'épaulette
die Tasche (n)	la poche
die Kapuze (n)	le capuchon
der Saum (¨e)	l'ourlet
bügeln	repasser
die Bügelfalte (n)	le pli du pantalon
das Futter (-)	la doublure
gefüttert	doublé

Angezogen wirkt der Anzug gut.	Le costume rend bien quand on le porte.
Wo drückt der Schuh ?	Où le bas blesse-t-il ?
Er hat eine reine Weste.	Il n'a rien à se reprocher.
Kleider machen Leute.	La belle plume fait le bel oiseau.
sich die Ärmel hochkrempeln	retrousser ses manches
sich den Gürtel enger schnallen	se serrer la ceinture
wie angegossen passen	aller comme un gant
Sie hat die Hosen an.	C'est elle qui porte la culotte.

DER STOFF (e) : *LE TISSU*

die Baumwolle	le coton
die Wolle	la laine
der Wollstoff (e)	le tissu de laine
der Samt	le velours
der Leinen	la toile
die Seide	la soie
reine Seide	pure soie
Es fühlt sich wie Seide an.	On dirait de la soie.
seiden	en soie
ein seidenes Abendkleid	une robe du soir en soie
die Kunstfaser (n)/ die Chemiefaser	les fibres synthétiques
ein Stoff aus Synthetik	un tissu en polyester
das Leder	le cuir
knittern	froisser
waschbar	lavable
reinigen lassen	faire nettoyer
die Reinigung (en)	le nettoyage à sec
eingehen (i,a) (sein)/einlaufen (ie,au,äu)(sein)	rétrécir
zur Reinigung bringen (a,a)	porter à nettoyer
der Fleck (en)	la tache
herausgehen (i,a) (sein)	partir (tache)
kochfest	qui peut bouillir
farbecht	grand teint
das Muster (-)	le motif
gemustert	à motifs/à dessins
der Streifen (-)	la raie/la rayure
gestreift	rayé
kariert	à carreaux
getupft	à pois
geblümt/mit Blumenmuster	à fleurs
auffällig	voyant

DER SCHMUCK : *LES BIJOUX*

der Modeschmuck	les bijoux fantaisie
das Schmuckstück(e)	le bijou
der Juwelier (e)	le joaillier/le bijoutier
das Juwelier-geschäft (e)	la bijouterie
das Schmuckkäst-chen (-)	le coffret à bijoux
die Juwelen	les joyaux
der Edelstein (e)	la pierre précieuse
der Smaragd (e)	l'émeraude
der Rubin (e)	le rubis
der Saphir (e)	le saphir
der Diamant (en,en)	le diamant
das Elfenbein	l'ivoire
das Gold	l'or
aus echtem Gold	en or véritable
das Silber	l'argent
golden	en or
silbern	en argent
der Wert	la valeur
von hohem Wert	de grande valeur
wertvoll/wertlos	précieux/sans valeur
kostbar	précieux

echt/unecht	véritable/faux,imité
der Ring (e)	la bague
der Verlobungsring (e)	la bague de fiançailles
der Ehering (e)	l'alliance
der Ohrring (e)	la boucle d'oreille
sich die Ohren stechen lassen	se faire percer les oreilles
die Kette (n)/das Kettchen (-)	la chaîne
die Halskette (n)	le collier
die Perle (n)	la perle
die Perlenkette (n)	le collier de perles
die Brosche (n)	la broche
die Anstecknadel(n)	l'épingle (bijou)
das Armband (¨er)	le bracelet
der Anhänger (-)	le pendentif
sich eine Brosche anstecken/anmachen	mettre une broche
sich einen Ring anstecken	mettre une bague
sich eine Kette ummachen	mettre une chaîne
sich mit Schmuck behängen	se couvrir de bijoux (iron.)

ESSEN UND TRINKEN
MANGER ET BOIRE

DER HUNGER	LA FAIM
Hunger haben/ hungrig sein	avoir faim
Hunger bekommen (a,o)	commencer à avoir faim
vor Hunger sterben (a,o,i)(sein)/ verhungern	mourir de faim
seinen Hunger stillen	calmer sa faim
DER DURST	LA SOIF
Durst haben/durstig sein	avoir soif
seinen Durst löschen	étancher sa soif
verdursten	mourir de soif
durstlöschend/ durststillend	désaltérant
ESSEN (a,e,i)	MANGER
das Essen	le manger/le repas
die Mahlzeit (en)	le repas
aufessen (a,e,i)	finir l'assiette/ tout manger
aus einem Teller essen	manger dans une assiette
satt	rassasié
sich satt essen	manger à sa faim/ se rassasier
schmatzen	manger bruyamment
gut/schlecht schmecken	avoir bon/mauvais goût, être bon/ mauvais
es sich (Dat.) schmecken lassen	se régaler
jm gut schmecken	plaire à qn (au goût)
Das schmeckt mir gut.	Je trouve cela bon.
der Appetit	l'appétit
jm den Appetit verderben (a,o,i)	couper l'appétit à qn
der Appetithappen	l'amuse-gueule
Guten Appetit !	Bon appétit !
TRINKEN (a,u)	BOIRE
das Getränk (e)	la boisson
aus der Flasche trinken	boire à la bouteille
aus einem Glas trinken	boire dans un verre
auf einen Zug leeren	vider d'un (seul) trait
sein ganzes Geld vertrinken	dépenser tout son argent à boire
das Trinkwasser	l'eau potable
schlürfen	boire bruyamment
die Nahrung	la nourriture
nahrhaft	nourrissant
das Nahrungsmittel (-)	l'aliment
die Lebensmittel (pl.)	les denrées alimentaires
die Ernährung	l'alimentation
der Nährwert	la valeur nutritive
sich ernähren	s'alimenter
unterernährt	sous-alimenté
die Tiefkühlkost	les produits surgelés
einfrieren (o,o)	congeler
gefroren	gelé
auftauen	dégeler
köstlich	délicieux
die Bio-Kost	les aliments biologiques

DIE MAHLZEITEN : *LES REPAS*

DAS FRÜHSTÜCK(e)	LE PETIT DEJEUNER
frühstücken	prendre son petit déjeuner
das Brot (e)	le pain
das Mischbrot	le pain bis
das Vollkornbrot	le pain complet

das Roggenbrot	le pain de seigle
das Landbrot	le pain de campagne
das Toastbrot	le pain de mie
das Brötchen (-)/ die Semmel (n)	le petit pain
die Scheibe(n)Brot/ die Schnitte Brot	la tranche de pain
das belegte Brot	la tartine de pain garnie
das Stück (e) Brot	le morceau de pain
altes/frisches Brot	du pain rassis/frais
die Krümel (pl.)	les miettes
das Hörnchen (-)	le croissant
das französische Stangenbrot (e)	la baguette
die Butter	le beurre
fettarme Butter	du beurre allégé
Butter auf das Brot streichen (i,i)	étaler du beurre sur le pain
die Marmelade (n)	la confiture
der Honig	le miel
der Kaffee	le café
den Kaffee einschenken	verser le café
koffeinfrei	décaféiné
der Tee	le thé
den Tee ziehen lassen (ie,a,ä)	laisser infuser le thé
der Kakao	le chocolat
der Zucker	le sucre
das Zuckerstückchen (-)	le morceau de sucre
der Süßstoff	la saccharine/ la sucrette
süßen	sucrer
das Ei (er)	l'œuf
ein gekochtes Ei	un œuf dur
ein weichgekochtes Ei	un œuf mollet
DAS MITTAGESSEN	LE DEJEUNER
die Vorspeise (n)	le hors d'œuvre
die Suppe (n)	le potage/la soupe/ le bouillon
die Nudelsuppe	le bouillon au vermicelle
die Zwiebelsuppe	la soupe à l'oignon
die Tagessuppe	le potage du jour
das Gericht (e)/ die Speise (n)	le plat/le mets
das Fleischgericht (e)	le plat de viande
das Hauptgericht(e)	le plat principal
die Nachspeise (n)/ der Nachtisch (e)	le dessert
der Gang (¨e)	le plat
ein Essen mit drei Gängen	un repas avec trois plats
die Beilage (n)	l'accompagnement
DAS ABENDESSEN(-)	LE REPAS DU SOIR
der gemischte Salat	la salade composée
der Aufschnitt	l'assortiment de charcuterie
die Wurstplatte (n)	l'assiette de char-cuterie
der Käseteller (-)	l'assiette de fromages

DAS FLEISCH : *LA VIANDE*

DAS RINDFLEISCH	LA VIANDE DE BOEUF/ LE BOEUF
das Hackfleisch	la viande hachée
der Rinderbraten(-)	le rôti de bœuf
die Rindsroulade(n)	la paupiette de bœuf
die Frikadelle (n)	la boulette de viande hachée
der Sauerbraten (-)	le rôti de bœuf mariné
das Lendenstück (e)	l'aloyau
DAS KALBFLEISCH	LE VEAU
das Schnitzel (-)	l'escalope
das Wiener Schnitzel	l'escalope panée
die gefüllte Kalbsbrust	la poitrine de veau farcie
die Kalbshaxe (n)	le jarret de veau
der Kalbsnieren-braten	le rôti de veau aux rognons
DAS LAMMFLEISCH	L'AGNEAU
das Hammelfleisch	le mouton
das Lammkotelett (en)	la côtelette d'agneau
die Hammelkeule (n)	le gigot de mouton
DAS SCHWEINE-FLEISCH	LE PORC
das Kasseler Rippchen	la côtelette de porc salée et fumée
das Eisbein	le jambonneau
DAS GEFLÜGEL	LA VOLAILLE
das Hähnchen (-)	le poulet
die Hähnchenkeule (n)	la cuisse de poulet
die Pute (n)	le dindonneau
die gebratene Gans (¨e)	l'oie rôtie
die Wildente (n)	le canard sauvage

DAS WILDBRET	LE GIBIER	**fett**	gras
der Rehrücken (-)	la selle de chevreuil	**mager**	maigre
das Wildschwein (-)	le sanglier	**zäh**	dur
der Hasenpfeffer	le civet de lièvre	**zart**	tendre
der Froschschenkel(-)	la cuisse de grenouille	**englisch**	saignant (steak)
die Weinberg-schnecke(n)	l'escargot	**mittel/medium**	à point
die Leber	le foie	**durchgebraten**	bien cuit

FISCHE/MUSCHELN UND SCHALENTIERE
POISSONS/COQUILLAGES ET CRUSTACES

der Fisch (e)	le poisson	**die Miesmuschel (n)**	la moule
die Forelle (n)	la truite	**die Jakobsmuschel (n)**	la coquille Saint-Jacques
der Karpfen (-)	la carpe	**die Auster (n)**	l'huître
der Kabeljau (e)	le cabillaud	**der Hummer (-)**	le homard
der Lachs (e)	le saumon	**die Languste (n)**	la langouste
die Seezunge (n)	la sole	**der Krebs (e)**	l'écrevisse
der Thunfisch (e)	le thon	**die Krabbe (n)**	la crevette
der Hering (e)	le hareng		
die Muschel (n)	le coquillage		

DAS GEMÜSE : *LES LEGUMES*

die Kartoffel (n)	la pomme de terre	**der Rosenkohl**	le chou de Bruxelles
die Frühkartoffel (n)	la pomme de terre nouvelle	**der Weißkohl/ das Weißkraut**	le chou blanc
der Kartoffelpuffer (-)/der Reibekuchen (-)	la galette de pommes de terre	**das Blaukraut/ der Rotkohl**	le chou rouge
das Kartoffelpüree (s)	la purée de pommes de terre	**das Sauerkraut**	la choucroute
die Bratkartoffeln	les pommes de terre rissolées	**der Spargel**	les asperges
der Semmelknödel(-)	la quenelle de pain	**der Spinat**	les épinards
der Kartoffelkloß (¨e)	la boulette de pommes de terre	**der Lauch/ der Porree**	le poireau
die Karotte (n)/die Mohrrübe (n)	la carotte	**die Tomate (n)**	la tomate
die Erbse (n)	le petit pois	**die Paprikaschote (n)**	le poivron
die Bohne (n)	le haricot	**der Chicoree**	la chicorée-endive
die Schwarzwurzel (n)	le salsifis	**die Gurke (n)**	le concombre
der Wirsing	le chou frisé	**der Kopfsalat (e)**	la laitue
der Kohl	le chou	**die Kräuter**	les fines herbes
der Blumenkohl	le chou-fleur	**die Petersilie**	le persil
		der Schnittlauch	la ciboulette
		der Dill	l'aneth
		die Zwiebel (n)	l'oignon
		der Knoblauch	l'ail

DAS OBST : *LES FRUITS*

die Orange (n)	l'orange	**die Birne (n)**	la poire
die Banane (n)	la banane	**die Kirsche (n)**	la cerise
die Zitrone (n)	le citron	**die Pflaume (n)**	la prune
der Apfel (¨)	la pomme	**der Pfirsich (e)**	la pêche

die Aprikose (n)	l'abricot
die Grapefruit (s)/ die Pampelmuse (n)	le pamplemousse
die Ananas (-)	l'ananas
die Feige (n)	la figue
die Melone (n)	le melon
der Kürbis (se)	la citrouille
die Zwetschge (n)	la quetsche
die Erdbeere (n)	la fraise
die Himbeere (n)	la framboise
die Brombeere (n)	la mûre
die Heidelbeere (n)	la myrtille
die Johannisbeere (n)	la groseille
die schwarze Johannnisbeere (n)	le cassis
die Stachelbeere(n)	la groseille à maquereau
die Preiselbeere(n)	l'airelle
die Weintraube (n)	le raisin
die Walnuß (üsse)	la noix
die Haselnuß (üsse)	la noisette
die Mandel (n)	l'amande
die Erdnuß (üsse)	la cacahuette
die Kokosnuß (üsse)	la noix de coco
der Avocado (s)	l'avocat
reif	mûr
reif werden/reifen	mûrir
giftig	vénéneux
gedörrt/getrocknet	séché (fruit)
roh	cru
welk	fâné
welk werden/ verwelkeln (sein)	fâner
verfault	pourri
verfaulen/faulen (sein)	pourrir
verschimmelt	moisi
verschimmeln/ schimmeln (sein)	moisir
verdorben	gâté
verderben (a,o,i) (sein)	se gâter
sauer	aigre
bitter	amer
saftig	juteux
wässerig/wäßrig	aqueux
hart/weich	dur/mou
schütteln	secouer
ernten	récolter
knacken	casser (noix)

DER NACHTISCH UND DER KUCHEN
LE DESSERT ET LA PATISSERIE

das Eis	la glace
das Vanilleeis	la glace à la vanille
der Eisbecher (-)	la coupe de glace
die Sahne	la crème chantilly
die Quarkspeise (n)	le dessert au fromage blanc
der Pfannkuchen (-)	la crêpe
der Auflauf (¨e)	le gratin
der Obstsalat (e)	la salade de fruits
der Kuchen (-)	le gâteau
der Obstkuchen (-)	la tarte aux fruits
die Torte (n)	le gâteau à la crème
der Käsekuchen (-)	le gâteau au fromage
der Teig (e)	la pâte
der Käse (die Käsesorten)	le fromage
der Schafskäse	le fromage de chèvre

DIE GETRÄNKE : *LES BOISSONS*

das Getränk (e)	la boisson
das alkoholfreie Getränk	la boisson sans alcool
der Alkohol (e)	l'alcool
das Wasser	l'eau
das Mineralwasser/ das Tafelwasser	l'eau minérale
der Sprudel (-)	l'eau gazeuse
die Limonade (n)	la limonade
der Saft (¨e)	le jus
der Fruchtsaft (¨e)	le jus de fruits
der Apfelsaft (¨e)	le jus de pomme
der Apfelwein (e)	le cidre
der Sekt (e)	le mousseux
der Champagner (-)	le champagne
der Likör (e)	la liqueur
der Weinbrand (¨e)	le cognac (allem.)
der Schnaps (¨e)	l'eau de vie
der Himbeergeist	l'eau de vie de framboise
das Bier	la bière
das helle/dunkle Bier	la bière blonde/ brune
das Faß (Fässer)	le tonneau
Bier vom Faß	de la bière à la pression
Flaschenbier	de la bière en bouteille
eine Maß Bier	un litre de bière
der Bierkrug (¨e)	le pot à bière

der Bierdeckel (-)/ der Bierfilz (e)	le rond de bière	**ein offener Wein**	du vin en carafe
die Brauerei (en)	la brasserie	**der Rheinwein (e)**	le vin du Rhin
der Bierbauch (¨e)	le ventre de buveur de bière/la bedaine	**der Landwein (e)**	le vin du pays
der Wein (e)	le vin	**lieblich**	doux
der Rotwein	le vin rouge	**herb**	sec
der Weißwein	le vin blanc	**fruchtig**	fruité
		der Korken (-)	le bouchon
		Wein einschenken	servir du vin

WÜRZEN : *ASSAISONNER/EPICER*

das Gewürz (e)	l'épice	**den Salat anmachen**	assaisonner la salade
der Pfeffer	le poivre	**der Senf**	la moutarde
der Paprika	le piment	**die saure Gurke (n)**	le cornichon
der Thymian	le thym	**scharf**	piquant
der Meerrettich	le raifort	**würzig**	relevé
das Salz	le sel	**versalzen**	trop salé
der Essig	le vinaigre	**süß-sauer**	aigre-doux
das Öl (e)	l'huile		
das Olivenöl (e)	l'huile d'olive		

ABNEHMEN : *MAIGRIR*

die Figur	la ligne/ la silhouette	**der Gewichtsverlust**	la perte de poids
eine gute Figur haben	avoir une jolie silhouette	**an Gewicht verlieren (o,o)**	perdre du poids
rundlich/dicklich/ mollig	rondelet/un peu fort/enveloppé	**das Fettpolster/das Speckpolster (-)**	le bourrelet de graisse
dick	gros/fort	**die Diät**	le régime
korpulent	corpulent	**die Blitzdiät**	le régime éclair
das Gewicht	le poids	**abmagern**	maigrir
das Übergewicht	l'excès pondéral	**die Abmagerung**	l'amaigrissement
das Idealgewicht	le poids idéal	**die Abmagerungskur/ die Schlank-heitskur (en)**	la cure d'amaigrissement
wiegen (o,o)	peser	**ausgeglichen**	équilibré
Wieviel wiegst du ?/ Wie schwer bist du ?	Combien pèses-tu ?	**wirksam**	efficace
das Pfund (e)	la livre	**durchhalten (ie,a,ä)**	tenir bon
die überflüssigen Pfunde	les kilos superflus	**das Wunder (-)**	le miracle
zunehmen/abnehmen (a,o,i)	grossir/maigrir	**Wunder wirken**	faire des miracles
die Gewichts-zunahme	le gain de poids	**das Reformhaus(¨er)**	le magasin d'aliments naturels
		das Vitamin (e)	la vitamine

Hunger ist der beste Koch.	Quand on a faim, on mange de tout.
für drei essen	manger comme quatre
wie ein Spatz essen	avoir un appétit de moineau
einen gut Zug haben	avoir une bonne descente
Was trinken Sie zum Fisch ?	Que buvez-vous avec le poisson ?
Der Appetit kommt beim Essen.	L'appêtit vient en mangeant.
Da läuft mir das Wasser im Munde zusammen.	Cela me met l'eau à la bouche.

DAS HAUS
LA MAISON

das Haus (¨er)	la maison
das einstöckige Haus	la maison à un étage
das Einfamilienhaus	la maison individuelle
das Reihenhaus	la maison individuelle mitoyenne
der Häuserblock (s)	le pâté de maisons
das Hinterhaus	la maison sur cour
das Landhaus	la maison de campagne
die Villa (Villen)	la villa
das Wochenendhaus	la maison de week-end
die Wohnung (en)	l'appartement
das Viertel (-)	le quartier
der Stadtrand	la périphérie d'une ville
am Stadtrand wohnen	habiter à la périphérie d'une ville
das Stadtmitte (n)/ das Zentrum (tren)	le centre ville
verkehrsgünstig	bien desservi
verkehrsmäßig schlecht gelegen	mal desservi
die Nachbarschaft	le voisinage
der Nachbar (n)	le voisin
der Immobilien-makler (-)	l'agent immobilier
der Besitzer (-)/ der Eigentümer (-)	le propriétaire
das Privateigentum (¨er)	la propriété privée
etw. besitzen (a,e)	posséder qc

MIETEN	LOUER/PRENDRE EN LOCATION
vermieten	louer/donner en location
der Mieter (-)	le locataire
der Vermieter (-)	le loueur (souv. propriétaire)
die Miete (n)	le loyer
untervermieten	sous-louer
in Untermiete wohnen	être sous-locataire
der Untermieter (-)	le sous-locataire
die Mieterhöhung (en)	l'augmentation de loyer
die Miete erhöhen	augmenter le loyer
der Mietvertrag(¨e)	le bail/le contrat de location
die Kaltmiete (n)	le loyer sans les charges de chauffage
die Warmmiete (n)	le loyer charges de chauffage com-prises
die Nebenkosten	les charges
jm kündigen	donner congé à qn
kündigen	donner son congé
die Kündigung (en)	la résiliation
die dreimonatige Kündigungs-frist(en)	le préavis de trois mois
eine Kaution hinterlegen	déposer une caution
jn auf die Straße setzen	mettre qn à la rue
jn hinauswerfen (a,o)	mettre qn dehors
die Zwangsräumung	l'expulsion forcée
eine Wohnung räumen	quitter/évacuer un logement

DER UMZUG (¨e)	LE DEMENAGEMENT
umziehen (o,o) (sein)	déménager/changer d'appartement
aus einer Wohnung ausziehen (sein)	quitter un appartement
einziehen (sein)	emménager
der Umzugswagen (-)	le camion de déménagement
der Möbelpacker (-)	le déménageur
der Umzugskarton(s)	le carton de déménagement
die Kiste (n)	la caisse
einpacken/auspacken	emballer/déballer

DIE FINANZIERUNG (en)	LE FINANCEMENT
die Anzahlung (en)	les arrhes
eine Anzahlung leisten	verser des arrhes
der Kaufpreis (e)	le prix d'achat
das Darlehen (-)	le prêt
der Kredit (e)	le crédit
einen Kredit aufnehmen (a,o,i)	prendre un crédit
das Bausparen	l'épargne-logement
die Zinsen	les intérêts
die Tilgung (en)	le remboursement
ein Darlehen tilgen	rembourser un prêt
der Notar (e)	le notaire
das Grundbuch (¨er)	le cadastre
im Grundbuch eingeschrieben sein	être inscrit au cadastre
das Eigenkapital	l'apport personnel
die Schulden	les dettes

DER BAU EINES HAUSES	LA CONSTRUCTION D'UNE MAISON
sich ein Haus bauen lassen (ie,a,ä)	se faire construire une maison
das Grundstück (e)	le terrain
der Architekt (en,en)	l'architecte
der Plan des Hauses	le plan de la maison
die Baugenehmigung (en)	le permis de construire
den Bau genehmigen	autoriser la construction
die Baugenehmigung beantragen	déposer la demande de permis de construire

DAS BAUUNTERNEHMEN/DIE BAUFIRMA (en)	L'ENTREPRISE DE CONSTRUCTION
der Bauunternehmer (-)	l'entrepreneur (en bâtiment)
der Handwerker (-)	l'artisan
der Maurer (-)	le maçon
der Dachdecker (-)	le couvreur
der Installateur(e)/der Klempner (-)	le plombier
der Glaser (-)	le vitrier
der Schreiner (-)	le menuisier
der Zimmerer (-)	le charpentier
der Tischler (-)	l'ébéniste
der Maler (-)/der Anstreicher (-)	le peintre
der Fliesenleger(-)	le carreleur
der Elektriker (-)	l'électricien

DER ROHBAU (ten)	LE GROS OEUVRE
das Fundament (e)	les fondations
das Fundament ausheben (o,o)	creuser les fondations
der Bagger (-)	la pelleteuse
der Ziegelstein (e)	la brique
der Hohlblockstein (e)	le parpaing
die Mauer (n)	le mur
die Außenwand (¨e)	le mur extérieur
der Mörtel	le mortier
der Zement	le ciment
der Sand	le sable
das Gerüst (¨e)	l'échaffaudage
der Kran (¨e)	la grue
das Dach (¨er)	le toit
der (Dach)ziegel(-)	la tuile
das Schieferdach	le toit d'ardoise
das Strohdach	le toit de chaume
der Schornstein (e)	la cheminée
der Dachstuhl (¨e)	la charpente
die Dachrinne (n)	la gouttière
der Balken (-)	la poutre
der Giebel (-)	le pignon
der Dachfirst	le faîtage
das Mansardenfenster (-)	la lucarne
die Haustür (en)	la porte d'entrée
das Fenster (-)	la fenêtre
die Scheibe (n)	la vitre
eine Scheibe einsetzen	poser une vitre
die Doppelverglasung (en)	le double vitrage
das Isolierfenster (-)	la fenêtre isolante
der Fensterladen (¨)	le volet
der Rolladen (¨)	le volet roulant
die Rolläden hochziehen (o,o)	monter les volets roulants
die Rolläden herunterlassen	descendre les volets roulants
der Balkon (s)	le balcon
das Balkongeländer (-)	la balustrade
die Garage (n)	le garage
die Tiefgarage (n)	le garage souterrain
das Schwingtor (e)	la porte basculante
das Schiebetor (e)	la porte coulissante
die Garageneinfahrt (en)	l'entrée du garage
das Gartentor (e)	le portail
die Gartentür (en)	le portillon
das Gitter (-)	la grille
der Zaun (¨e)	la clôture
der Drahtzaun (¨e)	le grillage (clôture)
die Hecke (n)	la haie
die Beleuchtung(en)	l'éclairage
die Klingel (n)	la sonnette

klingeln	sonner
die Gegensprechanlage (n)	l'interphone
der Türöffner (-)	la serrure électrique
auf den Knopf drücken	appuyer sur le bouton
die Alarmanlage (n)	l'alarme
den Alarm auslösen	déclencher l'alarme
die Alarmanlage ein/ausschalten	brancher/débrancher l'alarme

DIE ZIMMER UND DIE INNENEINRICHTUNG	LES PIECES ET L'AMENAGEMENT INTERIEUR
der Keller (-)	la cave
das Erdgeschoß (osse)	le rez-de-chaussée
der Stock/das Stockwerk (e)/ die Etage (n)	l'étage
im ersten Stock	au premier étage
der Dachboden/der Boden (¨)	le grenier

DIE DIELE (n)/ DER FLUR (e)	L'ENTREE/ LE VESTIBULE
der Gang (¨e)	le couloir
die Garderobe (n)	le vestiaire
der Spiegel (-)	le miroir
der Kleiderbügel(-)	le cintre
der Schirmständer (-)	le porte-parapluies
der Riegel (-)	le verrou
den Riegel vorschieben (o,o)/ verriegeln	verrouiller
die Tür abschließen (o,o)	fermer la porte à clé
das Schloß (össer)	la serrure
der Schlüssel (-)	la clé
die Tür zumachen/ schließen	fermer la porte
aufmachen/öffnen	ouvrir
offen	ouvert
die Toilette (n)/ das Klo (s)/das WC (s)	les toilettes
die Spülung (en)	la chasse d'eau
spülen	actionner la chasse d'eau
das Handwaschbecken (-)	le lavabo

DAS WOHNZIMMER (-)	LA SALLE DE SEJOUR
die Sitzgruppe (n)	l'ensemble salon
der Sessel (-)	le fauteuil
das Sofa (s)	le canapé
die Couch (s)	le divan
die Bettcouch/ die Schlafcouch	le divan convertible
die Couch aufklappen	ouvrir le divan
aufklappbar	convertible
bequem	confortable
gemütlich	agréable/chaleureux
die Schrankwand (¨e)	l'ensemble mural
das Fach (¨er)	le compartiment
das Regal (e)	le meuble à étagères
das Stilmöbel (-)	le meuble de style
das Anbaumöbel	le meuble à éléments
die Bibliothek (en)	la bibliothèque
das Klavier (e)	le piano
der Flügel (-)	le piano à queue
der Teppich (e)	le tapis
der Teppichboden(¨)	la moquette
der Vorhang (¨e)/ die Gardine (n)	le rideau
der Store (s)	le voile
die Gardinenstange (n)	la tringle
die Stehlampe (n)	le lampadaire
die Halogenlampe(n)	la lampe à halogène
die Deckenlampe(n)	le plafonnier
der Kronleuchter(-)	le lustre
der Spot (s)	le spot
der Fernsehapparat (e)/der Fernseher (-)	le téléviseur
die Fernbedienung	la télécommande
der Videorekorder (-)	le magnétoscope
die Stereoanlage(n)	la chaîne hifi
der Plattenspieler/ der CD-Spieler(-)	le tourne-disques
die CD	le disque compact
das Radio (s)	la radio

DER KAMIN (e)	LA CHEMINEE
das Kaminfeuer (-)	le feu de cheminée
am Kaminfeuer sitzen (a,e)	être assis au coin du feu
ein Feuer anmachen/ anzünden	allumer un feu de cheminée
das Streichholz/ Zündholz (¨er)	l'allumette
angehen(i,a)(sein) (Feuer)	prendre (feu)
brennen (a,a)	brûler
lichterloh brennen	brûler à grand feu/ flamber
der Rauch	la fumée
rauchen	fumer
gut/schlecht ziehen (o,o)	bien/mal tirer (cheminée)

der Rauchabzug	l'évacuation de la fumée
das Holzscheit (e)	la bûche
der Feuerbock (¨e)	le chenet
die Holzkohle	le charbon de bois
die Glut	la braise
ausgehen(i,a)(sein) (Feuer)	s'éteindre (feu)
Das Feuer ist ausgegangen.	Le feu s'est éteint.
die Asche	les cendres
der Aschenkasten(¨)	le bac à cendres
der Funke (n,n)	l'étincelle
der Ruß	la suie
der Schornsteinfeger (-)/der Rauchfangkehrer(-)	le ramoneur
den Schornstein fegen/den Kamin kehren	ramoner la cheminée
der Blasebalg (¨e)	le soufflet
der Kaminsims (e)	le rebord de cheminée
der Kaminschirm (e)	le pare-feu

DAS EßZIMMER (-)	LA SALLE A MANGER
die Eßecke (n)	le coin repas
der Eßtisch (e)	la table à manger
der Stuhl (¨e)	la chaise
das Buffet (s)	le buffet
die Anrichte (n)	la desserte

DIE ELEKTROGERÄTE	L'ELECTRO-MENAGER
die elektrischen Haushaltsgeräte	l'électro-ménager
der Küchenherd (e)	la cuisinière
der Elektroherd (e)	la cuisinière électrique
der Gasherd (e)	la gazinière
die Kochmulde (n)	la table de cuisson
die Glaskeramikplatte (n)	la plaque vitrocéramique
die Dunstabzugshaube(n)	la hotte aspirante
der Kühlschrank(¨e)	le réfrigérateur
der Gefrierschrank/die Tiefkühltruhe (n)	le congélateur
die Geschirrspülmaschine(n)/der Geschirrspüler (-)	le lave-vaisselle
die Waschmaschine (n)	le lave-linge
die Trockenmaschine (n)	le sèche-linge
der Staubsauger (-)	l'aspirateur
das Backrohr (e)/der Backofen (¨)	le four
das Mikrowellengerät (e)	le four à micro-ondes
die Küchenmaschine (n)	le robot (multifonctions)
der Elektroquirl(e)/das Handrührgerät (e)	le batteur électrique
der Toaster (-)	le grille-pain
die Kaffeemaschine (n)	la machine à café
das Bügeleisen(-)	le fer à repasser
das Dampfbügeleisen (-)	le fer à vapeur

DIE KÜCHE (n)	LA CUISINE
die Einbauküche (n)	la cuisine encastrée/à éléments
der Hängeschrank (¨e)	le placard suspendu
der Küchenschrank (¨e)	le placard de cuisine
das Spülbecken (-)	l'évier
der Wasserhahn (¨e)	le robinet
die Mischbatterie (n)	le mitigeur
verstopft	bouché
entstopfen	déboucher
ablaufen (ie,au,äu) (sein)	s'écouler
der Mülleimer (-)	la poubelle
den Mülleimer leeren	vider la poubelle
der Müll	les déchets
zweckmäßig/funktionell	fonctionnel

DAS GESCHIRR	LA VAISSELLE
der Teller (-)	l'assiette
die Tasse (n)	la tasse
die Untertasse/der Unterteller	la soucoupe
die Zuckerdose (n)	le sucrier
die Kaffeekanne (n)	la cafetière
die Platte (n)	le plat
die Schüssel (n)	le plat creux
die Salatschüssel	le saladier
das Porzellan	la porcelaine
das Glas (¨er)	le verre
die Flasche (n)	la bouteille
die Kanne (n)	la carafe
der Krug (¨e)	le pichet/la jarre
der Topf (¨e)	la casserole/le fait-tout
die Pfanne (n)	la poêle
die Kuchenform (en)	le moule à gâteaux

der Wasserkessel(-)	la bouilloire
der Schnellkochtopf	la cocotte-minute
der Deckel (-)	le couvercle
das Besteck	le couvert
der Löffel (-)	la cuillère
die Gabel (n)	la fourchette
das Messer (-)	le couteau
der Teelöffel/der Kaffeelöffel	la cuillère à café
der Korkenzieher(-)	le tire-bouchon
der Dosenöffner(-)/ der Büchsenöffner	l'ouvre-boîtes
der Untersetzer (-)	le dessous de plat

DAS SCHLAF-ZIMMER (-)	LA CHAMBRE
das Kinderzimmer(-)	la chambre d'enfant
das Gästezimmer (-)	la chambre d'amis
der Kleiderschrank (¨e)	l'armoire/ la penderie
die Frisierkommode (n)	la coiffeuse
das Bett (en)	le lit
das Doppelbett (en)	les lits jumeaux
die Schublade (n)	le tiroir
der Nachttisch (e)/ das Nacht-kästchen (-)	la table de nuit
die Nachttischlampe (n)	la lampe de chevet
der Bettvorleger(-)	la descente de lit
das Kopfkissen (-)	l'oreiller
die Zudecke (n)/ das Deckbett (en)	la couette
das Federbett (en)	l'édredon
das Bettlaken (-)	le drap
der Bettbezug (¨e)	la housse de couette
der Kopfkissenbezug (¨e)	la taie d'oreiller
die Nackenrolle (n)	le traversin
die Matratze (n)	le matelas
der Bettüberwurf (¨e)	le dessus de lit

SCHLAFEN (ie,a,ä)	DORMIR
ins Bett gehen/ schlafen gehen	(aller) se coucher
der Schlaf	le sommeil
einschlafen (sein)	s'endormir
schläfrig sein	avoir sommeil
müde	fatigué
dösen	somnoler/sommeiller
eingeschlafen sein	être endormi
schnarchen	ronfler
ein Nickerchen machen	faire un petit somme
einnicken	s'assoupir
träumen	rêver
der Traum (¨e)	le rêve
der Alptraum (¨e)	le cauchemar
der Schlafwandler (-)	le somnambule
der Mittagsschlaf (e)	la sieste
sich ausruhen	se reposer
die Ruhe	le repos
ruhig	tranquille/calme
aus dem Schlaf hochfahren (u,a,ä) (sein)	se réveiller en sursaut
wach	éveillé
hellwach	tout à fait éveillé
sich strecken	s'étirer
gähnen	bâiller
die Wiege (n)	le berceau
das Wiegenlied (er)	la berceuse
aufstehen (a,a) (sein)	se lever
ein Frühaufsteher sein	être matinal

DAS BADEZIMMER	LA SALLE DE BAINS
das Waschbecken (-)	le lavabo
das doppelte Waschbecken (-)	le lavabo double
der Spiegelschrank (¨e)	l'armoire de toilette
der Wasserhahn (¨e)	le robinet
den Hahn aufdrehen/ zudrehen	ouvrir/fermer le robinet
Wasser einlaufen lassen (ie,a,ä)	faire couler de l'eau
der Stöpsel (-)	le bouchon
das warme/kalte Wasser	l'eau chaude/froide
der Warmwasser-bereiter (-)	le chauffe-eau/ le cumulus
die Badewanne (n)	la baignoire
die Dusche (n)/die Brause (n)	la douche
die Duschkabine (n)	la cabine de douche
der Duschvorhang (¨e)	le rideau de douche
das Bidet (s)	le bidet
die Fliese (n)/die Kachel (n)	le carreau
fliesen/kacheln	carreler
der Fliesenboden(¨)	le sol carrelé
ausrutschen	glisser
etw. aufhängen	accrocher qc
der Hocker (-)	le tabouret
die Waage (n)	la balance
sich wiegen (o,o)	se peser
die Zentralheizung (en)	le chauffage central

die Ölheizung	le chauffage au mazout
die Gasheizung	le chauffage au gaz
heizen	chauffer
der Öltank (s)	le réservoir à mazout
der Heizungskessel (-)	la chaudière
der Ofen (¨)	le poêle
die Heizkosten	les frais de chauffage

DIE TÄGLICHEN HAUSARBEITEN
LES TRAVAUX DE MENAGE QUOTIDIENS

die Hausfrau (en)	la ménagère
den Tisch decken	mettre le couvert
die Tischdecke (n)	la nappe
eine Tischdecke auflegen	mettre une nappe
den Tisch abräumen	débarrasser la table
das Geschirr (ab) spülen	laver la vaisselle
abtrocknen	essuyer
das Geschirrtuch (¨er)	le torchon à vaisselle
abtropfen lassen	faire égoutter
das Geschirr wegräumen	ranger la vaisselle
den Geschirrspüler ein/ausräumen	remplir/vider le lave-vaisselle
die Putzfrau (en)	la femme de ménage
sauber machen	nettoyer
putzen/wischen	laver
der Putzlappen (-)/ der Putzlumpen (-)	la serpillière
der Eimer (-)	le seau
der Schrubber (-)	le balai-brosse
schrubben	laver avec une brosse
den Boden wischen	laver le sol
den Tisch abwischen	essuyer la table
der Staub	la poussière
Staub wischen	épousseter
das Staubtuch(¨er)/ der Staublappen (-)	le chiffon à poussière
staubsaugen (er hat staubgesaugt)	passer l'aspirateur
den Teppich saugen	passer l'aspirateur sur le tapis
kehren/fegen	balayer
der Besen (-)	le balai
der Handfeger (-)	le petit balai
die Schaufel (n)	la pelle
aufräumen/Ordnung machen	ranger
die Ordnung	l'ordre
die Unordnung	le désordre
ordentlich	en ordre/ordonné
in Ordnung halten (ie,a,ä)	tenir en ordre
Wäsche waschen (u,a,ä)	laver le linge
die Wäsche	le linge
sauber/schmutzig	propre/sale
das Waschpulver (-)	la lessive
die Wäsche auswringen (a,u)	tordre le linge
schleudern	essorer
spülen	rincer
der Weichspüler (-)	l'assouplisseur
die Wäsche aufhängen	étendre le linge
die Wäscheleine (n)	le fil à linge
die Wäscheklammer (n)	l'épingle à linge
die Wäsche abnehmen (a,o,i)	enlever le linge
bügeln	repasser
das Bügeleisen (-)	le fer à repasser
das Bügelbrett (er)	la planche à repasser
etw. zusammenlegen	plier qc
die Betten abziehen/ beziehen (o,o)	enlever/mettre des draps
die Bettwäsche wechseln	changer les draps

FÜR DEN HEIMWERKER : *POUR LE BRICOLEUR*

der Heimwerker (-)/ der Bastler	le bricoleur
basteln	bricoler
das Werkzeug (e)	l'outil
DIE TISCHLERAR-BEITEN	LES TRAVAUX DE MENUISERIE
der Hammer (¨)	le marteau
der Nagel (¨)	le clou
einen Nagel einschlagen (u,a,ä)	enfoncer un clou
der Schraubenzieher (-)	le tourne-vis
die Schraube (n)	la vis
die Mutter (n)	l'écrou
der Dübel (-)	la cheville

bohren	percer
die Bohrmaschine(n)	la perceuse
ein Loch bohren	percer un trou
schrauben	visser
etw. anschrauben	fixer qc avec une vis
die Zange (n)	les tenailles
die Säge (n)	la scie
sägen	scier
der Leim (e)	la colle pour bois
leimen	coller
das Brett (er)	la planche
der Hobel (-)	le rabot
hobeln	raboter
die Hobelspäne	les copeaux

DIE ELEKTRO-ARBEITEN	LES TRAVAUX ELECTRIQUES
der Strom	le courant
den Strom ein/ausschalten	mettre/couper le courant
die Sicherung (en)	le fusible
durchbrennen (a,a) (sein)/heraus-springen (a,u)(sein)	sauter (fusible)
eine Sicherung wechseln	changer un fusible
der Schalter (-)	l'interrupteur
die Steckdose (n)	la prise
der Stecker (-)	la fiche
die Glühbirne (n)	l'ampoule
die Beleuchtung(en)	l'éclairage
anmachen/ einschalten	allumer
ausmachen/ ausschalten	éteindre
die Strompanne (n)	la panne de courant
das Kabel (-)	le câble
ein Kabel verlegen	poser un câble
die Verlängerungs-schnur (en)	la rallonge

DIE INSTALLATIONS-ARBEITEN	LES TRAVAUX DE PLOMBERIE
das Leitungsrohr(e)	le tuyau d'eau
schweißen	souder
tropfen	goutter
der Rohrbruch (¨e)	la rupture de tuyau
brechen (a,o,i)	rompre/briser

DIE MALER-ARBEITEN	LES TRAVAUX DE PEINTURE
die Tapete (n)	le papier peint/ la tapisserie
tapezieren	tapisser
der Kleber (-)/ der Kleister (-)	la colle
kleben	coller
die Leiter (n)	l'échelle
der Lack (e)	la laque/le vernis
lackieren	laquer/vernir
die Farbe (n)	la peinture
streichen (i,i)/ malen	peindre
der Pinsel (-)	le pinceau

Sie ist aus dem Häuschen geraten.	Elle s'est mise dans tous ses états.
Fühlen Sie sich wie zu Hause.	Faites comme chez vous.
das Haus hüten	garder la maison
vor seiner eigenen Tür kehren	balayer devant sa propre porte
ein Dach decken	couvrir une maison
zwischen zwei Stühlen sitzen (a,e)	être assis entre deux chaises
Sie kommt aus gutem Hause.	Elle est de bonne famille.
Die Wohnung steht leer.	L'appartement n'est pas habité.

DIE FAMILIE
LA FAMILLE

eine Familie gründen	fonder une famille
eine kinderreiche Familie	une famille nombreuse
das Stammbuch (¨er)	le livret de famille
der Vorname (n,n)	le prénom
der Nachname	le nom de famille
der Mädchenname	le nom de jeune fille
der Spitzname	le surnom
der Geburtsort (e)	le lieu de naissance
das Geburtsdatum (en)	la date de naissance

DER FAMILIENKREIS	LE CERCLE FAMILIAL
das Familienoberhaupt	le chef de famille
der Mann/der Ehemann (¨er)	le mari
der Gatte (n,n)/der Gemahl (e)	l'époux
Ihr Herr Gemahl	Monsieur votre époux
die Frau/die Ehefrau (en)	la femme
die Gattin (nen)/ die Gemahlin (nen)	l'épouse
Ihre Frau Gemahlin	Madame votre épouse
das Kind (er)	l'enfant
der Vater (¨)	le père
die Mutter (¨)	la mère
die Eltern	les parents
der Sohn (¨e)	le fils
die Tochter (¨)	la fille
der Bruder (¨)	le frère
die Schwester (n)	la sœur
die Zwillinge	les jumeaux
der Zwillingsbruder (¨)	le frère jumeau
die Zwillingsschwester (n)	la sœur jumelle
die Drillinge	les triplés
die Geschwister	les frères et sœurs
die Halbschwester/ Stiefschwester (n)	la demi-sœur
der Halbbruder/ Stiefbruder (¨)	le demi-frère

DER VERWANDTE/ EIN VERWANDTER	LE PARENT
die Verwandtschaft/ die Verwandten	la famille (autre que père et mère)
verwandt sein	être parent
Er ist mit mir verwandt./ Wir sind miteinander verwandt.	Nous sommes parents.
die Urgroßeltern	les arrière-grands-parents
die Großeltern	les grands-parents
die Großmutter (¨)	la grand-mère
der Großvater (¨)	le grand-père
der Enkel (-)	le petit-fils
die Enkelin (nen)	la petite-fille
der Onkel (-)	l'oncle
die Tante (n)	la tante
der Vetter (n)/der Cousin (s)	le cousin
die Kusine (n)	la cousine
der Neffe (n,n)	le neveu
die Nichte (n)	la nièce
der Schwiegervater (¨)	le beau-père
die Schwiegermutter (¨)	la belle-mère
der Schwager (¨)	le beau-frère
die Schwägerin(nen)	la belle-sœur
das Adoptivkind(er)	l'enfant adoptif
der Adoptivvater(¨)	le père adoptif
die Adoption (en)	l'adoption
adoptieren	adopter
der Vormund (e)	le tuteur
die Vormundschaft	la tutelle
die Tagesmutter (¨)	la gardienne/ la nourrice

die Pflegemutter(¨)	la nourrice
ein Kind in Pflege geben (a,e,i)	donner un enfant en nourrice
das Kindermädchen (-)	la bonne d'enfants
die Hausdame (n)	la dame de compagnie
das Dienstmädchen (-)	la bonne
die Haushälterin (nen)	la gouvernante
der Diener (-)	le valet
die Putzfrau/die Reinmachefrau (en)	la femme de ménage
die Köchin (nen)	la cuisinière

DIE FAMILIENEREIGNISSE
LES EVENEMENTS FAMILIAUX

das Familienfest(e)	la fête de famille
das Familientreffen (-)	la réunion de famille
die Feier (n)	la cérémonie/la fête
eine kleine Feier veranstalten	organiser une petite fête
zur Feier des Tages	pour fêter ce jour
feiern	fêter
Das muß gefeiert werden !	Il faut fêter cela !
DIE GEBURT EINES KINDES	LA NAISSANCE D'UN ENFANT
auf die (zur) Welt kommen (a,o)(sein)	venir au monde
geboren werden	naître
Er ist geboren.	Il est né.
Er wurde geboren	Il naquit.
das Neugeborene/ein Neugeborenes	le nouveau-né
DIE TAUFE (n)	LE BAPTEME
ein Kind taufen	baptiser un enfant
der Patenonkel (-)/ der Taufpate (n,n)	le parrain
die Patentante (n)/ die Taufpatin (nen)	la marraine
das Patenkind (er)	le (la) filleul(e)
DIE ERSTE KOMMUNION	LA PREMIERE COMMUNION
zur Kommunion gehen (i,a)	aller communier
die Firmung (en) (kath.)	la confirmation (cath.)
der Firmling (e)	le confirmant
der Firmpate (n,n)	le parrain de confirmation
die Konfirmation (en) (evang.)	la confirmation (protest.)
DER GEBURTSTAG(e)	L'ANNIVERSAIRE
jm zum Geburtstag gratulieren	souhaiter un bon anniversaire à qn
js Geburtstag feiern	fêter l'anniversaire de qn
sich etw. zum Geburtstag wünschen	souhaiter/demander qc pour son anniversaire
das Geburtstags-geschenk (e)	le cadeau d'anniversaire
der Geburtstags-kuchen (-)	le gâteau d'anniversaire
die Kerze (n)	la bougie
die Kerzen anzünden	allumer les bougies
die Kerzen ausblasen(ie,a,ä)	souffler les bougies
auf einmal	en une fois
jm eine Überraschung machen	faire une surprise à qn
jn zu einer Party einladen (u,a,ä)	inviter qn à une soirée
der Muttertag (e)	la fête des mères
der Vatertag (e)	la fête des pères
DIE VERLOBUNG (en)	LES FIANCAILLES
sich verloben	se fiancer
der Verlobte/ein Verlobter	le fiancé
die Verlobte/eine Verlobte	la fiancée
die Verlobung aufheben (o,o)	rompre les fiançailles
der Verlobungsring (e)	la bague de fiançailles
DIE HOCHZEIT/ DIE VERMÄH-LUNG(en)/ DIE HEIRAT (en)	LE MARIAGE (CEREMONIE)
eine Heirat aus Liebe/eine Lie-besheirat	un mariage d'amour
eine Vernunftheirat/ Vernunftsehe	un mariage de raison

sich mit jm verheiraten	se marier avec qn
sich wieder-verheiraten	se remarier
jn heiraten	épouser qn
jn wegen des Geldes heiraten	épouser qn pour son argent
die Mitgift	la dot
das Vermögen	la fortune
vermögend	fortuné
wohlhabend	aisé
jung heiraten/sich jung verheiraten	se marier jeune
der Heiratsantrag (¨e)	la demande en mariage
um js Hand anhalten (ie,a,ä)	demander la main de qn
die Heiratsanzeige (n)	le faire-part
der Heirats-schwindler (-)	l'escroc au mariage
die Heirats-vermittlung (en)	l'agence matrimoniale
die standesamtliche Trauung	le mariage civil
die kirchliche Trauung	le mariage religieux
sich trauen lassen	se marier (cérémonie)
der Trauzeuge (n)	le témoin (à un mariage)
der Trauschein (e)	le certificat de mariage (rel.)
ohne Trauschein zusammenleben	vivre ensemble sans être mariés
der Ehering (e)	l'alliance
die Braut (¨e)	la mariée
das Brautkleid (er)	la robe de mariée
der Brautschleier (-)	le voile de mariée
der Bräutigam (e)	le marié
das Brautpaar (e)	les mariés
die Brautjungfer(n)	la demoiselle d'honneur
die Hochzeitsnacht (¨e)	la nuit de noce
die Flitterwochen (Plur.)	la lune de miel
die Hochzeitsreise (n)	le voyage de noces
die Silberhochzeit	les noces d'argent
die goldene Hochzeit	les noces d'or
DIE EHE (n)	LE MARIAGE (vie de couple)
das Ehepaar (e)	le couple marié

ein Kind aus erster Ehe	un enfant d'un premier mariage
ehelich	conjugal
das uneheliche Kind	l'enfant naturel
der Ehestreit/die Ehestreitigkeiten	la querelle de ménage
sich streiten (i,i)	se disputer
eine zerrüttete Ehe	un mariage désuni
DIE TRENNUNG(en)	LA SEPARATION
sich trennen	se séparer
getrennt leben	vivre séparément
die Scheidung (en)	le divorce
sich (von jm) scheiden lassen (ie,a,ä)	divorcer (d'avec qn)
geschieden sein	être divorcé
eine geschiedene Frau	une femme divorcée
der Scheidung einreichen	demander le divorce
der Scheidungs-grund (¨e)	la cause du divorce
das Sorgerecht für die Kinder haben	avoir le droit de garde des enfants
die Alimente (plur.)	la pension alimentaire
DER TOD	LA MORT
tot sein	être mort/décédé
ein plötzlicher Tod	une mort subite
der Tote/ein Toter	le mort
der Todesfall (¨e)/ Trauerfall (¨e)	le décès/le deuil
die Todesnachricht (en)	la nouvelle de la mort
die Todesanzeige(n)	le faire-part de décès
die Todesursache(n)	la cause de la mort
der Todkranke/ein Todkranker	le moribond
tödlich	mortel
tödlich verunglücken	se tuer dans un accident
sterben (a,o,i) (sein)	mourir
an einer Krankheit sterben	mourir d'une maladie
im Sterben liegen (a,e)(sein)	être mourant
der Sterbende/ein Sterbender	le mourant
sterbenskrank sein	être mourant
die Sterbesakra-mente erhalten (ie,a,ä)	recevoir les derniers sacrements
die Sterbestunde	l'heure de la mort
sterblich	mortel

die Sterbeziffer	le taux de mortalité
einer Krankheit erliegen (a,e) (sein)	succomber à une maladie
ums Leben kommen (a,o)(sein)	mourir
zwischen Leben und Tod schweben	être entre la vie et la mort

EINES UNNATÜRLICHEN TODES STERBEN	NE PAS MOURIR D'UNE MORT NATURELLE
ertrinken (a,u) (sein)	se noyer
sich vergiften	s'empoisonner
sich erhängen	se pendre
eines gewaltsamen Todes sterben (a,o,i)(sein)	mourir de mort violente
sich das Leben nehmen/ Selbstmord begehen (i,a)	se suicider
umkommen (sein)	périr
die Leiche (n)	le cadavre
das Leichentuch (¨er)	le linceul
leichenblaß	blême/blafard

DIE BEERDIGUNG (en)/DAS BEGRÄBNIS (se)	L'ENTERREMENT
beerdigen/begraben (u,a,ä)	enterrer
der Leichenwagen(-)	le corbillard
der Leichenzug (¨e)	le cortège funèbre
der Sarg (¨e)	le cercueil
der Friedhof (¨e)	le cimetière
das Grab (¨er)	la tombe
jn zu Grabe tragen (u,a,ä)	inhumer qn
jm das letzte Geleit geben(a,e,i)	conduire qn à sa dernière demeure
der Grabstein (e)	la pierre tombale
die Trauer	le deuil
um jn trauern	porter le deuil de qn
der Trauergottesdienst (e)	le service funèbre
die Trauerfeier (n)	les funérailles
sich einäschern lassen (ie,a,ä)	se faire incinérer
die Einäscherung (en)	l'incinération
zu Asche verbrennen (a,a)	réduire en cendres
die Aschenurne (n)	l'urne funéraire

DIE HINTERBLIEBENEN	LA FAMILLE DU DEFUNT
der Witwer (-)	le veuf
die Witwe (n)	la veuve
der/die Waise (n)/ das Waisenkind (er)	l'orphelin/e
mein verstorbener Mann	mon défunt mari

DAS TESTAMENT(e)	LE TESTAMENT
jn in seinem Testament bedenken (a,a)	mettre qn sur son testament
ohne Testament sterben (a,o,i) (sein)	mourir sans avoir fait de testament
das eigenhändig geschriebene Testament	l'aulographe
ein Testament eröffnen	ouvrir un testament
jm etw. durch Testament vermachen	léguer qc à qn par testament
der letzte Wille	la dernière volonté
testamentarisch verfügen	disposer par testament

DIE ERBSCHAFT (en)/ DAS ERBE	L'HERITAGE
eine Erbschaft machen	faire un héritage
auf eine Erbschaft verzichten	renoncer à un héritage
eine Erbschaft ausschlagen (u,a,ä)	répudier un héritage
der Erbschaftsanspruch (¨e)	la prétention à l'héritage
gerechtfertigt	justifié
eine Klage erheben (o,o)	intenter une action en justice
die Erbschaftssteuer (n)	les droits de succession
sich um die Erbschaft streiten (i,i)	se disputer l'héritage
der Erbschaftsstreit	le litige successoral
ein Erbe antreten (a,e,i)(sein)	entrer en possession d'un héritage

DER ERBE (n,n)	L'HERITIER	**der leibliche Erbe**	l'héritier naturel
der Nachkomme (n,n)	le descendant	**jn zum Erben einsetzen**	faire de qn son héritier
der alleinige Erbe	l'unique héritier	**etw. von jm erben**	hériter qc de qn
der gesetzliche Erbe	l'héritier légitime	**der Erbonkel (-)**	l'oncle à héritage

Es geht um Leben und Tod.	C'est une question de vie ou de mort.
Sie arbeitet sich zu Tode.	Elle se tue au travail.
sich zu Tode langweilen	s'ennuyer à mourir
Achtung ! Lebensgefahr !	Attention ! Danger de mort !
Das ist todschick !	C'est très chic !
Sie ist todunglücklich.	Elle est extrêmement malheureuse.
sich im Grabe umdrehen	se retourner dans sa tombe
Er schweigt wie ein Grab.	Il est muet comme une tombe.

DIE ERZIEHUNG : *L'EDUCATION*

ein Kind erziehen (o,o)	élever un enfant
gut/schlecht erzogen sein	être bien/mal élevé
eine gute Erziehung genießen (o,o)	jouir d'une bonne éducation
ein schwer erziehbares Kind	un enfant difficile à élever
die antiautoritäre Erziehung	l'éducation anti-autoritaire
STRENGE ELTERN	DES PARENTS SEVERES
etw. verbieten(o,o)	interdire qc
das Verbot (e)	l'interdiction
jm etw. vorwerfen (a,o,i)	reprocher qc à qn
der Vorwurf (¨e)	le reproche
jm Vorwürfe machen	faire des reproches à qn
jn zurechtweisen (ie,ie)	faire des remontrances à qn
die Zurechtweisung (en)	la remontrance
an jm herumnörgeln	critiquer qn sans cesse
die (ewige) Nörgelei (en)	les critiques (incessantes)
die (heftige) Auseinandersetzung (en)	la (violente) dispute
jn wegen etw. tadeln	blâmer qn de qc
jn zwingen, etw. zu tun	forcer qn à faire qc
jm etw. befehlen (a,o,ie)	ordonner qc à qn
der Befehl (e)	l'ordre
jm drohen	menacer qn
die Drohung (en)	la menace
jn ausschimpfen	gronder qn
jn anbrüllen	crier contre qn
brüllen	vociférer
jn anschnauzen	passer un savon à qn
die Strafe (n)	la punition
jn strafen	punir qn
die Backpfeife/die Ohrfeige (n)	la gifle
jn ohrfeigen	gifler qn
schlagen (u,a,ä)	battre
der Schlag (¨e)	le coup
Schläge bekommen	recevoir des coups
eins hinten draufbekommen (a,o)	recevoir une fessée
Haue kriegen	recevoir une correction
NACHGIEBIGE ELTERN	DES PARENTS QUI CEDENT
die Nachgiebigkeit	la souplesse/ l'esprit conciliant
jm etw. erlauben	permettre qc à qn
die Erlaubnis	la permission
das Verständnis	la compréhension
Verständnis zeigen	montrer de la compréhension
etw. dulden	tolérer qc
etw. zulassen (ie,a,ä)	permettre qc
ein Auge zudrücken/ über etw. (Akk.) hinwegsehen (a,e,ie)	fermer les yeux sur qc
die Laune (n)	le caprice
jm jede Laune	céder à tous les

durchgehen lassen (ie,a,ä)	caprices de qn
verwöhnen	gâter
DIE ELTERN-KIND-BEZIEHUNG	LES RELATIONS PARENTS-ENFANTS
der Generationskonflikt	le conflit des générations
der Erwachsene/ein Erwachsener	l'adulte
der Jugendliche/ein Jugendlicher	l'adolescent/ le jeune
verantwortlich	responsable
die Verantwortung	la responsabilité
Verantwortung übernehmen (a,o,i)	prendre des responsabilités
die Auflehnung	la révolte
sich gegen jn auflehnen	se révolter contre qn
sich verschließen (o,o)	se renfermer
verschlossen	renfermé
sich jm anvertrauen	se confier à qn
jm vertrauen	faire confiance à qn
das Vertrauen	la confiance
jm sein Vertrauen schenken	accorder sa confiance à qn
jm sein Vertrauen entziehen (o,o)	retirer sa confiance à qn
sich in sich selbst zurückziehen (o,o)	se replier sur soi-même
reif	mûr
unreif	qui manque de maturité
die Reife	la maturité
Es fehlt ihr an Reife.	Elle manque de maturité.
un/selbständig	in/dépendant
die Selbständigkeit	l'indépendance
sich alles gefallen lassen (ie,a,ä)	se laisser faire
sich nichts gefallen lassen	ne pas se laisser faire
Das lasse ich mir nicht gefallen.	Je n'accepte pas cela.
zu weit gehen (i,a) (sein)	aller trop loin
jm gehorchen/folgen	obéir à qn
der Gehorsam	l'obéissance
gehorsam/folgsam	obéissant
frech	insolent
die Frechheit (en)	l'insolence
ungezogen	mal élevé
unerträglich	insupportable
aushalten (ie,a,ä)	supporter
Es ist nicht mehr zum Aushalten !	C'est devenu insupportable !
von zu Hause ausreißen (i,i) (sein)	faire une fugue

FREUNDE UND BEKANNTE
LES AMIS ET CONNAISSANCES

der Freund (e)/die Freundin (nen)	l'ami(e)
mit jm Freundschaft schließen (o,o)	se lier d'amitié avec qn
der Bekannte/ein Bekannter	la connaissance (personne)
eine Bekannte von mir	une de mes connaissances
Wir sind alte Bekannte.	Nous sommes de vieilles connaissances.
die Bekanntschaft (en)	la connaissance
js Bekanntschaft machen/jn kennenlernen	faire la connaissance de qn
bekannt	connu

DIE GASTFREUNDSCHAFT : *L'HOSPITALITE*

der Gast (¨e)	l'invité/l'hôte
Gäste haben	avoir du monde
bei jm zu Gast sein	être l'invité de qn
ein gern gesehener Gast	un visiteur bienvenu
gastfreundlich	hospitalier
gastlich	accueillant
der Gastgeber (-)/ die Gastgeberin (nen)	l'hôte/l'hôtesse
der Besuch (e)	la visite
bei jm zu Besuch sein	être en visite chez qn
jn besuchen/jm einen Besuch machen/abstatten	rendre visite à qn

Besuch bekommen	recevoir de la visite
bei jm vorbeischauen	passer chez qn
die Gäste willkommen heißen (ie,ei)	souhaiter la bienvenue aux invités
jn begrüßen	saluer qn
jm die Hand reichen	tendre la main à qn
jm die Hand schütteln/drücken	serrer la main de qn
einen Handkuß geben (a,e,i)	faire un baise-main
einen Knicks machen (kl. Mädchen)	faire une révérence (pet.filles)
sich verbeugen	s'incliner
mit dem Kopf nicken	acquiescer
die Vorstellung(en)	la présentation
sich (gegenseitig) vorstellen	se présenter (mutuellement)
jn mit jm bekannt machen	présenter qn à qn
sehr erfreut !/ angenehm !	enchanté !
jm den Mantel abnehmen (a,o,i)	débarrasser qn de son manteau
den Mantel ablegen	enlever son manteau
der Platz (¨e)	la place
Platz nehmen	prendre place
der Umstand (¨e)	la façon/la manière
Umstände machen	faire des manières
sich wegen jm Umstände machen	faire des manières à cause de qn
es sich bequem machen	se mettre à l'aise
etw. zu trinken anbieten (o,o)	offrir à boire
eine Erfrischung (en)	une boisson rafraîchissante/un rafraîchissement
sich bedienen	se servir
nachholen	se resservir
höflich	poli
die Höflichkeit(en)	la politesse
stören	déranger
die Störung (en)	le dérangement
hereinplatzen	faire irruption
unangemeldet	non annoncé
das gute/schlechte Benehmen	le bon/mauvais comportement
sich gut benehmen (a,o,i)	bien se conduire
sich zu benehmen wissen	avoir du savoir-vivre
sich daneben benehmen	faire une gaffe
sich auffällig benehmen	se faire remarquer
die Unterhaltung (en)	la conversation
sich unterhalten (ie,a,ä)	causer
der Klatsch	le potin
klatschen	faire des commérages
die Klatschtante(n)	la commère
schwatzen	bavarder/jaser
das Geschwätz	les bavardages
schwatzhaft	bavard
plaudern	bavarder/faire causette
das Geplauder/die Plauderei	la conversation amicale
scherzen	plaisanter
der Scherz (e)	la plaisanterie
der Witz (e)	la blague/l'histoire drôle
einen Witz erzählen	raconter une blague
witzig	amusant
der Witzbold (e)	le plaisantin/le blagueur
zweideutig	équivoque
derb	gaillard/gaulois
ein unanständiger Witz	une blague grivoise
unanständig	indécent/inconvenant
der Abschied	le départ
sich verabschieden	prendre congé
die Gäste verabschieden	dire au revoir aux invités
jn zur Tür begleiten	accompagner qn à la porte
winken	faire des signes de la main

Wie der Vater, so der Sohn.	Tel père tel fils.
Er sorgt für den Unterhalt der Familie.	Il est soutien de famille.
Sie hat die Hosen an.	C'est elle qui porte la culotte.
Sie ähneln sich wie ein Ei dem anderen.	Ils se ressemblent comme deux gouttes d'eau.
Gleich und gleich gesellt sich gern.	Qui se ressemble s'assemble.

DAS BILDUNGSWESEN
LE SYSTEME EDUCATIF

eine Schule besuchen	fréquenter une école
die Schulpflicht	la scolarité obligatoire
das schulpflichtige Kind	l'enfant d'âge scolaire
der Schulanfang	la rentrée
die Bildung	l'éducation
die Ausbildung	la formation
die Fortbildung/ Weiterbildung	la formation continue
sich bilden	s'instruire/se cultiver
die Allgemeinbildung	la culture générale

DIE ALLGEMEINBILDENDEN SCHULEN
LES ECOLES D'ENSEIGNEMENT GENERAL

der Kindergarten(¨)	le jardin d'enfants
die Grundschule (n,	l'école élémentaire
die Orientierungsstufe	le cycle d'orientation
die Hauptschule (n)	la « Hauptschule » (école secondaire menant jusqu'à la fin de la scolarité obligatoire)
die Realschule (en)	la « Realschule » (école secondaire menant à un 2e cycle technique ou professionnel)
die Fachoberschule (n)	le lycée technique
das Gymniasium(ien)	le lycée
das altsprachliche Gymnasium	le lycée classique
das neusprachliche Gymnasium	le lycée moderne
das mathematisch-naturwissenschaftliche Gymnasium	le lycée à dominante scientifique
die Gesamtschule	l'école unique
zum Abitur führen	conduire au baccalauréat
die Sonderschule	la « Sonderschule » (école d'éducation spéciale)
der Hauptschulabschluß	le diplôme de fin d'études de la « Hauptschule »
der Realschulabschluß	le diplôme de fin d'études de la « Realschule »
das Abitur	le baccalauréat

DIE BERUFLICHEN SCHULEN
LES ECOLES PROFESSIONNELLES

das duale System	la formation professionnelle en alternance
die Berufsschule(n)	l'école professionnelle à temps partiel
der Ausbildungsvertrag (¨e)	le contrat de formation
der Ausbildende/ ein Ausbildender	l'employeur responsable de la formation

der Auszubildende/ ein Auszubildender/der Azubi (s)/der Lehrling (e)	l'apprenti
die Berufsfachschule	l'école professionnelle à plein temps
die Fachoberschule	le lycée technique donnant accès aux « Fachhochschulen »
die Fachschule	la « Fachschule » (école de perfectionnement professionnel)
der Geselle (n)	le compagnon
der Gehilfe (n)	le commis
der Facharbeiter(-)	l'ouvrier qualifié
der Meister (-)	le maître artisan
die berufliche Umschulung	la reconversion professionnelle

DAS HOCHSCHULWESEN
L'ENSEIGNEMENT SUPERIEUR

DIE UNIVERSITÄT (en)	L'UNIVERSITE
die Fakultät (en)	la faculté
die technische Hochschule (en)	l'université technique
die Pädagogische Hochschule (en)	l'école supérieure de pédagogie
die Kunsthochschule/die Akademie für bildende Künste	l'école supérieure des beaux-arts
die Musikhochschule	l'école supérieure de musique
die Fachhochschule	l'école supérieure de technologie
DER STUDENT (en,en)	L'ETUDIANT
das Studium (ien)	les études
studieren	faire des études
an der Universität Köln studieren	faire des études à l'Université de Cologne
der Studienplatz (¨e)	la place d'études à l'Université
die Auswahl (en)	la sélection
das Auswahlverfahren	la procédure de sélection
die Zulassung (en)	l'admission
zulassen (ie,a,ä)	admettre
das Stipendium(ien)	la bourse
die Immatrikulation /die Einschreibung (en)	l'inscription
sich immatrikulieren /sich einschreiben (ie,ie)	s'inscrire
der Rektor (en)	le recteur
der Dekan (e)	le doyen
der Professor (en)	le professeur de faculté
der Dozent (en,en)	le maître de conférence
der Lektor (en)	le lecteur
die Vorlesung (en)	le cours magistral
das Seminar (e)	le séminaire
die pratktischen Übungen	les travaux dirigés
das Referat (e)	l'exposé
die Klausur (en)	le partiel (épreuve écrite)
die Zwischenprüfung/ die Vorprüfung (en)	l'examen intermédiaire
die Staatsprüfung/ das Staatsexamen(-)	l'examen d'Etat
die Promotion (en)	la thèse
an einer Promotion schreiben	écrire sa thèse
die Habilitationsschrift	la thèse d'Etat
die Habilitation	la qualification à l'enseignement supérieur
sich habilitieren	se qualifier pour l'enseignement supérieur
promovieren	soutenir sa thèse
DAS STUDIENFACH	LA MATIERE/ LA DISCIPLINE
die Germanistik	l'allemand
die Anglistik	l'anglais
das Dolmetschen	l'interprétariat
das Jura/das Recht	le droit
die Betriebswirtschaft	la gestion industrielle et commercialle
die Politikwissenschaft	les sciences politiques

die Wirtschaft	l'économie
die Medizin	la médecine
die Zahnmedizin	la médecine dentaire
die Naturwissenschaften	les sciences naturelles
der Maschinenbau	la construction mécanique
die Kunstgeschichte	l'histoire de l'art
die Pädagogik	la pédagogie

DIE SCHULE : *L'ECOLE*

das Klassenzimmer (-)/der Klassenraum (¨e)	la salle de classe
die Bibliothek (en)	la bibliothèque
der Musiksaal(säle)	la salle de musique
der Turnsaal (säle)	la salle de gymnastique
die Turnhalle (n)	le gymnase
der Zeichensaal (säle)	la salle de dessin
das Sprachlabor (s/e)	le laboratoire de langues
der Werkraum (¨e)	l'atelier
das Büro des Direktors	le bureau du directeur
der Schulhof (¨e)	la cour de l'école

DAS KLASSENZIMMER(-)	LA SALLE DE CLASSE
die Schulbank (¨e)	le banc de l'école
der Platz (¨e)	la place
die Tafel (n)	le tableau
die Tafel abwischen	essuyer le tableau
der Lappen (-)	le chiffon
der Schwamm (¨e)	l'éponge
den Schwamm naß machen	mouiller l'éponge
die Kreide	la craie
das Stück Kreide	le morceau de craie
der Tageslichtprojektor (en)	le rétroprojecteur
den Projektor bedienen	faire fonctionner le projecteur
einen Film zeigen/vorführen	montrer/projeter un film
einstellen	régler
der Diaprojektor (en)	le projecteur de diapositives
das Diapositiv (e)	la diapositive
die Leinwand (¨e)	l'écran
die Birne (n)	l'ampoule
durchbrennen (a,a) (sein)	griller
die Landkarte (n)	la carte géographique

DIE SCHULSACHEN	LE MATERIEL SCOLAIRE
der Schulranzen (-)/die Schultasche (n)	le cartable
die Aktenmappe (n)	le porte-documents
der Aktenkoffer (-)	l'attaché-case
das Schulbuch (¨er)	le livre scolaire
das Heft (e)	le cahier
das Federmäppchen (-)	la trousse
der Kugelschreiber (-)	le stylo à bille
der Filzstift (e)	le feutre
der Textmarker (-)	le marqueur
der Bleistift (e)	le crayon
der Spitzer (-)	le taille-crayon
den Bleistift spitzen	tailler le crayon
die Spitze (n)	la pointe
abbrechen (a,o,i) (sein)	se casser
der Radiergummi(s)	la gomme
ausradieren	gommer
der Tintenkiller (-)/der Tintentod	l'effaceur
der Füller (-)	le stylo
die Tinte (n)	l'encre
die Tintenpatrone (n)	la cartouche
die Feder (n)	la plume
löschen	effacer
der Tintenklecks(e)	la tache d'encre
der Farbkasten(¨)/der Malkasten (¨)	la boîte de peinture
der Pinsel (-)	le pinceau
malen	peindre
zeichnen	dessiner
der Zirkel (-)	le compas
das Lineal (e)	la règle
der Winkelmesser(-)	le rapporteur
der Taschenrechner (-)	la calculatrice
der Ordner (-)	le classeur
der Locher (-)	la perforeuse
die Büroklammer (n)	le trombone
der Rechenschieber (-)	la règle à calculer

der Klebstoff (e)/ der Kleber (-)	la colle
kleben	coller
DIE FÄCHER	LES MATIERES
das Fach (¨er)	la matière
das Pflichtfach (¨er)	la matière obligatoire
Religionslehre (die)/Religion(die)	l'instruction religieuse
Deutsch (das)	l'allemand
Englisch (das)	l'anglais
Französisch (das)	le français
Geschichte (die)	l'histoire
Erdkunde (die)	la géographie
Wirtschaft (die)	l'économie
Sozialkunde (die)	les sciences sociales
Mathematik (die)	les mathématiques
Chemie (die)	la chimie
Gemeinschaftskunde (die)	l'instruction civique
Physik (die)	la physique
Musik (die)	la musique
Kunst (die)	les arts plastiques
Sport (der)	le sport
Ethik (die)	l'éthique
Biologie (die)	la biologie
das Wahlpflichtfach (¨er)	la matière à option obligatoire
Werken (das)	les travaux manuels
Hauswirtschaft(die)	l'enseignement ménager
Maschinenschreiben (das)	la dactylographie
Technisches Zeichnen (das)	le dessin industriel
das Wahlfach (¨er)	la matière à option
Chorgesang (der)	le chant
Instrumentalmusik (die)	la musique instrumentale

DER LEHRKÖRPER : *LE CORPS ENSEIGNANT*

der Schulleiter (-)	le directeur/le proviseur
der Grundschullehrer(-)	l'instituteur
der Hauptschullehrer(-)	le professeur de « Hauptschule »
der Gymnasiallehrer (-)	le professeur de lycée (fonction)
der Studienrat (¨e)	le professeur de lycée (titre)
der Oberstudienrat	le professeur de lycée (promotion)
der Schulrat (¨e)	l'inspecteur
der Sprachlehrer(-)	le professeur de langues
der Geschichtslehrer(-)	le professeur d'histoire
der Deutschlehrer (-)	le professeur d'allemand
streng	sévère
unnachgiebig	intransigeant
gerecht/ungerecht	juste/injuste
gemein	vache (pop.)
verständig	compréhensif
nicht mit sich reden lassen (ie,a,ä)	être intraitable
stur	entêté
kein Verständnis zeigen	ne pas montrer de compréhension
nett	gentil

DIE SCHÜLER : *LES ELEVES*

DAS BENEHMEN	LA CONDUITE
der Schüler (-)/ die Schülerin (nen)	l'élève
sich gut/schlecht benehmen (a,o,i)	se conduire bien/mal
sich bei jm einschmeicheln	se faire bien voir de qn
zu spät kommen (a,o)(sein)	arriver en retard
fehlen/abwesend sein	être absent
wegen wiederholten Fehlens	en raison d'absences répétées
den Unterricht versäumen	manquer la classe
die Schule schwänzen	faire l'école buissonnière
den Unterricht schwänzen	ne pas assister au cours/sécher
schwätzen/quatschen	bavarder
den Unterricht stören	déranger la classe
eine laute Klasse	une classe bruyante
das Geschwätz	le bavardage

schwatzhaft	bavard
das Geschrei	les cris
Ruhe ! (die)	Silence !
sich beruhigen	se calmer
albern	niais
albernes Zeug reden	dire des bêtises/ des niaiseries
der Angeber (-)	le crâneur
angeben (a,e,i)	crâner
kindisch	puéril
vorlaut	qui parle à tout propos
verklemmt	coincé (fam.)
jn hinauswerfen/ rauswerfen (a,o,i)/ jn hinaus-schmeißen/ rausschmeißen (i,i)	renvoyer qn/mettre qn à la porte
jn vom Unterricht ausschließen (o,o)	exclure qn du cours
vom Unterricht ausge-schlossen werden	être exclu du cours
von der Schule abgehen (i,a)(sein)	arrêter l'école
DIE ARBEIT	LE TRAVAIL
die Leistung (en)	le travail/les performances
ein durchschnitt-licher/ mittelmäßiger Schüler	un élève moyen
der/die Klassenbeste	le/la premier(ère) de la classe
gut in Sprachen	bon en langues
tüchtig	bon/capable
fähig	qui a des moyens
die Fähigkeit (en)	la capacité
sprachbegabt	doué pour les langues
klug/gescheit/ intelligent	intelligent
schwach	faible
ein ausgezeichneter Schüler	un excellent élève
ernsthaft	sérieux
fleißig	travailleur/appliqué
der Fleiß	l'assiduité/l'application
seinen ganzen Fleiß auf etw. (Akk.) verwenden	mettre toute son application à qc
fleißig lernen/ arbeiten	travailler bien/ avec sérieux
faul	paresseux
die Faulheit	la paresse
von grenzenloser Faulheit sein	être d'une paresse inimaginable
zerstreut/ unkonzentriert	distrait
die Zerstreutheit	l'inattention/ la distraction
unüberlegt	irréfléchi
vergessen (a,e,i)	oublier
vergeßlich	qui oublie tout
die Vergeßlichkeit	le manque de mémoire
aufmerksam/ unaufmerksam	attentif/inattentif
die Aufmerksamkeit	l'attention
aufpassen	faire attention
sich schwer tun (a,a)	avoir du mal
dumm	bête
dummes Zeug reden	dire des bêtises
die Dummheit (en)	la bêtise
der Dummkopf (¨e)	l'imbécile
sorgfältig	soigneux
eine sorgfältige Arbeit	un travail soigné
die Sorgfalt/die Sorgfältigkeit	le soin
gewissenhaft	consciencieux
die Gewissenhaf-tigkeit	la conscience
die Mühe	la peine/l'effort
sich Mühe geben (a,o,i)/sich bemühen	se donner de la peine/du mal
sich anstrengen	faire un effort
die Anstrengung(en)	l'effort
sich verbessern/ besser werden	s'améliorer
Fortschritte machen	faire des progrès
sich verschlechtern/ schlechter werden	baisser
für eine Prüfung ochsen/büffeln	bûcher/potasser pour un examen
im Unterricht mitmachen	participer en classe

DER UNTERRICHT : *LE COURS*

unterrichten	enseigner
Unterricht halten (ie,a,ä)	faire cours
Sie unterrichtet/ gibt Deutsch.	Elle enseigne l'Allemand.
die Stunde (n)	le cours
die Zeichenstunde	le cours de dessin
der Stundenplan(¨e)	l'emploi du temps
die Pause (n)	la récréation
eine Frage stellen	poser une question
auf eine Frage antworten	répondre à une question
erklären	expliquer
die Erklärung (en)	l'explication
beschreiben (ie,ie)	décrire
die Beschreibung	la description
erläutern	expliquer/ commenter
Erläuterungen geben (a,e,i)	faire des commentaires
die Anweisung (en)	l'indication/ la consigne
Anweisungen geben	donner des indications/ des consignes
die Strafe (n)	la punition
strafen	punir

DER SPRACH-UNTERRICHT	LE COURS DE LANGUE
die Vokabel (n)/ das Wort (¨er)	le mot
Vokabeln lernen	apprendre le vocabulaire
der Wortschatz	le vocabulaire
einen reichen Wortschatz haben	avoir un riche vocabulaire
die Grammatik (en)	la grammaire
die Grammatikregel (n)	la règle de grammaire
das Hörverständnis	la compréhension orale
das Leseverständnis	la compréhension écrite
der mündliche Ausdruck	l'expression orale
der schriftliche Ausdruck	l'expression écrite
sich gut ausdrücken	bien s'exprimer
kein Wort herausbringen (a,a)	ne pas pouvoir dire un mot
sich verständlich machen	se faire comprendre
sich verständigen	communiquer/se faire comprendre
fließend sprechen (a,o,i)	parler couramment
die Grundkenntnisse	les connaissances de base
über Grundkenntnisse verfügen	disposer de connaissances de base
im Alltagsleben zurechtkommen	se tirer d'affaire dans la vie de tous les jours
sich nichts merken können	ne pouvoir rien retenir
aussprechen (a,o,i)	prononcer
die Aussprache	la prononciation
betonen	accentuer
die Betonung	l'accentuation
deutlich sprechen	parler distinctement
bei/von jm abschreiben/ abspicken	copier sur qn
spicken	copier
der Spickzettel (-)	l'anti-sèche
erwischt werden	se faire prendre

DIE RECHT-SCHREIBUNG	L'ORTHOGRAPHE
das Diktat (e)	la dictée
diktieren	dicter
die Zeichensetzung/ die Interpunktion	la ponctuation
das Komma (s)	la virgule
der Punkt (e)	le point
das Fragezeichen(-)	le point d'interrogation
das Ausrufezeichen (-)	le point d'exclamation
das Anführungszeichen (-)	le guillemet
der Strichpunkt(e)/ das Semikolon	le point-virgule
der Gedankenstrich (e)	le tiret
der Bindestrich (e)	le trait d'union
der Absatz (¨e)	le paragraphe
die Verbesserung (en)	la correction
der Fehler (-)	la faute
einfach	simple
schwer/schwierig	difficile

DIE ÜBUNG (en)	L'EXERCICE
die Grammatikübung (en)	l'exercice de grammaire
die Einzahl/der Singular	le singulier
die Mehrzahl/der Plural	le pluriel
in die Mehrzahl/in den Plural setzen	mettre au pluriel
übersetzen	traduire
die Übersetzung(en)	la traduction
ins Deutsche übersetzen	traduire en allemand

DIE ZEIT (en)	LE TEMPS
das Präsens/die Gegenwart	le présent
das Futur/die Zukunft	le futur
die Vergangenheit	le passé
das Präteritum	le prétérit
das Imperfekt	l'imparfait
das Perfekt	le parfait
das Plusquamperfekt	le plus-que-parfait

DER MODUS (di)	LE MODE
der Indikativ	l'indicatif
der Konjunktiv	le subjonctif
der Imperativ/die Befehlsform	l'impératif
das Aktiv/die Aktivform	la voix active
das Passiv/die Passivfom	la voix passive
das Substantiv (e)/das Hauptwort (¨er)	le substantif/le nom
das Adjektiv(e)/das Eigenschafts-wort (¨er)	l'adjectif
das Verb (en)/das Zeitwort (¨er)	le verbe
das Pronomen/das Fürwort (¨er)	le pronom
der bestimmte/unbestimmte Artikel (-)	l'article défini/indéfini

DAS RECHNEN	LE CALCUL
rechnen	calculer
von 1 bis 10 zählen	compter de 1 à 10
die Ziffer (n)	le chiffre
eine gerade/ungerade Zahl	un nombre pair/impair
gleich/ungleich	égal/inégal
addieren/zusammen-zählen	additionner
subtrahieren/abziehen (o,o)	soustraire
multiplizieren/malnehmen (o,o,i) (mit)	multiplier (par)
dividieren/teilen (durch)	diviser (par)
das Ergebnis (se)/das Resultat (e)	le résultat
ergeben (a,e,i)	donner (résultat)
sich verrechnen	se tromper (en calculant)
der Zähler (-)	le numérateur
der (gemeinsame) Nenner (-)	le dénominateur (commun)
der Dreisatz (¨e)	la règle de trois

DIE MATHEMATIK	LES MATHEMA-TIQUES
die Algebra	l'algèbre
die Geometrie	la géométrie
die Raumlehre	la géométrie dans l'espace
die Grundzahl (en)	le nombre cardinal
die Ordnungszahl	le nombre ordinal
fünf hoch zwei	cinq au carré
fünf hoch drei	cinq au cube
fünf hoch vier	cinq puissance quatre
die Quadratwurzel (n)	la racine carrée
eine Wurzel ziehen (o,o)	extraire une racine
das Dreieck (e)	le triangle
das Viereck (e)	le carré
das Rechteck (e)	le rectangle
der Kreis (e)	le cercle
der Durchmesser (-)	le diamètre
der Radius (ien)	le rayon
der Winkel (-)	l'angle
der rechte/spitze/stumpfe Winkel	l'angle droit/aigu/obtus
rund/kreisförmig	rond/circulaire
dreieckig	triangulaire
viereckig	carré
rechteckig	rectangulaire
die Länge	la longueur
die Breite	la largeur
die Höhe	la hauteur
der Würfel (-)	le cube
die Kugel (n)	la sphère
der Zylinder (-)	le cylindre
die Gleichung (en)	l'équation

die Formel (n)	la formule
der Satz (¨e) des Pythagoras	le théorème de Pythagore
die Annahme (n)	l'hypothèse
der Beweis (e)	la démonstration
beweisen (ie,ie)	démontrer
die Schlußfolgerung (en)	la conclusion
eine Aufgabe lösen	résoudre un problème
gleich sein	être égal
ungleich sein	être inégal

DAS ZEUGNIS (se)	LE BULLETIN
benoten	donner une note
die Benotung (en)	la notation
die Note (n)	la note
sehr gut (1)	très bien
gut (2)	bien
befriedigend (3)	satisfaisant
ausreichend (4)	moyen/passable
mangelhaft (5)	médiocre
ungenügend (6)	insuffisant
den Durchschnitt haben	avoir la moyenne
die Prüfung (en)	l'examen
eine Prüfung machen/ablegen	passer un examen
bei einer Prüfung durchfallen (ie,a,ä)(sein)	échouer à un examen
eine Prüfung bestehen (a,a)	réussir à un examen
bestanden haben	être reçu
sitzenbleiben (ie,ie)(sein)	redoubler une classe
die Versetzung (en)	le passage (en classe supérieure)
Die Versetzung ist gefährdet.	Le passage en classe supérieure est compromis.

DIE FERIEN	LES VACANCES
die großen Ferien	les grandes vacances
in den Ferien	pendant les vacances
Wohin fährst du in den Ferien ?	Où vas-tu pendant les vacances ?
Ich habe Ferien.	Je suis en vacances.
die Sommerferien	les vacances d'été
die Weihnachtsferien	les vacances de Noël
die Osterferien	les vacances de Pâques
die Pfingstferien	les vacances de Pentecôte
die Semesterferien (Univ.)	les vacances de fin de semestre

Er kommt nächstes Jahr in die Schule.	Il entrera à l'école l'année prochaine.
Sie ist mit der Schule fertig.	Elle a terminé l'école.
Sie ist mit dem Studium fertig.	Elle a terminé ses études.
Wegen der Klassenkonferenz fällt die letzte Stunde aus.	En raison du conseil de classe, le dernier cours saute.
Sie will ihr Studium wiederaufnehmen.	Elle veut reprendre ses études.
Das soll dir eine Lehre sein !	Que cela te serve de leçon !
Wir haben viel auf.	Nous avons beaucoup de travail à faire.
Morgen ist keine Schule./Wir haben morgen schulfrei.	Il n'y a pas classe demain.
Er ist noch von der alten Schule.	Il est de la vieille école.
Dieses Experiment hat Schule gemacht.	Cette expérience a fait école.
Wo ein Wille ist, ist auch ein Weg.	Vouloir c'est pouvoir.
Was Hänschen nicht lernt, lernt Hans nimmermehr.	Ce que l'on n'apprend pas étant jeune, on ne l'apprendra jamais
Die Schule ist aus.	La classe est finie.
Wann habt ihr aus ?	Jusqu'à quelle heure avez-vous cours ?

DER SPORT
LE SPORT

die Sportarten	les sports
Sport treiben (ie,ie)	faire du sport
sportlich	sportif
der Sportler (-)	le sportif
der Berufssportler (-)/der Profi (s)	le sportif professionnel
DER WETTKAMPF (¨e)	LA COMPETITION
der sportliche Wettbewerb (e)	l'épreuve sportive
an einem Wettkampf teilnehmen (a,o,i)	participer à une compétition
kämpfen (um + Akk.)	combattre (pour)
der Wettkämpfer (-)	le concurrent
trainieren	s'entraîner
der Trainer (-)	l'entraîneur
sich qualifizieren	se qualifier
die Qualifikation (en)	la qualification
in das Finale kommen (a,o,) (sein)	se qualifier pour la finale
das Endspiel (e)/ das Finale (-)	la finale
das Viertelfinale (-)	le quart de finale
das Halbfinale erreichen	arriver en demi-finale
die Weltmeister-schaft (en)	le championnat du monde
der Weltmeister (-)	le champion du monde
die Olympiade (n)/ die Olym-pischen Spiele	les Jeux Olympiques
das olympische Feuer	la flamme olympique
der Austragungsort (e) der Spiele	le lieu où se déroulent les jeux
die Olympischen Winterspiele	les Jeux Olympiques d'hiver
die Gold/Silber/ Bronzemedaille (n)	la médaille d'or/ d'argent/de bronze
der Weltrekord (e)	le record du monde
einen Weltrekord aufstellen	établir un record mondial

einen Rekord brechen (a,o,i)	battre un record
einen Rekord halten (ie,a,ä)	détenir un record
der Rekordhalter(-)	le recordman
DER SIEG (e)	LA VICTOIRE
über jn siegen	vaincre qn
den Sieg davontragen (u,a,ä)	remporter la victoire
jn schlagen (u,a,ä)	battre qn
die Siegerehrung (en)	la remise des trophées
das Siegerpodest(e)	le podium
an der Spitze stehen (a,a)	être en tête
unbesiegt bleiben (ie,ie)(sein)	rester invaincu
gewinnen (a,o)	gagner
DIE NIEDERLAGE (n)	LA DEFAITE
eine Niederlage einstecken/ erleiden (i,i)	subir une défaite
jm unterlegen sein	être inférieur à qn
die Unterlegenheit	l'infériorité
der Unterlegene/ein Unterlegener	le vaincu
verlieren (o,o)	perdre
DAS PUBLIKUM	LE PUBLIC
die Ehrentribüne(n)	la tribune d'honneur
der Rang (¨e)	le gradin
der Beifall/ der Applaus	les applaudissements
Beifall spenden/ klatschen	applaudir
Beifall ernten	recevoir des applaudissements

der Anhänger (-)	le supporter
jn anfeuern	encourager qn
die Sportanlage (n)	le complexe sportif
das Stadion (ien)	le stade

DER FUßBALL	LE FOOTBALL
der Fußballplatz (¨e)	le terrain de football
das Spielfeld (er)	le terrain
den Anstoß geben (a,e,i)	donner le coup d'envoi
der Kopfball (¨e)	la tête (football)
den Ball köpfen	envoyer le ballon de la tête
der Stürmer (-)	l'attaquant
der Verteidiger (-)	le défenseur
der Torwart (e)	le gardien de but
der Schiedsrichter (-)	l'arbitre
der Linienrichter (-)	le juge de touche
das Tor (e)	le but
ein Tor schießen (o,o)	marquer un but
der Eckball (¨e)	le corner
der Elfmeter (-)	le pénalty
der Freistoß (¨e)	le coup-franc
das Foul (s)	la faute
die Halbzeit (en)	la mi-temps
die Verlängerung (en)	la prolongation
3 : 0/drei zu null	3 à 0
unentschieden	match nul
das Spiel abpfeifen (i,i)	donner le coup de sifflet final

DAS TENNIS	LE TENNIS
Tennis spielen	jouer au tennis
der Tennisplatz(¨e)	le court de tennis
der Tennisschläger (-)	la raquette
der Aufschlag (¨e)	le service
aufschlagen (u,a,ä)	servir
die Vorhand	le coup droit
die Rückhand	le revers
das Netz (e)	le filet
Netz !	filet !/net !
das Turnier (e)	le tournoi
das Tischtennis	le ping-pong
der Handball	le handball
der Basketball	le basket
der Volleyball	le volley
das Golf	le golf
der Federball	le badminton/ le volant
der Spielstand	le score

DER WINTERSPORT	LES SPORTS D'HIVER
Ski laufen (ie,au,äu)(sein)/ Ski fahren (u,a,ä) (sein)	faire du ski
der Langlauf	le ski de fond
die Skiausrüstung (en)	l'équipement
der Skianzug (¨e)	la tenue de ski
der Skistiefel (-)	la chaussure de ski
der Skistock (¨e)	le bâton de ski
die Bindung (en)	la fixation
einstellen	régler
der Ski/Schi (er)	le ski
die Schier anschnallen	chausser les skis
der Schneepflug(¨e)	le chasse-neige
im Pflug fahren	faire du chasse-neige
Schuß fahren (u,a)	descendre en schuss
wedeln (sein)	godiller
das Skispringen	le saut de ski
die Sprungschanze (n)	le tremplin
der Sessellift (e)	le télésiège
der Schlepplift (e)	le remonte-pentes
die Gondelbahn (en)	le téléphérique
der Schlitten (-)	la luge
Schlitten fahren/ rodeln (sein)	faire de la luge
der Schlittschuh(e)	le patin à glace
Schlittschuh laufen (sein)	patiner
der Eiskunstlauf	le patinage artistique
die Kür	les figures libres

DER REITSPORT	L'EQUITATION
das Pferd (e)	le cheval
reiten (i,i)(sein)	faire du cheval
der Sattel (¨)	la selle
das Pferd satteln	seller le cheval
aufsitzen (a,e) (sein)	monter en selle
aufs Pferd steigen (ie,ie)(sein)	monter à cheval
absitzen (sein)/vom Pferd steigen (sein)	descendre de cheval
der Zaum/das Zaumzeug	la bride
der Zügel (-)	la rêne
die Zügel locker lassen	lâcher la bride
die Zügel anziehen (o,o)	serrer la bride
im Schritt(der)/im Trab/im Galopp(der)	au pas/au trot/ au galop

durchgehen (sein)	s'emballer
das Pferd ist durchgegangen	le cheval s'est emballé
den Reiter abwerfen (a,o,i)	désarçonner le cavalier
der Sporn (Sporen)	l'éperon
das Pferderennen	la course de chevaux
die Wette (n)	le pari
wetten	parier
auf ein Pferd setzen	miser sur un cheval
der Einsatz (¨e)	la mise

DIE LEICHT-ATHLETIK	L'ATHLETISME
der Athlet (en,en)	l'athlète
das Laufen	la course (à pied)
der Hundertmeter-lauf (¨e)	le cent mètres
der Staffellauf (¨e)	le relais
der Hürdenlauf (¨e)	la course de haies
die Hürde (n)	la haie
der Marathonlauf (¨e)	le marathon
der Langstrecken-lauf (¨e)	le fond/la course de fond
der Langstrecken-läufer (-)	le coureur de fond
der Kurzstreckenlauf (¨e)	la course de vitesse
der Fehlstart (e od. s)	le faux départ
startbereit	prêt à partir
auf die Plätze, fertig, los !	à vos marques, prêts, partez !
der Startschuß (üsse)	le signal de départ
die Startnummer (n)	le numéro de départ
jn einholen	rattraper qn
der Rückstand	le retard
einen Rückstand aufholen	rattraper un retard
der Sprung (¨e)	le saut
der Hochsprung	le saut en hauteur
der Stabhochsprung	le saut à la perche
Anlauf nehmen/ anlaufen (sein)	prendre de l'élan
der Weitsprung	le saut en longueur
springen(a,u)(sein)	sauter
das Hammerwerfen	le lancer du marteau
das Diskuswerfen	le lancer du disque
das Kugelstoßen	le lancer du poids
das Speerwerfen	le lancer du javelot
das Gewichtheben	l'haltérophilie
das Bogenschießen	le tir à l'arc
der Bogen (¨)	l'arc
der Pfeil (e)	la flèche
das Ringen	la lutte
das Fechten	l'escrime
das Boxen	la boxe
der Boxkampf (¨e)	le combat de boxe
das Schwergewicht	la catégorie « poids lourds »
der Schwerge-wichtler	le (boxeur) poids lourd
der Federge-wichtler	le (boxeur) poids plume
das Judo	le judo
das Karate	le karaté
das Freistilringen	le catch
das Turnen	la gymnastique
der Barren (-)	les barres parallèles
der Stufenbarren(-)	les barres assymétriques
das Reck (e)	la barre fixe
das Kletterseil/das Klettertau (e)	la corde lisse

DAS SCHWIMMEN	LA NATATION
um die Wette schwimmen (a,o) (sein)	faire une course à la nage
das Brustschwimmen	la brasse
das Schmetterlings-schwimmen	la brasse papillon
das Schwimmbad (¨er)	la piscine
das Hallenbad (¨er)	la piscine couverte
das Sprungbrett(er)	le plongeoir
der Köpfer (-)/der Kopfsprung (¨e)	le plongeon
tauchen	plonger
der Taucheranzug (¨e)	la tenue de plongée
die Flosse (n)	la palme
das Tiefseetauchen	la plongée sous-marine
ertrinken (a,u) (sein)	se noyer

DER WASSERSPORT	LE SPORT NAUTIQUE
der Wasserschi	le ski nautique
das Segeln	la voile
segeln (sein)	faire de la voile
das Segelboot (e)	le voilier
das Segel (-)	la voile
das Segel hissen	hisser la voile
der Mast (e)	le mât
der Katamaran (s)	le catamaran
der Zweimaster (-)	le deux-mâts

DAS RUDERN/DER RUDERSPORT	L'AVIRON
das Ruderboot (e)	le bateau à rames
die Ruderregatta	la régate/la course d'aviron
rudern (haben/ sein)	ramer
paddeln (haben/ sein)	pagayer
das Paddel (-)	la pagaie
das Paddelboot (e)/ das Kanu (s)	le canoë
surfen (haben sein)	faire de la planche à voile
das Surfbrett (er)	la planche à voile
der Windsurfer (-)	le véliplanchiste
das Wellenreiten	le surf
das Floß (e)	le radeau
die Jacht (en)	le yacht
das Motorboot (e)	le bateau à moteur
DAS ANGELN/ DER ANGELSPORT	LA PECHE
der Angler (-)	le pêcheur à la ligne
angeln	pêcher à la ligne
die Angelrute (n)	la canne à pêche
der Köder (-)	l'appât
anbeißen (i,i)	mordre à l'hameçon
der gute Fang (¨e)	la bonne prise
der Fischer (-)	le pêcheur
das Fischernetz (e)	le filet de pêche
fischen	pêcher
Fische fangen (i,a,ä)	attraper des poissons
die Hochseefischerei	la pêche en mer
der Fischkutter (-)	le chalutier
die Hoheitsgewässer	les eaux territoriales
die Fischgründe	les zones de pêche
DER RADSPORT	LE CYCLISME
das Fahrrad (¨er)	le vélo
das Rennrad (¨er)	le vélo de course
der Radrennfahrer (-)	le coureur cycliste
das Radrennen (-)	la course de vélo
radfahren (u,a,ä) (sein)	faire du vélo
das Motorrad (¨er)	la moto (cyclette)
Motorrad fahren (sein)	faire de la moto
das Ziel (e)	l'arrivée
als erster durchs Ziel fahren	franchir le premier la ligne d'arrivée
die Lenkstange (n)	le guidon
der Sattel (¨)	la selle

der Reifen (-)	le pneu
platzen (sein)	éclater
die Luftpumpe (n)	la pompe
den Reifen aufpumpen	gonfler le pneu
DAS AUTORENNEN(-)	LA COURSE AUTOMOBILE
das Rennauto (s)	la voiture de course
das Formel-1-Rennen	la course de formule 1
die Rennstrecke (n)	le circuit
die Runde (n)	le tour
der Radwechsel (-)	le changement de roue
das Rad wechseln	changer la roue
DAS BERGSTEIGEN	L'ALPINISME
auf einen Berg steigen (ie,ie) (sein)	monter sur une montagne
der Aufstieg/der Abstieg (e)	la montée/la descente
den Himalaya besteigen (ie,ie)	faire l'ascension de l'Himalaya
die Besteigung (en)	l'ascension
der Bergsteiger (-)	l'alpiniste
das Seil (e)	la corde
die Seilschaft (en)	la cordée d'alpinistes
der Pickel (-)	le piolet
sich anseilen	s'encorder
der Gipfel (-)	le sommet
auf den Gipfel klettern (sein)	grimper au sommet
DIE JAGD	LA CHASSE
auf die Jagd gehen (i,a)(sein)	aller à la chasse
jagen	chasser
der Jäger (-)	le chasseur
die Jagdtasche (n)	la gibecière
der Wilderer (-)/ der Wilddieb (e)	le braconnier
das Wild	le gibier
der Jagdhund (e)	le chien de chasse
die Falle (n)	le piège
eine Falle aufstellen	poser un piège
in die Falle gehen (sein)	se prendre au piège
das Gewehr (e)	le fusil
das Gewehr laden (u,a,ä)	charger le fusil
die Patrone (n)	la cartouche
der Patronengürtel (-)	la cartouchière
zielen	viser

auf ein Tier schießen (o,o)	tirer sur un animal
der Schuß (¨sse)	le coup de fusil
verfehlen	manquer
die Fährte (n)/ die Spur (en)	la piste
einer Fährte folgen (sein)	suivre une piste
sich auf die Lauer legen	se mettre aux aguets
auf der Lauer liegen (a,e)	être aux aguets
einen Hasen erlegen	tuer un lièvre
die Hetzjagd	la chasse à courre
die Treibjagd	la battue
die Meute (n)	la meute

Er ist aus dem Rennen.	Il est hors de course.
Der Ball ist auf eurer Seite.	La balle est dans votre camp.
in Höchstform sein	être en pleine forme
Der Fußballer ist gesperrt worden.	Le footballeur a été suspendu.
Sie kam nur auf einen Sprung vorbei.	Elle n'a fait qu'un saut, une brève visite.
Sie hat sich einen reichen Mann geangelt.	Elle a décroché un mari riche.
Das ist die Kehrseite der Medaille.	C'est le revers de la médaille.
Sie schwimmen im Geld.	Ils roulent sur l'or.

DIE STADT
LA VILLE

DIE STADT (¨e)	LA VILLE
die Großstadt (¨e)	la grande ville
die Kleinstadt (¨e)	la petite ville
die Altstadt (¨e)	la vieille ville
das Städtchen (-)	la toute petite ville
die Hauptstadt (¨e)	la capitale
die Stadt Berlin	la ville de Berlin
die Stadtbevölkerung	la population urbaine
der Stadtbewohner (-)	l'habitant d'une ville/ le citadin
städtisch	municipal/urbain
die Stadtgemeinde München	la communauté urbaine de Munich
das Ballungsgebiet (e)	la région à forte densité démographique
dicht besiedelt/ dünn besiedelt	très peuplé/ peu peuplé
DAS VIERTEL (-)/DER STADTTEIL (e)	LE QUARTIER
das Elendsviertel	le bidonville
die Stadtmitte (n)/ das Zentrum (en)/ die Innenstadt	le centre ville
der Vorort (e)	la banlieue
in einem Vorort wohnen	habiter en/dans la banlieue
die Vorstadt (¨e)	le faubourg
der Vorortzug (¨e)	le train de banlieue
der Pendler (-)	le banlieusard
pendeln	faire la navette
der Außenbezirk (e)	le quartier extérieur
stadtnah	proche de la ville
sich ausdehnen	s'étendre

KRIEGSZERSTÖRUNGEN UND WIEDERAUFBAU
DESTRUCTIONS DE GUERRE ET RECONSTRUCTION

DIE ZERSTÖRUNG (en)	LA DESTRUCTION
zerstören	détruire
bombardieren	bombarder
die Ruine (n)	la ruine
der Schutt	les débris/les décombres
den Schutt wegräumen	déblayer
in Schutt und Asche liegen (a,e)	être réduit en cendres
die Trümmer	les ruines
in Trümmern liegen (a,e)	être en ruines
beseitigen	enlever
einstürzen (sein)	s'effondrer
abreißen (i,i)	démolir
der Abriß (sse)	la démolition
niederreißen (i,i)	raser
Platz schaffen(u,a)	créer de la place
DER WIEDER-AUFBAU	LA RECONSTRUCTION
wiederaufbauen	reconstruire
die Modernisierung (en)	la modernisation
modernisieren	moderniser
der Städtebau/die Stadtplanung	l'urbanisme
der Stadtplaner (-)	l'urbaniste
das Stadtgebiet (e)	le périmètre de la ville
die Infrastruktur (en)	l'infrastructure

das Stadtbild (er)	la physionomie d'une ville
bebauen	urbaniser
die Bebauung	l'aménagement urbain
der Bebauungsplan (¨e)	le plan d'aménagement urbain
dicht bebaut	à forte concentration d'habitation
die Sanierung	l'assainissement
die Sanierungsarbeiten	les travaux d'assainissement
sanieren	assainir

DIE GEBÄUDE : *LES EDIFICES*

das Gebäude (-)	le bâtiment
das öffentliche Gebäude	le bâtiment public
der Bau (ten)	le bâtiment/la construction
das Hochhaus (¨er)	l'immeuble
der Häuserblock(s)	le pâté de maisons
der Wolkenkratzer (-)	le gratte-ciel
das Rathaus (¨er)	la mairie/l'hôtel de ville
der Dom (e)/das Münster (-)	la cathédrale
die Kirche (n)	l'église
die Kapelle (n)	la chapelle
das Kloster (¨)	le couvent/le monastère
die Burg (en)	le château fort
die Stadtmauer (n)	le mur d'enceinte
der Burggraben (¨)	la douve
die Zugbrücke (n)	le pont-levis
der Turm (¨e)	la tour
die Brücke (n)	le pont
die Hängebrücke (n)	le pont suspendu
über die Brücke gehen/fahren (sein)	traverser le pont
Die Brücke geht/ führt über den Fluß.	Le pont traverse le fleuve.
das Museum (Museen)	le musée
die Stadtbibliothek (en)/die Stadtbücherei (en)	la bibliothèque municipale
die Oper (n)	l'opéra
das Schauspielhaus (¨er)/das Theater (-)	le théâtre
das Kabarett (e)	le cabaret
das Kino (s)	le cinéma
das Nachtlokal (e)	la boîte de nuit
die Bar (s)	le bar
das Kasino (s)	le casino
das Krankenhaus (¨er)	l'hôpital
die Klinik (en)	la clinique
das Altenheim/das Altersheim (e)	le foyer pour personnes âgées
das Pflegeheim (e)	la maison de soins
das Kinderheim (e)	le foyer d'enfants
die Post/das Postamt (¨er)	le bureau de poste
der Bahnhof (¨e)	la gare
der Flughafen(¨)	l'aéroport
der Hafen (¨)	le port
das Polizeirevier (e)	le commissariat de police
die Polizeiwache(n)	le poste de police
das Gefängnis (se)	la prison
das Feuerwehrgebäude(-)	la caserne de pompiers
die Feuerwehr	les pompiers
die Jugendherberge (n)	l'auberge de jeunesse
das Hotel (s)	l'hôtel
das Restaurant (s)	le restaurant
die Weinstube (n)	la taverne/la cave
das Café (s)	le salon de thé
das Selbsbedienungsrestaurant (s)	le restaurant libre-service
das Gasthaus (¨er)/ der Gasthof (¨e)	l'auberge
das Gästehaus (¨er)	la pension de famille
die Imbißstube (n)	le snack-bar
das Stadion (ien)	le stade
die Pferderennbahn (en)	le champ de course
die Eislaufhalle(n)	la patinoire
die Bank (en)	la banque
die Sparkasse (n)	la caisse d'épargne
die Börse (n)	la bourse
die Markthalle (n)	les halles
der Markt (¨e)	le marché
das Verkehrsamt (¨er)	le syndicat d'initiative

ORTSSTRAßEN UND ORTSVERKEHR
LES RUES ET LA CIRCULATION LOCALE

DIE STRAßE (n)	LA RUE
die Hauptstraße	la rue principale
die Seitenstraße/ die Nebenstraße(n)	la rue latérale
die Hauptverkehrsstraße (n)	la rue à grande circulation
die Umgehungsstraße (n)	la route de contournement
die Straße überqueren	traverser la rue
verkehrsreich	passant
an einer verkehrsreichen Straße wohnen	habiter dans une rue passante
die Gasse (n)	la ruelle, la rue (Autriche)
die Einbahnstraße (n)	la rue à sens unique
die Sackgasse (n)	l'impasse
der Weg (e)	le chemin
der Radfahrweg (e)	la piste cyclable
die Abzweigung (en)	la bifurcation
die Gabelung (en)	la fourche
das Tunnel (s)	le tunnel
der Randstein (e)	la bordure du trottoir
die Straßenrinne(n) der Rinnstein (e)	le caniveau
der Gehsteig/der Bürgersteig (e)/das Trottoir (s)	le trottoir
die Kreuzung (en)	le croisement
die Unterführung (en)	le passage souterrain
die Fußgängerzone	la rue piétonne
der Fußgängerüberweg (e)/der Zebrastreifen (-)	le passage pour piétons
die Allee (n)	l'allée
der Ring (e)	le boulevard périphérique
die Straßenecke (n)	le coin de la rue
um die Ecke biegen (o,o) (sein)	tourner au coin de la rue
rechts einbiegen (o,o) (sein)	tourner à droite
geradeaus gehen/ fahren (sein)	aller tout droit
nach links abzweigen (sein)	bifurquer à gauche
sich einordnen	se mettre dans la bonne file
geteert	goudronné
die Teerstraße (n)	la rue/la route goudronnée
das Kopfsteinpflaster	les pavés
der gepflasterte Weg	le chemin pavé

DER VERKEHR	LA CIRCULATION
die Ampel (n)	les feux de signalisation
an der Ampel stehenbleiben (ie,ie)(sein)/ halten (ie,a,ä)	s'arrêter au feu
Die Ampel schaltet auf Rot.	Le feu passe au rouge.
blinken	clignoter
bei Rot durchfahren (u,a,ä)(sein)	griller un feu rouge
bei Rot über die Ampel fahren	griller le feu rouge
Die Ampel schaltet auf Grün.	Le feu passe au vert.
die Grüne Welle	les feux synchronisés/ l'onde verte
die verstopfte Straße	la rue bouchée
der Stoßverkehr	la circulation aux heures de pointe
der Stau (s)	l'embouteillage/le bouchon
Der Verkehr stockt.	La circulation s'immobilise.
im Schrittempo fahren	aller au pas
der Durchgangsverkehr	la circulation de transit
der Kreisverkehr	le sens giratoire
die Verkehrsinsel (n)	l'îlot de circulation
die Fahrbahn (en)	la voie
das Verkehrsschild (er)/das Verkehrszeichen(-)	le panneau de signalisation routière
den Verkehr regeln	régler la circulation
der Verkehrspolizist (en,en)	l'agent de police
die Verkehrsregel (n)	la règle de circulation

die Verkehrsregeln beachten	respecter les règles de la circulation
die Vorfahrt achten	respecter la priorité

PARKEN	STATIONNER
im Parkverbot parken/falsch parken	se garer dans une zone interdite
das Parkverbot (e)	l'interdiction de stationner
das Halteverbot	l'interdiction de s'arrêter
zweispurig parken	stationner en double file
der Strafzettel(-)/ das Strafmandat (e)	le procès verbal
einen Strafzettel erhalten (ie,a,ä)	recevoir une contravention
das Bußgeld (er)/ die Geldstrafe (en)	l'amende
der Parkplatz (¨e)	la place (de parking)
das Parkhaus (¨er)	le parking
die Parkgebühr (en)	les frais de stationnement
der Parkwächter (-)	le gardien de parking
ein bewachter Parkplatz	un parking surveillé
die Parkuhr (en)	le parcmètre
Die Parkuhr ist abgelaufen.	Le temps de stationnement est dépassé.
die Ausfahrt (en)	la sortie
vor einer Ausfahrt parken	se garer devant une sortie
die Tiefgarage (n)	le parking souterrain
das Auto/den Wagen abstellen	garer la voiture
den Wagen in einer Tiefgarage abstellen	se garer dans un parking souterrain

DIE ÖFFENTLICHEN VERKEHRS-MITTEL	LES TRANSPORTS EN COMMUN
das Verkehrsmittel (-)	le moyen de transport
die Straßenbahn(en)	le tramway
der Bus (se)/der Omnibus	le bus/le car
die U-Bahn (Untergrundbahn)	le métro
die S-Bahn	équiv. du RER
der Nahverkehr	le trafic de banlieue
der Nahverkehrszug (¨e)	le train de petite distance
die Schwebebahn	le chemin de fer suspendu
in den Bus (ein) steigen (ie,ie) (sein)	monter dans le bus
die Bushaltestelle (n)	l'arrêt de bus
das Taxi (s)	le taxi
der Taxistand (¨e)	la station de taxis

DIE VERKEHRSBELÄSTIGUNG
LES NUISANCES DE LA CIRCULATION

mindern	atténuer
der Lärm	le bruit
den Lärm bekämpfen	lutter contre le bruit
die Lärmbelastung	la nuisance (par le bruit)
das Hupen	le bruit des klaxons
unerträglich	insupportable
ein betäubender Lärm	un bruit assourdissant
die Auspuffgase/ die Autoabgase	les gaz d'échappement
der Gestank	la puanteur
der Schadstoff (e)	la matière toxique
Schadstoffe abgeben (a,e,i)	émettre des matières toxiques
die Luft belasten/ verschmutzen	polluer l'air
die Luft-verschmutzung/ die Luftverunreinigung	la pollution de l'air
der Staub	la poussière
krank machen	rendre malade
der Gesundheit (Dat.) schaden	nuire à la santé
gesundheits-schädlich	nuisible pour la santé

DAS WOHNEN IN DER STADT : *HABITER EN VILLE*

DER WOHNUNGSMANGEL	LE MANQUE DE LOGEMENTS
an etw. (Dat.) mangeln	manquer de qc
Es mangelt an Wohnungen.	Il manque des logements.
der Bedarf an (Dat.) Wohnungen	le besoin de logements
der soziale Wohnungsbau	les logements sociaux
der Wohnungsbau	la construction de logements
den Wohnungsbau fördern	encourager la construction de logements
das Wohneigentum	la propriété immobilière
die eigenen vier Wände	ses propres murs
die Mietwohnung(en)	le logement loué
die Miete (n)	le loyer
eine tragbare Miete	un loyer supportable
preisgünstig	bas
Die Preise klettern schnell (sein).	Les prix augmentent rapidement.
das Einkommen (-)	le revenu
ein bescheidenes Einkommen	un revenu modeste
eine einkommensschwache Familie	une famille à revenus modestes
eine erschwingliche Miete	un loyer abordable
der Neubau (ten)	le logement neuf
der Altbau (ten)	le logement ancien
der Ausbau einer Wohnung	l'agrandissement d'un logement
der Umbau	la transformation
das Eigenheim (e)	la maison individuelle
MIETEN	LOUER/PRENDRE EN LOCATION
der Mieter (-)	le locataire
vermieten	louer/donner en location
der Vermieter (-)	le loueur (souv. propriétaire)
der Mieterhöhung	l'augmentation de loyer
die Miete erhöhen	augmenter le loyer
die Kaltmiete (n)	le loyer sans les charges
die Warmmiete (n)	le loyer charges comprises
die Nebenkosten	les charges locatives
die Ausgaben für die Heizung	les dépenses de chauffage
einem Mieter kündigen	donner congé à un locataire
die Kündigung (en)	la résiliation
der Schutz des Mieters	la protection du locataire
jn auf die Straße setzen	mettre qn à la rue
jn hinauswerfen (a,o)	mettre qn dehors
die Zwangsräumung (en)	l'expulsion forcée
eine Wohnung räumen	quitter/évacuer un logement
am Stadtrand wohnen	habiter à la périphérie d'une ville
in einer guten Wohngegend wohnen	habiter dans un quartier résidentiel
der Anrainer (-)/ der Anlieger (-)	le riverain
die Grünanlage (n)	l'espace vert
der Spielplatz (¨e)	le terrain de jeux
DIE HAUSBESETZUNG (en)	LE SQUATTERING
ein Haus besetzen	occuper/squatteriser une maison
der Polizeieinsatz (¨e)	l'intervention de la police
die Schießerei (en)	l'échange de coups de feu
die Unsicherheit	l'insécurité
das unsichere Gebiet	la zone d'insécurité
jn überfallen	agresser qn
der Überfall (¨e)	l'agression/le hold-up
jn belästigen	importuner qn
die Belästigung(en)	la tracasserie
die Stadtflucht	l'exode urbain
DIE MÜLLABFUHR	L'ENLEVEMENT DES ORDURES
die Mülltonne (n)	la poubelle
der Mülleimer (-)	la petite poubelle
der Müll	les ordures ménagères
den Müll sortieren	trier les ordures
die Müllverwertung	le recyclage des ordures

DIE STRAßEN-REINIGUNG	LE NETTOYAGE DES RUES
der Straßenkehrer (-)	le balayeur de rue
kehren	balayer
die Straßenkehr-maschine (n)	la balayeuse automatique
die Schneeräumung	le déneigement
Schnee räumen/ Schnee schippen	enlever la neige
der Schneepflug(¨e)	le chasse-neige

Die ganze Stadt war auf den Beinen.	Toute la ville était sur pieds.
Das ist schon Stadtgespräch geworden.	Toute la ville en parle déjà.
Rasen bitte nicht betreten !	Défense de marcher sur les pelouses.
Köln liegt am Rhein.	Cologne se trouve sur le Rhin.
Der Überfall geschah auf offener Straße.	L'agression s'est produite en pleine rue.
Wie komme ich am besten zum Dom ?	Quel est le meilleur chemin pour aller à la cathédrale ?
Wie weit ist es zum Stadion ?	A quelle distance se trouve le stade ?
Die Straße ist wegen Bauarbeiten gesperrt.	La rue est barrée en raison de travaux.
Das ist stadtbekannt.	C'est de notoriété publique.
Die städtische Straßenreinigung sucht mehrere Straßenkehrer.	Le service municipal de nettoiement recherche plusieurs balayeurs de rue.
Das Kinderzimmer geht auf die Straße.	La chambre des enfants donne sur la rue.

EINKAUFEN
FAIRE LES COURSES

KAUFEN/VERKAUFEN	ACHETER/VENDRE
etw. von jm kaufen/ jm etw. abkaufen	acheter qc à qn
auf Raten/auf Kredit kaufen	acheter à crédit
der Kauf (¨e)	l'achat
einen Kauf rückgängig machen	annuler un achat
einkaufen gehen (i,a)(sein)	(aller) faire des courses
der Einkauf (¨e)	l'achat
Einkäufe machen	faire des achats/des emplettes
der Käufer (-)	l'acheteur
der Kunde (n,n)	le client
die Kundschaft (en)	la clientèle
der Kundendienst(e)	le service après vente

DAS GESCHÄFT(e)	LE MAGASIN
der Laden (¨)	la boutique/le magasin
das Einkaufszentrum (en)	le centre commercial
das Kaufhaus/das Warenhaus (¨er)	le grand magasin
der Supermarkt (¨e)	le supermarché
die Filiale(n)/das Zweiggeschäft (e)	la succursale
der Markt (¨e)	le marché
der Flohmarkt (¨e)	le marché aux puces
das Versandhaus (¨er)	le magasin de vente par correspondance
ein Geschäft eröffnen	ouvrir un magasin/ un commerce
ein Geschäft übernehmen (a,o,i)	(re)prendre un commerce
geschäftstüchtig	qui a le sens des affaires
der Geschäftsschluß	la fermeture des magasins
öffnen/aufmachen	ouvrir
schließen (o,o)/ zumachen	fermer
durchgehend geöffnet	ouvert sans interruption
die Öffnungszeiten	les heures d'ouverture
die Abteilung (en)	le rayon
die Lebensmittelabteilung (en)	le rayon d'alimentation

DIE WARE (n)	LA MARCHANDISE
eine erstklassige Ware	une marchandise de première qualité
eine leicht verderbliche Ware	une denrée périssable
das Angebot (e)	l'offre
die Nachfrage (n)	la demande
anbieten (o,o)	offrir
einen Artikel (gegen einen anderen) umtauschen	échanger un article (contre un autre)
der Umtausch	l'échange

DER PREIS (e)	LE PRIX
billig/teuer	bon marché/cher
günstig/vorteilhaft/ preisgünstig	avantageux
steigen (ie,ie) (sein)/in die Höhe gehen/ sich erhöhen	augmenter/monter
sinken (a,u)(sein)	baisser/diminuer
die Preise erhöhen/ heraufsetzen	augmenter les prix

die Preise senken/ herabsetzen/mit dem Preis heruntergehen (i,a)(sein)	baisser les prix
zum Preise von	au prix de
zum halben Preis	à moitié prix
der vereinbarte Preis	le prix convenu
der festgesetzte Preis	le prix fixé
der Preisnachlaß (ässe)/die Preisermäßigung (en)	la réduction de prix
eine Ermäßigung gewähren	accorder une réduction
die Preissteigerung (en)/die Preiserhöhung (en)	la hausse des prix
sich etw. leisten	pouvoir se payer qc
Geld ausgeben (a,e,i)	dépenser de l'argent
die Ausgabe (n)	la dépense

VERKAUFEN	VENDRE
der Verkauf (¨e)	la vente
der Schlußverkauf	les soldes
der Sommerschlußverkauf	les soldes d'été
der Verkauf auf offener Straße	la vente sur la voie publique
etw. an jn verkaufen/jm etw. verkaufen	vendre qc à qn
leicht/schwer verkäuflich	facile/difficile à vendre
der Verkäufer (-)	le vendeur
die Verkäuferin (nen)	la vendeuse
der Geschäftsmann (leute)	le commerçant
der Vertreter (-)	le représentant
der Großhändler (-)	le grossiste
der Großhandel	le commerce de gros
der Einzelhändler (-)	le détaillant
der Einzelhandel(-)	le commerce de détail
das Schaufenster dekorieren	décorer la vitrine
der Schaufensterdekorateur (e)	l'étalagiste
der Ladendieb (e)	le voleur à l'étalage
der Ladendiebstahl (¨e)	le vol à l'étalage
stehlen (a,o,ie)	voler

die BÄCKEREI(en)	LA BOULANGERIE
der Bäcker (-)	le boulanger
die Konditorei (en)	la pâtisserie
der Konditor (en)	le pâtissier

DIE FLEISCHEREI/ METZGEREI (en)	LA BOUCHERIE
der Fleischer/der Metzger (-)	le boucher
die Wurstwaren	la charcuterie (produits)
die Wurst (¨e)	la saucisse/le saucisson
das Stück (e)	le morceau
die Scheibe (n)	la tranche
in Scheiben	(coupé) en tranches
aufschneiden (i,i)	couper en tranches
der Aufschnitt	l'assortiment de charcuterie
die Wiener/ Frankfurter Würstchen	les saucisses de Francfort
die Mettwurst (¨e)	la saucisse à tartiner
die Salami	le salami
der Schinken (-)	le jambon
geräuchert	fumé
roh	cru
fett	gras
das Fett (e)	la graisse/le gras
der Farbstoff (e)	le colorant

DAS LEBENSMITTELGESCHÄFT(e)	L'EPICERIE/ L'ALIMENTATION
das Feinkostgeschäft/ das Delikatessengeschäft (e)	l'épicerie fine

DER MILCH- UND KÄSELADEN (¨)	LA CREMERIE
die Milch	le lait
fettarm	écrémé
die Butter	le beurre
der Quark/der Topfen	le fromage blanc
die Schlagsahne/ der Schlagobers	la crème fraîche
der Joghurt (s)	le yaourt
der Käse (die Käsesorten)	le fromage
das Fischgeschäft (e)	la poissonnerie
das Obst- und Gemüsegeschäft (e)	le magasin de fruits et légumes
der Markt (¨e)	le marché

DER SÜßWAREN-LADEN	LA CONFISERIE
die Schokolade	le chocolat
die Tafel (n) Schokolade	la plaque de chocolat
die Praline (n)	le chocolat (fourré)
die Schachtel (n) Pralinen	la boîte de chocolats
das Bonbon (s)	le bonbon
die Süßigkeiten	les sucreries
süß	sucré
der Kaugummi (s)	le chewing-gum

Voir aussi le chapitre « Essen und Trinken ».

DAS TABAKWAREN-GESCHÄFT	LE BUREAU DE TABAC
die Zigarette (n)	la cigarette
die Zigarre (n)	le cigare
die Pfeife (n)	la pipe
der Tabak (die Tabaksorten)	le tabac
das Päckchen (-)/ die Schachtel (n) Zigaretten	le paquet de cigarettes
die Stange (n) Zigaretten	la cartouche de cigarettes
das Feuerzeug (e)	le briquet
das Streichholz (¨er)/das Zündholz (¨er)	l'allumette
die Schachtel (n) Streichhölzer	la boîte d'allumettes
das Modegeschäft(e)	le magasin de mode
das Schuhgeschäft (e)	le magasin de chaussures
das Kurzwarenge-schäft (e)	la mercerie
das Juwelierges-chäft(e)	la bijouterie
die Reinigung (en)	la teinturerie
die Wäscherei (en)	la blanchisserie

Voir aussi le chapitre « Die Kleidung ».

die Buchhandlung (en)	la librairie
das Schreibwaren-geschäft (e)	la papeterie

Voir aussi le chapitre « Das Bildungswesen ».

die Eisenwarenhand-lung (en)	la quincaillerie

DAS ANTIQUITÄTEN-GESCHÄFT (e)	LE MAGASIN D'ANTIQUITES
das Antiquariat (e)	la librairie de livres anciens
der Antiquitäten-händler	l'antiquaire
die Antiquität (en)	l'objet ancien
ein Buch antiquarisch kaufen	acheter un livre ancien
antiquiert	démodé/désuet

DAS SPIELWAREN-GESCHÄFT (e)	LE MAGASIN DE JOUETS
das Spielzeug/die Spielsachen	le jouet
die Puppe (n)	la poupée
der Teddybär (en)	l'ours en peluche
die Puppenstube(n)/ das Puppen-haus(¨er)	la maison de poupée
der Puppenwagen (-)	le landau pour poupée
der Andenkenladen (¨)	le magasin de souvenirs
das Andenken (-)	le souvenir
der Zeitungshändler (-)	le marchand de journaux
die Zeitung (en)	le journal
die Tageszeitung	le quotidien
die Zeitschrift(en)	le magazine
die Apotheke (n)	la pharmacie

Voir aussi le chapitre « Die Krankheit und ihre Behandlung ».

DIE KASSE (n)	LA CAISSE
die Schlange (n)	la queue
Schlange stehen (a,a)	faire la queue
der Einkaufswagen	le chariot
randvoll	plein jusqu'au bord
das Fließband(¨er)	le tapis roulant
sich vordrängen	se faufiler pour passer devant
das Portemonnaie(s)/ die Geldbörse (n)	le porte-monnaie
die Brieftasche(n)	le portefeuille
bar (be)zahlen	payer en espèces
das Geld	l'argent
der Geldschein (e)	le billet de banque
das Kleingeld	la monnaie
das Wechselgeld	la monnaie (qu'on rend)
herausgeben (a,e,i)	rendre la monnaie
kosten	coûter

Können Sie mir auf zehn Mark herausgeben ?	Pouvez-vous me rendre la monnaie sur dix marks ?
Das macht zwei Mark zehn.	Cela fait deux marks dix.
Nur im Einzelhandel erhältlich.	En vente uniquement chez les détaillants.
Jeder Ladendiebstahl wird angezeigt.	Tout vol à l'étalage sera déclaré à la police.
ein gutgehendes Geschäft	un commerce qui marche bien
ein gutes Geschäft machen	faire une bonne affaire
Geschäft ist Geschäft !	Les affaires sont les affaires !
Ich habe diesen Artikel nicht vorrätig.	Je n'ai pas cet article en stock.
Ich kann mir kein Auto leisten.	Je n'ai pas les moyens de m'offrir une voiture.
In welcher Preislage ?	Dans quel ordre de prix ?
Sie gibt ihr Geld mit vollen Händen aus.	Elle dépense son argent à pleines poignées.
Kann ich Ihnen helfen ?/kann ich Ihnen behilflich sein ?	Puis-je vous aider ?
Was kann ich für Sie tun ?	Que puis-je faire pour vous ?
Werden Sie schon bedient ?	On s'occupe de vous ?
Die Farbe steht Ihnen gut !	Cette couleur vous va bien !
Das ist Ihre Größe !	C'est votre taille !
Wo ist die Umkleidekabine ?	Où se trouve la cabine d'essayage ?
Kann ich mit Scheck bezahlen ?	Je peux payer par chèque ?
Bis wieviel Uhr haben Sie auf ?	Jusqu'à quelle heure êtes-vous ouvert ?
Der Supermarkt ist von 9 bis 20 Uhr durchgehend geöffnet.	Le supermarché est ouvert sans interruption de 9 h à 20 h.

DER VERKEHR
LA CIRCULATION

DER AUTOVERKEHR
LA CIRCULATION AUTOMOBILE

DER STRAßENVERKEHR	LA CIRCULATION ROUTIERE
der Durchgangsverkehr	la circulation de transit
ein starker/reger Verkehr	une circulation intense
ein geringer Verkehr	une faible circulation
ein fließender Verkehr	une circulation fluide
ein zähflüssiger Verkehr	une circulation dense
der Verkehrsstau(s)/ die Stauung(en)	l'embouteillage
Der Verkehr staut/ stockt.	Il y a des bouchons.
im Schrittempo(das) fahren (u,a,ä) (sein)	aller au pas
die Umleitung (en)	la déviation
den Verkehr umleiten	dévier la circulation
die Baustelle (n)	les travaux (sur la route)

DAS STRAßENNETZ(e)	LE RESEAU ROUTIER
die Straße (n)	la rue/la route
die Seitenstraße(n)/ die Nebenstraße (n)	la rue latérale
die Hauptstraße (n)	la rue principale
die Hauptverkehrsstraße (n)	la voie à grande circulation
die Umgehungsstraße (n)	la route de contournement
die Einbahnstraße (n)	la rue à sens unique
die Gasse (n)	la ruelle (en Autriche : la rue)
die Sackgasse (n)	l'impasse
die Bundesstraße(n)	la route nationale
die Kreuzung (en)	le croisement
der Kreisverkehr	le sens giratoire
der Zebrastreifen (-)/der Fußgängerüberweg (e)	le passage pour piétons
die Straße überqueren/über die Straße gehen (i,a) (sein)	traverser la rue
der Platz(¨e)	la place
über den Platz gehen/fahren (sein)/den Platz überqueren	traverser la place
die Unterführung (en)	le passage souterrain
durch die Unterführung gehen/ fahren (sein)	emprunter le passage souterrain
der Verteiler (-)	l'échangeur

DIE AUTOBAHN (en)	L'AUTOROUTE
die gebührenpflichtige Autobahn	l'autoroute à péage
die Autobahngebühr (en)	le péage
Gebühren erheben (o,o)	percevoir un péage
die Maut	le péage (en Autriche)
der Autobahnzubringer (-)	la bretelle d'accès à l'autoroute
die Autobahnauffahrt (en)	l'entrée de l'autoroute
auf die Autobahn fahren (u,a,ä) (sein)	entrer sur l'autoroute

die Autobahnausfahrt (en)	la sortie de l'autoroute
von der Autobahn abfahren/ausfahren (sein)	quitter l'autoroute
der Randstreifen(-)	le bas-côté
die Kriechspur (en)	la voie pour véhicules lents
die Leitplanke (n)	la glissière de sécurité
einen Wagen überholen	doubler une voiture
die Spur (en)/die Fahrspur	la piste/la voie
vierspurig	à quatre voies
die Spur wechseln	changer de file
den Wagen voll ausfahren (u,a,ä)	pousser à fond la voiture
ausscheren (sein)	sortir de la file/ se déporter
wenden	faire demi-tour
das Verkehrszeichen (-)	le signal de circulation
das Verkehrsschild (er)	le panneau de circulation
gut ausgeschildert/ beschildert	bien indiqué
der Wegweiser (-)	le panneau de signalisation
die Kurve (n)	le virage
die Strecke (n)	le tronçon de route
kurvenreich	sinueux

DAS AUTO : *LA VOITURE*

das Auto (s)	l'auto(mobile)
der Wagen (-)	la voiture
der PKW (s) (Personenkraftwagen)	la voiture
der LKW (s)(der Lastkraftwagen)/ der Lastwagen (-)/ das Lastauto (s)/ der Laster (-)	le poids lourd/ le camion
der Anhänger (-)	la remorque
der Sattelschlepper (-)	le semi-remorque
der Bus (se)	l'autobus
der Mercedes/	la Mercédès
der Porsche...	la Porsche...
die « Ente »	la 2 CV
der VW « Käfer »	la « coccinelle » (Volkswagen)
der Wohnwagen (-)	la caravane
das Wohnmobil (e)	le camping-car
der Kombi(wagen)	le break
das Coupé (s)	le coupé
das Kabriolett (s)	la voiture décapotable
die Limousine (n)	la limousine/la conduite intérieure
der Diesel (-)	la (voiture) diesel
der Gebrauchtwagen (-)	la voiture d'occasion
die Pferdestärke(n) (PS)	le cheval vapeur(CV)
DAS WAGENÄUßERE	L'EXTERIEUR DE LA VOITURE
die Karosserie (n)	la carrosserie
der Kofferraum (¨e)	le coffre
die Motorhaube (n)	le capot
der Kotflügel (-)	l'aile
die Wagentür (en)	la portière
die Windschutzscheibe (n)	le pare-brise
die Heckscheibe (n)	la vitre arrière
die Stoßstange (n)	le pare-choc
das Vorderrad (¨er)	la roue avant
das Hinterrad (¨er)	la roue arrière
das Reserverad(¨er)	la roue de secours
der Reifen (-)	le pneu
der Schlauch (¨e)	la chambre à air
der schlauchlose Reifen	le pneu sans chambre
der Wagenheber (-)	le cric
der Seitenspiegel/ der Außenspiegel(-)	le rétroviseur extérieur
der Scheibenwischer (-)	l'essuie-glace
das Auspuffrohr (e)	le pot d'échappement
der Tank (s)	le réservoir
der Motor (en)	le moteur
das (Auto) kennzeichen(-)	le numéro d'immatriculation
das Nummernschild (er)	la plaque minéralogique
der Stoßdämpfer (-)	l'amortisseur
DAS WAGENINNERE	L'INTERIEUR DE LA VOITURE
das Armaturenbrett (er)	le tableau de bord
das Lenkrad (¨er)/ das Steuer (-)	le volant
sich ans Steuer setzen	se mettre au volant

gut fahren (u,a,ä) (sein)	bien conduire
der Vordersitz (e)	le siège avant
der Rücksitz (e)	le siège arrière
der Sicherheitsgurt (e)	la ceinture de sécurité
den Sicherheitsgurt anlegen	mettre la ceinture de sécurité
sich anschnallen	s'attacher
die Hupe (n)	le klaxon
hupen	klaxonner
die Lenkrad-schaltung (en)	le levier de vitesse au volant
die Knüppel-schaltung (en)	le levier de vitesse au plancher
der Leerlauf	le point mort
der Gang (¨e)	la vitesse
den ersten Gang einlegen	(se) mettre en première
der Rückwärtsgang	la marche arrière
zurückschalten	rétrograder
in den zweiten Gang zurückschalten	rétrograder en seconde
zurücksetzen	faire marche arrière
raufschalten	passer à la vitesse supérieure
umschalten	changer de vitesse
die Kupplung (en)	l'embrayage
auf die Kupplung treten (a,e,i) (sein)	débrayer
das Gaspedal (e)	l'accélérateur
(das) Gas geben (a,e,i)	accélérer
Vollgas geben	accélérer à fond
anfahren(u,a,ä) (sein)	démarrer
die Bremse (n)	le frein
die Fußbremse/die Handbremse	le frein à pied/le frein à main
bremsen	freiner
scharf bremsen	freiner brusquement
der Bremsbelag (¨e)	la plaquette de frein
der Zündschlüssel (-)	la clé de contact
der Anlasser (-)	le démarreur
Der Motor springt nicht an.	Le moteur ne part pas.
Der Motor ist verreckt.	Le moteur a calé.
Der Motor ist mir verreckt.	J'ai calé.
die Türverriegelung (en)	le verrouillage des portes
die Türen verriegeln	verrouiller les portes
die Heizung	le chauffage
die Belüftung	l'aération
die Klimaanlage (n)	la climatisation

DIE BELEUCHTUNG	L'ECLAIRAGE
das Abblendlicht	les codes
das Fernlicht	les phares
aufblenden	mettre les phares
abblenden	repasser en codes
das Standlicht	la veilleuse/le feu de position
das Warnlicht (er)	le feu de détresse
der Blinker (-)	le clignotant
blinken	clignoter
das Bremslicht (er)	le feu stop
die Nebelschluß-leuchte (n)	l'anti-brouillard
der Scheinwerfer(-)	le phare

DIE WARTUNG EINES AUTOS	L'ENTRETIEN D'UNE VOITURE
die Wartungskosten	les frais d'entretien
ein Auto warten	entretenir une voiture
der Kundendienst(e)	le service après-vente
die Inspektion (en)	la révision
ein Auto zur Inspektion bringen (a,a)	apporter une voiture à la révision
seinen Wagen überholen lassen	faire faire une révision complète de la voiture
der Ölwechsel (-)	la vidange
der Reifendruck	la pression des pneus
den Reifendruck prüfen	contrôler la pression des pneus
der abgefahrene Reifen	le pneu usé
das Öl	l'huile
Öl nachfüllen	ajouter de l'huile
die Zündkerze (n)	la bougie
die Zündkerzen auswechseln	changer les bougies
der Ölstand	le niveau d'huile
den Ölstand nachsehen (a,e,ie)	vérifier le niveau d'huile
der Vergaser (-)	le carburateur
den Vergaser einstellen	régler le carburateur

DIE TANKSTELLE(n)	LA STATION-SERVICE
voll tanken	faire le plein
das Benzin	l'essence
das Normalbenzin	l'essence ordinaire

das Diesel	le diesel
das bleifreie Benzin	l'essence sans plomb
verbleit	avec du plomb
DIE FAHRSCHULE(n)	L'AUTO-ECOLE
der Fahrlehrer (-)	le moniteur d'auto-école
den Führerschein machen	passer son permis
die Fahrprüfung(en)	l'examen du permis de conduire
der Prüfer (-)	l'examinateur

DER VERKEHRSUNFALL
L'ACCIDENT DE CIRCULATION

der Unfall (¨e)/ das Unglück (e)	l'accident
DIE UNFALL-URSACHE (n)	LA CAUSE DE L'ACCIDENT
die glatte Fahrbahn	la chaussée glissante
die Geschwindigkeit	la vitesse
mit zu hoher Geschwindigkeit fahren	rouler à une vitesse excessive
ins Schleudern geraten (ie,a,ä) (sein)	déraper
rasen (sein)	rouler à toute vitesse
die Kontrolle über den Wagen verlieren (o,o)	perdre le contrôle de la voiture
der geplatzte Reifen	le pneu éclaté
das Glatteis	le verglas
der Steinschlag	la chute de pierres
einen Platten haben	avoir une crevaison
jn anfahren (u,a,ä)	heurter qn
auf einen Wagen auffahren (sein)	rentrer dans l'arrière d'une voiture
mit einem Auto zusammen stoßen (ie,o,ö)(sein)	entrer en collision avec une voiture
der Zusammenstoß (¨e)	la collision
frontal zusammen stoßen (sein)	se heurter de plein fouet
aufeinanderprallen (sein)	se heurter violemment
gegen einen Baum prallen (sein)	heurter violemment un arbre
jn überfahren (u,a,ä)	écraser qn
überfahren werden	se faire écraser
sich überschlagen (u,a)	faire un tonneau
der Verletzte/ein Verletzter	le blessé
sich einem Alkohol-test unterziehen (o,o)	se soumettre à un alcotest
die von Mund-zu-Mund Beatmung (en)	le bouche-à-bouche
wiederbeleben	ranimer
der Zeuge (n,n)	le témoin
die Zeugenaussage (n)	le témoignage
bei einem Unfall ums Leben kommen (sein)	mourir dans un accident (de voiture)
abschleppen	remorquer
der Abschleppdienst (e)	le service de remorquage
das Abschleppseil (e)	le câble de remorquage
der Krankenwagen(-)	l'ambulance
der Rettungswagen/ die Rettung	l'ambulance de secours d'urgence
DIE AUTOPAPIERE	LES PAPIERS DE VOITURE
der Führerschein(e)	le permis de conduire
die Kfz-Versicherung	l'assurance automobile
die Versicherungs-karte (n)	le certificat d'assurance
das Auto versichern lassen	faire assurer la voiture
der Kraftfahrzeug-schein/der Kfz-Schein/der Zulassungs-schein	équiv. la carte grise
die Zulassung (en)	l'immatriculation
ein Auto zulassen (ie,a,ä)	immatriculer une voiture

die Kfz-Steuer	la taxe automobile (équiv. vignette)
die Polizeistreife (n)	la patrouille de police
die Radarkontrolle (n)	le contrôle radar
die Höchst-geschwindigkeit	la vitesse maximale
die zulässige Geschwindigkeit	la vitesse autorisée
die Richtgeschwin-digkeit	la vitesse recommandée
jm den Führerschein entziehen (o,o)	retirer le permis à qn
die Fahrerflucht	le délit de fuite
Fahrerflucht begehen (i,a)	commettre un délit de fuite

DIE UNFALLVER-HÜTUNG	LA PREVENTION ROUTIERE
Unfälle verhüten	prévenir des accidents
die Promillegrenze senken	abaisser la tolérance d'alcool dans le sang
die Geschwindig-keitsbegrenzung	la limitation de vitesse
die Geschwindig-keitsbegrenzung überschreiten (i,i)	dépasser la limitation de vitesse
der TÜV (der Technische Über-wachungsverein)	le service de contrôle technique
das Auto dem TÜV vorführen	présenter sa voiture au contrôle technique

DIE EISENBAHN : *LE CHEMIN DE FER*

der Zug (¨e)	le train
der Schnellzug	le (train) express
der Personenzug	le (train) omnibus
der D-Zug	le (train) rapide
der Schienenbus(se)	la micheline
der Triebwagen (-)	l'autorail
der Nahverkehrszug	le train de banlieue
Der Zug ist überfüllt.	Le train est bondé.
die Lokomotive(n)/ Lok (s)	la locomotive
die Dampflokomotive	la locomotive à vapeur
der Lok(omotiv)-führer (-)	le mécanicien/le conducteur
der Entlastungszug	le train supplémentaire
der Autoreisezug	le train auto-couchettes
der Güterzug	le train de marchandises
der Hochge-schwindigkeitszug (¨e)	le train à grande vitesse (en France : TGV)
der Schlafwagen(-)	le wagon-lit
der Liegewagen (-)	le wagon-couchettes
der Liegewagenplatz (¨e)	la couchette
das Abteil (e)	le compartiment
Das Abteil ist belegt.	Le compartiment est complet.
der Sitzplatz (¨e)	la place assise
Plätze bestellen	réserver des places
das Gepäcknetz (e)	le filet à bagages
die Gepäckablage(n)	le porte-bagages
die Notbremse (n)	la sonnette d'alarme
die Notbremse ziehen (o,o)	tirer la sonnette d'alarme
im Notfall	en cas d'urgence
der Schaffner (-)	le contrôleur
für jn einen Platz besetzen	garder une place à qn
Der Platz ist besetzt.	La place est occupée.
zusteigen (ie,ie) (sein)	monter en cours de voyage
erster Klasse reisen (sein)	voyager en première classe
das Raucherabteil/ Nichtraucher-abteil	le compartiment pour fumeurs/non-fumeurs

DER BAHNHOF(¨e)	LA GARE
der Güterbahnhof	la gare de marchandises
der Rangierbahnhof	la gare de triage
der Grenzbahnhof	la gare frontière
der Hauptbahnhof	la gare centrale
der Schalter (-)	le guichet
die Schalterhalle (n)	le hall
der Schalterbeamte/ ein Schalterbeamter	l'employé du guichet
der Fahrausweis (e)	le titre de transport/ le billet
eine Fahrkarte lösen	prendre un billet
der Fahrkarten-automat (en,en)	le distributeur automatique de billets

die Rückfahrkarte (n)	le billet aller-retour
eine einfache Fahrt nach München	un aller simple pour Munich
die Hinfahrt (en)	l'aller
die Rückfahrt (en)	le retour
der Zuschlag (¨e)	le supplément
die Ermäßigung (en)	la réduction
Anspruch auf eine Ermäßigung haben	avoir droit à une réduction
der Seniorenpaß (ässe)	équiv. la carte de réduction pour personnes âgées (en France : carte vermeil)
die Zugverbindung (en)	la correspondance ferroviaire
sich nach einer Zugverbindung erkundigen	se renseigner sur une correspondance
der Anschluß (¨sse)	la correspondance
der Aufenthalt (e)	l'attente
der Fahrplan (¨e)	l'horaire des trains
die Ankunft (¨e)	l'arrivée
die Abfahrt (en)	le départ
die Auskunft/die Information	le renseignement
eine Auskunft erteilen	donner un renseignement
die Abfahrtszeit (en)	l'heure de départ
der Wartesaal(säle)	la salle d'attente
das Gepäck aufgeben (a,e,i)	faire enregistrer les bagages
die Gepäckaufbewahrung	la consigne
die Schließfächer	la consigne automatique
das Schließfach (¨er)	le casier de consigne automatique
entwerten	composter
der Bahnsteig (e)	le quai
das Gleis e)	la voie
die Schiene (n)	le rail
auf Bahnsteig 3 einfahren(u,a) (sein)	arriver/entrer en gare au quai n°3
die Verspätung	le retard
mit Verspätung eintreffen (a,o,i)(sein)	arriver avec du retard
in den Zug einsteigen (ie,ie)(sein)	monter dans le train
aussteigen (ie,ie)(sein)	descendre (du train)
den Zug verpassen	manquer le train
der Gepäckkuli (s)	le chariot à bagages
den Gepäckkuli vor sich herschieben (o,o)	pousser le chariot à bagages
umsteigen (ie,ie) (sein)	changer (de train)
die Weiche (n)	l'aiguillage
das Stellwerk (e)	le poste d'aiguillage
die Weichen für einen Zug stellen	aiguiller un train
DAS ZUGUNGLÜCK (e)	L'ACCIDENT DE TRAIN
entgleisen (sein)	dérailler
die Entgleisung(en)	le déraillement
ein Haltesignal überfahren (u,a,ä)	brûler un signal d'arrêt
der Überlebende/ein Überlebender	le survivant
zerquetschen	écraser/broyer
jn bergen(a,o,i)/retten	sauver qn
die Bergung	le sauvetage
die Bergungsmannschaft (en)	l'équipe de sauvetage
das menschliche Versagen	la défaillance humaine

DER SCHIFFSVERKEHR
LA NAVIGATION

DAS SCHIFF (e)	LE BATEAU
der Dampfer (-)	le bateau à vapeur
der Passagierdampfer (-)	le paquebot
das Luftkissenboot (e)	l'aéroglisseur
der Schlepper (-)/der Schleppkahn(¨e)	la péniche
der Frachter(-)/das Frachtschiff (e)	le cargo
der Tanker (-)/das Tankschiff (e)	le pétrolier
das Segelboot (e)	le voilier
der Überseedampfer (-)	le transatlantique
das U-boot (e)	le sous-marin
das Kriegsschiff(e)	le bateau de guerre
die Fähre (n)	le bac

der Kutter (-)	le chalutier

DER SCHIFFSRUMPF (¨e) — LA COQUE D'UN BATEAU

der Bug	la proue
das Heck	la poupe
backbord	(à) bâbord
steuerbord	(à) tribord
die Reling (e od. s)	le bastingage
der Kiel (e)	la quille
das Deck (s)	le pont
auf Deck	sur le pont
die Kommando-brücke (n)	la passerelle de commandement
das Steuerrad (¨er)	la roue du gouvernail
steuern	tenir la barre d'un bateau
das Steuerruder	le gouvernail
das Nebelhorn (¨er)	la corne de brume
die Passagier-kabine (n)	la cabine de passagers
das Bullauge (n)	le hublot
die Kajüte (¨e)	la cabine
die Kombüse (n)	la cuisine de bord
der Laderaum (¨e)	la cale
die Ladeluke (n)	l'écoutille
der Maschinenraum (¨e)	la salle des machines
dicht	étanche
der Heizraum (¨e)	la chaufferie
der Tiefgang (¨e)	le tirant d'eau

DER SCHIFFSBAU — LA CONSTRUCTION NAVALE

die Werft (en)	le chantier naval
vom Stapel laufen (ie,au,äu)(sein)	être mis à l'eau
der Reeder (-)	l'armateur
die Reederei (en)	la compagnie de navigation
unter liberischer Flagge fahren (sein)	battre pavillon libérien
die Hochsee-schiffahrt	la navigation en haute mer
die Binnenschiffahrt	la navigation intérieure

DER HAFEN (¨) — LE PORT

der Kai (s)	le quai
der Anker (-)	l'ancre
vor Anker liegen	être à l'ancre
am Kai liegen	être à quai
das Dock (s)	le dock
im Dock liegen	être en cale sèche
der Dockarbeiter(-)	le docker
die Güter	les marchandises
Güter verladen (u,a,ä)	charger des marchandises
die Ladung (en)	la cargaison
die Ladung löschen	décharger la cargaison
das Schiff entladen	décharger le navire
der Lagerschuppen (-)	le hangar
den Anker werfen (a,o,i)	jeter l'ancre
das Becken (-)	le bassin
der Kran (¨e)	la grue
die Boje (n)	la bouée
der Leuchtturm (¨e)	le phare
befördern	transporter
die/der Pier (s)	le débarcadère
am Pier liegen	être à quai
die Reede (n)	la rade
auf der Reede von Brest	en rade de Brest
die Mole (n)	la jetée/le môle
der Güterhafen (¨)	le port de marchandises
der Freihafen (¨)	le port franc

DIE SEEREISE(n) — LE VOYAGE EN MER

die Kreuzfahrt (en)	la croisière
den Atlantik überqueren	traverser l'Atlantique
an Bord gehen (i,a) (sein)	monter à bord
von Bord gehen	descendre
in einen Hafen einlaufen (ie,au,äu)(sein)	faire escale dans un port
auslaufen (sein)	quitter le port
die See (n)/das Meer (e)	la mer
in See stechen (a,o,i)(sein)	prendre la mer
den Anker lichten	lever l'ancre
der Knoten (-)	le nœud
zwanzig Knoten machen	filer vingt nœuds
auf eine Insel Kurs nehmen (a,o,i)	mettre le cap sur une île
vom Kurs abweichen (i,i)(sein)	dévier de son cap
anlegen	accoster
nach Hamburg unterwegs sein	faire route vers Hambourg
der blinde Passagier	le passager clandestin

seekrank sein	avoir le mal de mer
das Logbuch (¨er)	le livre de bord
DIE BESATZUNG(en)/ DIE MANNSCHAFT(en)	L'EQUIPAGE
der Kapitän (e)	le capitaine
der Steuermann(¨er)	le pilote/le barreur
der Matrose (n,n)	le matelot
der Seemann (Seeleute)	le marin
der Seefahrer (-)	le navigateur
der Schiffsjunge (n,n)	le mousse
der Funker (-)	l'opérateur radio
der Schiffskoch(¨e)	le cuisinier de bord
der Schiffsmaschinist (en,en)	le mécanicien
der Lotse (n,n)	le pilote du port
zur See gehen	devenir marin
DER SCHIFFBRUCH (¨e)	LE NAUFRAGE
Schiffbruch erleiden (i,i)	faire naufrage
schiffbrüchig	naufragé
der Schiffbrüchige/ ein Schiffbrüchiger	le naufragé
die Seenot	la détresse
in Seenot geraten (ie,a,ä)(sein)	être en détresse
von Bord gespült werden	être emporté par-dessus bord
auf hoher See	en haute mer
bei stürmischer See	par grosse mer
bei bewegter See	par mer agitée
Es ist hoher Seegang.	Il y a de la houle.
der Eisberg (e)	l'iceberg
auf einen Eisberg auflaufen (ie,au,äu) (sein)	heurter un iceberg
die Sandbank (¨e)	le banc de sable
Das Schiff schwankt.	Le bateau tangue.
kentern (sein)	chavirer
sinken (a,u)(sein)/ untergehen (i,a)(sein)	couler/sombrer
der Untergang eines Schiffes	le naufrage d'un bateau
das Leck	la voie d'eau
leck sein	prendre l'eau
beschädigt	endommagé
treiben (ie,ie) (sein)	aller à la dérive
das Wrack (s)	l'épave
die Havarie (n)	l'avarie
stranden (sein)	échouer
das Rettungsboot(e)	le canot de sauvetage
der Rettungsring(e)	la bouée de sauvetage
die Schwimmweste(n)	le gilet de sauvetage
retten	sauver
die Rettung	le sauvetage
die Rettungsboote hinunterlassen	mettre les canots à la mer
ein Schiff wieder flottmachen	renflouer un navire

DER LUFTVERKEHR : *LE TRAFIC AERIEN*

fliegen (o,o)(sein)	voler
nach Berlin fliegen (sein)	aller en avion à Berlin
Berlin überfliegen	survoler Berlin
das Flugzeug (e)	l'avion
die Linienmaschine (n)	l'avion de ligne
das Charterflugzeug (e)	le charter
der Jumbo Jet (s)/ das Großraumflugzeug	l'avion gros-porteur
das Frachtflugzeug (e)	l'avion-cargo
eine zweimotorige Maschine	un bimoteur
das Überschallflugzeug (e)	l'avion supersonique
die Überschallgeschwindigkeit	la vitesse supersonique
die Schallmauer	le mur du son
die Schallmauer durchbrechen (a,o,i)	franchir le mur du son
der Flugzeugrumpf (¨e)	le fuselage
das Cockpit (s)/die Flugkanzel (n)	le cockpit
die Pilotenkanzel (n)	le poste de pilotage
die automatische Steuerung	le pilotage automatique
das Fahrgestell (e)	le train d'atterrissage
das Fahrgestell ausfahren (u,a,ä)	sortir le train d'atterrissage

die Tragfläche (n)	l'aile
das Triebwerk (e)	le réacteur
der Propeller (-)	l'hélice
der Höhenmesser (-)	l'altimètre
die Gangway (s)	la passerelle

DER FLUGHAFEN (¨)	L'AEROPORT
der Flugplatz (¨e)	l'aérodrome
das Rollfeld (er)	l'aire d'atterrissage et de décollage
die Startbahn (en)	la piste de décollage
die Landebahn (en)	la piste d'atterrissage
der Kontrollturm (¨e)	la tour de contrôle
der Fluglotse (n,n)	l'aiguilleur du ciel
landen (sein)	atterrir
die Landung (en)	l'atterrissage
aufsetzen	toucher terre
starten (sein)/ abheben (o,o)	décoller
der Start (e od. s)	le décollage/l'envol
die Starterlaubnis erhalten (ie,a,ä)	recevoir l'autorisation de décoller
startbereit	prêt à décoller
das Startverbot (e)	l'interdiction de décoller
der Radarschirm (e)	l'écran radar

DIE WARTEHALLE (n)	LE HALL D'ATTENTE
die Abfertigung (en)	l'enregistrement
der Abfertigungs-schalter (-)	le guichet d'enregistrement
abfertigen	enregistrer
der Fluggast (¨e)/ der Passagier (e)	le passager
einchecken	accomplir les formalités d'embarquement
der Flug (¨e)	le vol
einen Flug buchen	faire une réservation pour un vol
umbuchen	changer sa réservation
eine Reservierung annullieren	annuler une réservation
der Flugplan (¨e)	l'horaire des vols
einen Flug ankündigen	annoncer un vol
der Abflug (¨e)	le départ
abfliegen (o,o) (sein)	partir
das Gepäck	les bagages
das Transportband	le tapis roulant
die Leibes-visitation (en)	la fouille corporelle
dröhnen	vrombir
das Dröhnen der Motoren	le vrombissement des moteurs
die Zwischenlandung (en)	l'escale
eintreffen (a,o,i) (sein)	arriver
der Duty-free-shop	la boutique hors taxes
jn am Flughafen abholen	aller chercher qn à l'aéroport
die Crew/die Besatzung	l'équipage
der Pilot (en,en)	le pilote
der Kopilot	le copilote
die Stewardeß(ssen)	l'hôtesse de l'air
der Steward (s)	le steward
jn betreuen	s'occuper de qn

DAS FLUGZEUG-UNGLÜCK (e)	L'ACCIDENT D'AVION
der Mangel (¨)/der Defekt (e)	le défaut/la défaillance
technische Mängel aufweisen (ie,ie)	avoir des défaillances techniques
der Konstruktions-fehler (-)	le défaut de construction
die Wartung	l'entretien
die Notlandung (en)	l'atterrissage forcé
notlanden (sein)	faire un atterrissage forcé
die Bauchlandung	l'atterrissage sur le ventre
das Luftloch (¨er)	le trou d'air
an Höhe verlieren (o,o)	perdre de l'altitude
einen Notruf senden (a,a)	envoyer un message de détresse
explodieren	exploser
am Boden zerschellen (sein)	s'écraser au sol
abstürzen (sein)	s'écraser
der Flugzeugabsturz (¨e)	la chute d'un avion
Opfer fordern	faire des victimes
die Flugzeug-entführung (en)	le détournement d'avion
ein Flugzeug entführen	détourner un avion
der Luftpirat (en,en)	le pirate de l'air
die verunglückte Maschine	l'appareil accidenté

Der Flug ist gestrichen worden.	Le vol a été annulé.
Wieviel Gepäckstücke haben Sie ?	Combien de bagages avez-vous ?
Dieser Zug verkehrt nicht täglich.	Ce train ne circule pas tous les jours.
Ein LKW liegt quer über der Straße.	Un poids lourd se trouve en travers de la route.
Die Bremsen quietschen.	Les freins grincent.
Wir sitzen alle in demselben Boot.	Nous sommes tous logés à la même enseigne.
Einmal Mainz hin und zurück.	Un aller et retour Mayence.
Mann über Bord !	Un homme à la mer !
Ein Unglück kommt selten allein.	Un malheur ne vient jamais seul.
Der Unfall ist gerade passiert/ist gerade geschehen/hat sich gerade ereignet.	L'accident vient de se produire.
Ich habe einen Unfall gehabt./Mir ist ein Unfall zugestoßen.	J'ai eu un accident.
Dieser Wagen ist fabrikneu.	Cette voiture sort de l'usine.
Dieses Auto ist noch nicht eingefahren.	Cette voiture n'est pas encore rodée.
Ich fahre nicht mehr per Anhalter.	Je ne fais plus d'auto-stop.
Achtung, eine Durchsage !	Attention, voici un message !
Ich verstehe nur Bahnhof.	Je ne comprends rien du tout.
Liegewagen können Sie am Schalter 12 reservieren !	Vous pouvez réserver des couchettes au guichet 12.
Dieser Zug hat keinen Speisewagen.	Il n'y a pas de wagon-restaurant dans ce train.
Eine Rückfahrkarte nach Köln.	Un aller et retour pour Cologne.
Wollen Sie erste oder zweite Klasse ?	Vous désirez une première ou une deuxième classe ?
Ihr Zug fährt von Bahnsteig 10 Gleis A ab.	Votre train part du quai n° 10 voie A.
Hier sind Ihre Bordkarten.	Voilà vos cartes d'embarquement.
Ist das Ihr Handgepäck ?	Ce sont vos bagages à mains ?
Bitte legen Sie die Sicherheitsgurte an und stellen Sie das Rauchen ein !	Veuillez attacher vos ceintures de sécurité et cesser de fumer !
Kapitän H. und seine Mannschaft begrüßen Sie an Bord.	Le capitaine H. et son équipage vous souhaitent la bienvenue à bord.
Wir setzen zur Landung an. Wir bitten Sie, sich auf Ihre Plätze zu begeben und die Sicherheitsgurte anzulegen.	Nous commençons la descente. Veuillez rejoindre vos places et attacher vos ceintures.
Wir hoffen, Sie bald wieder an Bord begrüßen zu dürfen.	Nous espérons vous revoir bientôt à bord.

REISEN UND TOURISMUS
LES VOYAGES ET LE TOURISME

der Fremdenverkehr/ der Tourismus	le tourisme
das Fremden-verkehrsamt (¨er)	le syndicat d'initiative
der Tourist (en,en)	le touriste
der Urlaub (e)	les vacances/ le congé
der Urlauber (-)	le vacancier
auf/in Urlaub fahren (sein)	partir en vacances
seinen Urlaub in Österreich verbringen (a,a)	passer ses vacances en Autriche
die Ferien (Plur.)	les vacances scolaires
in die Ferien fahren	partir en vacances (scolaires)
in Ferien sein	être en vacances (scolaires)
DIE REISE (n)	LE VOYAGE
die Weltreise (n)	le voyage autour du monde
reisen (sein)	voyager
die Flugreise (n)	le voyage en avion
die Kreuzfahrt (en)	la croisière
die Gruppenreise(n)	le voyage organisé
ans Meer fahren	aller au bord de la mer
in die Berge fahren	aller à la montagne
aufs Land fahren	aller à la campagne
in ferne Länder reisen	voyager dans des pays lointains
auf Reise gehen	aller en voyage
der Reisende/ein Reisender	le voyageur
die Reisevorberei-tungen	les préparatifs de voyage
das Reisebüro (s)	l'agence de voyages
der Reise-veranstalter (-)	l'organisateur de voyages
der Reiseprospekt (e)	le prospectus touristique
der Faltprospekt(e)	le dépliant
die Auskunft (¨e)	le renseignement
Auskunft erteilen/ geben (a,e,i)	donner un renseignement
buchen	réserver
anzahlen/eine Anzahlung leisten	verser des arrhes
eine Reise verschieben (o,o)	repousser un voyage
die Abreise (n)	le départ
abreisen (sein)	partir en voyage
das Reisegepäck	les bagages
der Koffer (-)	la valise
Koffer packen	faire les valises
DIE SEHENSWÜR-DIGKEIT (en)	LA CURIOSITE
sehenswert	qui vaut la peine d'être vu
sich lohnen	valoir la peine
weltbekannt	mondialement connu
berühmt	célèbre
der Ausflug (¨e)	l'excursion
der Abstecher (-)	le crochet
die Rundfahrt (en)	le circuit touristique
die Stadtrundfahrt	le circuit à travers une ville
besichtigen	visiter
die Besichtigung (en)	la visite
die Führung (en)	la visite guidée
der Reiseführer (-)	le guide
die Gemäldegalerie (n)	la galerie d'art
das Museum (en)	le musée
der Museumsbesuch (e)	la visite de musée

das Schloß (össer)	le château
die Spiegelgalerie (n)	la galerie des glaces
die Burg (en)	le château-fort
mittelalterlich	moyenâgeux
das Mittelalter	le Moyen-Age
die Kirche (n)	l'église
die Gruft (en)	le caveau
die Krypta (en)	la crypte
der Altar (e)	l'autel
das Schiff (e)	la nef
die Kanzel (n)	la chaire
der Wasserspeier(-)	la gargouille
die Fensterrose (n)	la rosace
bemalt	peint
das Portal (e)	la porte
die Säule (n)	la colonne
das Gewölbe (-)	la voûte
das Denkmal (¨er)	le monument
der Bummel (-)	la balade
bummeln (sein)	se balader
die Altstadt (¨e)	la vieille ville
durch die Altstadt bummeln (sein)	se balader dans la vieille ville
das Fachwerkhaus (¨er)	la maison à colombage
die Stadtmauer (n)	le mur d'enceinte de la ville
die Wanderung (en)	la randonnée à pied
wandern (sein)	faire une randonnée
der Rucksack (¨e)	le sac à dos
der Fußmarsch (¨e)	la marche à pied

ZELTEN	FAIRE DU CAMPING
das Camping	le camping
der Zeltplatz (¨e)/ der Campingplatz (¨e)	le terrain de camping
das Zelt (e)	la tente
ein Zelt aufstellen/ aufschlagen (u,a,ä)	monter une tente
ein Zelt abbauen	démonter une tente
die Leine (n)	la corde
der Hering (e)	le hareng
die Zeltausrüstung (en)	le matériel de camping
der Wohnwagen (-)	la caravane
der Schlafsack (¨e)	le sac de couchage
die Kühltasche (n)	le sac isothermique
die Thermosflasche (n)	la bouteille thermos
der Gaskocher (-)	le réchaud à gaz
der Wasserkanister (-)	le jerrycan
das Vordach (¨er)	l'auvent
das Lagerfeuer (-)	le feu de camp
das Wohnmobil (e)	le camping-car
die Jugendherberge (n)	l'auberge de jeunesse
der Schlafsaal (säle)	le dortoir
der Duschraum (¨e)	les douches

IM HOTEL : *A L'HOTEL*

das Hotel (s)	l'hôtel
das 3-Sterne-Hotel	l'hôtel 3 étoiles
in einem Hotel absteigen (ie,ie) (sein)	descendre dans un hôtel
im Hotel übernachten	coucher à l'hôtel
die Übernachtung (en)	la nuit (passée à l'hôtel)
Übernachtung und Frühstück	chambre et petit déjeuner
AM EMPFANG/ AN DER REZEPTION	**A LA RECEPTION**
der Empfang/die Rezeption	la réception
der Gast (¨e)	le client
der Stammgast (¨e)	l'habitué de l'hôtel
die telefonische Anfrage (n)	la demande d'informations par téléphone

bei einem Hotel anfragen	s'informer auprès d'un hôtel
den Gast empfangen (i,a,ä)	accueillir le client
ein Zimmer reservieren/ (vor) bestellen	réserver une chambre
die Reservierung (en)/ die Vorbestellung (en)/ die Buchung (en)/ die Anmeldung (en)	la réservation
sich (in einem Hotel) anmelden	réserver (dans un hôtel)
ein Zimmer buchen	retenir une chambre
das Anmeldeformular (e)	la fiche
ein Formular ausfüllen	remplir une fiche
sich eintragen (u,a,ä)	s'inscrire

die Formalitäten erledigen	s'acquitter des formalités
die Personalien angeben (a,e,i)	indiquer les coordonnées de qn
voll belegt sein/ ausgebucht sein	être complet
eine Reservierung annullieren	annuler une réservation

DAS ZIMMER	LA CHAMBRE
das Einzelzimmer(-)	la chambre à un lit
das Doppelzimmer(-)	la chambre à deux lits (jumeaux)
das Zweibettzimmer (-)	la chambre à deux lits
mit Dusche/mit Bad	avec douche/avec salle de bains
das Extrabett (en)	le lit supplémentaire
der Aufpreis (e)	le supplément
der Safe (s)	le coffre-fort
etw. im Safe aufbewahren	garder qc dans le coffre-fort
aufs Zimmer bringen (a,a)	porter à la chambre
den Schlüssel aushändigen	donner la clé
die Ausstattung eines Hotels	l'équipement d'un hôtel
die gehobene Kategorie	la catégorie supérieure
gut ausgestattet	bien équipé
gut eingerichtet	bien installé (meublé)
gepflegt	soigné
geschmackvoll	avec goût
die Zimmereinrichtung (en)	l'installation/ l'ameublement de la chambre
die Hotelleistungen	les prestations d'un hôtel
der Fernsehraum(¨e)	la salle de télévision
der Konferenzraum (¨e)	la salle de conférence

DIE RECHNUNG (en)	LA NOTE
die Rechnung begleichen (i,i)	régler la note
der Zimmerpreis(e)	le prix de la chambre
das Frühstück (e)	le petit déjeuner
die Verpflegung	la nourriture
die Halbpension	la demi-pension
die Vollpension	la pension complète
die Mehrwertsteuer	la TVA
die Bedienung inbegriffen/ inklusive	le service inclus
zuzüglich	en plus/en sus
der Hotelberuf (e)	la profession hôtelière
das Hotelpersonal	le personnel de l'hôtel
auf eine Hotelfachschule gehen	aller à une école hôtelière
der Empfangsangestellte/ein Empfangsangestellter	l'employé de la réception
der Geschäftsführer (-)	le gérant
das Zimmermädchen (-)	la femme de chambre
der Hotelleiter(-)/ der Hoteldirektor (en)	le directeur d'hôtel
der Nachtportier(s)	le portier de nuit

IM RESTAURANT : *AU RESTAURANT*

das Restaurant (s)	le restaurant
das Gasthaus (¨er)/ der Gasthof(¨e)/ die Gaststätte (n)	le restaurant/ l'auberge
das Selbstbedienungsrestaurant	le (restaurant) self-service
die Imbißstube (n)/ der Schnellimbiß (sse)	le snack-bar
die Kneipe (n)	le bistrot/la buvette
das Wirtshaus (¨er)	le bistrot/l'auberge
der Wirt (e)	l'aubergiste
der Kellner(-)/ der Ober (-)	le garçon/le serveur
der Oberkellner(-)	le maître d'hôtel
der Weinkellner (-)	le sommelier
die Bedienung	le service/les serveurs
die Speisekarte (n)	le menu
das Menü (s) zu 30 Mark	le menu à 30 marks
bestellen	commander
die Bestellung (en)	la commande
wählen	choisir
eine große Auswahl (an+Dat.)	un grand choix/ assortiment (de)
die Bestellung aufnehmen/ entgegennehmen	prendre la commande

das Gericht (e)/ die Speise (n)	le mets/le plat
jm ein Gericht empfehlen (a,o,ie)	recommander un plat à qn
jm ein Gericht (od. zu einem Gericht) raten (ie,a,ä)	conseiller un plat à qn
die Vorspeise (n)	le hors-d'œuvre
die Tagessuppe (n)	le potage du jour
das Hauptgericht(e)	le plat principal
der Nachtisch (e)/ die Nachspeise (n)/ das Dessert (s)	le dessert
das Getränk (e)	la boisson
die Hausmannskost	la cuisine familiale
ein Gericht zubereiten	préparer un plat
einen Wein probieren	goûter un vin
die Weinprobe (n)	la dégustation de vin
leicht verdaulich	facile à digérer
bekömmlich	sain/qui fait du bien
reichlich	copieux
köstlich	délicieux
Es hat sehr gut geschmeckt.	C'était très bon.
fett	gras
stark gewürzt	très épicé
das Trinkgeld	le pourboire
bezahlen	payer
aufrunden	arrondir
zusammen oder getrennt ?	ensemble ou séparément ?
sich beschweren	se plaindre
die Beschwerde (n)	la plainte

AM ZOLL : *A LA DOUANE*

die Grenze (n)	la frontière
der Zoll (¨e)	la douane/les droits de douane
Zoll zahlen	payer des droits de douane
eine Ware verzollen	dédouaner une marchandise
etw. zu verzollen haben	avoir qc à déclarer
die Verzollung	le dédouanement
eine Ware beim Zoll angeben (a,e,i)	déclarer une marchandise à la douane
die Zollabfertigung (en)	l'accomplissement des formalités douanières
das Zollamt (¨er)	le bureau de douane
der Zollbeamte/ ein Zollbeamter	le douanier
durch den Zoll gehen	passer la douane
einen Zoll erheben (o,o)	prélever un droit de douane
Zölle abbauen	supprimer progressivement les droits de douane
der Zollabbau	la suppression progressive des barrières douanières
das Zollabkommen(-)	l'accord douanier
die Zoll-formalitäten erledigen	accomplir les formalités douanières
zollfrei	exempt de droits de douane
zollpflichtig	passible d'un droit de douane
die Zollschranke(n)	la barrière douanière
schmuggeln	passer en fraude/ en contrebande
der Schmuggel	la contrebande
der Schmuggler (-)	le contrebandier
nach jm fahnden	rechercher qn (police)
die Zollfahndung (en)	l'enquête douanière
der Reisepaß (ässe)	le passeport
gültig	valable
abgelaufen	périmé
einen Paß verlängern lassen	faire prolonger un passeport
der (Personal) ausweis (e)	la carte d'identité
das Visum (a)	le visa
ein Visum beantragen	demander un visa
ein Visum erteilen	délivrer un visa
die Aufenthalts-genehmigung (en)	le permis de séjour

Alle Tische sind besetzt.	Toutes les tables sont prises.
Ich lasse Ihr Gepäck aufs Zimmer bringen.	Je fais monter vos bagages à la chambre.
Ich möchte gern um acht geweckt werden.	J'aimerais être réveillé à 8 heures.
Sie hat sich das Frühstück aufs Zimmer bringen lassen.	Elle a fait monter son petit déjeuner dans la chambre.
Der Service läßt zu wünschen übrig.	Le service laisse à désirer.
Das Zimmer geht auf den Hof.	La chambre donne sur la cour.
Das Zimmer ist nach der Straße gelegen.	La chambre donne sur la rue.
Wir schmieden seit Wochen Reisepläne.	Nous faisons depuis des semaines des projets de vacances.
Ein kleines Helles, bitte !	Un demi pression, s'il-vous-plaît !
Darf ich nachschenken ?	Encore un peu (... de vin) ?
Sie ist sehr reiselustig.	Elle aime beaucoup voyager.
Hast du an den Reiseproviant gedacht ?	As-tu pensé au casse-croûte ?
Jetzt stoßen wir an !	Maintenant, trinquons !
Guten Abend. Haben Sie noch einen Tisch frei ?	Bonsoir. Avez-vous encore une table de libre ?
Wir möchten gern einen Tisch für vier Personen.	Nous voudrions une table pour quatre personnes.
Haben Sie reserviert ?	Avez-vous réservé ?
Haben Sie gewählt ?	Avez-vous choisi ?
Was möchten Sie zum Nachtisch ?	Que voulez-vous comme dessert ?
Was für Gemüse gibt es als Beilage ?	Quels légumes y-a-t-il comme garniture ?
Können wir die Weinkarte haben ?	Pouvons-nous avoir la carte des vins ?
Das schmeckt ganz köstlich !	C'est délicieux !

DAS UNIVERSUM UND DIE ERDE
L'UNIVERS ET LE MONDE

DAS WELTALL : *L'UNIVERS*

der Urknall	le bang primitif
der Weltraum/ das Weltall	l'univers
der Kosmos	le cosmos
die Unendlichkeit	l'infini
unendlich	infini
unermeßlich	incommensurable
die Welt (en)	le monde
die Entstehung der Welt	l'origine du monde
entstehen (a,a) (sein)	se former/naître
der Astronom(en,en)	l'astronome
die Raumforschung	la recherche spatiale
den Weltraum erforschen	explorer l'espace
die Sternwarte (n)	l'observatoire
die Raumfahrt (en)	le voyage dans l'espace
das Fernrohr (e)	le télescope
DIE GESTIRNE	LES ASTRES
das Lichtjahr (e)	l'année lumière
weit entfernt (von)	loin (de)
der Stern (e)	l'étoile
der Fixstern	l'étoile fixe
die Milchstraße	la voie lactée
unzählig	innombrable
am Himmel stehen	être dans le ciel (astre)
die Sternschnuppe (n)	l'étoile filante
der Komet (en,en)	la comète
der Kometenschweif (e)	la queue de comète
der Planet (en,en)	la planète
sich drehen (um)	tourner (autour)
die Umlaufbahn (en)	l'orbite
das Sternbild (er)	la constellation
der Große Wagen/ der Große Bär	la Grande Ourse
der Polarstern	l'étoile polaire
DER MOND	LA LUNE
die Mondfinsternis (se)	l'éclipse lunaire
die Mondsichel	le croissant de lune
der Mond nimmt zu/ nimmt ab	la lune croît/ décroît
der Vollmond	la pleine lune
das Mondlicht	le clair de lune
DIE SONNE	LE SOLEIL
das Sonnensystem(e)	le système solaire
der Sonnenfleck(en)	la tache solaire
der Sonnenstrahl (en)	le rayon de soleil
der Sonnenaufgang (¨e)	le lever du soleil
aufgehen(i,a)(sein)	se lever
der Sonnenuntergang (¨e)	le coucher du soleil
untergehen (sein)	se coucher
die Sonnenwende	le solstice
die Sonnenfinsternis	l'éclipse du soleil
scheinen(ie,ie)	briller
strahlen	rayonner
leuchten	luire
funkeln	étinceler

DIE TIERKREISZEICHEN
LES SIGNES DU ZODIAQUE

der Tierkreis	le zodiaque
das Tierkreiszeichen (-)	le signe du zodiaque
Widder	Bélier
Stier	Taureau
Zwillinge	Gémeaux
Krebs	Cancer
Löwe	Lion
Jungfrau	Vierge
Waage	Balance
Skorpion	Scorpion
Schütze	Sagittaire
Steinbock	Capricorne
Wassermann	Verseau
Fische	Poissons
die Sterndeutung/ die Astrologie	l'astrologie

DIE ERDE : *LA TERRE*

die Erdkugel	le globe terrestre
die Erdkruste	l'écorce terrestre
der Erdumfang	la circonférence de la terre
die Erdoberfläche	la surface de la terre
der Äquator	l'équateur
der Breitenkreis(e)	le parallèle
der Längenkreis (e)	le méridien
der Nordpol/ der Südpol	le pôle nord/le le pôle sud
die nördliche/ südliche Halbkugel	l'hémisphère nord/ sud
der Breitengrad	le degré de latitude
der Längengrad	le degré de longitude
auf dem 40. Grad nördlicher Breite	à 40 degrés de latitude nord
der Wendekreis	le tropique
der Polarkreis	le cercle polaire

DIE HIMMELSRICHTUNGEN
LES POINTS CARDINAUX

der Norden/nördlich	le Nord/du nord
der Süden/südlich	le Sud/du sud
der Osten/östlich	l'Est/de l'est/ oriental
der Westen/westlich	l'Ouest/de l'ouest/ occidental
in Nordfrankreich	dans le Nord de la France
im Norden	dans le Nord
nördlich von Frankreich	au Nord de la France
im Süden von Deutschland	dans le Sud de l'Allemagne
der Ferne Osten	l'Extrême-Orient
der Nahe Osten	le Proche-Orient
der Mittlere Osten	le Moyen-Orient

MEERE UND FLÜSSE
LES MERS ET LES FLEUVES

das Meer (e)	la mer
das Mittelmeer(e)	la Méditerranée
das Schwarze Meer	la Mer Noire
am Meer	au bord de la mer
die See (n)	la mer
die Nordsee	la Mer du Nord
die Ostsee	la Mer Baltique
auf See	en mer
auf offener See	en haute mer
der See (n)	le lac
der Bodensee	le Lac de Constance
der Vierwaldstättersee	le lac des Quatre-Cantons
der Ozean (e)	l'océan
der Stille Ozean	l'Océan Pacifique
der Atlantische Ozean	l'Océan Atlantique
der Meeresspiegel	le niveau de la mer
300 Meter über dem Meeresspiegel	300 mètres au-dessus du niveau de la mer
die Meeresenge (n)	le détroit
die Straße von Gibraltar	le détroit de Gibraltar
der Ärmelkanal	la Manche
der Bosporus	le Bosphore
die Bucht (en)	la baie
die Strömung (en)	le courant
der Golfstrom	le Gulf Stream

DIE GEZEITEN	LES MAREES
die Ebbe	la marée basse
die Flut	la marée haute
die Sturmflut/ die Springflut	le raz de marée
sich zurückziehen (o,o)	se retirer
DIE WELLE (n)	LA VAGUE
die Woge (n)	la grande vague
die Brandung	les brisants
der Strudel (-)	le remous
der Schaum	l'écume
das wogende Meer	la mer démontée
ein ruhiges Meer	une mer calme
bewegt	agité
ein spiegelglattes Meer	une mer d'huile
toben/tosen	être déchaîné
sich brechen (a,o,i)	se briser
plätschern	clapoter
DAS WASSER	L'EAU
salzig/salzhaltig	salé
sauber/schmutzig	propre/sale
trübe	trouble
die Alge (n)	l'algue
der Seetang	le vareck
tief/seicht	profond/peu profond
der Eisberg (e)	l'iceberg
die Eisscholle (n)	le bloc de glace
DER FLUß (üsse)	LA RIVIERE/ LE FLEUVE
die Quelle (n)	la source
entspringen (a,u) (sein)	prendre sa source
die Wasserscheide (n)	la ligne de partage des eaux
sprudeln	jaillir
der Bach (¨e)	le ruisseau
der Sturzbach (¨e)/ der Gießbach (¨e)	le torrent
durch einen Bach waten	traverser un ruisseau à gué
reißend	impétueux
der Wasserfall (¨e)	la cascade/la chute d'eau
der Nebenfluß(üsse)	l'affluent
zusammenfließen (o,o) (sein)	confluer
das Flußbett (en)	le lit de la rivière
der Strom (¨e)	le fleuve
flußaufwärts	en amont
flußabwärts	en aval
die Flußwindung(en)	le méandre d'un fleuve

das Delta (s)	le delta
die Mündung (en)	l'embouchure
die Trichtermündung (en)	l'estuaire
in das Meer münden	se jeter dans la mer
das Flußufer (-)	la rive/la berge
der Flußlauf (¨e)	le cours d'une rivière
fließen (o,o)(sein)	couler
sich schlängeln	serpenter
DER SUMPF (¨e)	LE MARAIS
einen Sumpf trockenlegen	dessécher un marais
im Sumpf steckenbleiben (sein)	s'embourber
einsinken (a,u) (sein)	s'enfoncer
der Schlamm	la vase
sumpfig	marécageux
das Schilf (e)	le roseau
die Schleuse (n)	l'écluse
die Talsperre (n)	le barrage
der Kanal (¨e)	le canal
der Damm (¨e)/ der Deich (e)	la digue
der Teich (e)	l'étang
der Weiher (-)	la mare
DIE INSEL (n)	L'ILE
die Britischen Inseln	les Iles Britanniques
die Halbinsel	la presqu'île
DIE KÜSTE (n)	LA COTE
die Steilküste	la côte escarpée
steil zum Meer abfallen (ie,a,ä) (sein)	descendre à pic vers la mer
die Felsenküste	la côte rocheuse
das Riff (e)	le récif
eine flache Küste	une côte plate
das Kap (s)	le cap
felsig	rocheux
zerklüftet	déchiqueté
der Archipel (e)	l'archipel
die Klippe (n)	l'écueil
DER STRAND (¨e)	LA PLAGE
der Sand	le sable
der Sandstrand	la plage de sable
die Sandbank (¨e)	le banc de sable
der Kieselstein (e)	le galet
das Hinterland	l'arrière-pays
die Düne (n)	la dune
sandig	sablonneux

DAS GEBIRGE : *LES MONTAGNES*

der Berg (e)	la montagne
in die Berge fahren	aller à la montagne
bergab gehen/fahren	descendre (la montagne)
bergauf gehen/fahren	monter (la montagne)
Es geht bergauf.	Ça monte.
bergig/gebirgig	montagneux
eine bergige Landschaft/eine Berglandschaft/Gebirgslandschaft	un paysage de montagne
die Bergkette/die Gebirgskette(n)	la chaîne de montagnes
der Bergkamm/der Gebirgskamm(¨e)	la crête de montagne
der Berggrat/der Gebirgsgrat	l'arête d'une montagne
der Gipfel (-)	le sommet
die Bergkuppe (n)	le sommet arrondi
das Gebirgsmassiv (e)	le massif montagneux
das Hochgebirge	la haute montagne
am Fuß des Berges	au pied de la montagne
der Fels (en,en)/der Felsen (-)	le rocher
das Felsgestein (e)	la roche
die Felsspalte (n)	la crevasse
die Kluft (¨e)	la crevasse/la faille
die Schlucht (en)	la gorge (de montagne)
der Abgrund (¨e)	l'abîme
der Paß (Pässe)	le col
einen Paß überqueren	franchir un col
die Berghütte (n)	le refuge
die Alm (en)	l'alpage
der Almauftrieb	la transhumance
die Kühe auf die Alm treiben (ie,ie)	conduire le bétail aux alpages
der Gletscher (-)	le glacier
die Höhle (n)	la grotte/la caverne
die Tropfsteinhöhle (n)	la grotte de stalactites
der Tropfstein (e)	la stalactite
der aufsteigende Tropfstein	la stalagmite
der Höhlenforscher (-)	le spéléologue
die Höhlenforschung	la spéléologie
der Hügel (-)	la colline
hügelig	vallonné
die Anhöhe (n)	la hauteur
der (Ab)hang (¨e)	la pente/le versant
steil	à pic/escarpé
schroff	à pic
felsig	rocheux
das Geröll	les éboulis

DAS TAL : *LA VALLEE*

das Tal (¨er)	la vallée
die Talsohle (n)	le fond de vallée
die Talmulde (n)	le vallon
das Becken (-)	le bassin
das Pariser Becken	le Bassin Parisien
die Ebene (n)	la plaine
sich ausbreiten/sich erstrecken	s'étendre
die Tiefebene (n)	le bas-plateau
die Hochebene (n)	le haut-plateau
eben/flach	plat

WEITERE LANDSCHAFTEN : *AUTRES PAYSAGES*

die Steppe (n)	la steppe
die Wüste (n)	le désert
die Wüstenlandschaft (en)	le paysage désertique
öde/wüst	désert/désertique
eine öde Gegend	une contrée aride
die Savanne	la savane
der Dschungel	la jungle
der Urwald (¨er)	la forêt vierge
die Oase (n)	l'oasis
die Fata Morgana/die Luftspiegelung (en)	le mirage

BODENSCHÄTZE
LES RICHESSES DU SOUS-SOL

das Vorkommen (-)	le gisement
abbauen/fördern	extraire
der Abbau/ die Förderung	l'extraction
die Bodenschätze erschließen (o,o)	exploiter les richesses du sous-sol
die Erschließung der Bodenschätze	l'exploitation des richesses du sous-sol
die Ader (n)	la veine
auf eine Ader stoßen (ie,o,ö) (sein)	tomber sur une veine
das Bergwerk (e)	la mine
der Steinbruch (¨e)	la carrière
das Gestein	les roches
das Mineral (ien)	le minéral
der Granit	le granit
der Sandstein	le grès
der Marmor	le marbre
der Kalkstein	le calcaire
der Schiefer	l'ardoise
der Quarz	le quartz
die Kreide	la craie
der Gips	le plâtre
DIE EDELSTEINE	LES PIERRES PRECIEUSES
der Diamant (en,en)	le diamant
der Smaragd (e)	l'émeraude
der Rubin (e)	le rubis
der Amethyst (e)	l'améthyste
der Türkis (e)	la turquoise
der Topas (e)	la topaze
der Saphir (e)	le saphir
der Bernstein (e)	l'ambre
die Koralle (n)	le corail
schleifen (i,i)	tailler
DIE METALLE	LES METAUX
das Metall (e)	le métal
das Erz (e)	le minerai
das Eisen	le fer
das Zinn	l'étain
das Kupfer	le cuivre
das Messing	le laiton
das Blei	le plomb
das Zink	le zinc
der Bauxit	la bauxite
das Uran	l'uranium
das Quecksilber	le mercure
das Gold	l'or
das Silber	l'argent
das Platin	le platine
schmelzen (o,o,i) (sein)	fondre/entrer en fusion
legieren	allier
die Legierung (en)	l'alliage
vergolden	dorer
der Stahl	l'acier
Eisen zu Stahl verarbeiten	transformer du fer en acier
das Aluminium	l'aluminium
Aluminium aus Bauxit gewinnen (a,o)	extraire l'aluminium de la bauxite
die Aluminium-gewinnung	l'extraction de l'aluminium
das Verfahren (-)	le procédé
gießen (o,o)	couler
das Gußeisen	la fonte
veredeln	(r)affiner
der Edelstahl	l'acier inoxydable
rosten	rouiller
rostfrei	inoxydable
anreichern	enrichir
die Anreicherung (en)	l'enrichissement

NATÜRLICHE KATASTROPHEN
LES CATASTROPHES NATURELLES

DIE ÜBERSCHWEMMUNG (en)	L'INONDATION
überschwemmen	inonder
anschwellen (o,o,i) (sein)	grossir (rivière)
das Hochwasser	la crue
Hochwasser führen	être en crue
die Hochwasser-gefahr (en)	le risque de crue
die Hochwasser-schäden (Plur.)	les dégâts causés par l'inondation
über das Ufer treten(a,e,i)(sein)	déborder
unter Wasser setzen	submerger
der Deich (e)/ der Damm (¨e)	la digue
brechen (a,o,i) (sein)	se briser
nachgeben (a,e,i)	céder

mit sich reißen (i,i)	emporter/entraîner
durch das Wasser waten	patauger dans l'eau

DAS ERDBEBEN (-)	LE TREMBLEMENT DE TERRE
beben/zittern	trembler
erdbebensicher	résistant aux tremblements de terre
die Stärke	la force
auf der Richterskala	sur l'échelle de Richter
aufreißen (i,i) (sein)	se fendre
der Erdriß (sse)	la fente
der Erdrutsch (e)	le glissement de terrain
das Erdbebengebiet (e)	la zone du séisme
der Erdstoß (¨e)	la secousse sismique

DER VULKAN-AUSBRUCH(¨e)	L'ERUPTION VOLCANIQUE
der Vulkan (e)	le volcan
ein erloschener Vulkan	un volcan éteint
vulkanisch	volcanique
ausbrechen (a,o,i) (sein)	entrer en éruption
der Krater (-)	le cratère
die Lava	la lave
der Lavastrom (¨e)	la coulée de lave
glühend	incandescent
die Lavaglut	la lave incandescente
die Asche	les cendres
unter sich begraben (u,a,ä)	ensevelir

DIE LAWINE (n)	L'AVALANCHE
abgehen(i,a)(sein)/ sich lösen	se détacher
jn verschütten	ensevelir qn
die Lawinengefahr	le danger d'avalanche

DER WALDBRAND (¨e)	L'INCENDIE DE FORET
brennen (a,a)	brûler
in Brand geraten (ie,a,ä)(sein)	prendre feu
in Brand stehen (a,a)	être en feu/flammes
ausbrechen (a,o,i) (sein)	se déclarer (incendie)
einen Brand legen	allumer un incendie
etw. in Brand stecken	mettre le feu à qc
sich ausbreiten	se propager
das Feuer	le feu
die Flamme (n)	la flamme
die Feuersfront(en)	le front du feu
vordringen (a,u) (sein)	avancer
die Feuersbrunst	l'embrasement
die Feuerwehr (Sing.)	les pompiers
der Feuerwehrmann (¨er/leute)	le pompier
löschen	éteindre
das Löschfahrzeug	la voiture de pompiers
das Löschflugzeug (e)	le canadair
einen Brand eindämmen	circonscrire un incendie
einen Brand unter Kontrolle haben	maîtriser un incendie
in Flammen aufgehen (i,a)(sein)	flamber
der Qualm	la fumée épaisse
qualmen	fumer
der Rauch	la fumée

GEOGRAPHISCHE NAMEN
LES NOMS GEOGRAPHIQUES

Ägypten	l'Egypte	**der Ägypter (-)**	**ägyptisch**
Algerien	l'Algérie	**der Algerier (-)**	**algerisch**
Argentinien	l'Argentine	**der Argentinier (-)**	**argentinisch**
das Baltikum	les pays baltes		
Belgien	la Belgique	**der Belgier (-)**	**belgisch**
Brasilien	le Brésil	**der Brasilianer (-)**	**brasilianisch**
Bulgarien	la Bulgarie	**der Bulgare (n,n)**	**bulgarisch**
China	la Chine	**der Chinese (n,n)**	**chinesisch**
Dänemark	le Danemark	**der Däne (n,n)**	**dänisch**
Deutschland	l'Allemagne	**der Deutsche (n)**	**deutsch**

Estland	l'Estonie	**der Este (n,n)**	**estnisch**
England	l'Angleterre	**der Engländer (-)**	**englisch**
Finnland	la Finlande	**der Finne (n,n)**	**finnisch**
Frankreich	la France	**der Franzose (n,n)**	**französisch**
Griechenland	la Grèce	**der Grieche (n,n)**	**griechisch**
Indien	l'Inde	**der Inder (-)**	**indisch**
der Irak	l'Irak	**der Iraker (-)**	**irakisch**
der Iran	l'Iran	**der Iraner (-)**	**iranisch**
Irland	l'Irlande	**der Ire (n,n)**	**irisch**
Israel	l'Israël	**der Israeli (s)**	**israelisch**
Italien	l'Italie	**der Italiener (-)**	**italienisch**
Japan	le Japon	**der Japaner (-)**	**japanisch**
Jugoslawien	la Yougoslavie	**der Jugoslawe (n,n)**	**jugoslawisch**
Kanada	le Canada	**der Kanadier (-)**	**kanadisch**
Lettland	la Lettonie	**der Lette (n,n)**	**lettisch**
der Libanon	le Liban	**der Libanese (n,n)**	**libanesich**
Libyen	la Libye	**der Libyer (-)**	**libysch**
Litauen	la Lituanie	**der Litauer (-)**	**litauisch**
Marokko	le Maroc	**der Marokkaner (-)**	**marokkanisch**
die Niederlande	les Pays-Bas	**der Niederländer(-)**	**niederländisch**
Norwegen	la Norvège	**der Norweger (-)**	**norwegisch**
Österreich	l'Autriche	**der Österreicher(-)**	**österreichisch**
Polen	la Pologne	**der Pole (n,n)**	**polnisch**
Portugal	le Portugal	**der Portugiese(n,n)**	**portugiesisch**
Rumänien	la Roumanie	**der Rumäne (n,n)**	**rumänisch**
Rußland	la Russie	**der Russe (n,n)**	**russisch**
Schweden	la Suède	**der Schwede (n,n)**	**schwedisch**
die Schweiz	la Suisse	**der Schweizer (-)**	**schweizerisch**
die Sowjetunion	l'Union Soviétique	**der Sowjetbürger(-)**	**sowjetisch**
Spanien	l'Espagne	**der Spanier (-)**	**spanisch**
die Tschechien	la République Tchèque	**der Tscheche (n,n)**	**tschechisch**
die Türkei	la Turquie	**der Türke (n,n)**	**türkisch**
Ungarn	la Hongrie	**der Ungar (n,n)**	**ungarisch**
die Vereinigten Staaten	les Etats-Unis	**der Amerikaner (-)**	**amerikanisch**
Schottland	l'Ecosse	**der Schotte (n,n)**	**schottisch**
das Elsaß	l'Alsace	**der Elsässer (-)**	**elsässisch**
Lothringen	la Lorraine	**der Lothringer (-)**	**lothringisch**
Burgund	la Bourgogne	**der Burgunder (-)**	**burgundisch**
Korsika	la Corse	**der Korse (n,n)**	**korsisch**
Malta	Malte	**der Malteser (-)**	**maltesisch**
Sardinien	la Sardaigne	**der Sardinier (-)**	**sardinisch**
Sizilien	la Sicile	**der Sizilianer (-)**	**sizilianisch**
die Azoren	les Açores		
die Bermudas	les Bermudes		
die Karibischen Inseln	les Caraïbes		
die Kanarischen Inseln	les Canaries		
Europa	l'Europe	**der Europäer**	**europäisch**
Amerika	l'Amérique	**der Amerikaner**	**amerikanisch**
Asien	l'Asie	**der Asiate (n,n)**	**asiatisch**
Afrika	l'Afrique	**der Afrikaner (-)**	**afrikanisch**
Australien	l'Australie	**der Australier**	**autralisch**

München	Munich
Hamburg	Hambourg
Bremen	Brême
Köln	Cologne
Frankfurt	Francfort
Dresden	Dresde
Aachen	Aix-la-Chapelle
Mainz	Mayence
Trier	Trèves
Freiburg	Fribourg
Wien	Vienne
Genf	Genève
Basel	Bâle
Rom	Rome
Venedig	Venise
Mailand	Milan
Florenz	Florence
Neapel	Naples
London	Londres
Lissabon	Lisbonne
Kopenhagen	Copenhague
Den Haag	La Haye
Brüssel	Bruxelles
Warschau	Varsovie
Danzig	Gdansk
Moskau	Moscou
Nizza	Nice

die Donau	le Danube
der Rhein	le Rhin
die Rhone	le Rhône
die Themse	la Tamise
der Amazonas	l'Amazone
die Alpen	les Alpes
der Schwarzwald	la Forêt Noire
die Pyrenäen	les Pyrénées
die Vogesen	les Vosges
der Zuckerhut	le Pain de Sucre
der Atlantische Ozean	l'océan Atlantique
der Stille Ozean/ der Pazifische Ozean	l'océan Pacifique
das Schwarze Meer	la mer Noire
die Nordsee	la mer du Nord
die Ostsee	la mer Baltique
der Bodensee	le lac de Constance
der Ärmelkanal	la Manche
die Straße von Gibraltar	le détroit de Gibraltar

Sie ist jetzt über den Berg.	Elle a franchi le cap.
Er ist über alle Berge.	Il a pris la clef des champs.
Es geht mit ihm bergab.	Sa santé décline.
Es geht wirtschaftlich wieder bergauf.	L'économie a repris.
Der Champagner floß in Strömen.	Le champagne coulait à flots.
die Bergpredigt	le Sermon sur la Montagne
sich sonnen/ein Sonnenbad nehmen	prendre un bain de soleil
Sie leben noch hinterm Mond.	Ils n'ont guère évolué.
die Freie Welt	le monde libre
Das ist die verkehrte Welt.	C'est le monde à l'envers.
Diese Sache muß aus der Welt geschafft werden.	Il faut en finir avec cette affaire.
nicht um die Welt	pour rien au monde
eine Reise um die Welt machen	faire le tour du monde
ein Mann von Welt	un homme du monde
vor aller Welt	aux yeux de tout le monde
Er hat eine eigenartige Weltanschauung.	Il a une étrange conception du monde.

DIE FREIZEIT
LE TEMPS LIBRE

die Freizeit	le temps libre
über seine Zeit frei verfügen	disposer librement de son temps
sich ablenken	se distraire/se changer les idées
Ablenkung brauchen	avoir besoin de changement
sich zerstreuen	se distraire
die Zerstreuung	la distraction
sich leben lassen (ie,a,ä)	se laisser vivre
der Müßiggang	l'oisiveté
das Nichtstun	l'inaction
sich bereichern	s'enrichir
sich entspannen	se détendre
die Entspannung	la détente
die sinnvolle Beschäftigung	l'occupation judicieuse
sich beschäftigen	s'occuper
die Freizeit-gestaltung	l'organisation des loisirs
seine Freizeit gestalten	organiser son temps libre
die Lieblings-beschäftigung	l'occupation favorite
das Steckenpferd(e)	le violon d'Ingres
das Hobby (s)	le « dada »

AUSGEHEN : *SORTIR*

DIE PARTY (ies)	LA SOIREE
auf eine Party gehen	aller à une soirée
jn zu einer Party einladen (u,a,ä)	inviter qn à une soirée
die Einladung (en)	l'invitation
eine Wohnung/ein Haus einweihen/ eine Einstandsparty geben (a,e,i)	pendre la crémaillère
die Stimmung	l'ambiance
Stimmung machen	mettre de l'ambiance
in Stimmung kommen (a,o) (sein)	s'animer/se mettre en train
der Stimmungs-macher (-)/ die Stimmungs-kanone (n)	le boute-en-train
gut gelaunt sein	être de bonne humeur
vergnügt/fröhlich	joyeux
langweilig	ennuyeux
stinklangweilig	ennuyeux à mourir
sich zu Tode langweilen	s'ennuyer à mourir
die Stimmung verderben (a,o,i)	gâcher l'ambiance
gesellig	sociable
sich kurz blicken lassen	faire une apparition
der Spaß (¨e)/ das Vergnügen	l'amusement
viel Spaß !/ viel Vergnügen !	amusez-vous bien !
zum Spaß	pour rire
Das ist nur Spaß !	Ce n'est qu'une plaisanterie !
Spaß machen	plaisanter
keinen Spaß verstehen (a,a)	ne pas comprendre la plaisanterie
sich vergnügen	se divertir/ s'amuser
Es geht vergnügt zu.	On s'amuse bien.
die Vergnügung (en)	le divertissement/ la distraction
der Anschluß	le contact
Anschluß suchen	chercher à faire connaissance
die Polizeistunde (n)	l'heure de clôture (café/bar)

die nächtliche Ruhestörung	le tapage nocturne
in die Diskothek gehen (i,a)	aller à la discothèque
das Nachtlokal (e)	la boîte de nuit
tanzen	danser
der Tanz (¨e)	la danse
jn zum Tanz auffordern	inviter qn à danser

DAS VOLKSFEST (e)/ DIE KIRMES (sen)	LA FETE FORAINE/ LA FOIRE
auf die Kirmes gehen (i,a)	aller à la foire
die Kirmesbude (n)/ der Stand (¨e)	la baraque foraine
der Schießstand(¨e)	le stand de tir
schießen (o,o)	tirer
der Autoskooter	l'auto tamponneuse
das Karussell (s)	le manège
Karussell fahren (u,a,ä)(sein)	faire un tour de manège
das Riesenrad (¨er)	la grande roue
die Achterbahn(en)	le grand huit
die Geisterbahn(en)	le train fantôme
die Rutschbahn (en)	le toboggan
der Vergnügungs-park (s)	le parc d'attractions
die Wahrsagerin (nen)	la diseuse de bonne aventure
wahrsagen	dire la bonne aventure

DER ZIRKUS (se)	LE CIRQUE
in den Zirkus gehen	aller au cirque
das Zirkuszelt (e)	le chapiteau
das Zirkuszelt aufstellen/ aufschla-gen(u,a,ä)	dresser le chapiteau
abbauen	démonter
der Clown (s)	le clown
die Grimasse (n)	la grimace
Grimassen schneiden (i,i)	faire des grimaces
der Seiltänzer (-)	le funambule
das Seil (e)	la corde raide
das Kunststück (e)	le tour d'adresse
der Jongleur (e)	le jongleur
jonglieren	jongler
der Dompteur (e)	le dompteur
Tiere dressieren	dresser des animaux
das Raubtier (e)	le fauve
das Raubtiergitter (-)	la grille de protection (fauves)
wilde Tiere bändigen	dompter des animaux sauvages
die Dressurnummer (n)	le numéro de dressage
das Trapez (e)	le trapèze
der Artist (en,en)	l'artiste de cirque
der Akrobat (en,en)	l'acrobate
das Akrobatenstück (e)	l'acrobatie
akrobatisch	acrobatique
der Zauberer (-)	le magicien
der Zauberkünstler (-)	le prestidigitateur
zaubern	faire des tours de magie
der Zauberspruch (¨e)	la formule magique
etw. wegzaubern	faire disparaître qc
eine Nummer vorführen	présenter un numéro
die Manege (n)	le manège
der Zirkuswagen (-)	la roulotte

DER ZOO (s)	LE ZOO
der Käfig (e)	la cage
der Zoowärter (-)	le gardien de zoo
die Raubtier-fütterung (en)	le repas des fauves

DAS KINO (s)	LE CINEMA
ins Kino gehen	aller au cinéma
sich (Dat.) einen Film ansehen	regarder un film
der Kinosaal (¨e)	la salle de cinéma
das Lichtspielhaus/ das Lichtspiel-theater	le cinéma
die Vorstellung(en)	la séance
die Platzanweiserin (nen)	l'ouvreuse
die Leinwand (¨e)	l'écran
der Kassenschlager (-)	le film à succès
der Spielfilm (e)	le grand film
der Zeichentrick-film (e)	le dessin animé
der Abenteuerfilm	le film d'aventure
der Gruselfilm/der Horrorfilm	le film d'horreur
der Liebesfilm	le film d'amour
der Wildwestfilm	le western
der Krimi (s)/der Kriminalfilm	le film policier
der Science-Fiction-Film	le film de science-fiction
der Kurzfilm	le court métrage
der Schwarzweißfilm	le film en noir et blanc

der Farbfilm	le film en couleur
der Stummfilm	le film muet
der Vorspann (e)	le générique
der Zuschauer (-)	le spectateur
die Eintrittskarte (n)	le billet d'entrée
der Sitz (e)	le fauteuil
die Reihe (n)	la rangée
das Trinkgeld	le pourboire
ausverkauft	complet
Plätze vorbestellen	réserver des places

DIE DREHARBEITEN	LE TOURNAGE (d'un film)
einen Film drehen	tourner un film
filmen	filmer
der Filmproduzent (en,en)	le producteur de films
einen Film produzieren/herstellen	produire un film
das Drehbuch (¨er)	le scénario
ein Drehbuch schreiben/verfassen	écrire un scénario
die Rollenverteilung	la distribution des rôles
die Hauptrolle (n)	le rôle principal
die Nebenrolle (n)	le second rôle
der Filmschauspieler (-)	l'acteur de cinéma
der Filmstar (s)	la vedette/la star de cinéma
zum Film gehen	faire du cinéma
die Filmdiva (s)	la grande dame du cinéma
einen Roman verfilmen	porter un roman à l'écran
das Filmatelier(s)/das Filmstudio (s)	le studio (de cinéma)
der Kameramann (¨er)	le caméraman
die Kamera (s)	la caméra
die Nahaufnahme(n)	le gros plan
die Innenaufnahmen	les prises de vue en intérieur
die Außenaufnahmen	les prises de vue en extérieur
einen Film synchronisieren	synchroniser un film
der Untertitel (-)	le sous-titre
mit Untertiteln/untertitelt	sous-titré
die Originalfassung	la version originale
der Scheinwerfer(-)	le projecteur
im Scheinwerferlicht stehen (a,a)	être sous le feu des projecteurs
die Zeitlupe (n)	le ralenti
die Rückblende (n)	le retour en arrière/le play-back
der Schnitt eines Filmes	le montage d'un film
der Schnittmeister/der Cutter	le cutter/le monteur (de cinéma)
der Filmschneidetisch (e)	la table de montage
der Rückblick	la rétrospective
die Tonwiedergabe (n)	le son
die Tonaufnahme (n)	la prise de son
die Trickaufnahme	le trucage
der Trick (s)	le trucage/le truc
das Double (s)	le double
jn doublieren	doubler qn
der Statist (en,en)	le figurant
der Stuntman	le cascadeur
das Mischpult (e)	la table de mixage
mischen	mixer
der Maskenbildner (-)	le maquilleur
die Vorführung eines Films	la projection d'un film
einen Film vorführen	projeter un film
der Vorführraum(¨e)	la cabine de projection
der Filmprojektor (en)	l'appareil de projection
reißen (i,i)	(se) déchirer
der Filmverleih (e)	la distribution de films
die Filmvorschau	la bande annonce
die Filmzensur (en)	la censure cinématographique
das Jugendverbot	l'interdiction aux mineurs

HOBBIES : *LES HOBBIES*

LESEN (a,e)	LIRE
seine Zeit mit Lesen verbringen (a,a)	passer son temps à lire
ein Buch verschlingen (a,u)	dévorer un livre
die Zeitschrift(en)	le magazine
die Zeitung (en)	le journal
eine Zeitung durchblättern	feuilleter un journal
flüchtig lesen (a,e,ie)	parcourir

ein Buch auslesen	achever la lecture d'un livre
ein reißerischer Titel	un titre accrocheur
erscheinen (ie,ie) (sein)	paraître
die Neuerscheinung (en)	la nouvelle parution
die zweite Auflage (n)	la deuxième édition
einen Roman umarbeiten	remanier un roman

FERNSEHEN	REGARDER LA TELEVISION
der Fernsehapparat (e)/der Fernseher (-)	l'appareil de télévision
das Bild einstellen	régler l'image
der Bildschirm (e)	l'écran
das Programm (e)	la chaîne
das Kabelfernsehen	la télévision par câble
der Fernseh-zuschauer (-)	le téléspectateur
auf ein anderes Programm umschalten	changer de programme
die Sendung (en)	l'émission
das Videospiel (e)	le jeu vidéo
umeinanderschalten	zapper
der Fernsehnarr (en)	l'amoureux de la télévision
die Fernbedienung (en)	la télécommande
anmachen/ einschalten	allumer
ausmachen/ ausschalten	éteindre
der Knopf (¨e)	le bouton
den Knopf drehen	tourner le bouton
die Taste (n)	la touche
die Taste eindrücken	appuyer sur la touche
scharf	net
unscharf	flou
die Bildschärfe	la netteté de l'image
das Bild einstellen	régler l'image
die Lautstärke	le volume
lauter/leiser stellen	augmenter/baisser le volume

MUSIK HÖREN	ECOUTER DE LA MUSIQUE
der Plattenspieler (-)	le tourne-disques
eine Platte auflegen	mettre un disque
die Langspielplatte (n)/die LP (s)	le 33 tours
die CD (s)	le compact disque
der Kassetten-rekorder (-)	le magnétophone à cassettes
die Band (s)	le groupe
eine Platte herausbringen (a,a)	sortir un disque
eine Platte aufnehmen (a,o,i)	enregistrer un disque
in einem Konzert auftreten (a,e,i) (sein)	se produire en concert
die Stereoanlage(n)	la chaîne stéréo

BRIEFMARKEN SAMMELN	COLLECTIONNER DES TIMBRES
die Briefmarken-sammlung(en)	la collection de timbres
einordnen	classer
das Briefmarken-album (en)	l'album de timbres
ungestempelt	non oblitéré
die Zacke (n)	la dent
beschädigt	endommagé

SPIELE : *LES JEUX*

das Spiel (e)	le jeu
spielen	jouer
die Spielregel (n)	la règle du jeu
die Spielregel einhalten (ie,a,ä)	respecter les règles du jeu
der Spieler (-)	le joueur
falsch spielen/ schummeln	tricher
um Geld spielen	jouer pour de l'argent
hoch spielen	jouer gros
das Spielkasino (s)	le casino
Glück haben	avoir de la chance
Pech haben	avoir de la malchance
der Einsatz (¨e)	la mise
der Gegner (-)	l'adversaire

mit jm zusammenspielen	être le partenaire de qn (au jeu)
gewinnen (a,o)	gagner
der Gewinner (-)	le gagnant
verlieren (o,o)	perdre
der Verlierer (-)	le perdant
der Spielverderber (-)	le rabat-joie

DAS GESELLSCHAFTSSPIEL	LE JEU DE SOCIETE
der Würfel (-)	le dé
würfeln	lancer les dés
das Damespiel (e)	le jeu de dames
Dame spielen	jouer aux dames
das Damebrett (er)	le damier
das Mühlespiel (e)	la marelle
Mühle spielen	jouer à la marelle
das « Mensch ärgere dich nicht«	le jeu des quatre chevaux
der Stein (e)	le pion
das Feld (er)	la case
ein Feld vorrücken	avancer d'une case
ein Feld überspringen (a,u)	sauter une case

DAS SCHACHSPIEL (e)	LES ECHECS
Schach spielen	jouer aux échecs
das Schachbrett(er)	l'échiquier
die Schachfigur(en)	la pièce (d'un jeu d'échecs)
schachmatt	échec et mat
der König (e)	le roi
die Dame (n)	la reine
der Läufer (-)	le fou
der Springer (-)	le cheval
der Turm (¨e)	la tour
der Bauer (n)	le pion

DAS KARTENSPIEL(e)	LE JEU DE CARTES
die Karte (n)	la carte
die Karten mischen	battre les cartes
austeilen	distribuer
abheben (o,o)	couper
stechen (a,o,i)	couper (jouer de l'atout)
der Stich (e)	le pli
der Trumpf (¨e)	l'atout
das Kreuz	le trèfle
das Karo	le carreau
das Pik	le pique
das Herz	le cœur
der Bube	le valet
die Dame	la reine
der König	le roi
das As	l'as
eine hohe/niedrige Karte	une grande/petite carte

DAS BILLIARD	LE BILLARD
die Billiardkugel (n)	la boule de billard
der Billiardstock/ (¨e)/das Queue	la queue

DAS KEGELN	LE JEU DE QUILLES
kegeln	jouer aux quilles
der Kegel (-)	la quille
die Kegel umwerfen (a,o,i)	faire tomber les quilles
die Kegelbahn (en)	la piste de quilles
das Bowling	le bowling

DIE KINDERSPIELE	LES JEUX D'ENFANTS
Spiele im Freien	les jeux de plein air
Verstecken spielen	jouer à cache-cache
das Versteckspiel (e)	le jeu de cache-cache
Bock springen (a,u) (sein)	jouer à saute-mouton
schaukeln	se balancer/faire de la balançoire
die Schaukel (n)	la balançoire
die Wippe (n)	la balançoire à bascule
Seil hüpfen	sauter à la corde
Roller fahren (u,a,ä)(sein)	faire de la trottinette
der Roller (-)	la trottinette
das Dreirad (¨er)	le tricycle
Ball spielen	jouer au ballon
Murmel spielen	jouer aux billes
die Murmel (n)	la bille
Blindekuh spielen	jouer à colin-maillard
Himmel und Hölle spielen	jouer à la marelle
das Pfeilspiel (e)	le jeu de flèchettes
der Purzelbaum (¨e)	la cabriole
einen Purzelbaum schlagen (u,a,ä)	faire une cabriole
der Drachen (-)	le cerf-volant
Drachen steigen lassen (ie,a)	jouer au cerf-volant
das Rad (¨er)	la roue
Rad schlagen(u,a,ä)	faire la roue
das Pfand (¨er)	le gage

DIE DENKSPIELE	LES JEUX DE REFLEXION	**senkrecht**	verticalement
das Denkspiel (e)	le jeu de réflexion	**das Silbenrätsel(-)**	la charade
das Rätsel (-)	la devinette	**etw. raten/erraten (ie,a,ä)**	deviner qc
das Kreuzworträtsel	les mots croisés	**Stadt-Land-Fluß spielen**	jouer au baccalauréat
waag(e)recht	horizontalement		

Achtung, Aufnahme !	Silence ! On tourne !
Kein Zutritt für Jugendliche unter 16 Jahren.	Interdit aux moins de 16 ans.
Was wird heute abend im Rex gespielt ?	Qu'est-ce qu'on joue ce soir au Rex ?
Der Film läuft zur Zeit im Tivoli.	Le film passe en ce moment au Tivoli.
Die Würfel sind gefallen.	Les dés sont jetés.
Sie tanzt immer aus der Reihe.	Elle n'en fait toujours qu'à sa tête.
Du bist dran !	C'est ton tour !
Er hat mit offenen Karten gespielt.	Il a joué cartes sur table.
Man hat ihm einen Streich gespielt.	On lui a joué un tour.
Sein Ruf steht auf dem Spiel.	Sa réputation est en jeu.
Das macht er spielend.	Il fait cela en s'amusant.
Er ist ein richtiger Bücherwurm.	Il a toujours le nez plongé dans les livres.
Sie sind mit Kind und Kegel weggezogen.	Ils sont partis avec armes et bagages.
Das Buch ist in einer Taschenbuchreihe erschienen.	Le livre est paru dans une série de poche.
Das Buch steht auf der Bestsellerliste des Monats.	Ce livre figure sur la liste des meilleures ventes du mois.
Das Buch ist aus dem Englischen übersetzt.	Ce livre est traduit de l'anglais.
Darüber könnte man ein Buch schreiben !	On pourrait écrire un livre là-dessus.
Sie redet wie ein Buch.	Elle parle comme un livre.

DAS KLIMA
DAS WETTER
LE CLIMAT
LE TEMPS

DAS KLIMA : *LE CLIMAT*

ein gemäßigtes Klima	un climat tempéré
das Seeklima	le climat maritime
mild	doux
rauh	rigoureux
das kontinentale Klima	le climat continental
das polare Klima	le climat polaire
das tropische Klima	le climat tropical
die Klimaveränderung (en)/ der Klimawechsel(-)	le changement de climat
die klimatischen Verhältnisse	les conditions climatiques

DIE JAHRESZEIT (en) : *LA SAISON*

der Frühling	le printemps
im Frühling	au printemps
der Lenz (poet.)	le printemps
der Sommer	l'été
der Herbst	l'automne
der Winter	l'hiver
der Frühlingsanfang	le commencement du printemps
frühlingshaft	printanier
das Frühlingswetter	le temps de printemps
sommerlich	d'été/estival
herbstlich	d'automne
winterlich	hivernal
den Winter über	durant l'hiver
ein strenger Winter	un hiver rigoureux

DAS WETTER : *LE TEMPS*

feucht	humide
kühl	frais
(ein) feuchtkühles Wetter	un temps frais et humide
trüb	sombre/gris
veränderlich/ wechselhaft/ unbeständig	variable
(ein) scheußliches/ miserables Wetter	un temps épouvantable
Es ist schönes/ schlechtes Wetter.	Il fait beau/ mauvais (temps).
das Unwetter (-)	la bourrasque/la tempête
der Wetterumschlag (¨e)	le brusque changement de temps
bei günstigem Wetter	par temps favorable
die Wetterverbesserung	l'amélioration du temps
die Wetterverschlechterung	l'aggravation du temps
die Wetterlage (n)	la situation météorologique
die Wettervorhersage (n)/die Wetterprognose (n)	les prévisions météorologiques
der Wetterdienst(e)	la météo/le service météorologique
die Wettermeldung (en)	l'information météorologique
die Wetterwarte (n)	l'observatoire météorologique
der Wettersatellit (en,en)	le satellite météorologique

DER HIMMEL	LE CIEL
am Himmel	dans le ciel

heiter	dégagé/serein
sich aufheitern	se dégager
die Aufheiterung (en)	l'éclaircie
sich bedecken	se couvrir
ein bedeckter Himmel	un ciel couvert
DIE SONNE	LE SOLEIL
sonnig	ensoleillé
Die Sonne scheint.	Il fait du soleil.
aufgehen/untergehen (i,a)(sein)	se lever/se coucher
der Sonnenstrahl (en)	le rayon de soleil
DIE WOLKE (n)	LE NUAGE
Gewitterwolken	des nuages d'orage
Regenwolken	des nuages de pluie
die Wolken ziehen (o,o)(sein)	les nuages passent
sich ballen	s'amonceler
die Wolkendecke/ Wolkenschicht (en)	la couche de nuages
eine geschlossene Wolkendecke	une épaisse couche de nuages
der Wolkenschleier (-)	le voile de nuages
bewölkt/wolkig	nuageux/couvert
wolkenlos	sans nuages
die Bewölkung	les nuages
eine aufgelockerte Bewölkung	des nuages épars/ dispersés
in Wolken gehüllt	enveloppé de nuages
DER REGEN	LA PLUIE
regnen	pleuvoir
Es regnet.	Il pleut.
(ein) anhaltender Regen	une pluie continuelle
ein feiner/starker Regen	une fine/forte pluie
strichweise/ zeitweise Regen	pluies éparses/ passagères
der Regenguß (üsse)	l'averse/l'ondée
Es gießt in Strömen.	Il pleut à torrents.
der Regenschauer(-)	la giboulée
vereinzelte Regenschauer	averses éparses
der Regenbogen (¨)	l'arc en ciel
bei Regenwetter	par temps de pluie
regnerisch	pluvieux
nieseln	bruiner
der Nieselregen/der Sprühregen	la bruine/le crachin
die Niederschläge	les précipitations
die Sintflut	le déluge
sintflutartige Regenfälle	des pluies diluviennes
der Regentropfen(-)	la goutte de pluie
Es tröpfelt.	Les premières gouttes tombent.
DAS GEWITTER	L'ORAGE
aufziehen (o,o) (sein)	approcher
Ein Gewitter ist im Anzug.	Un orage se prépare.
losbrechen (a,o,i) (sein)	éclater
der Blitz (e)	l'éclair
Es blitzt.	Il fait des éclairs.
vom Blitz getroffen werden	être frappé par la foudre
Der Blitz hat eingeschlagen.	La foudre est tombée.
der Donner (-)	le tonnerre
donnern	tonner
Es donnert.	Le tonnerre gronde.
gewittrig	orageux
schwül	lourd
eine drückende Hitze	une chaleur accablante/ étouffante
DER HAGEL	LA GRELE
Es hagelt.	Il grêle.
der Hagelschauer(-)	la giboulée accompagnée de grêle
DER SCHNEE	LA NEIGE
schneien	neiger
die Schneeflocke(n)	le flocon de neige
die Schneedecke (n)	la couche de neige
schneebedeckt	couvert de neige
der Schneematsch	la neige fondue
der Schneeschauer (-)	la bourrasque de neige
das Schneegestöber/ das Schneetreiben	la rafale de neige
(die) Schneeglätte auf den Straßen	routes glissantes (à cause de la neige)
der Schneeball (¨e)	la boule de neige
die Schneeball-schlacht (en)	la bataille à coups de boules de neige
der Schneemann (¨er)	le bonhomme de neige
schmelzen (o,o,i) (sein)	fondre
die Schneeschmelze	la fonte des neiges
DIE TEMPERATUR (en)	LA TEMPERATURE
5 Grad	5 degrés

2 Grad unter/über Null	2 degrés au-dessous/ au-dessus de zéro
(an)steigen (ie,ie) (sein)	augmenter
sinken (a,u)(sein)/ fallen (ie,a,ä) (sein)	diminuer/baisser
auf 3° sinken/ fallen (sein)	descendre à 3°
auf 7° steigen (sein)	augmenter pour atteindre 7°
um 2° steigen(sein)	augmenter de 2°
die Temperatur-schwankungen	les fluctuations de température
schwanken	varier
kühl/frisch	frais
kühl werden	se rafraîchir
kalt/die Kälte	froid/le froid
eiskalt	glacé/glacial
eine schneidende Kälte	un froid piquant
Es ist kalt.	Il fait froid.
Es wird kalt.	Il commence à faire froid.
Mir ist kalt.	J'ai froid.
Mir wird kalt.	Je commence à avoir froid.
Es ist grimmig kalt./ Es herrscht eine Hundekälte.	Il fait un froid de canard.
warm/die Wärme	chaud/la chaleur
heiß/die Hitze	très chaud/la grosse chaleur
trocken/dürr	sec
die Trockenheit/ die Dürre	la sécheresse
DER FROST (¨e)	LA GELEE/LE GEL
bei starkem Frost	par forte gelée
die Frostgefahr	le risque de gel
frieren (o,o)	avoir froid/geler
Es friert.	Il gèle.
Ich friere./Mich friert.	J'ai froid.
der Reif	la gelée blanche
der Rauhreif	le givre/le frimas
das Glatteis	le verglas
glatt	glissant
vereist	verglacé
das Eis	la glace
zufrieren (ein See)	geler (lac)
Der See ist zugefroren.	Le lac a gelé.
tauen	fondre/dégeler

das Tauwetter	le temps de dégel
der Tau	la rosée
DER WIND (e)	LE VENT
ein sanfter Wind	un vent doux
säuseln	murmurer
ein stürmischer Wind	un vent soufflant en tempête
ein böiger Wind	un vent soufflant en rafales
ein schwacher bis mäßiger Wind	un vent faible à modéré
wehen	souffler
sich legen	se calmer
Es ist windig.	Il fait du vent.
Es ist windstill.	Il n'y a pas un souffle d'air.
die Windstille	l'accalmie
der Windstoß (¨e)	le coup de vent/la bourrasque
der Nordwind	le vent du nord
der Föhn	le föhn
der Sturm (¨e)	la tempête
Es stürmt.	Il fait de la tempête.
sausen/brausen	souffler (avec violence)
pfeifen (i,i)	siffler
wüten	faire rage
heulen	hurler
der Orkan (e)	l'ouragan
der Tornado (s)	la tornade
die Luft	l'air
das Lüftchen	le vent léger
sich erwärmen	se réchauffer
die Erwärmung	le réchauffement
sich abkühlen	se refroidir
die Abkühlung	le refroidissement
der Luftdruck	la pression atmosphérique
das Hochdruckgebiet (e)	l'anticyclone
das Tiefdruckgebiet	la zone de basse pression
die Luftfeuchtigkeit	l'humidité de l'air
feucht	humide
DER NEBEL (-)	LE BROUILLARD
(ein) dichter Nebel	un brouillard épais
nebelig	brumeux
sich auflösen	se dissiper
der Frühnebel	le brouillard matinal
die Nebelschwade(n)	la nappe de brume
der Dunst	la brume

Es sieht nach Regen aus.	On dirait qu'il va pleuvoir.
bei Wind und Wetter	par tous les temps
Das Wetter verspricht gut zu werden.	Le temps est prometteur.
Ich bin aus allen Wolken gefallen.	Je suis tombé des nues.
Das ist doch sonnenklar.	C'est clair comme le jour.
Auf Regen folgt Sonne.	Après la pluie le beau temps.
vom Regen in die Traufe kommen	aller de mal en pis
vom Winde verweht	emporté par le vent (« Autant en emporte le vent«)
Die Stille vor dem Sturm.	Le calme avant la tempête.
Er weiß immer, woher der Wind kommt.	Il sait toujours d'où vient le vent.
Sie macht ein Gesicht wie drei Tage Regenwetter.	Elle fait une tête d'enterrement.
Was für ein Wetter haben wir heute ?/ Wie ist das Wetter heute ?	Quel temps fait-il aujourd'hui ?
Er hat von dieser Sache Wind bekommen.	Il a eu vent de cette affaire.
von Luft und Liebe leben	vivre d'amour et d'eau fraîche
Das hängt noch in der Luft.	C'est encore en suspens.
Was für ein Wetter !	Quel temps !
Was für eine Hitze !	Quelle chaleur !
Es ist lausekalt/es ist bitterkalt.	Il fait un froid de canard.
Es ist Schnee in der Luft.	On sent qu'il va neiger.

AUF DEM LANDE
A LA CAMPAGNE
DIE LANDWIRTSCHAFT
L'AGRICULTURE

DAS LAND	LA CAMPAGNE
auf dem Lande wohnen	habiter à la campagne
vom Lande stammen	être originaire de la campagne
die Landbevölkerung	la population rurale
die Landjugend	la jeunesse rurale
das Landleben	la vie à la campagne
das Landhaus (¨er)	la maison de campagne
der Landsitz (e)	la gentilhommière
aufs Land fahren	aller à la campagne
sich aufs Land zurückziehen (o,o)	se retirer à la campagne
die Landflucht	l'exode rural
DIE LANDSCHAFT (en)	LE PAYSAGE
malerisch	pittoresque
die Hügelkette (n)	les côteaux
hügelig	vallonné
bewaldet	boisé
der Pfad (e)	le sentier
der Weg (e)	le chemin
sich schlängeln	serpenter
DAS DORF (¨er)	LE VILLAGE
die Ortschaft (en)	la localité
der Marktflecken(-)	le bourg
das Kaff (s)	le patelin/le bled
entlegen	éloigné
abgelegen	isolé
das Fachwerkhaus (¨er)	la maison à colombage
der Balken (-)	la poutre
der Putz	le crépi
die Gasse (n)	la ruelle
winkelig	tortueux
der Dorfplatz (¨e)	la place du village
schattig	ombragé
friedlich	paisible
der Friedhof (¨e)	le cimetière
der Gasthof (¨e)	l'auberge
die Dorfkirche (n)	l'église du village
dörflich	villageois

das Schild (er)	l'enseigne
der Brunnen (-)	la fontaine
das Strohdach (¨er)	le toit de chaume
die Schmiede (n)	la forge
der Schmied (e)	le forgeron
IM GARTEN ARBEITEN	TRAVAILLER DANS LE JARDIN
der Garten (¨)	le jardin
der Gärtner (-)	le jardinier
der Gartenarchitekt (en,en)	le paysagiste
das Gartenbeet (e)	la plate-bande
das Gewächs (e)/ die Pflanze (n)	la plante
das Gewächshaus (¨er)	la serre
der Gemüsegarten(¨)	le potager
der Busch (¨e)	le buisson
das Gebüsch	les buissons
der Strauch (¨er)	l'arbuste
der Zierstrauch (¨er)	l'arbuste d'ornement
die Hecke (n)	la haie
der Zaun (¨e)	la clôture
der Obstbaum (¨e)	l'arbre fruitier
der Rasen (-)	la pelouse
das Gras (¨er)	l'herbe
der Grashalm (e)	le brin d'herbe
das Unkraut (¨er)	la mauvaise herbe
Unkraut jäten/ ausreißen (i,i)	arracher les mauvaises herbes
DAS GARTENGERÄT(e)	L'OUTIL DE JARDINAGE
der Rasenmäher (-)	la tondeuse
mähen	tondre
der Spaten (-)	la bêche
umgraben (u,a,ä)	bêcher

der Rechen (-)	le rateau
rechen	ratisser
die Gießkanne (n)	l'arrosoir
gießen (o,o)	arroser
der Gartenschlauch (¨e)	le tuyau d'arrosage
die Gartenschere(n)	le sécateur
die Hecke schneiden (i,i)	tailler la haie
der Rosenstock (¨e)	le rosier
die Gabel (n)	la fourche
die Schubkarre (n)/ der Schubkarren (-)	la brouette
säen	semer
die Saat (en)	la semence
der Geräteschuppen (-)	la cabane à outils
der Dünger/ das Düngemittel (-)	l'engrais
düngen	mettre de l'engrais
pflanzen	planter
umpflanzen	transplanter
das Insekt (en)	l'insecte
die Insekten vernichten/ vertilgen	détruire les insectes
das Insektengift(e)	l'insecticide
das Spritzmittel(-)	l'insecticide à pulvériser
Insektengift spritzen	pulvériser de l'insecticide
die Pflanzen mit einem Mittel besprühen	pulvériser du produit sur les plantes
das Ungeziefer	la vermine
der Schädling (e)	le parasite
die Schädlings-bekämpfung	la lutte contre les parasites
der Gemüsegarten (¨)	le potager

Pour les légumes, voir le chapitre « Essen und Trinken ».

GARTENBLUMEN	LES FLEURS DU JARDIN
die Blume (n)	la fleur
der Blumenstrauß (¨e)	le bouquet de fleurs
blühen	fleurir
die Blüte (n)	la fleur/la floraison
die Knospe (n)	le bourgeon
der Stengel(-)/ der Stiel (e)	la tige
der Blütenstaub	le pollen
der Blumenstock (¨e)/die Topfpflanze(n)	la fleur en pot
das Blütenblatt (¨er)	le pétale
die Blumenzwiebel (n)	le bulbe
Blumen pflücken	cueillir des fleurs
eine Blume riechen (o,o)	sentir une fleur
duften	sentir bon
verwelken	fâner
welk	fâné
bunt	multicolore
die Dahlie (n)	le dahlia
der Flieder	le lilas
das Gänseblümchen (-)	la pâquerette
die Geranie (n)	le géranium
die Hyazinthe (n)	la jacinthe
die Lilie (n)	le lis
das Maiglöckchen(-)	le muguet
die Seerose (n)	le nénuphar
das Immergrün	la pervenche
die Pfingstrose (n)	la pivoine
die Nelke (n)	l'œillet
die Rose (n)	la rose
das Stiefmütterchen (-)	la pensée
die Tulpe (n)	la tulipe
das Veilchen (-)	la violette
das Vergißmeinnicht (-)	le myosotis
die Chrysantheme(n)	le chrysanthème
das Geißblatt	le chèvrefeuille
die Gladiole (n)	le glaïeul

FELD-UND WIESEN-BLUMEN	LES FLEURS DES CHAMPS ET DES PRES
die Kornblume (n)	le bleuet
die Mohnblume (n)	le coquelicot
das Schneeglöckchen (-)	la perce-neige
der Himmelschlüssel (-)	la primevère
der Hahnenfuß/die Butterblume(n)	le bouton d'or
der Hagedorn/ der Weißdorn	l'aubépine
die Heckenrose (n)	l'églantine
der Löwenzahn	le pissenlit

DER OBSTGARTEN(¨)	LE VERGER
der Obstbaum (¨e)	l'arbre fruitier
einen Baum pflanzen	planter un arbre
wachsen (u,a,ä) (sein)	pousser
die Wurzel (n)	la racine

Wurzeln schlagen (u,a,ä)	prendre racine
der Stamm (¨e)	le tronc
der Ast (¨e)	la branche
der Zweig (e)	la petite branche
das Blatt (¨er)	la feuille
das Laub	le feuillage
abfallen (ie,a,ä) (sein)	tomber
vertrocknen(sein)/ verdorren(sein)	se dessécher
in Blüte stehen (a,a)	être en fleurs
Äste absägen	scier des branches
die Säge (n)	la scie
einen Baum fällen	abattre un arbre
die Leiter (n)	l'échelle
das Obst ernten	récolter les fruits
die Obsternte	la récolte des fruits
die Axt (¨e)	la hâche

Pour les fruits, voir le chapitre « Essen und Trinken »

DER WALD (¨er)	LA FORET
ein dichter Wald	une forêt touffue
das Laub abwerfen (a,o,i)	perdre les feuilles
im tiefen Wald	dans la forêt profonde
die Frische des Waldes	la fraîcheur de la forêt
das Rauschen des Waldes	le bruissement de la forêt
die Waldfläche (n)	la surface boisée
das Waldgebiet (e)/ die Waldgegend (en)	la région boisée
der Waldrand (¨er)	la lisière de la forêt
der Waldweg (e)	le chemin forestier
die Waldwirtschaft	la sylviculture
waldig/bewaldet	boisé
das Gehölz (e)	le bosquet
der Hochwald	la futaie
das Unterholz	le sous-bois
das Dickicht (e)	le fourré
das Gestrüpp	les broussailles
das Gebüsch	les buissons
die Feuerschneise (n)	le coupe-feu
die Lichtung (en)	la clairière
das Moos	la mousse
das Farnkraut (¨er)	la fougère
das Heidekraut	la bruyère
der Stechginster (-)	l'ajonc
der Ginster (-)	le genêt
die Distel (n)	le chardon
die Mistel (n)	le gui
die Stechpalme (n)	le houx
der Pilz (e)	le champignon
der Steinpilz (e)	le cèpe
eßbar	comestible
giftig	vénéneux

DER NADELWALD (¨er)	LA FORET DE CONIFERES
der Nadelbaum (¨e)	le conifère
die Nadel (n)	l'aiguille
die Seekiefer (n)	le pin maritime
der Kiefernzapfen (-)	la pomme de pin
das Harz	la résine
die Fichte (n)	l'épicéa
die Tanne (n)	le sapin
die Lärche (n)	le mélèze

DER LAUBWALD(¨er)	LA FORET DE FEUILLUS
die Buche (n)	le hêtre
die Eiche (n)	le chêne
die Korkeiche (n)	le chêne liège
die Eichel (n)	le gland
die Birke (n)	le bouleau
die Ulme (n)	l'orme
die Akazie (n)	l'acacia
der Ahorn (e)	l'érable
die Esche (n)	le frêne
die Pappel (n)	le peuplier
die Weide (n)	le saule
die Trauerweide (n)	le saule pleureur
die Platane (n)	le platane
die Erle (n)	l'aulne
die Kastanie (n)	le châtaignier
die Kastanie (n)	la châtaigne
der Nußbaum (¨e)	le noyer
die Walnuß (nüsse)	la noix
die Nußschale (n)	la coquille
der Haselnußstrauch (¨er)	le noisetier
die Haselnuß(nüsse)	la noisette

DIE FORSTWIRTSCHAFT	LA SYLVICULTURE
der Staatswald(¨er)	la forêt domaniale
die Waldbewirtschaftung	l'exploitation de la forêt
das Rohholz	le bois brut
das Sägewerk (e)	la scierie
die Holzindustrie (n)	l'industrie du bois
die Zellstoffindustrie (n)	l'industrie de la cellulose
das Altpapier	le vieux papier
wiederverwerten	recycler

DAS WALDSTERBEN	LA MORT DES FORETS
gefährdet sein	être menacé
der Schaden	les dommages
der Waldschaden	le dépérissement des forêts
geschädigt sein	être endommagé
betroffen sein	être touché
die Hauptursache(n)	la principale cause

Voir le chapitre « Naturkatastrophen ».

die Luftverunreinigung	la pollution atmosphérique
der Schutz des Waldes	la protection de la forêt
die Reinhaltung der Luft	la purification de l'air
schadstoffarme Autos	des voitures peu polluantes
der waldbrand (¨e)	l'incendie de forêt

DIE LANDWIRTSCHAFT : *L'AGRICULTURE*

DER BAUERNHOF (¨e)	LA FERME
das Bauernhaus(¨er)	la ferme (l'habitation)
das Nebengebäude(-)	la dépendance
der Hof (¨e)	la cour
der Stall (¨e)	l'étable
der Pferdestall(¨e)	l'écurie
der Kuhstall (¨e)	l'étable
der Schweinestall (¨e)	la porcherie
der Schafstall (¨e)	la bergerie
der Hühnerstall(¨e)	le poulailler
der Taubenschlag (¨e)	le pigeonnier
die Hundehütte (n)	la niche
die Scheune (n)	la grange
der Heuboden (¨)	le grenier à foin
der Geräteschuppen (-)	la remise à outils
der Hühnerhof	la basse-cour
der Kaninchenstall (¨e)	le clapier
der Brunnen (-)	le puits
die Pumpe (n)	la pompe
die Futterkrippe(n)	la mangeoire

der Futtertrog (¨e)	l'auge
die Tränke (n)	l'abreuvoir
die Jauchengrube(n)	la fosse à purin
die Jauche	le purin
der Mist	le fumier
DER LANDWIRT (e)	L'AGRICULTEUR
der landwirtschaftliche Betrieb (e)	l'exploitation agricole
der Bauer (n,n)	le paysan/le fermier
die Bäuerin (nen)	la paysanne/la fermière
der Landarbeiter(-)	l'ouvrier agricole
der Knecht (e)	le valet
die Magd (¨e)	la servante
auf einem Bauernhof arbeiten	travailler dans une ferme
der Tagelöhner (-)	le journalier
der Hirt (n,n)/der Schäfer (-)	le berger
das Gut (¨er)	le domaine/la propriété agricole
der Gutsherr (n,en)	le propriétaire terrien
der Verwalter (-)	le régisseur

HAUSTIERE : *LES ANIMAUX DOMESTIQUES*

das Haustier (e)	l'animal domestique
das Vieh	le bétail
das Großvieh	le gros bétail
zehn Stück Vieh	dix têtes de bétail
Vieh züchten	élever du bétail
die Viehzucht/die Viehhaltung	l'élevage de bétail
Viehzucht betreiben (ie,ie)	faire de l'élevage
der Viehbestand (¨e)	le cheptel
schlachten	abattre
der Schlachthof(¨e)	l'abattoir

DAS RIND (er)	LE BŒUF (espèce)
die Rinderzucht	l'élevage bovin
die Kuh (¨e)	la vache
das Kalb (¨er)	le veau
der Ochse (n,n)	le bœuf
der Stier (e)/ der Bulle (n,n)	le taureau
das Joch (e)	le joug
die Herde (n)	le troupeau
die Herde hüten	garder le troupeau
die Weide (n)/ das Weideland	le pâturage

das Vieh auf die Weide treiben (ie,ie)	mener paître le bétail
weiden	paître/brouter
die Kühe melken	traire les vaches
Milch geben (a,e,i)	donner du lait
kalben	vêler
muhen	meugler
der Wiederkäuer (-)	le ruminant
wiederkäuen	ruminer
das Horn (¨er)	la corne
die Kuhflade (n)	la bouse de vache

DAS PFERD (e)	LE CHEVAL
die Stute (n)	la jument
das Fohlen (-)/das Füllen (-)	le poulain
der Ackergaul (¨e)	le cheval de labour
der Hengst (e)	l'étalon
der Schimmel (-)	le cheval blanc
das Rennpferd (e)	le cheval de course
der Huf (e)	le sabot
der Schweif (e)	la queue
die Mähne (n)	la crinière
das Hufeisen (-)	le fer à cheval
ein Pferd beschlagen (u,a,ä)	ferrer un cheval
wiehern	hennir
das Zaumzeug/ der Zaum	la bride
ein Pferd zäumen	mettre la bride à un cheval
das Geschirr	le harnais
die Scheuklappe (n)	l'œillère
der Sattel (¨)	la selle
ein Pferd satteln	seller un cheval
der Sporn (die Sporen)	l'éperon
der Steigbügel (-)	l'étrier
der Schritt	le pas
im Schritt gehen	aller au pas
der Trab	le trot
im Trab reiten(i,i) (sein)	aller au trot
in vollem Trab	au grand trot
der Galopp	le galop
galoppieren	galoper
im Galopp reiten	aller au galop
in gestrecktem Galopp	au grand galop
der Sprung (¨e)	le saut
springen (a,u) (sein)	sauter
die Gangart (en)	l'allure
scheuen/ scheu werden	s'effaroucher
Das Pferd hat gescheut.	Le cheval s'est effarouché.
durchgehen	s'emballer/prendre le mors aux dents
Das Pferd ist durchgegangen.	Le cheval s'est emballé.
ausstoßen (ie,o,ö)	ruer
Das Pferd hat ausgestoßen.	Le cheval a rué.
den Reiter abwerfen (a,o,i)	désarçonner le cavalier
sich aufbäumen	se cabrer

DAS SCHWEIN (e)	LE PORC/LE COCHON
die Sau (¨e)	la truie
das Ferkel (-)	le porcelet
grunzen	grogner
der Rüssel (-)	le groin
die Borste (n)	le poil/la soie
der Ringelschwanz (¨e)	la queue en tire-bouchon

DAS SCHAF (e)	LE MOUTON
der Schafbock (¨e)	le bélier
das Mutterschaf (e)	la brebis
das Lamm (¨er)	l'agneau
blöken	bêler
die Wolle	la laine
scheren (o,o)	tondre
die Schafschur (en)	la tonte

DIE ZIEGE (n)/ DIE GEIß (en)	LA CHEVRE
der Ziegenbock (¨e)	le bouc
das Zicklein (-)	le chevreau
der Esel (-)	l'âne
der Maulesel (-)	le mulet
schreien (ie,ie)	braire
das Kaninchen (-)/ der Stallhase (n,n)	le lapin

DER HUND (e)	LE CHIEN
die Hündin (nen)	la chienne
der Welpe (n,n)	le chiot
ein bissiger Hund	un chien méchant
beißen (i,i)	mordre
bellen	aboyer
jaulen	glapir
winseln	pousser des cris plaintifs
lecken	lécher
knurren	gronder
die Zähne fletschen	montrer les dents
mit dem Schwanz wedeln	remuer la queue
die Leine (n)	la laisse

den Hund an der Leine führen	tenir le chien en laisse
Männchen machen	faire le beau
die Schnauze (n)	le museau
die Pfote (n)	la patte
Gib Pfote !	Donne la patte !
der Schäferhund (e)	le chien de berger
der Dackel (-)	le teckel
der Rauhhaardackel (-)	le teckel à poils durs
der Pudel (-)	le caniche
der Berhardiner	le Saint Bernard
die Tollwut	la rage

DIE KATZE (n)	LE CHAT
der Kater (-)	le chat (mâle)
das Kätzchen (-)	le chaton
schnurren	ronronner
miauen	miauler
die Kralle (n)	la griffe
kratzen	griffer
der Katzenbuckel(-)	le gros dos
einen Katzenbuckel machen	faire le gros dos
sich recken (und strecken)	s'étirer

DAS GEFLÜGEL	LA VOLAILLE
das Huhn (¨er)/ die Henne (n)	la poule
Eier legen	pondre
das Hühnchen (-)	le poulet
gackern	caqueter
der Hahn (¨e)	le coq
krähen	chanter
das Küken (-)	le poussin
brüten	couver
die Eier ausbrüten	couver les œufs
aus dem Ei schlüpfen (sein)	sortir de l'œuf
die Gans (¨e)	l'oie
der Gänserich (e)	le jars
mästen	engraisser
Gänse stopfen	gaver les oies
zischen	siffler
die Ente (n)	le canard
schnattern	criailler/cancaner
das Geschnatter	le caquetage
watscheln	se dandiner
das Gewatschel	le dandinement
die Taube (n)	le pigeon
die Turteltaube (n)	la tourterelle
der Truthahn (¨e)	le dindon
die Truthenne (n)	la dinde

DER ACKERBAU : *LA CULTURE*

DER ACKER (¨)	LE CHAMP LABOURE
der Pflug (¨e)	la charrue
pflügen/ackern	labourer
der Boden (¨)	le sol
die Furche (n)	le sillon
die Scholle (n)	la motte de terre
einen Acker bebauen	cultiver un champ
der Ackerboden/ das Ackerland	la terre arable
fruchtbar/ unfruchtbar	fertile/ infertile
Kartoffeln anbauen	cultiver des pommes de terre
der Anbau von Spargel	la culture des asperges
das Anbaugebiet (von)	la région de culture (de)

DAS FELD (er)	LE CHAMP (en général)
ein Feld bestellen	cultiver un champ
die Feldarbeit (en)	les travaux des champs
ein Feld brachlegen	mettre un champ en jachère

brachliegen (a,e)	être en jachère
das Brachland	la terre inculte
Land urbar machen	défricher des terres
die Urbarmachung von Land	le défrichement de terres
unbestelltes Land	des terres incultes
trockenlegen	dessécher/draîner
die Trockenlegung (en)	le draînage
Land bewirtschaften	exploiter des terres
eggen	herser
die Egge (n)	la herse
säen/aussäen	semer
die Saat/ die Aussaat	les semailles
Die Saat geht auf.	Les semences lèvent.
das Saatgut	la graine de semence
der Sämann (¨er)	le semeur
die Sämaschine (n)	la semeuse
das Getreide	les céréales
der Weizen	le froment
der Buchweizen	le sarrasin
der Roggen	le seigle
die Gerste	l'orge
der Hafer	l'avoine
der Reis	le riz

der Mais	le maïs
das Korn	le blé
DIE ERNTE (n)	LA RECOLTE
die Getreideernte (n)	la moisson
mähen	faucher
die Sense (n)	la faux
die Sichel (n)	la faucille
der Mähdrescher (-)	la moissonneuse-batteuse
das Getreide dreschen (o,o,i)	battre le blé
der Dreschflegel(-)	le fléau
die Garbe (n)	la gerbe (de blé)
Garben binden (a,u)	lier en gerbes
das Stroh	la paille
die Stoppel (n)	le chaume
das Stoppelfeld(er)	le champ de chaume
die Ernte einbringen (a,a)	rentrer la récolte
die Mißernte (n)	la mauvaise récolte
ergiebig	abondant/riche
ertragreich	productif
der Halm (e)	la tige
die Ähre (n)	l'épi
die Spreu	la balle
die Spreu vom Weizen sondern	séparer le bon grain de l'ivraie
DER MÜHLEN-BETRIEB	LA MINOTERIE
das Getreide mahlen	moudre le blé
die Mühle (n)	le moulin
der Müller (-)	le meunier
der Mühlstein (e)	la meule
das Mehl	la farine
die Kleie	le son
die Heuernte (n)	la fenaison/les foins
das Heu	le foin
Heu machen	faire les foins
das Heu wenden	retourner les foins
das Heubündel (-)	la botte de foin
der Heuschober (-)	la meule de foin
die Futterpflanzen (Plur.)	les plantes fourragères
das Futter	le fourrage
der Klee	le trèfle
die Zuckerrübe (n)	la betterave sucrière
die Ölpflanzen	les plantes oléagineuses
die Sonnenblume (n)	le tournesol
die Erdnuß (üsse)	l'arachide/la cacahuète
DER HOPFENANBAU	LA CULTURE DU HOUBLON
der Hopfen	le houblon
Bier brauen	brasser/faire de la bière
die Brauerei (en)	la brasserie
DER WEINBAU	LA VITICULTURE
der Weinbauer(n,n)/	le viticulteur
der Winzer (-)	le vigneron
der Weinberg (e)/ das Weinfeld (er)	le vignoble
der Weinstock (¨e)	le pied de vigne
die Weintraube (n)	la grappe de raisin
die Trauben keltern	presser le raisin
die Kelter (n)/ die Weinpresse (n)	le pressoir
das Faß (Fässer)	le tonneau
die Weinlese (n)	les vendanges
ein guter Jahrgang (¨e)	un bon millésime
gären	fermenter
den Wein abfüllen	mettre le vin en bouteille
die Weinprobe (n)	la dégustation de vin
DIE BIENENZUCHT	L'APICULTURE
die Biene (n)	l'abeille
der Bienenzüchter (-)	l'apiculteur
der Bienenschwarm (¨e)	l'essaim
der Bienenkorb (¨e)	la ruche

DIE AGRARPOLITIK : *LA POLITIQUE AGRICOLE*

der Absatzmarkt(¨e)	le débouché
der Überschuß(üsse)	l'excédent
die Überproduktion	la production excédentaire
der Abbau von Produktions-kapazitäten	la diminution des capacités de production
der Agrarmarkt	le marché agricole
der freie Warenverkehr	le libre-échange des mar-chandises
die Stillegung von Betrieben	l'abandon d'exploitations
einen Betrieb stillegen	abandonner une exploitation

das Ernährungsgewerbe	l'agro-alimentaire	**einlagern**	stocker
das Kühlhaus (¨er)	l'entrepôt frigorifique	**der Silo (s)**	le silo
die Landflucht	l'exode rural	**die Steuererleichterung (en)**	l'avantage fiscal

Er ist bekannt wie ein bunter Hund.	Il est connu comme le loup blanc.
Sie sind wie Hund und Katze.	Ils sont comme chien et chat.
Sie hat die Katze im Sack gekauft.	Elle a acheté les yeux fermés.
den Stier bei den Hörnern packen	prendre le taureau par les cornes
jemandem klaren Wein einschenken	parler clair et net à quelqu'un
Er hat Schmiergeld bekommen.	Il a reçu des pots de vin.
Du bist auf dem Holzweg.	Tu fais fausse route.
Er sieht den Wald vor lauter Bäumen nicht.	Les arbres lui cachent la forêt.
Keine Rose ohne Dornen.	Il n'y a pas de rose sans épines.
etw. durch die Blume sagen	dire qc à mots couverts
die Flinte ins Korn werfen	jeter le manche après la cognée

TIERE
LES ANIMAUX

das Tier (e)	l'animal
die Tierart (en)	l'espèce animale
eine vom Aussterben bedrohte Tierart	une espèce en voie de disparition
fleischfressend	carnivore
pflanzenfressend	herbivore
das Fell (e)	le pelage
der Pelz (e)	la fourrure

Pour les animaux domestiques, voir le chapitre « Auf dem Lande ».

SÄUGETIERE : *LES MAMMIFERES*

das Säugetier (e)	le mammifère
sein Junges säugen	allaiter son petit
DAS WILD	LE GIBIER
der Hirsch (e)	le cerf
das Reh (e)	le chevreuil
das Rehkitz (e)	le faon
das Geweih (e)	les bois
das Wildschwein (e)	le sanglier
DAS NAGETIER (e)	LE RONGEUR
nagen	ronger
der Hase (n,n)	le lièvre
das Eichhörnchen(-)	l'écureuil
der buschige Schwanz	la queue touffue
der Dachs (e)	le blaireau
der Marder (-)	la martre
das Wiesel (-)	la belette
der Iltis (se)	le putois
das Frettchen	le furet
der Fischotter (-)	la loutre
der Biber (-)	le castor
der Bau (e)	le repaire/ la tanière
der Fuchs (¨e)	le renard
schlau	rusé
der Wolf (¨e)	le loup
heulen	hurler
die Ratte (n)	le rat
die Maus (¨e)	la souris
die Fledermaus (¨e)	la chauve-souris
der Maulwurf (¨e)	la taupe
der Maulwurfshügel (-)	la taupinière
der Igel (-)	le hérisson
sich zusammenrollen	se mettre en boule
der Stachel (n)	le piquant
das Murmeltier (e)	la marmotte
Winterschlaf halten (ie,a,ä)	hiberner
DAS RAUBTIER (e)	LA BETE FEROCE
das Maul (¨er)	la gueule
brüllen	rugir
heulen	hurler
die Tatze (n)	la patte
sich anschleichen (i,i)	s'approcher sans faire de bruit
auf der Lauer liegen (a,e)	être à l'affût
der Kampf ums Überleben	la lutte pour la vie
zum Sprung ansetzen	se préparer à bondir
der Löwe (n,n)	le lion
der Rachen (-)	la gueule
der Tiger (-)	le tigre
der Panther (-)	la panthère
der Leopard (en,en)	le léopard
der Puma (s)	le puma
die Hyäne (n)	la hyène
der Schakal (e)	le chacal
der Bär (en,en)	l'ours
der Eisbär (en,en)	l'ours blanc
der Elefant (en,en)	l'éléphant
der Rüssel (-)	la trompe
der Stoßzahn (¨e)	la défense
das Elfenbein	l'ivoire
der Handel mit Elfenbein	le commerce de l'ivoire

trompeten	barrir
die Giraffe (n)	la girafe
das Kamel (e)	le chameau
der Höcker (-)	la bosse
das Dromedar (e)	le dromadaire
das Zebra (s)	le zèbre
der Büffel (-)	le buffle
gestreift	rayé
der Affe (n,n)	le singe
das Nashorn (¨er)	le rhinocéros
der Schimpanse(n,n)	le chimpanzé
das Känguruh (s)	le kangourou
der Walfisch (e)/ der Wal (e)	la baleine
der Seehund (e)/ die Robbe (n)	le phoque
der Delphin (e)	le dauphin
das Walroß (sse)	le morse
das Nilpferd (e)	l'hippopotame

VÖGEL : *LES OISEAUX*

der Vogel (¨)	l'oiseau
das Männchen (-)	le mâle
das Weibchen (-)	la femelle
das Junge/ ein Junges	le petit
die Feder (n)	la plume
das Gefieder	le plumage
der Flaum	le duvet
der Schnabel (¨)	le bec
der Kamm (¨e)	la crête
die Klaue (n)/ die Kralle (n)	la griffe/la serre
der Flügel (-)	l'aile
der Horst (e)	le nid de l'oiseau de proie
das Nest (er)	le nid
nisten	nicher
Eier legen	pondre
brüten	couver
auskriechen (o,o) (sein)/ausschlüpfen (sein)	sortir de l'œuf/ éclore
flügge sein	être capable de voler
fliegen (o,o)(sein)	voler
ausfliegen (sein)	s'envoler du nid
flattern (sein)	voltiger/voleter
schweben (sein)	planer
piepen	pépier
zwitschern	gazouiller
trillern	grisoller
pfeifen (i,i)	siffler
krächzen	croasser
(das) Futter suchen	chercher à manger
die Jungen füttern	donner la becquée aux petits
Würmer aufpicken	picoter/picorer des vers
der Sturzflug (¨e)	la descente en piqué
die Beute (n)	la proie
kreischen	hululer
der Singvogel (¨)	l'oiseau chanteur
der Raubvogel (¨)	l'oiseau de proie
der Zugvogel (¨)	l'oiseau migrateur
der Spatz (en,en)/ der Sperling (e)	le moineau
die Schwalbe (n)	l'hirondelle
die Lerche (n)	l'alouette
die Meise (n)	la mésange
das Rotkehlchen (-)	le rouge-gorge
das Rotschwänzchen (-)	le rouge-queue
die Nachtigall (en)	le rossignol
die Amsel (n)	le merle
der Fink (en)	le pinson
die Elster (n)	la pie
die Drossel (n)	la grive
der Kuckuck (e)	le coucou
der Rabe (n)	le corbeau
die Krähe (n)	la corneille
die Schnepfe (n)	la bécasse
der Storch (¨e)	la cigogne
der Kranich (e)	la grue
der Specht (e)	le pic
der Reiher (-)	le héron
der Schwan (¨e)	le cygne
der Pinguin (-)	le pingouin
der Pelikan (e)	le pélican
die Möwe (n)	la mouette
der Adler (-)	l'aigle
der Falke (n,n)	le faucon
der Bussard (e)	la buse
die Eule (n)	le hibou
die Schleiereule(n)	la chouette
der Uhu (s)	le grand-duc
der Papagei (en)	le perroquet
der Kanarienvogel (¨)	le canari
der Wellensittich (e)	la perruche
der Strauß (e)	l'autruche
das Rebhuhn (¨er)	la perdrix
der Fasan (e)	le faisan
die Wachtel (n)	la caille

WASSERTIERE : *LES ANIMAUX AQUATIQUES*

DER FISCH (e)	LE POISSON
die Schuppe (n)	l'écaille
schuppig	écailleux
die Kieme (n)	la branchie
die Flosse (n)	la nageoire
die Gräte (n)	l'arête
zappeln	frétiller
schwimmen (a,o)	nager
der Süßwasserfisch (e)	le poisson d'eau douce
der Seefisch (e)	le poisson de mer
die Fischzucht	la pisciculture
der Fischteich (e)	le vivier
der Aal (e)	l'anguille
die Forelle (n)	la truite
der Lachs (e)	le saumon
die Seezunge (n)	la sole
die Scholle (n)	le carrelet
der Steinbutt (e)	le turbot
der Schellfisch (e)	l'églefin
die Makrele (n)	le maquereau
der Kabeljau (s)	le cabillaud
der Stockfisch (e)	la morue séchée
der Rotbarsch (e)	le sébaste
der Thunfisch (e)	le thon
der Hai(fisch) (e)	le requin
das Seepferdchen(-)	l'hippocampe
der Hering (e)	le hareng
die Sardine (n)	la sardine
DAS SCHALENTIER	LE CRUSTACE
die Schere (en)	la pince
der Panzer (-)	la carapace
der Fühler (-)	l'antenne
die Languste (n)	la langouste
der Hummer (-)	le homard
der Flußkrebs (e)	l'écrevisse
der Seekrebs (e)	le crabe
die Krabbe (n)	la crevette
DAS WEICHTIER (e)	LE MOLLUSQUE
die Muschel (n)	le coquillage
die Miesmuschel (n)	la moule
die Auster (n)	l'huître
die Austernzucht	l'ostréiculture
der Austernpark (s)	le parc à huîtres
die Jakobsmuschel (n)	la coquille Saint-Jacques
der Seeigel (-)	l'oursin
der Seestern (e)	l'étoile de mer
die Qualle (n)	la méduse
der Fangarm (e)	la tentacule
der Saugnapf (e)	la ventouse
die Krake (n)	la pieuvre
der Tintenfisch (e)	la seiche
die Tinte	l'encre
Tinte spritzen	rejeter de l'encre
die Schnecke (n)	l'escargot
die Ackerschnecke (n)	la limace
das Schneckenhaus (¨er)	la coquille d'escargot
der Wurm (¨er)	le ver
der Regenwurm (¨er)	le ver de terre

INSEKTEN : *LES INSECTES*

das Insekt (en)	l'insecte
stechen (a,o,i)	piquer
der Stich (e)	la piqûre
giftig	venimeux
das Gift (e)	le venin
tödlich	mortel
schädlich	nuisible
nützlich	utile
harmlos	inoffensif
emsig	diligent
lästig	gênant/désagréable
die Plage (n)	le fléau
summen	bourdonner
das Gesumme	le bourdonnement
durch die Luft schwirren (sein)	voler en bourdonnant
das Geschwirr	le bourdonnement (bruit d'ailes)
sich vermehren	se multiplier
sich fortpflanzen	se reproduire
die Larve (n)	la larve
die Puppe (n)	la chrysalide
sich entpuppen	sortir de sa chrysalide
der Kokon (s)	le cocon
sich verwandeln (in+Akk.)	se transformer (en)
die Metamorphose (n)/die Verwandlung	la métamorphose
sich verpuppen	se changer en chrysalide

die Wespe (n)	la guêpe
das Wespennest (er)	le nid de guêpes
die Biene (n)	l'abeille
die Hummel (n)	le bourdon
die Hornisse (n)	le frelon
die Fliege (n)	la mouche
die Mücke (n)/ die Schnake (n)	le moustique
die Bremse (n)	le taon
die Zikade (n)	la cigale
die Grille (n)	le grillon
die Ameise (n)	la fourmi
der Ameisenhaufen	la fourmilière
der Maikäfer (-)	le hanneton
der Marienkäfer (-)	la coccinelle
das Glühwürmchen(-)	le ver luisant
der Kartoffelkäfer (-)	le doryphore
der Ohrwürm (¨er)	le perce-oreille
der Skorpion (e)	le scorpion
der Floh (¨e)	la puce
die Laus (¨e)	le pou
die Wanze (n)	la punaise
der Hirschkäfer (-)	le cerf-volant
der Schmetterling (e)	le papillon
der Nachtfalter (-)	le papillon de nuit
die Heuschrecke(n)/ der Grashüpfer (-)	la sauterelle
die Gottesanbeterin (nen)	la mante religieuse
die Libelle (n)	la libellule
die Spinne (n)	l'araignée
das Spinnengewebe (-)/das Spinnennetz (e)	la toile d'araignée
sich ein Netz spinnen (a,o)	tisser une toile d'araignée
die Vogelspinne (n)	la mygale

REPTILE : *LES REPTILES*

das Reptil (ien oder e)/ das Kriechtier(e)	le reptile
kriechen(o,o)(sein)	ramper
wimmeln (von)	grouiller/ fourmiller (de)
das Gewimmel (von)	le grouillement/ le pullulement
sich krümmen	se tordre
sich winden (a,u)	se tortiller
sich um jn/etw. winden	s'enrouler autour de qn/qc
der Giftzahn (¨e)	le crochet (à venin)
beißen (i,i)	mordre
der Biß (Bisse)	la piqûre/la morsure
sich häuten	muer
zischen	siffler (serpent)
die Schlange (n)	le serpent
die Klapperschlange (n)	le serpent à sonnettes
die Brillenschlange (n)	le cobra
die Riesenschlange (n)	le boa
die Kreuzotter (n)	la vipère
die Natter (n)	la couleuvre
die Blindschleiche (n)	l'orvet
der Frosch (¨e)	la grenouille
die Kröte (n)	le crapaud
quaken	coasser
die Eidechse (n)	le lézard
das Krokodil (e)	le crocodile
die Schildkröte (n)	la tortue

in ein Wespennest stechen	tomber dans un guêpier
eine Wespentaille haben	avoir une taille de guêpe
mit den Wölfen heulen	hurler avec les loups
Er ist dickköpfig wie ein Esel.	Il est têtu comme une mule.
Sie kann keiner Fliege etwas zuleide tun.	Elle est incapable de faire du mal à une mouche.
zwei Fliegen mit einer Klappe schlagen	faire d'une pierre deux coups
Ich habe einen Bärenhunger.	J'ai une faim de loup.
Eine Schwalbe macht noch keinen Sommer.	Une hirondelle ne fait pas le printemps.
Er ist wie ein Elefant im Porzellanladen.	Il est comme un éléphant dans un magasin de porcelaine.
Er ist flink wie ein Affe.	Il est agile comme un singe.
schlau wie ein Fuchs sein	être rusé comme un renard
Mach nicht immer aus einer Mücke einen Elefanten !	Ne fais pas toujours une montagne d'un rien !
Da hast du ihm einen Floh ins Ohr gesetzt.	Tu lui as mis la puce à l'oreille.
Du hast wohl einen Vogel !/ Du spinnst wohl !	Tu es fou !
Der Pfau schlägt ein Rad.	Le paon fait la roue.
So ein Angsthase !	Quel froussard !
Sie ist munter wie ein Fisch im Wasser.	Elle est heureuse comme un poisson dans l'eau.
Er bekommt den Löwenanteil.	Il reçoit la part du lion.

MASSENMEDIEN
LES MASS MEDIA

die Massenmedien	les moyens de communication de masse
über die Medien verbreiten	répandre par les média
der Wettstreit der Medien	la concurrence des média
die freie Meinungsäußerung	la liberté d'expression
seine Meinung frei äußern	s'exprimer librement
die öffentliche Meinung	l'opinion publique
sich eine Meinung bilden	se faire une opinion
die Meinungsfreiheit	la liberté d'opinion
der Verstoß gegen die Meinungsfreiheit	l'atteinte à la liberté d'opinion
die Meinungsverschiedenheit (en)	la divergence d'opinions
entgegengesetzter Meinung sein	être d'un avis contraire
für seine Meinung eintreten (a,e,i) (sein)	avoir le courage de ses opinions
sich mit etw. auseinander setzen	se préoccuper de qc
die Auseinandersetzung	la discussion
die Zensur (en)	la censure
der Zensur unterworfen sein	être soumis à la censure
die Pressefreiheit	la liberté de la presse
die Unabhängigkeit	l'indépendance
unabhängig	indépendant
DIE MEINUNGSFORSCHUNG	LE SONDAGE D'OPINION
die Prognose (n)/ die Voraussage (n)	le pronostic
voraussagen	pronostiquer/prévoir
die Meinungsumfrage (n)	le sondage d'opinion
die Erhebung/ die Befragung (en)	l'enquête/le sondage
Erhebungen anstellen	enquêter
die Genauigkeit	l'exactitude
zutreffen (a,o,i)	être exact
hervorgehen (aus) (sein)	résulter (de)
Es geht daraus hervor, daß ...	Il en résulte que...

DIE PRESSE : *LA PRESSE*

die Presseagentur (en) : dpa = deutsche Presseagentur	l'agence de presse
die Lokalpresse	la presse locale
die überregionale Presse	la presse nationale
die Tagespresse	la presse quotidienne
DIE ZEITUNG (en)	LE JOURNAL
die Tageszeitung	le quotidien
die Morgen-/ Abendzeitung	le journal du matin/ du soir
täglich erscheinen (ie,ie)(sein)	paraître quotidiennement
wöchentlich	hebdomadaire
monatlich	mensuel
das Wochenblatt (¨er)	l'hebdomadaire
das Extrablatt(¨er)	l'édition spéciale
das Sonntagsblatt (¨er)	le journal du dimanche
das Käseblatt (¨er)	la feuille de chou

in der Zeitung stehen	être écrit dans le journal
die Zeitschrift(en)	le magazine/la revue
das Modenblatt/ die Modezeitschrift	le journal de mode
die Fachzeitschrift	la revue spécialisée
das Nachrichtenmagazin « Der Spiegel »	le magazine d'informations « Der Spiegel »

DAS ZEITUNGSABONNEMENT (s)	L'ABONNEMENT A UN JOURNAL
eine Zeitung abonnieren	s'abonner à un journal
sein Abonnement erneuern	renouveler son abonnement
sein Abonnement aufgeben (a,e,i)	se désabonner
der Abonnent (en,en)	l'abonné
eine Zeitung abbestellen	arrêter l'abonnement à un journal
eine Zeitung beziehen (o,o)	être abonné à un journal

BEI EINER ZEITUNG ARBEITEN	TRAVAILLER DANS UN JOURNAL
eine Zeitung herausgeben	éditer un journal
der Herausgeber (-)	l'éditeur (d'un journal)
der Chefredakteur (e)	le rédacteur en chef
der Berichterstatter (-)/der Reporter (-)	le reporter
über ein Ereignis berichten	rendre compte d'un événement
einen Bericht schreiben (ie,ie)	faire un compte-rendu
einen Bericht/eine Reportage bringen	publier un reportage
laut Bericht	d'après le rapport/ le compte-rendu
die Berichterstattung (en)	le compte-rendu
einseitig	partial
tendenziös	tendancieux
der Sonderberichterstatter (-)	l'envoyé spécial
der Auslandskorrespondent (en,en)	le correspondant à l'étranger
der ständige Korrespondent	le correspondant permanent
der Pressefotograf (en,en)	le photographe de presse
der Journalist (en,en)	le journaliste
ein freier Journalist	un journaliste indépendant

DIE PRESSEMELDUNG (en)	L'INFORMATION DE PRESSE
letzte Meldungen	dernières nouvelles/ dernière heure
aus Wien wird gemeldet	on annonce de Vienne
melden	annoncer
die Nachricht (en)	la nouvelle
die Inlandsnachrichten	les nouvelles de l'intérieur
Nachrichten aus dem Ausland	nouvelles de l'étranger
der Titel (-)	le titre
fettgedruckt	imprimé en caractères gras
die Schlagzeile (n)	le gros titre/la manchette
Schlagzeilen machen	faire la une
das Wichtigste in Schlagzeilen	l'essentiel en bref
der Leitartikel (-)	l'éditorial/ l'article de fond
die Mitteilung (en)	l'information
der Wirtschaftsteil (e)	la rubrique économique
der Anzeigenteil	la rubrique « petites annonces »
die Anzeige (n)	l'annonce
eine Anzeige aufgeben	faire paraître une annonce
eine Anzeige in die Zeitung setzen/ in der Zeitung inserieren	passer une annonce dans le journal
die Anzeigenabteilung (en)	le service des petites annonces
die Immobilienanzeige (n)	l'annonce immobilière
die Werbeanzeige (n)	l'annonce publicitaire
das Inserat (e)	l'annonce
die amtliche Bekanntmachung (en)	le communiqué officiel
die Beilage (n)	le supplément
die Presseschau	la revue de presse

die Sportseite (n)	la page sportive
das Neueste in Kürze	nouvelles en bref
die Titelseite (n) einer Illustrierten	la couverture d'un magazine
der Zeitungsartikel (-)	l'article de journal
das Feuilleton (s)	la page culturelle
die Karikatur (en)	le dessin humoristique
karikieren	caricaturer
die Glosse (n)	la glose
der Kommentar (e)	le commentaire
Verschiedenes/ Vermischtes	faits divers
das Pressekommuniqué (s)	le communiqué de presse
eine einseitige Berichterstattung	un compte-rendu partial
unparteiisch	impartial
ein nüchterner Bericht	un compte-rendu sobre et objectif
sachlich	concret/objectif
die Tatsachen entstellen	déformer les faits
die Sache richtigstellen	mettre les choses au point
wahrheitsgetreu	véridique

von der Wahrheit abweichen(i,i) (sein)	s'écarter de la vérité
aus der Luft gegriffen	inventé de toutes pièces
jn angreifen (i,i)	attaquer qn
jn kritisieren	critiquer qn
jn verschonen	épargner qn
ein Thema anschneiden (i,i)	aborder un sujet
verreißen (i,i)	critiquer impitoyablement/démolir
aus wohlinformierten Kreisen	de sources bien informées
jn verleumnden	calomnier/ diffamer qn
die Verleumndung (en)	la diffamation
aus zuverlässiger Quelle	de bonne source
einen Irrtum berichtigen	rectifier une erreur
eine Nachricht widerrufen (ie,u)	démentir une nouvelle
stark umstritten sein	être fortement controversé
einen Skandal aufdecken	révéler un scandale
der Sonderdruck (e)	le tirage à part

DER BUCHDRUCK : *L'IMPRIMERIE*

drucken	imprimer
in Druck geben	mettre sous presse
im Druck sein	être sous presse
der Drucker (-)	l'imprimeur
der Setzer (-)	le typographe
der Druckfehler (-)	la faute d'impression
die Druckerei (en)	l'imprimerie
die Schrift (en)	l'écriture
in Druckschrift	en caractères d'imprimerie
schräg gedruckt/ in Kursivschrift	en italiques
die Drucksache (n)	l'imprimé
der Großbuchstabe/ der Kleinbuchstabe (n)	la lettre majuscule/ minuscule
klein geschrieben	en minuscules
großes « A »	« A » majuscule
der Buchdeckel (-)	la couverture cartonnée
der (Schutz) Umschlag (¨e)	la jaquette
der Band (¨e)	le volume

ein Buch binden (a,u)	relier un livre
der Einband (¨e)	la reliure/la couverture
der Ledereinband (¨e)	la reliure en cuir
der Buchrücken (-)	le dos d'un livre
die Seite (n)	la page
die Zeile (n)	la ligne
das Inhaltsverzeichnis (se)	la table des matières
der Verlag (e)	la maison d'édition
der Verleger (-)	l'éditeur
verlegen	éditer
das Manuskript(e)	le manuscrit
das Urheberrecht(e)	le copyright/ le droit d'auteur
die Veröffentlichung (en)	la publication
ein Buch veröffentlichen	publier un livre
erscheinen (ie,ie) (sein)	paraître
die Ausgabe (n)	l'édition

die Schulbuchausgabe (n)	l'édition scolaire
die Auflage (n)	le tirage
Die Auflage ist vergriffen.	L'édition (le tirage) est épuisé(e).
eine neue, durchgesehene Auflage	une nouvelle édition revue et corrigée
die Neuauflage (en)	la réédition
das Vorwort (e)	l'avant-propos
ein Buch einbinden (a,u)	couvrir un livre

HÖRFUNK UND FERNSEHEN
LA RADIO ET LA TELEVISION

der Rundfunk	la radiodiffusion-télévision
die Rundfunkanstalt (en)	la station de radio-télévision
senden/bringen	émettre/diffuser
die Sendung (en)	l'émission
eine Sendung ausstrahlen/bringen	diffuser une émission
im Radio/im Fernsehen übertragen (u,a,ä)	retransmettre à la radio/à la télévision
die Direktübertragung (en)	la retransmission en direct
der Sender (-)	l'émetteur
der Schwarzsender (-)	l'émetteur clandestin/pirate
das Sendezeichen(-)	l'indicatif
empfangen (i,a,ä)	capter/recevoir
der Empfang	la réception/l'audition
auf Empfang bleiben (ie,ie)(sein)	rester à l'écoute
ein störungsfreier Empfang	une audition sans parasites
gestört	perturbé/brouillé
knistern	crépiter
das Rauschen	le bruit de fond
Es rauscht.	Il y a des bruits de fond.
über Satellit	par satellite
DAS RADIO	LA RADIO
Radio hören	écouter la radio
der Kopfhörer (-)	le casque (audio)
den Kopfhörer aufsetzen	mettre le casque
die Wellenlänge (n)	la longueur d'onde
die Frequenz (en)	la fréquence
die Kurzwelle(n)KW	les ondes courtes
die Langwelle(n)LW	les grandes ondes
die Mittelwelle(n) MW	les ondes moyennes
die Ultrakurzwelle (n) UKW	la modulation de fréquence
der private Hörfunksender/der Privatfunk	la radio libre
der Hörer (-)	l'auditeur
das Hörspiel (e)	la pièce radiophonique
DAS FERNSEHEN	LA TELEVISION
fernsehen (a,e,ie)	regarder la télévision
der Fernsehzuschauer (-)	le téléspectateur
der Bildschirm (e)	l'écran
das Kabelfernsehen	la télévision par câble
das Kabel (-)	le câble
beim Fernsehen arbeiten	travailler à la télévision
der Intendant (en,en)	le directeur général/l'intendant
der Nachrichtensprecher (-)	le speaker
der Moderator (en)	l'animateur
der Diskussionsleiter (-)	l'animateur d'un débat
der Diskussionsteilnehmer (-)	le participant (à un débat)
der Kommentator(en)	le commentateur
der Ansager (-)/die Ansagerin (nen)	le speaker/la speakerine
der Reporter (-)	le reporter
der Quizmaster (-)	l'animateur de jeux
der Sportredakteur (e)	le rédacteur sportif
DAS PROGRAMM (e)	LE PROGRAMME/LA CHAINE
das Regionalprogramm (e)	le programme régional
die Fernsehnachrichten/die Tagesschau	le journal télévisé
die Livesendung(en)	l'émission en direct
live aus.../direkt aus ...	en direct de ...

das Schulfernsehen	la télévision scolaire
der Dokumentarfilm (e)	le documentaire
die Werbung	la publicité
der Werbespot (s)	le spot publicitaire
der Wetterbericht	la météo
die Unterhaltungssendung (en)	l'émission de variétés
die Fernsehaufzeichnung (en)	la retransmission en différé
die Wiederholung (en)	la rediffusion
die Einschaltquote (n)	le taux d'écoute
die Kinderstunde(n)	l'émission pour les enfants
das Interview (s)	l'interview
jn interviewen	interviewer qn
die Debatte (n)	le débat
die Plauderei (en)	la causerie

Er ist ein Fernsehnarr.	C'est un fanatique de la télévision.
Die ganze Familie sitzt vor dem « Kasten ».	Toute la famille est assise devant le petit écran.
Was gibt's im Fernsehen ?	Qu'est-ce qu'il y a à la télévision ?
Ich werde mir das Fußballspiel im Fernsehen anschauen.	Je regarderai le match de foot à la télé.
Das trifft für alle Sendungen zu.	Cela vaut pour toutes les émissions.
Wie hoch ist die Auflage ?	A combien d'exemplaires a-t-on tiré ?
In welchem Verlag erscheint das Buch ?	Chez quel éditeur paraît le livre ?
Was gibt es Neues ?	Quoi de neuf ?
Die Nachricht verbreitete sich wie ein Lauffeuer.	La nouvelle s'est répandue comme une traînée de poudre.
Wir sind nicht auf derselben Wellenlänge.	Nous ne sommes pas sur la même longueur d'onde.

DAS KULTURELLE LEBEN
LA VIE CULTURELLE

die Kultur (en)	la civilisation/la culture
kulturell	culturel
kultiviert	cultivé
die Allgemeinbildung	la culture générale
ein gebildeter Mensch	une personne cultivée
die Kunst (¨e)	l'art
der Künstler (-)	l'artiste
begabt	doué
kunstbegeistert	enthousiasmé par l'art
die Kunstakademie (en)	l'école des Beaux-Arts
auf die Kunstakademie gehen	faire les Beaux-Arts
Sinn für Kunst haben	s'intéresser à l'art/avoir le sens artistique
der Kunstkenner(-)	le connaisseur en matière d'art
der Laie (n)	le profane
der Kunstliebhaber (-)	l'amateur d'art
DAS KUNSTWERK(e)	L'OEUVRE D'ART
das Original (e)	l'original
signiert	signé
die Signatur (en)	la signature
die Kopie (n)	la copie
die Nachahmung (en)	l'imitation
nachahmen	imiter
echt	véritable/authentique/vrai
die Fälschung (en)	le faux
etw. begutachten	faire une expertise de qc
das Gutachten (-)	l'expertise
der Sachverständige (ein Sachverständiger)	l'expert
der Kunstexperte (n,n)	l'expert en art
die Kunstrichtung (en)	la tendance (en art)
abstrakt/gegenstandslos	abstrait
(un)gegenständlich	(non)-figuratif
impressionistisch	impressionniste
der Expressionismus	l'expressionnisme
die zeitgenössische Kunst	l'art contemporain
DAS MUSEUM (een)	LE MUSEE
die Gemäldegalerie (n)	la galerie de peinture
die Kunstsammlung (en)	la collection d'œuvres d'art
die Ausstellung (en)	l'exposition
die Wanderausstellung (en)	l'exposition itinérante
das Werk (e)	l'œuvre
Werke ausstellen	exposer des œuvres
die Stiftung (en)	la fondation
eine Ausstellung eröffnen	inaugurer une exposition
die Eröffnung einer Ausstellung	le vernissage d'une exposition
die Schenkung (en)	la donation

DIE BILDENDEN KÜNSTE
LES ARTS PLASTIQUES

DIE MALEREI	LA PEINTURE
malen	peindre
der Maler (-)	le peintre
der Porträtmaler(-)	le portraitiste
der Landschaftsmaler (-)	le paysagiste

das Vorbild (er)	le modèle/l'exemple
jn zum Vorbild nehmen (a,o,i)	prendre qn pour modèle
als Vorbild dienen	servir de modèle
das Bildnis (se)/ das Porträt (s)	le portrait
das Selbstbildnis (se)	l'autoportrait
das Bild (er)	le tableau
das Gemälde (-)	la peinture/la toile/le tableau
das Ölgemälde (-)	la peinture à l'huile
das Pastell (e)	le pastel
das Aquarell (e)	l'aquarelle
der Akt (e)	le nu
ein weiblicher Akt	un nu féminin
die Wandmalerei(en)	la peinture murale
die Freske (n)	la fresque
das Stilleben	la nature morte
die Buchmalerei(en)	l'enluminure
die Miniatur (en)	la miniature
die Glasmalerei	la peinture sur verre
die Guasch (en)	la gouache
die Guaschmalerei	la (peinture à la) gouache
das dreiteilige Altarbild/ das Triptychon (cha)	le triptyque
das Modell (e)	le modèle
jm Modell sitzen (a,e)/stehen(a,a)	servir de modèle à qn

DIE MALUTENSILIEN (Plur.)	LE MATERIEL DE PEINTURE
der Farbkasten (¨)	la boîte de peintures
der Pinsel (-)	le pinceau
der Pinselstrich(e)	le coup de pinceau
die Staffelei (en)	le chevalet
die Leinwand (¨e)	la toile
der Bilderrahmen(-)	le cadre

DIE FARBE (n)	LA COULEUR
die Palette (n)	la palette
der Pinselstrich(e)	le coup de pinceau
die Wasserfarbe (n)	la peinture à l'eau
die Ölfarbe (n)	la peinture à l'huile
in Öl malen	peindre à l'huile
eine kräftige Farbe	une couleur vive
grell	cru/criard
grellrot	rouge criard
ein leuchtendes Orange	un orange lumineux
das helle Grün	le vert clair
hellgrün	vert clair
dunkelblau	bleu foncé
der Kontrast (e)	le contraste
die Farben mischen	mélanger les couleurs
Farbe auftragen (u,a,ä)	appliquer de la couleur
verschwommene Farben	des couleurs fondues
naturgetreu	qui reproduit fidèlement la nature

DIE ZEICHENKUNST	LE DESSIN (art)
die Zeichnung (en)	le dessin (œuvre)
zeichnen	dessiner
die Bleistift-zeichnung (en)	le dessin au crayon noir
die Kreidezeichnung	le dessin à la craie
der Zeichner (-)	le dessinateur
die Kohlezeichnung (en)	le fusain
die Federzeichnung (en)	le dessin à la plume
die Tusche	l'encre de chine
skizzenhaft	à grands traits/ schématique
die Skizze (n)	l'esquisse/le croquis
skizzieren	faire le croquis de
der Skizzenblock (¨e)	le bloc à croquis
die Linie (n)	la ligne
der Strich (e)	le trait
der Umriß (isse)/ die Kontur (en)	le contour
scharfe/deutliche Konturen	des contours nets
in großen Linien zeichnen	dessiner à grands traits
der Vordergrund	le premier plan
der Hintergrund	l'arrière-plan
die Seitenansicht (en)	la vue de profil
sich vom Hintergrund abheben (o,o)	se détacher sur l'arrière-fond
die Schraffierung (en)	la hachure
schraffieren	hachurer
der Entwurf (¨e)	l'ébauche/l'esquisse
etw. entwerfen (a,o,I)	faire l'ébauche (de)/ esquisser qc
das Motiv (e)	le motif
die Studie (n)	l'étude

DIE GRAPHIK (en)	L'ART GRAPHIQUE
der Druck (e)/die Graphik (en)	la gravure

der Graphiker (-)	le dessinateur-graveur
die Radierung (en)	l'eau-forte
radieren	graver à l'eau-forte
der Stich (e)	l'estampe
der Kupferstich (e)	la gravure sur cuivre
die Kupferplatte(n)	la plaque de cuivre
der Holzschnitt(e)/ der Holzstich (e)	la gravure sur bois
die Lithographie(n)	la lithographie
der Abzug (¨e)	l'épreuve
numeriert	numéroté
DIE BILDHAUER-KUNST/	LA SCULPTURE (art)
die Skulptur (en)/ die Plastik (en)	la sculpture (œuvre)
der Bildhauer (-)	le sculpteur
in Stein hauen (ie,au)	sculpter dans la pierre
eine Plastik anfertigen	façonner une sculpture
meißeln	sculpter au ciseau
der Meißel (-)	le ciseau
hämmern	marteler
der Hammer (¨)	le marteau
die Statue (n)	la statue
errichten	ériger
ein Denkmal enthüllen	inaugurer un monument
das Reiterstandbild (er)	la statue équestre
die Büste (n)	le buste
monumental/kolossal	monumental/colossal
gießen (o,o)	fondre/couler
der Abguß (üsse)	le moulage
die Bronze (n)	le bronze
schnitzen	sculpter le bois
die Holzschnitzerei (en)	la sculpture sur bois
die Elfenbein-schnitzerei	la sculpture sur ivoire/l'ivoire
die Totenmaske (n)	le masque mortuaire
modellieren	modeler

DAS KUNSTHANDWERK : *L'ART ARTISANAL*

der Kunsthandwerker (-)	l'artisan d'art
das Kunstgewerbe	l'artisanat d'art
das Töpferhandwerk/ die Töpferei	la poterie
der Töpfer (-)	le potier
töpfern	faire de la poterie
die Töpferscheibe (n)	le tour de potier
der Töpferofen (¨)	le four de potier
das Steingut	la faïence
das Steingutgefäß (e)	le pot en faïence
die Schmiedekunst	l'art de la forge
der Kunstschmied(e)	le ferronier d'art
das Schmiedeeisen	le fer forgé
der Amboß (sse)	l'enclume
die Schmiede (n)	la forge
der Goldschmied (e)	l'orfèvre
die Goldschmiede-kunst	l'orfèvrerie
vergolden	dorer
die Filigranarbeit	le filigrane
die Juwelierkunst	la joaillerie
der Juwelier	le joailler
die Juwelierwaren	les articles de joaillerie
das Glasblasen	le soufflage du verre
Glas blasen(ie,a,ä)	souffler du verre
das Design	le design

DIE BAUKUNST/DIE ARCHITEKTUR *L'ARCHITECTURE*

der Architekt (en,en)	l'architecte
der Innenarchitekt (en,en)	le décorateur d'intérieur
der Städteplaner(-)	l'urbaniste
die Städteplanung	l'urbanisme
der Bauplan (¨e)	le plan de construction
der technische Zeichner (-)	le dessinateur industriel
das Zeichenbrett (er)	la planche à dessin
das Bauwesen	l'industrie du bâtiment
bauen	construire/bâtir

DAS GEBÄUDE(-)/ DER BAU (ten)/ DAS BAUWERK (e)	LE BATIMENT
der Bau eines Hauses	la construction d'une maison
das Bauvorhaben(-)	le projet de construction
das Baudenkmal(¨er)	le monument
ein Denkmal errichten	ériger un monument
die Denkmalpflege	l'entretien des monuments
der Denkmalschutz	la protection des monuments
unter Denkmalschutz stehen	être classé monument historique
DER BAUSTIL (e)	LE STYLE ARCHI-TECTURAL
antik	antique
die Antike	l'Antiquité
der Tempel (-)	le temple
griechisch	grec
römisch	romain
die Säule (n)	la colonne
das Kapitell (e)	le chapiteau
der Säulengang (¨e)	le péristyle
die Säulenreihe (n)	la colonnade
die Thermen	les thermes
der Triumpfbogen(¨)	l'arc de triomphe
die Basilika (en)	la basilique
das Aquädukt (e)	l'aqueduc
der Rundbau (ten)	la rotonde
das Grabmal (¨er)	le tombeau
romanisch	roman
die Romanik	l'art roman
der Rundbogen (¨)	l'arc en plein cintre
das Gewölbe (-)	la voûte
das Tonnengewölbe (-)	la voûte en plein cintre
gotisch	gothique
die Frühgotik	le gothique primitif
die Hochgotik	le gothique rayonnant
die Spätgotik	le gothique flamboyant
der gotische Dom(e)	la cathédrale gothique
der Pfeiler (-)	le pilier
der Strebepfeiler	le contrefort
der Strebebogen (¨)	l'arc boutant
das Mittelschiff(e)	la nef centrale
das Seitenschiff(e)	le bas côté
das Querschiff (e)	le transept
der Turm (¨e)	la tour
die Turmspitze (n)	la flèche
der Glockenturm(¨e)	le clocher
der Wasserspeier(-)	la gargouille
das Kirchenfenster (-)	le vitrail
die Fensterrose(n)/ die Rosette (n)	la rosace
das Portal (e)	le portail
der Altar (e)	l'autel
die Kanzel (n)	la chaire
der Chor (¨e)	le chœur
das Chorgestühl	les stalles
die Krypta (ten)	la crypte
die Kuppel (n)	la coupole/le dôme
die Apsis (siden)	l'abside
das Tabernakel (-)	le tabernacle
das Taufbecken(-)	les fonts baptismaux
die Sakristei (en)	la sacristie
der Renaissancestil	le style Renaissance
das/der Barock/der Barockstil	le style baroque
das Rokoko/der Rokokostil	le rococo
das Rokoko-Schloß (össer)	le château rococo
der Klassizismus	le classicisme
klassizistisch	classique
der Biedermeierstil	le style Biedermeir
der Jugendstil	le style 1900
mittelalterlich	médiéval/moyenâgeux
das Mittelalter	le Moyen Age
die Abtei (en)	l'abbaye
das Kloster (¨)	le monastère/le couvent
der Kreuzgang (¨e)	le cloître
die Burg (en)	le château fort
das Burgverließ (e)	les oubliettes
der Kerker (-)	le cachot
der Burghof (¨e)	la cour du château fort
der Burggraben (¨)	la douve/le fossé d'un château fort
die Zugbrücke (n)	le pont-levis
die Schießscharte (n)	la meurtrière
der Burgwall (¨e)	les remparts
die Zinne (n)	le créneau
der Wachturm (¨e)	le donjon

DIE MUSIK : *LA MUSIQUE*

musizieren	faire de la musique
der Musiker (-)	le musicien
musikalisch sein	être doué pour la musique

DIE MUSIKART (en) — LE GENRE DE MUSIQUE
die klassische Musik — la musique classique
die Kammermusik — la musique de chambre
die geistliche Musik — la musique sacrée
die serielle Musik — la musique sérielle
die Volksmusik — la musique populaire
die zeitgenössische Musik — la musique contemporaine

DAS STREICH-INSTRUMENT (e) — L'INSTRUMENT A CORDES
der Streicher (-) — le joueur d'un instrument à cordes
die Saite (n) — la corde
der Bogen (¨) — l'archet
die Saiten zupfen — pincer les cordes
die Geige (n)/ die Violine (n) — le violon
Geige spielen — jouer du violon
ein Stück auf der Geige spielen — jouer un morceau au violon
der Geigenspieler/ der Geiger (-) — le violoniste
die Bratsche (n) — l'alto
das (Violon)cello (i) — le violoncelle
der Kontrabaß(ässe) die Baßgeige — la contrebasse
die Harfe (n) — la harpe

DAS KLAVIER (e) — LE PIANO
Klavier üben — s'entraîner au piano
der Klavierspieler (-) — le pianiste
der Pianist (en,en) — le pianiste (professionnel)
jn auf dem Klavier begleiten — accompagner qn au piano
das Klavierstück(e) — le morceau pour piano
die Klavierstunde (n) — la leçon de piano
das Klavierkonzert (e) — le concerto pour piano
die Taste (n) — la touche
die Klaviatur (en) — le clavier
der Flügel (-) — le piano à queue
stimmen — accorder
der Klavierstimmer (-) — l'accordeur de piano
die Stimmgabel (n) — le diapason
das Metronom (e) — le métronome
die Orgel (n) — l'orgue
die Orgelpfeife (n) — le tuyau d'orgue
das Orgelkonzert(e) — le récital d'orgue
der Organist(en,en) — l'organiste
das Harmonium (ien) — l'harmonium
die Drehorgel (n)/ der Leierkasten — l'orgue de Barbarie
das Cembalo (s) — le clavecin
der Synthesizer (-) — le synthétiseur

DAS BLAS-INSTRUMENT (e) — L'INSTRUMENT A VENT
der Bläser (-) — le joueur d'un instrument à vent
die Blaskapelle (n) — la fanfare
das Blech-blasinstrument (e) — le cuivre
die Trompete (n) — la trompette
die Trompete blasen (ie,a,ä) — sonner de la trompette
der Trompetenbläser (-) — le trompettiste
das Horn (¨er) — le cor
ins Horn stoßen (ie,o,ö) — sonner du cor
die Posaune (n) — le trombone
der Posaunenbläser — le tromboniste
die Oboe (n) — le hautbois
der Oboist (en,en) — le haut-boïste
die Klarinette (n) — la clarinette
der Klarinettist (en,en) — le clarinettiste
die Flöte (n) — la flûte
der Flötenspieler (-) — le flûtiste
die Querflöte (n) — la flûte traversière
die Hirtenflöte (n) — le pipeau
die Blockflöte (n) — la flûte à bec

DAS SCHLAG-INSTRUMENT(e) — L'INSTRUMENT A PERCUSSION
das Schlagzeug — la batterie
der Schlagzeuger(-) — le batteur/le percussionniste
die Trommel (n) — le tambour
die große Trommel — la grosse caisse
der Trommelwirbel (-) — le roulement de tambour
unter Trommelwirbel — tambour battant
die Pauke (n) — la timbale
das Becken (-) — les cymbales
die Mundharmonika (s) — l'harmonica
das Akkordeon (s)/ die Ziehharmo-nika (s) — l'accordéon

der Komponist (en,en)	le compositeur
komponieren	composer
die Komposition(en)	la composition
die musikalische Bearbeitung (en)	l'arrangement musical
vertonen	mettre en musique
die Vertonung (en)	la mise en musique/ l'adaptation musicale

DER DIRIGENT (en,en)	LE CHEF D'ORCHESTRE
dirigieren/leiten	diriger/conduire (un orchestre)
unter der Leitung von	sous la direction de
der Taktstock (¨e)	la baguette (de chef d'orchestre)
das Pult (e)	le pupitre
der Takt (e)	la mesure
den Takt schlagen (u,a,ä)	battre la mesure
der Dreivierteltakt	la mesure à trois-quatre
der Rhythmus (men)	le rythme
rhythmisch	rythmique
mitreißend	entraînant

DIE NOTE (n)	LA NOTE
die Partitur (en)	la partition
die Tonart (en)	la tonalité/le mode
(das) Dur/ die Durtonart	le mode majeur
(das) Moll/ die Molltonart	le mode mineur
in d-moll	en ré mineur
in c-dur	en do majeur
das Kreuz (e)	le dièse
das B	le bémol
der Violin-schlüssel	la clef de sol
der Baßschlüssel	la clef de fa
die Pause (n)	le silence/la pause
die ganze Pause	la pause
die halbe Pause	la demi-pause
die Viertelpause	le soupir
die ganze Note	la ronde
die halbe Note	la blanche
die Viertelnote	la noire
c - d - e - f - g - a - h - c	do/ut-ré-mi-fa-sol-la-si-do
die Tonleiter (n)	la gamme
der Dreiklang (¨e)	le triple accord
der Klang (¨e)	le son
klingen (a,u)	sonner/résonner

DAS ORCHESTER(-)	L'ORCHESTRE
die Kapelle (n)	l'orchestre/la fanfare
der Kapellmeister (-)	le chef d'orchestre
das Kammer-orchester (-)	l'orchestre de chambre
das Trio (s)	le trio
das Quartett (e)	le quatuor
das Quintett (e)	le quintette
der Solist (en,en)	le soliste
der Vortragende/ ein Vortragender	l'interprète
das Konzert (e)	le concert
die Konzerttournee (n)	la tournée de concerts
auf Konzerttournee gehen (i,a)(sein)	faire une tournée de concerts
die Sinfonie (n)	la symphonie
der Satz (¨e)	le mouvement

SINGEN (a,u)	CHANTER
richtig/falsch singen	chanter juste/faux
vor sich hin singen	chantonner
der Sänger (-)	le chanteur
die Sängerin (nen)	la cantatrice/la chanteuse
der Chor (¨e)	le chœur
der Gesangsverein (e)	la chorale
das Lied (er)	le chant
das Volkslied (er)	la chanson folklorique/ populaire
die Strophe (n)	le couplet
die Melodie (n)	la mélodie
der Kehrreim (e)/ der Refrain (s)	le refrain
der Schlager (-)/ der Hit (s)	le tube
die Arie (n)	l'air d'opéra
die Oper (n)	l'opéra
die Stimme (n)	la voix
mehrstimmig	à plusieurs voix
die Stimmlage (n)	le registre de voix
Stimmübungen machen	faire des vocalises
der Sopran (e)	le soprano
der Alt/die Altstimme	le contralto
der Tenor (¨e)	le ténor
der Bariton (e)	le baryton
der Baß (ässe)	la basse

DAS THEATER : *LE THEATRE*

das Schauspielhaus ("er)	le théâtre
der Spielplan ("e)	le répertoire
ins Theater gehen	aller au théâtre
zum Theater gehen	faire du théâtre
die Theateraufführung (en)/die Theatervorstellung (en)	la représentation théâtrale
der Vorverkauf	la location/la réservation
der Andrang	l'affluence
der Zuschauerraum ("e)/der Saal(Säle)	la salle
das Parkett (e)	l'orchestre (salle)
der Rang ("e)	la galerie
der Balkon (e)	le balcon
das Publikum	le public
der Zuschauer (-)	le spectateur
vor ausverkauftem Haus spielen	jouer à guichets fermés
vollbesetzt	comble
der Beifall	les applaudissements
stürmisch	frénétique
Beifall klatschen/ spenden	applaudir
Beifall ernten/ erhalten (ie,a,ä)	récolter/recevoir des applaudissements
durchfallen(ie,a,ä) (sein)	être un four
ein Stück auspfeifen (i,i)	siffler une pièce
als Zugabe	en supplément (hors programme)
der Kassenerfolg (e)/der Kassenschlager (-)	la pièce à succès
DIE BÜHNE (n)	LA SCENE
die Drehbühne (n)	la scène tournante
auf der Bühne stehen (a,a)	être en scène
die Kulisse (n)	les coulisses
das Bühnenbild(er)/ die Dekoration(en)/ die Bühnenausstattung	les décors
die Rampe (n)	la rampe
das Rampenlicht(er)	les feux de la rampe
der Souffleurkasten (")	le trou du souffleur
der Souffleur (e)	le souffleur
die Souffleuse (n)	la souffleuse
soufflieren	souffler
der Kulissenschieber (-)	le machiniste
die Loge (n)	la loge
DER SCHAUSPIELER(-)	L'ACTEUR
auftreten (a,e,i) (sein)	entrer en scène
der Auftritt (e)	l'entrée en scène
der Abgang ("e)	la sortie de scène
von der Bühne abgehen	sortir de scène
ein Stück einüben/ proben	répéter une pièce
eine Rolle spielen	jouer un rôle
die Hauptrolle (n)	le rôle principal
die Nebenrolle (n)	le second rôle
die Hauptprobe/ die Generalprobe(n)	la répétition générale
der Statist (en, en)	le figurant
das Lampenfieber	le trac
der Vorhang ("e)	le rideau
hochgehen/sich heben (o,o)	se lever
aufgehen	s'ouvrir
fallen (ie,a,ä) (sein)	tomber

DER TANZ : *LA DANSE*

tanzen	danser
die Tanzfläche (n)	la piste de danse
zum Tanzen gehen	aller danser
die Tanzstunde	le cours de danse
der Walzer	la valse
das Ballett (e)	le ballet
die Primaballerina (nen)	la danseuse étoile
der Solotänzer (-)	le premier danseur
die Ballettänzerin (nen)	la ballerine
die Ballettratte(n)	le petit rat
der Spitzentanz	les pointes
auf den Spitzen tanzen	faire les pointes

Der Ton macht die Musik.	C'est le ton qui fait la musique.
Sie will immer die erste Geige spielen.	Elle veut toujours se mettre en avant.
Er paukt für seine Prüfung.	Il bûche pour son examen.
Wenn du so weitermachst, werde ich eine andere Tonart anschlagen.	Si tu continues comme cela, je vais changer de ton.
Es ist immer dasselbe Theater !	C'est toujours la même histoire !
Mach kein Theater !	Ne fais pas d'histoires !
Das muß schnell über die Bühne gehen.	Cela doit être fait au plus vite.
Mal nicht den Teufel an die Wand !	Il ne faut pas tenter le diable !
Sie tanzt immer aus der Reihe.	Elle n'en fait qu'à sa tête.
Unsere ganze Camping-Ausrüstung ist flötengegangen.	Nous avons perdu tout notre équipement de camping.
Sie ist mit Pauken und Trompeten bei der Prüfung durchgefallen.	Elle a échoué lamentablement à son examen.

DIE WELT DER ARBEIT
LE MONDE DU TRAVAIL

DAS UNTERNEHMEN (-)/DIE FIRMA (men)	L'ENTREPRISE
das staatliche Unternehmen	l'entreprise publique
das verstaatlichte Unternehmen	l'entreprise nationalisée
die Verstaatlichung (en)	la nationalisation
jn enteignen	exproprier qn
die Enteignung (en)	l'expropriation
(re)privatisieren	privatiser
die (Re)privatisierung (en)	la privatisation
der Betrieb (e)	l'établissement/ l'exploitation
der Familienbetrieb (e)	l'entreprise familiale
die Genossenschaft (en)	la coopérative
der Kleinbetrieb	la petite entreprise
die mittelständischen Betriebe	les moyennes entreprises
das Werk (e)/ die Fabrik (en)	l'usine
der Industriekomplex (e)	le complexe industriel
ein Unternehmen gründen	créer une entreprise
die Unternehmensgründung (en)	la création d'une entreprise
sich niederlassen (ie,a,ä)	s'implanter
das Handwerk	l'artisanat
das Gewerbe	l'activité professionnelle (artisanat, industrie, commerce)
ein Unternehmen leiten	diriger une entreprise
der Unternehmer(-)	l'entrepreneur
eine Firma übernehmen (a,o,i)	reprendre une entreprise
eine Firma auflösen	liquider une entreprise
der Konkurs (e)	la faillite
Konkurs machen	faire faillite
Konkurs anmelden	déposer son bilan
zahlungsunfähig	insolvable
der Gläubiger (-)	le créancier
die Schulden	les dettes
seine Zahlungen einstellen	cesser ses paiements

DIE GESCHÄFTSFÜHRUNG	LA GESTION
der Geschäftsführer (-)	le gérant
die Buchführung/ die Buchhaltung	la comptabilité
der Buchhalter (-)	le comptable
der Wirtschaftsprüfer (-)	l'expert comptable
der Rechnungsprüfer (-)	le commissaire aux comptes
der Controller (-)	le contrôleur de gestion
verbuchen	comptabiliser/ inscrire au compte

DIE BILANZ (en)	LE BILAN
die Forderung (en)	la créance
die Rücklage (en)	la réserve
die Verbindlichkeiten	les engagements
die Kosten	les frais

die Betriebskosten	les frais d'exploitation
das Defizit (e)	le déficit
der Verlust (e)	la perte
einen Verlust aufweisen (ie,ie)	accuser une perte
der Jahresgewinn(e)	le bénéfice annuel
die Ausgaben	les dépenses
die finanziellen Mittel	les moyens financiers
einen Gewinn erzielen	faire un bénéfice
die Gewinnbeteiligung der Arbeitnehmer	la participation des salariés aux bénéfices
Geld anlegen	placer de l'argent
eine Investition vornehmen (a,o,i)	faire un investissement

DER WETTBEWERB/ DIE KONKURRENZ	LA COMPETITION/ LA CONCURRENCE
der unlautere Wettbewerb	la concurrence déloyale
konkurrenzfähig/ wettbewerbsfähig	compétitif
einander Konkurrenz machen	se faire concurrence
konkurrenzlos	défiant toute concurrence
mit jm konkurrieren	concurrencer qn
der Konkurrent (en,en)	le concurrent
sich zusammenschließen (o,o)	fusionner
der Zusammenschluß (üsse)	la fusion

DIE GESELLSCHAFT (en)	LA SOCIETE
die Kommanditgesellschaft (en) (auf Aktien)	la société en commandite (par actions)
die Einlage (n)	l'apport/la mise (de fonds)
für Schulden haften	être responsable des dettes
die Haftung	la responsabilité
die GmbH	la S.A.R.L.
die Gesellschaft mit beschränkter Haftung	la société à responsabilité limitée
die AG : die Aktiengesellschaft	la S.A. : la société anonyme
der Aufsichtsrat (¨e)	le conseil de surveillance
die Hauptversammlung (en)	l'assemblée générale
der Vorstand (deutsche AG)	le comité de direction (AG allemande)
der Verwaltungsrat (franz. S.A.)	le conseil d'administration (S.A. française)
der Vorsitzende/ein Vorsitzender	le président
der Firmenname (n)	la raison sociale
der Sitz (e) der Gesellschaft	le siège social
die Jahresbilanz (en)	le bilan annuel
die Aktie (n)	l'action
der Aktionär (e)	l'actionnaire

DIE ARBEIT (en)	LE TRAVAIL
arbeiten	travailler
gute Arbeit leisten	faire du bon travail
sich die Arbeit einteilen	répartir son travail
jn bei der Arbeit stören	déranger qn dans son travail
mit der Arbeit beginnen (a,o)	se mettre au travail
sich vor der Arbeit drücken	fuir le travail
zur Arbeit/in die Arbeit gehen	aller au travail
an etw. (Dat.) arbeiten	travailler à qc
sich zu Tode arbeiten	se tuer au travail
sich nach oben arbeiten	réussir par son travail
jn beschäftigen	employer qn
bei einer Firma beschäftigt sein	être employé dans une entreprise
die Vollbeschäftigung	le plein emploi

DIE STELLE (n)/ DER ARBEITSPLATZ (¨e)	L'EMPLOI
das Stellengesuch (e)	la demande d'emploi
das Stellenangebot (e)	l'offre d'emploi
die offene Stelle	le poste vacant
Arbeitsplätze schaffen	créer des emplois
der Arbeitssuchende/ ein Arbeitssuchender	le demandeur d'emploi

die Arbeitsvermittlung	le placement
das Arbeitsamt(¨er)	l'agence (nationale) pour l'emploi
sich beim Arbeitsamt einschreiben	s'inscrire à l'agence pour l'emploi
sich um eine Stelle bewerben (a,o,i)	solliciter un emploi
die Bewerbung (en)	la candidature
der Lebenslauf (¨e)	le curriculum vitae
der Bewerber (-)/ der Kandidat (en,en)	le candidat
die Erfahrung (en)	l'expérience
die Fremdsprachenkenntnisse	les connaissances en langues étrangères
zwei/dreisprachig	bi/trilingue
unternehmerisch	entreprenant
eine mehrjährige Berufserfahrung	une expérience professionnelle de plusieurs années
eine selbständige Arbeit	un travail indépendant
der qualifizierte Mitarbeiter (-)	le collaborateur qualifié
jn einstellen/ anstellen	engager qn
die Einstellung/ Anstellung	l'embauche
die Unterlagen	les documents
das Einstellungsgespräch (e)	l'entretien d'embauche
jn entlassen/ jn ausstellen	licencier qn
die Entlassung (en)	le licenciement
jm kündigen	donner congé à qn
die Kündigung (en)	le congé
das Kündigungsschreiben (-)	la lettre de congé/ de licenciement
die Kündigungsfrist einhalten (ie,a,ä)	respecter le délai de préavis
eine dreimonatige Kündigungsfrist	un préavis de trois mois
fristgerecht kündigen	donner congé dans les délais (réglementaires)

DAS PERSONAL	LE PERSONNEL
der Arbeitgeber (-)	l'employeur
die Arbeitgeberschaft	le patronat
der Arbeitnehmer(-)	le salarié
der Angestellte/ ein Angestellter	l'employé
der leitende Angestellte	le cadre
die Führungskraft (¨e)	le cadre supérieur
der Generaldirektor (en)	le directeur général
die Direktionssekretärin (nen)	la secrétaire de direction
die Abteilung (en)	le service
der Abteilungsleiter (-)	le chef de service
die Personalabteilung	le service du personnel
der Personalchef(s)	le directeur des ressources humaines
der Vertriebsleiter (-)	le directeur des ventes
der Projektleiter (-)	le chef de projet
der Unternehmensberater (-)	le consultant
der Prokurist (en,en)	le fondé de pouvoir
die Stenotypistin (nen)	la sténodactylo
der Übersetzer (-)	le traducteur
der Dolmetscher(-)	l'interprète
der Vertreter (-)	le représentant
der Arbeiter (-)	l'ouvrier
die Arbeitskräfte	la main-d'œuvre
der angelernte Arbeiter	l'ouvrier spécialisé
der gelernte Arbeiter (-)/ der Facharbeiter(-)	l'ouvrier qualifié
der Hilfsarbeiter (-)	le manœuvre
der ungelernte Arbeiter	l'ouvrier non-qualifié
der Gastarbeiter(-)	l'ouvrier immigré
der Werkstudent (en,en)	l'étudiant effectuant un travail de vacances
der Praktikant (en,en)	le stagiaire
das Praktikum (ken-ka)	le stage
die Aushilfskraft (¨e)	l'employé engagé à titre temporaire
der Lehrling (e)/ der Azubi (s)	l'apprenti
einen Lehrling ausbilden	former un apprenti

die Lehre (n)/die Lehrzeit (en)	l'apprentissage
jn auf Probe nehmen	prendre qn à l'essai
jn anleiten	former qn
der Geselle (n,n)	le compagnon
der Meister (-)	le maître (artisan)
die praktische Ausbildung	la formation pratique
die innerbetriebliche Ausbildung	la formation au sein de l'entreprise
die Weiterbildung	la formation continue
sich in den Beruf einarbeiten	s'initier au métier
die Einarbeitungszeit	la période d'initiation
die Aufstiegsmöglichkeiten	les possibilités d'avancement
der Berufsberater (-)	le conseiller d'orientation
die Berufsberatung (en)	l'orientation professionnelle

DIE ARBEITSBEDINGUNGEN	LES CONDITIONS DE TRAVAIL
das Betriebsklima	le climat de l'entreprise
die Arbeitszeit	la durée du travail
der 8-Stunden-Tag	la journée de 8 heures
die 35-Stunden-Woche	la semaine de 35 heures
die Arbeitszeit verkürzen	réduire la durée de travail
die Arbeitszeitverkürzung	la réduction du temps de travail
die gleitende Arbeitszeit	l'horaire flexible
die Ganztagsarbeit	l'emploi à plein temps
die Halbtagsarbeit	l'emploi à mi-temps
die Überstunde (n)	l'heure supplémentaire
die Schichtarbeit	le travail par équipes
am Fließband arbeiten	travailler à la chaîne
der bezahlte Urlaub	les congés payés
in den Ruhestand treten (a,e,i,) (sein)	prendre sa retraite
die Altersrente (n)	la pension de vieillesse
die Sozialleistungen	les prestations sociales
die Sozialversicherung	les assurances sociales
der Beitrag (¨e)	la cotisation
die Beiträge einzahlen	verser les cotisations
der Arbeitgeberanteil (e)	la contribution patronale
der Arbeitnehmeranteil (e)	la contribution du salarié
jn bei der Krankenkasse anmelden	inscrire qn à la Caisse-Maladie (Sécurité Sociale)
die Erstattung von Kosten	le remboursement de frais
der Arbeitsunfall (¨e)	l'accident du travail
Arbeitsunfälle verhüten	prévenir les accidents du travail
die Schutzvorrichtung (en)	le dispositif de sécurité
das Arbeitsrecht	le droit du travail
das Arbeitsgericht (e)	le Conseil de Prud'hommes

DER VERDIENST (e)	LE SALAIRE/LE GAIN
Geld verdienen	gagner de l'argent
der Lohn (¨e)	le salaire/la paie
der Stundenlohn(¨e)	le salaire horaire
der Bruttolohn	le salaire brut
der Nettolohn	le salaire net
einen Lohn beziehen (o,o)	toucher un salaire
das Gehalt (¨er)	le traitement
das Honorar (e)	les honoraires
die Lohnerhöhung (en)	l'augmentation de salaire
den Lohn erhöhen	augmenter le salaire
vom Lohn abziehen (o,o)	déduire du salaire
das Krankengeld	l'indemnité de maladie
das Kindergeld	les allocations familiales
die Leistungsprämie (n)	la prime de rendement
die Reisespesen	les indemnités de déplacement
die Gewinnbeteiligung	la participation aux bénéfices
der Gehaltsvorschuß (üsse)	l'avance sur le traitement

DIE GEWERKSCHAFT (en)	LE SYNDICAT
einer Gewerkschaft beitreten (a,e,i) (sein)	adhérer à un syndicat
der Gewerkschaftler (-)	le syndicaliste
der Tarifvertrag (¨e)	la convention collective

einen Tarifvertrag aushandeln	négocier une convention collective
der Arbeitskampf (¨e)	le conflit social
die Lohnforderungen	les revendications salariales
die Mitbestimmung (der Arbeitnehmer)	la cogestion (du personnel)
der Betriebsrat(¨e)	le comité d'entreprise
DER STREIK (s)	LA GREVE
streiken	faire grève
in den Streik treten (a,e,i)(sein)	se mettre en grève
einen Streik auslösen	déclencher une grève
den Streik ausrufen (ie,u)	appeler à la grève
der Sitzstreik	la grève sur le tas
der flackernde Streik	la grève perlée
der Streikende/ein Streikender	le gréviste
das Streikrecht	le droit de grève
die Streikankündigung (en)	le préavis de grève
einen Streik ankündigen	annoncer une grève
die Arbeitsniederlegung (en)	l'arrêt du travail/ le débrayage
die Arbeit niederlegen	arrêter le travail/ débrayer
der Warnstreik	la grève d'avertissement
der Generalstreik	la grève générale
der Streikposten(-)	le piquet de grève
die Arbeit wiederaufnehmen	reprendre le travail
die Urabstimmung (en)	le vote des grévistes
die Demonstration (en)	la manifestation
die Ausschreitungen	les excès/les débordements
die Aussperrung	le lock-out
DIE ARBEITSLOSIGKEIT	LE CHOMAGE
arbeitslos sein	être au chômage
stempeln gehen	pointer au chômage
der Arbeitslose/ein Arbeitsloser	le chômeur
seinen Arbeitsplatz verlieren (o,o)	perdre son emploi
die Schließung des Betriebes	la fermeture de l'entreprise
einen Betrieb stillegen	fermer définitivement une entreprise
der Personalabbau	la compression du personnel
das Personal abbauen	réduire le personnel
die saisonbedingte Arbeitslosigkeit	le chômage saisonnier
die Arbeitslosenversicherung	l'assurance-chômage
die Arbeitslosenunterstützung/ das Stempelgeld	l'allocation chômage
mittellos sein	être sans ressources
schwarz arbeiten	travailler au noir
die Umschulung	la reconversion
das Existenzminimum	le minimum vital
die Kurzarbeit	le travail à temps réduit

Was für Gehaltsvorstellungen haben Sie ?	Quelles sont vos prétentions en matière de salaire ?
von der Hand in den Mund leben	vivre au jour le jour
Er ist knapp bei Kasse.	Il est à court d'argent.
eine Gehaltserhöhung verlangen	demander une augmentation de salaire
Er hat zum ersten März gekündigt.	Il a donné son congé à compter du premier mars.
Die Sekretärin ist zur Zeit auf Mutterschaftsurlaub.	La secrétaire est actuellement en congé de maternité.
Wir suchen nach einer Vertretung.	Nous cherchons un(e) remplaçant(e).
Viele Frauen sind unterbezahlt.	Beaucoup de femmes sont sous-payées.

ENERGIE UND INDUSTRIE
L'ENERGIE ET L'INDUSTRIE

ENERGIE	L'ENERGIE
die Energie (n)	l'énergie
der Vorrat(¨e)/ die Reserve (n)	la réserve
der Vorrat an Erdöl	la réserve de pétrole
die Erdölvorräte	les réserves de pétrole
vorrätig	disponible
ausgehen(i,a)(sein)	se terminer
knapp werden/ sich verknappen	se raréfier
die Energie-verknappung	la raréfaction d'énergie
die Bodenschätze (Plur.)	les ressources naturelles
das Uranvorkommen (-)	le gisement d'uranium
der Rohstoff (e)	la matière première
das Vorhandensein von Rohstoffen	la présence de matières pre-mières
begrenzt	limité
reichlich	abondant
die Energiequelle (n)	la source d'énergie
die Nutzung von Energiequellen	l'exploitation de sources d'énergie
der Energiebedarf	les besoins en énergie
den Bedarf decken	couvrir les besoins
Energie einsparen	économiser de l'énergie
die Energie-einsparung (en)	l'économie d'énergie
Energie verschwenden	gaspiller de l'énergie
die Energie-verschwendung	le gaspillage d'énergie
der Energie-verbrauch	la consommation d'énergie
verbrauchen	consommer
den Verbrauch einschränken	restreindre la consommation
die Energie-versorgung	l'alimentation en énergie

DIE KOHLE : *LE CHARBON*

das Steinkohlen-becken (-)	le bassin houiller
die Steinkohle	la houille
die Braunkohle	la lignite
Kohle abbauen/ fördern	extraire du charbon
der Abbau/die Förderung der Kohle	l'extraction du charbon
das Flöz (e)	la veine/le filon
im Tagebau	à ciel ouvert
der Kohlenbergbau	les charbonnages
das Steinkohlen-bergwerk (e)	la mine de houille
die Zeche (n)/ die Kohlengrube (n)	la mine de charbon
eine Zeche stillegen	arrêter l'exploitation d'une mine
die Stillegung einer Zeche	la fermeture d'une mine
der Schacht (¨e)	le puits de mine
der Förderturm (¨e)	le chevalement/la tour d'extraction
die Kohlenhalde (n)	le terril
in den Schacht einfahren (u,a,ä) (sein)	descendre dans la mine
aus dem Schacht ausfahren (sein)	remonter de la mine
der Erdrutsch (e)	l'éboulement
unter Tage arbeiten	travailler au fond (de la mine)

DER BERGMANN (leute) DER KUMPEL (-) /DER BERGARBEITER(-) — LE MINEUR
die Spitzhacke (n) — la pioche
die Grubenlampe (n) — la lampe de mineur
der Stollen (-) — la galerie de mine
einstürzen (sein) — s'effondrer
das Schlagwetter (-) /das schlagende Wetter — le grisou
die Schlagwetterexplosion (en) — le coup de grisou
das Steinkohlekraftwerk (e) — la centrale thermique
der Koks — le coke

DAS ERDÖL : *LE PETROLE*

das Rohöl — le pétrole brut
das Erdölvorkommen — le gisement pétrolifère
nach Erdöl bohren — forer pour rechercher du pétrole
der Bohrturm (¨e) — la tour de forage
die Erdölleitung (en)/die Pipeline (s) — l'oléoduc/le pipe-line
die Bohrinsel (n) — l'île de forage
die Bohrplattform (en) — la plate-forme de forage
das Ölfeld (er) — le champ pétrolifère
die Fackel (n) — la torchère
auf Öl stoßen (ie,o,ö)(sein) — découvrir du pétrole
der Tanker (-) — le pétrolier

die OPEC — l'OPEP
die Förderung drosseln — réduire la production
den Verbrauch verringern — réduire la consommation
die Nachfrage nach Erdöl — la demande de pétrole
das Angebot an Erdöl — l'offre en pétrole
die Ölförderländer — les pays producteurs de pétrole
die Abhängigkeit vom Erdöl — la dépendance du pétrole
die Erdöl exportierenden Länder — les pays exportateurs de pétrole
das Überangebot (e) — l'offre surabondante
die Raffinerie (n) — la raffinerie
die Erdölverarbeitung — le traitement du pétrole
das Heizöl (e) — le fuel
das Dieselöl (e) — le gazole
das Benzin — l'essence
flüchtig — volatil
der Tank (s) — le réservoir
brennbar — inflammable
den Erdölpreis in die Höhe treiben (ie,ie) — pousser le prix du pétrole à la hausse
das Erdgas — le gaz naturel
aus dem Erdinneren kommen — provenir de l'intérieur de la terre
das Flüssiggas (e) — le gaz liquide
der Kunststoff (e) — la matière synthétique

DIE KERNENERGIE : *L'ENERGIE NUCLEAIRE*

das Atom (e) — l'atome
die Atomkraft — l'énergie atomique
der Kern (e) — le noyau
die Kernenergie — l'énergie nucléaire
die Kernforschung — la recherche nucléaire
die Kernspaltung — la fission nucléaire
die Kettenreaktion (en) — la réaction en chaîne
das Uran — l'uranium
das Plutonium — le plutonium
atomar — atomique
nuklear — nucléaire
DAS KERNKRAFTWERK (e) (das KKW) — LA CENTRALE NUCLEAIRE
der Reaktor (en) — le réacteur
der Atommeiler (-) — la pile atomique
der Brennstab (¨e) — la barre de combustion
die Wiederaufbereitung — le retraitement
wiederaufbereiten — retraiter
die Wiederaufbereitungsanlage(n) — l'usine de retraitement
der schnelle Brüter (-) — le surgénérateur

der Kühlturm (¨e)	la tour de refroidissement
der Reaktorkern(e)	le cœur du réacteur
DIE ATOMARE GEFAHR (en)	LE DANGER NUCLEAIRE
das Risiko (ken)	le risque
die Radioaktivität	la radioactivité
die radioaktive Strahlung	les radiations radioactives
der radioaktive Ausfall (¨e)	les retombées radioactives
die radioaktive Verseuchung	la contamination radioactive
der Defekt (e)	la panne/le défaut
undicht	non étanche
die undichte Stelle/das Leck (e)	la fuite
der Riß (sse)	la fissure
der Störfall (¨e)	l'incident technique
der Austritt von Radioaktivität	l'émanation radioactive
austreten (a,e,i) (sein)	se dégager
die Strahlen-belastung	l'exposition aux radiations
die Strahlen-gefährdung	le danger d'irradiation
der Strahlenschutz	la protection contre les radiations
der Betonmantel (¨)	le revêtement en bêton
strahlensicher	qui protège contre les rayonnements
die Sicherheitsein-richtung (en)	le dispositif de sécurité
die Sicherheits-vorkehrung (en)/ die Sicherheits-maßnahme (n)	la mesure de sécurité
der Sicherheits-mangel (¨)	le défaut de sécurité
Sicherheitsmängel aufweisen (ie,ie)	présenter des défauts de sécurité
(un)zuverlässig	(non)fiable
der Nuklearunfall (¨e)	l'accident nucléaire
der GAU (größter anzunehmender Unfall)	la plus grande catastrophe prévisible
die verträgliche Strahlendosis	la dose d'irradiation supportable
die tödliche Dosis	la dose mortelle
DER ATOMMÜLL	LES DECHETS RADIOACTIFS
der radioaktive Abfall (¨e)	le déchet radioactif
den Atommüll lagern	stocker les déchets radioactifs
die Endlagerung	le stockage définitif
der hermetisch verschlossene Behälter (-)	le récipient hermétiquement fermé
unterirdisch	souterrain
der Befürworter (-) der Kernenergie	le partisan de l'énergie nucléaire
der Atomgegner (-)	l'adversaire de l'énergie nucléaire
das Für und Wider	le pour et le contre
die friedliche Nutzung der Atomkraft	l'utilisation pacifique de l'énergie nucléaire

DIE WASSERKRAFT
L'ENERGIE HYDRAULIQUE

das Wasserkraftwerk (e)	la centrale hydraulique
der Staudamm (¨e)	le barrage
der Stausee (n)	le lac de barrage
die Schleuse (n)	l'écluse
die Turbine (n)	la turbine
die Stromerzeugung	la production de courant
der elektrische Strom	le courant électrique
der Wechselstrom	le courant alternatif
der Gleichstrom	le courant continu
die Spannung	la tension
die Stromschwankung (en)	la variation de l'intensité du courant
das Stromnetz (e)	le réseau électrique

DIE ALTERNATIVEN ENERGIEARTEN
LES ENERGIES ALTERNATIVES

sich selbst erneuernde Energiequellen	des sources d'énergie renouvelables
die Sonnenergie	l'énergie solaire
das Sonnenkraftwerk (e)	la centrale solaire
die Wärme speichern	accumuler la chaleur
der Sonnenofen (¨e)	le four solaire
die Solarzelle (n)	le capteur solaire
die Windenergie/ die Windkraft	l'énergie éolienne
die Windkraftanlage	la centrale éolienne
das Windrad (¨er)	la roue éolienne
das Gezeitenkraftwerk (e)	l'usine marémotrice
die Erdwärmeenergie	l'énergie géothermique

DIE INDUSTRIE : *L'INDUSTRIE*

das Industriezeitalter	l'âge industriel
der Industriestaat (en)	le pays industrialisé
die Industrialisierung	l'industrialisation
die Industriemacht (¨e)	la puissance industrielle
das Industriegebiet (e)	la région industrielle
die einheimische Industrie	l'industrie nationale
das Handwerk	l'artisanat
das Gewerbe	l'activité professionnelle (artisanat, industrie, commerce)
der Gewerbetreibende/ein Gewerbetreibender	l'artisan/ l'industriel/ le commerçant
der Industrielle/ ein Industrieller	l'industriel
der industrielle Aufschwung	l'essor industriel
DER INDUSTRIEBETRIEB (e)	L'ENTREPRISE INDUSTRIELLE
der Klein/Groß/ Mittelbetrieb	la petite/grande/ moyenne entreprise
die Werkstatt(¨en)/ die Werkstätte (n)	l'atelier
das Unternehmen(-)	l'entreprise
das Werk (e)/ die Fabrik (en)	l'usine
der Industriekomplex (e)	le complexe industriel
sich niederlassen (ie,a,ä)	s'implanter
verstaatlichen	nationaliser
die Verstaatlichung (en)	la nationalisation
(re)privatisieren	(re)privatiser
die (Re)privatisierung	la privatisation
die Enteignung (en)	l'expropriation
jn enteignen	exproprier qn
DIE INVESTITIONSGÜTER-INDUSTRIE	L'INDUSTRIE DES BIENS D'EQUIPEMENT
die verarbeitende Industrie	l'industrie de transformation
herstellen/ erzeugen/ produzieren	fabriquer/produire
die Herstellung/ die Erzeugung/ die Produktion (en)	la fabrication/la production
das Erzeugnis(se)/ das Produkt (e)	le produit
leistungsfähig	performant
die Leistungsfähigkeit	la capacité de production
eine Spitzenposition einnehmen (a,o,i)	occuper une position de pointe
DIE AUTOMOBIL-INDUSTRIE	L'INDUSTRIE AUTOMOBILE
die Schlüsselindustrie	l'industrie clé
der drittgrößte Automobilhersteller	le troisième producteur automobile
der Personenkraftwagen (-)/ der PKW (s)	la voiture particulière
das Nutzfahrzeug(e)	la voiture utilitaire
der Lastkraftwagen (-)/der LKW (s)	le camion

DIE ELEKTROTECHNIK	L'INDUSTRIE ELECTROTECHNIQUE
das Elektrogerät(e)	l'appareil électroménager
die Büromaschine(n)	la machine de bureau
die Schreibmaschine (n)	la machine à écrire
die Fotkopiermaschine (n)	la photocopieuse
der automatische Anrufbeantworter	le répondeur automatique
die Datenverarbeitungsanlage (n)/ der Computer (-)	l'ordinateur
die Gegensprechanlage (n)	l'interphone
die Mikroelektronik	la microélectronique

DER SCHIFFBAU	LA CONSTRUCTION NAVALE
die Werft (en)	le chantier naval
in der Krise stecken	être en crise
krisenfest	à l'abri des crises
krisenanfällig	sujet aux crises/ fragile

DAS BAUGEWERBE	L'INDUSTRIE DU BATIMENT/ LE BATIMENT
der Hoch- und Tiefbau	le bâtiment et les travaux publics
der soziale Wohnungsbau	la construction de logements sociaux
das Grundstück (e)	le terrain à bâtir
die Baustelle (n)	le chantier
das Bauvorhaben (-)	le projet de construction
die Wohnfläche (n)	la surface habitable
die Baubehörde (n)	le service d'urbanisme
die Baugenehmigung (en) beantragen	demander/formuler une demande
die Wohnungsnot	la pénurie de logements
der Rohbau	le gros œuvre
der Bauherr (en)	le maître de l'ouvrage
der Bauleiter (-)	le chef de chantier
der Maurer (-)	le maçon
der Kostenvoranschlag (¨e)	le devis
das Bausparen	l'épargne-logement
eine Hypothek aufnehmen (a,o,i)	prendre une hypothèque
das Grundbuch (¨er)	le registre foncier/ le cadastre
der Konkurs (e)	la faillite
Konkurs machen	faire faillite
Konkurs anmelden	se déclarer en faillite
zahlungsunfähig	insolvable
der Gläubiger (-)	le créancier
seine Zahlungen einstellen	cesser ses paiements

DIE OPTISCHE INDUSTRIE	L'INDUSTRIE OPTIQUE
das Fernglas (¨er)	les jumelles
die Brille (n)	les lunettes
das Brillengestell (e)	la monture
die Kontaktlinse(n)	la lentille de contact
fotografieren/ knipsen	photographier
der Fotoapparat (e)	l'appareil photo
die Filmkamera (s)	la caméra
die Bild-Ton-Kamera (s)	le camescope
der Film (e)	la pellicule
einen Film einlegen/ herausnehmen	mettre/enlever une pellicule
die Spule (n)	la bobine
zurückspulen	réembobiner
den Apparat einstellen	régler l'appareil
die Belichtung	le temps de pose
unterbelichtet/ überbelichtet	sous/surexposé
das Gegenlicht	le contrejour
die Aufnahme (n)	la prise de vue
die Blende (n)	l'ouverture
die Blendenautomatik	l'ouverture automatique
das Blitzlicht (er)	le flash
entwickeln	développer
vergrößern	agrandir
der Abzug (¨e)	l'épreuve
ein scharfes Bild	une image nette
unscharf	flou
das Diapositiv (e)	la diapositive
der Rahmen (-)	le cadre
die Luftaufnahme(n)	la prise de vue aérienne

DIE UHRENHERSTELLUNG	LA FABRICATION DE MONTRES
die Uhr (en)	la montre
die Armbanduhr (en)	la montre-bracelet
wasserdicht	étanche
das Gehäuse (-)	le boîtier
das Zifferblatt (¨er)	le cadran
der Zeiger (-)	l'aiguille

DIE KONSUMGÜTERINDUSTRIE	L'INDUSTRIE DES BIENS DE CONSOMMATION
die Textilindustrie	l'industrie textile
die Chemiefasern	les fibres synthétiques
die Kunstfasern	les fibres artificielles
die Spielwarenherstellung	la fabrication de jouets
die Nahrungsmittelindustrie	l'industrie alimentaire
die Molkerei (en)	la laiterie
die Brauerei (en)	la brasserie
das Hotel- und Gaststättengewerbe	l'hôtellerie et la restauration

DIE GRUNDSTOFFINDUSTRIEN	LES INDUSTRIES DE BASE
die chemische Industrie	l'industrie chimique
der Zweig (e)	la branche
einen hohen Umsatz erzielen	réaliser un chiffre d'affaires élevé
der Bereich (e)	le secteur
die Farbenindustrie	l'industrie des colorants
die petrochemische Industrie	l'industrie pétrochimique
die pharmazeutische Industrie	l'industrie pharmaceutique
der Brennstoff (e)	le combustible
fest/flüßig/gasförmig	solide/liquide/gazeux
der Treibstoff (e)	le carburant

DIE SCHWERINDUSTRIE	L'INDUSTRIE LOURDE
der Bergbau	l'industrie minière
die Eisen-und Stahlindustrie	la sidérurgie
in eine Krise geraten (ie,a,ä) (sein)	entrer en crise
die öffentlichen Mittel	les fonds publics

DIE INFORMATIK : *L'INFORMATIQUE*

die Informatik	l'informatique
der Computer (-)	l'ordinateur
einen Computer bedienen	travailler sur ordinateur
das Personal einarbeiten	former le personnel
computergesteuert	commandé par ordinateur
computergestützt	assisté par ordinateur
das Computernetz(e)	le réseau informatique
die EDV-Anlage (n)	l'équipement informatique
die EDV (elektronische Datenverarbeitung)	le traitement électronique des données
auf EDV umstellen	informatiser
die Daten	les données
die Datenbank (en)	la banque de données
die Datenfernübertragung(en)	la télématique

DIE HARDWARE	LE MATERIEL
der Bildschirm (e)	l'écran
die Tastatur (en)	le clavier
die Taste (n)	la touche
der Mikroprozessor (en)	le microprocesseur
die Hartdisk (s)	le disque dur
die Maus (¨e)	la souris
der Drucker (-)	l'imprimante
das Terminal (s)	le terminal

DIE SOFTWARE	LE LOGICIEL
die Diskette (n)	la disquette
die Textverarbeitung (en)	le traitement de texte
die Programmierung (en)	la programmation
ein Programm in den Computer eingeben (a,e,i)	programmer un ordinateur
die Daten-Eingabe	l'entrée des données
die Daten-Ausgabe	la sortie des données
Daten speichern	stocker des données
der Speicher (-)	la mémoire
Daten abrufen(ie,u)	consulter des données
Daten auswerten	exploiter des données

Daten verwerten	utiliser des données
Daten erfassen	saisir des données
Daten verarbeiten	traiter des données
Daten austauschen	échanger des données
der Datenaustausch	l'échange de données
der Datentransfer	le transfert de données
mit einem Mikrocomputer gekoppelt sein	être connecté à un micro-ordinateur
der Datenschutz	la protection des données
(un)wirksam	(in)efficace
der Hacker (-)	le pirate informatique
ein Netz anzapfen	se brancher sur un réseau (de manière illicite)
löschen	effacer
das Schlüsselwort (¨er)	le mot de passe
entschlüsseln/ dekodieren	décoder
verschlüsselt	codé

DIE RAUMFAHRT : *L'ASTRONAUTIQUE*

der Weltraum	l'espace
das All/das Weltall	l'univers/l'espace
in den Weltraum vordringen (a,u) (sein)	s'aventurer dans l'espace
das Raumfahrt-Zeitalter	l'ère spatiale
die Vorherrschaft im Weltraum	la suprématie de l'espace
die Raumforschung	la recherche spatiale
den Weltraum erforschen	explorer l'espace
der Raumflug (¨e)	le vol spatial
ins All schicken	envoyer dans l'espace
die Erdumlaufbahn	l'orbite
zu einem Flug ins Weltall starten	partir pour un vol dans l'espace
die Anziehungskraft der Erde	la force d'attraction de la terre
die Schwerkraft	la pesanteur/ la gravité
der Astronaut (en,en)	l'astronaute
der Kosmonaut (en,en)	le cosmonaute
die Besatzung (en)	l'équipage
der (un)bemannte Flug (¨e)	le vol (non)habité
der Raumanzug (¨e)	le scaphandre/ la combinaison spatiale
schwerelos	en état d'apesanteur
die Schwerelosigkeit	l'apesanteur
schweben (sein)	planer
der Druckregler (-)	le régulateur de pression
der Luftdruck	la pression atmosphérique
einen Satelliten einfangen (i,a,ä)/ einen Satelliten bergen (a,o,i) (sein)	récupérer un satellite
das Raumschiff (e)	le vaisseau spatial
die Raumfähre (n)	la navette spatiale
die Rakete (n)	la fusée
der Raumgleiter (-)	le planeur orbital
der Satellit(en,en)	le satellite
der Wettersatellit (en)	le satellite-météo
der Nachrichten-satellit (en)	le satellite de (télé)communication
der Aufklärungs-satellit (en)	le satellite d'observation
die Satelliten-trägerrakete (n)	le lance-satellites
die Trägerrakete(n)	le lanceur
die wieder-verwendbare Rakete	la fusée réutilisable
die Weltraum-station (en)	la station spatiale
die Raumstation anfliegen (o,o)	se diriger vers la station spatiale
die Raumsonde (n)	la sonde spatiale
die Raumkapsel (n)	la capsule
der Treibstoff (e)	le carburant
das Kerosin	le kérosène
das Triebwerk (e)	le propulseur
die dreistufige Rakete	la fusée à trois étages
mehrstufig	à plusieurs étages
die Stufe (n)	l'étage
abwerfen (a,o,i)	larguer
die Raketen-abschußbasis (sen)	la base de lancement (de fusées)
die Startrampe (n)	la rampe de lancement

mit Raketenantrieb	propulsé par fusée
eine Rakete abschießen (o,o)/ starten	lancer une fusée
der Countdown	le compte à rebours
auf die Umlaufbahn bringen	mettre sur orbite
ferngesteuert/ ferngelenkt	téléguidé
auf dem Mond landen (sein)	alunir
andocken (an+Akk.)/ ankoppeln (an+Akk.)	accoster/amarrer(à)
der Start (s)	le lancement
den Start verzögern	retarder le lancement
den Start verschieben (o,o)	repousser le lancement
der Fehlstart (s)	le lancement manqué
scheitern (sein)	échouer
in die Atmosphäre eintreten (a,e,i) (sein)	entrer dans l'atmosphère
in der Atmosphäre verglühen (sein)	se consumer dans l'atmosphère
das UFO (s)	l'OVNI
die fliegende Untertasse (n)	la soucoupe volante
der Marsmensch (en,en)	le martien

DIE GESCHÄFTSWELT
LE MONDE DES AFFAIRES

DIE WIRTSCHAFT	L'ECONOMIE
die Wirtschaftslage	la situation économique
die wirtschaftlichen-Beziehungen	les relations économiques
der wirtschaftliche Aufschwung	l'essor économique
das wirtschaftliche Wachstum	la croissance économique
die Wachstumsrate	le taux de croissance
das Pro-Kopf-Einkommen	le revenu par tête
das Bruttosozialprodukt	le produit national brut
die Wirtschaftsleistung	la performance économique
das Wirtschaftswunder	le miracle économique
die wirtschaftliche Flaute	le marasme économique
die Konjunktur	la conjoncture économique
die Konjunkturverschlechterung	la dégradation de la conjoncture
die Konjunkturschwankungen	les fluctuations conjoncturelles
die Wirtschaft ankurbeln	relancer l'économie
die Produktionssteigerung (en)	l'augmentation de la production
DER EXPORT (e)/ DIE AUSFUHR (en)	L'EXPORTATION
exportieren/ ausführen (nach)	exporter (vers)
der Import (e)/ die Einfuhr (en)	l'importation
importieren/ einführen (aus)	importer (de)
Ware absetzen	écouler de la marchandise
der Absatz	la vente/ l'écoulement
der Absatzmarkt(¨e)	le débouché
ein Produkt auf den Markt bringen	lancer un produit sur le marché
einen Markt überschwemmen (mit)	inonder un marché (de)
der Umsatz (¨e)	le chiffre d'affaires
umsetzen	écouler/vendre
DIE MARKTWIRTSCHAFT	L'ECONOMIE DE MARCHE
die EG (Europäische Gemeinschaft)	la CE (Communauté Européenne)
der Binnenmarkt	le marché unique
die römischen Verträge	les traités de Rome
der freie Personenverkehr	la libre circulation des personnes
der Mitgliedsstaat (en)	l'Etat-membre
die Übergangszeit	la période de transition
DIE WÄHRUNG (en)	LA MONNAIE
die harte/schwache Währung	la monnaie forte/ faible
die Aufwertung (en)	la réévaluation
die Abwertung (en)	la dévaluation
aufwerten/abwerten	réévaluer/dévaluer
eine stabile Währung	une monnaie stable
das Europäische Währungssystem (EWS)	le système monétaire européen (SME)
an Wert verlieren (o,o)	se déprécier
die Inflation	l'inflation
der Inflation Herr werden	maîtriser l'inflation

DIE ENTWICKLUNGSHILFE	L'AIDE AUX PAYS EN VOIE DE DEVELOPPEMENT
die Entwicklungsländer	les pays en voie de développement
die Dritte Welt	le Tiers Monde
die wirtschaftliche Zusammenarbeit	la coopération économique
die humanitäre Hilfe	l'aide humanitaire
die Hilfeleistung (en)	le secours/ l'assistance
hilfsbedürftig	qui a besoin d'aide
die Nahrungsmittelhilfe (n)	l'aide alimentaire
die Versorgung mit Nahrungsmitteln	le ravitaillement
arm	pauvre
ärmlich	pauvre/misérable
in ärmlichen Verhältnissen leben	vivre dans la pauvreté
die Armut	la pauvreté
in äußerster Armut leben	vivre dans une pauvreté extrême
die Not	la détresse/ l'indigence
Not leiden (i,i)	se trouver dans la misère
die bittere Not	la détresse extrême
das Elend	la misère
das Elendsviertel (-)	le quartier miséreux
die Verarmung	l'appauvrissement
DIE KONSUMGESELLSCHAFT	LA SOCIETE DE CONSOMMATION
der Verbraucher(-)/ der Konsument (en,en)	le consommateur
der Konsum/ der Verbrauch (an + Dat.)	la consommation (de)

konsumieren	consommer
der Wohlstand	l'aisance/le bien-être
im Wohlstand leben	vivre dans l'aisance
die Wohlstandsgesellschaft	la société de bien-être
der Lebensstandard	le niveau de vie
den Lebensstandard heben (o,o)	relever le niveau de vie
verbessern	améliorer
die Hebung des Lebensstandards	le relèvement du niveau de vie
reich	riche
der Reichtum (¨er)	la richesse
wohlhabend	aisé
der Luxus	le luxe
luxuriös	luxueux/somptueux
sich bereichern	s'enrichir
auf großem Fuße leben	vivre sur un grand pied
in Saus und Braus leben	mener grand train
DIE PLANWIRTSCHAFT	L'ECONOMIE PLANIFIEE
der Fünfjahresplan	le plan quinquennal
der Klassenkampf (¨e)	la lutte des classes
den Menschen ausbeuten	exploiter l'homme
das Kollektiveigentum	la propriété collective
der wirtschaftliche Zusammenbruch	l'effondrement économique
die Umgestaltung der Wirtschaft	la réorganisation/ transformation de l'économie
umgestalten	réorganiser/ transformer
der Übergang (zu)	la transition (vers)
die Währungsumstellung	la conversion monétaire
die Wirtschaft sanieren	redresser l'économie

DER HANDEL : *LE COMMERCE*

die Handelsbeziehungen	les relations commerciales
der Einzelhandel	le commerce de détail
der Großhandel	le commerce de gros
mit einem Land Handel treiben (ie,ie)	faire du commerce avec un pays
der Außenhandel	le commerce extérieur

die Handelsbilanz (en)	la balance commerciale
aktiv/passiv	excédentaire/ déficitaire
handeln	marchander
das Geschäft (e)	l'affaire/le commerce
ein gutes Geschäft machen	faire une bonne affaire
ein Geschäft abschließen (o,o)	conclure une affaire

geschäftlich unterwegs sein	voyager pour affaires
der Geschäftsfreund (e)	la relation d'affaires
Geschäftssinn haben	avoir le sens des affaires
die Geschäftsaussichten	les perspectives commerciales
ein gutgehendes Geschäft	un commerce qui marche bien
geschäftstüchtig sein	être bon commerçant
DAS ANGEBOT (e)	L'OFFRE
anbieten (o,o)	offrir
ein Angebot einholen	demander une offre
ein Angebot unterbreiten	soumettre une offre
der Prospekt (e)	le prospectus
die Broschüre (n)	la brochure
die Unterlagen (über+Akk.)	la documentation (sur)
beilegen/beifügen	joindre
beiliegend/anbei/ in der Anlage	ci-joint/en annexe
die Anlage (n)	les pièces jointes
der Katalog (e)	le catalogue
die Preisliste (n)	le tarif
jm etw. zugehen/ zukommen lassen	faire parvenir qc à qn
die Mitteilung (en)	l'information
jm etw. mitteilen	faire savoir qc à qn
jm im voraus danken	remercier qn d'avance
DIE BESTELLUNG (en)	LA COMMANDE
der Auftrag (¨e)	l'ordre/la commande
der Probeauftrag (¨e)	la commande d'essai
eine Ware bestellen	commander une marchandise
jm einen Auftrag erteilen/ eine Bestellung bei jm machen	passer une commande à qn
bestätigen	confirmer
einen Auftrag rückgängig machen	annuler une commande
DIE ZAHLUNGS-BEDINGUNGEN	LES CONDITIONS DE PAIEMENT
Zahlung bei Eingang der Ware	paiement à réception de la marchandise
zum Preis von ...	au prix de ...
einen Preis berechnen	facturer un prix
einen Rabatt gewähren	accorder une remise
unsere Preise verstehen sich	nos prix s'entendent
Verpackung inbegriffen	emballage compris
eine Rechnung begleichen (i,i)	régler une facture
innerhalb von 10 Tagen	dans les 10 jours
der Preis beläuft sich auf ...	le prix s'élève à ..
DIE LIEFER-BEDINGUNGEN	LES CONDITIONS DE LIVRAISON
die Lieferung (en)	la livraison
liefern	livrer/fournir
die Sendung (en)	l'envoi
der Versand	l'expédition
die Lieferzeit/ die Lieferfrist	le délai de livraison
die Frachtkosten	les frais de transport
frei Haus	franco domicile
den Liefertermin einhalten (ie,a,ä)	respecter le délai de livraison
fristgerecht liefern	livrer dans les délais fixés
mit der Lieferung in Verzug sein/ den Liefertermin überschreiten (i,i)	dépasser le délai de livraison
eingehen (i,a) (sein)/eintreffen (a,o,i)(sein)	arriver
das verspätete Eintreffen der Ware	la livraison tardive de la marchandise
imstande sein (zu)	être en mesure (de)
außerstande sein (zu)	ne pas être en mesure (de)
DER SCHADEN (¨)	LE DOMMAGE
beschädigt	endommagé
der (durch...) entstandene Schaden	le dommage causé par ...
einen Schaden beheben (o,o)	réparer un dommage
ein schadhafter Artikel	un article abîmé
fehlerhaft/defekt	défectueux
Fehler aufweisen (ie,ie)	présenter des défauts
die Störung (en)	le dérangement
die Beanstandung (en)	la réclamation
beanstanden	réclamer

DIE WERBUNG : *LA PUBLICITE*

die Marktforschung	le marketing/l'étude de marché
die Werbung/ die Reklame	la publicité
für etw. werben (a,o,i)	faire de la réclame/ publicité pour
eine Werbeaktion starten	lancer une campagne publicitaire
der Werbeslogan(s)/ der Werbe-spruch(¨e)	le slogan publicitaire
der Werbespot (s)	le spot publicitaire
die Werbeagentur (en)	l'agence de publicité
eine gezielte Werbung	une publicité ciblée
werbekräftig/ werbewirksam	qui a de l'impact
eine irreführende Werbung	une publicité mensongère
eine reißerische Werbung	une publicité tapageuse
eine unterschwellige Werbung	une publicité voilée/camouflée
die vergleichende Werbung	la publicité comparative
künstlerisch	artistique
ästhetisch	esthétique
das Werbemittel (-)	le moyen/le procédé publicitaire
die Werbetechnik (en)	la technique publicitaire
das Kaufverhalten beeinflussen	influencer le comportement des acheteurs
den Verbraucher manipulieren	manipuler le consommateur
jn zum Kauf verleiten	inciter qn à l'achat
sich verführen/ verleiten lassen	se laisser séduire
ein Publikum ansprechen (a,o,i)	s'adresser à un public
sich ein Bild machen (von)	se faire une image/ une idée (de)
das Unterbewußtsein ansprechen	faire appel au subconscient
das Gefühl ansprechen	s'adresser au sentiment
beim Publikum ankommen (sein)	avoir du succès auprès du public
eine Qualität herausstellen	faire ressortir une qualité
das Plakat (e)	l'affiche
ein Plakat anbringen/ anschlagen	poser une affiche/ afficher
die Leuchtreklame (n)	la réclame lumineuse
das Leuchtschild (er)	l'enseigne lumineuse
die Aufmachung der Ware	la présentation de la marchandise
die Litfaßsäule (n)	la colonne Morris
das Werbefernsehen	la publicité télévisée

DIE BANK : *LA BANQUE*

die Bank (en)	la banque
der Bankangestellte/ ein Bankanges-tellter	l'employé de banque
das Bankgeheimnis	le secret bancaire
an das Bank-geheimnis gebunden sein	être tenu au secret bancaire
auf die Bank/zur Bank gehen	aller à la banque
die Bundesbank	la banque centrale (All.)
der Geldautomat (en,en)	le guichet automatique
der Schalter (-)	le guichet
die Banknote (n)/ der Geldschein (e)	le billet de banque
das Geldstück (e)	la pièce
ein Fünfmarkstück	une pièce de cinq marks
der Pfennig (e)	le pfennig
das Kleingeld	la petite monnaie
Geld ausgeben (a,e,i)	dépenser de l'argent
Geld verschwenden	gaspiller de l'argent
verschwenderisch	dépensier
das Bargeld/ das bare Geld	l'argent en espèces
bar (be)zahlen	payer comptant
DER GELDWECHSEL	LE CHANGE
Geld wechseln	changer de l'argent
die Mark	le mark
der Dollar	le dollar
das Pfund	la livre

der Yen	le yen
die Lira (e)	la lire
der französische Franc (s)	le franc français
der Schweizer Franken (-)	le franc suisse
die Krone (n)	la couronne
der Gulden	le florin
der Wechselkurs (e)	le taux de change
Mark in Francs (um) wechseln	changer des marks en francs
DAS KONTO (ten)	LE COMPTE
ein Konto eröffnen	ouvrir un compte
der Kontoinhaber(-)	le titulaire d'un compte
Geld auf ein Konto einzahlen	verser de l'argent sur un compte
Geld auf ein Konto überweisen (ie,ie)	virer de l'argent sur un compte
die Überweisung(en)	le virement
Geld von einem Konto abheben(o,o)	retirer de l'argent d'un compte
das laufende Konto	le compte courant
der Kontoauszug(¨e)	l'extrait de compte
der Betrag (¨e)	le montant
einen Betrag einem Konto gutschreiben	porter une somme au crédit d'un compte
ein Konto belasten	débiter un compte
sein Konto überziehen (o,o)	mettre son compte à découvert
im Minus sein	être dans le rouge
DER SCHECK (s)	LE CHEQUE
das Scheckheft (e)	le chéquier
einen Scheck ausstellen	établir un chèque
einen Scheck bei der Bank einreichen	déposer un chèque à la banque
einen Scheck einlösen	encaisser un chèque
ein in Mark ausgestellter Scheck	un chèque libellé en marks
ein ungedeckter Scheck	un chèque sans provision
der Verrechnungs-scheck (s)	le chèque barré
SPAREN	ECONOMISER
die Ersparnisse	les économies
von seinen Ersparnissen leben	vivre de ses économies
die Sparkasse (n)	la caisse d'épargne
das Sparbuch (¨er)	le livret d'épargne
sparsam	économe
aus Sparsamkeit	pour des raisons d'économie
Geld beiseite legen/auf die Seite legen	mettre de l'argent de côté
Geld anlegen	placer de l'argent
die Geldanlage (n)	le placement
der Zins (en)	l'intérêt
der Zinssatz (¨e)	le taux d'intérêt
die Zinsen erhöhen/senken	augmenter/baisser les intérêts
7 Prozent Zinsen (ein) bringen	rapporter 7 pour cent d'intérêts
der Sparstrumpf(¨e)	le bas de laine
die Sparbüchse (n)	la tirelire
DER KREDIT (e)	LE CREDIT
das Darlehen (-)	le prêt
einen Kredit aufnehmen	prendre un crédit
einen Kredit gewähren	accorder un crédit
kurzfristig	à court terme
mittelfristig	à moyen terme
langfristig	à long terme
die Laufzeit des Kredits	la durée du crédit
einen Kredit in Anspruch nehmen	avoir recours à un crédit
sich Geld (aus) leihen/borgen	emprunter de l'argent
jm Geld leihen (ie,ie)/borgen	prêter de l'argent à qn
einen Kredit zurückzahlen/tilgen	rembourser/amortir un crédit
die Rückzahlung(en)	le remboursement
die Monatsrate (n)	la mensualité
auf Raten zahlen	payer par tempéraments
die Fälligkeit	l'échéance
am ersten eines jeden Monats fällig sein	être dû le premier de chaque mois
der Wucherer (-)	l'usurier
DIE SCHULD (en)	LA DETTE
der Schuldner (-)	le débiteur
verschuldet sein	être endetté
die Verschuldung	l'endettement
jm einen Betrag schulden	devoir une somme à qn
seine Schulden abbezahlen	(finir de) payer ses dettes
der Gläubiger (-)	le créancier
die Zahlungsfrist einhalten (ie,a,ä)	respecter le délai de paiement

die Anzahlung (en)	l'acompte/les arrhes
eine Anzahlung leisten	verser des arrhes/ payer un acompte
hundert Mark anzahlen	verser un acompte de cent marks
mit der Zahlung in Verzug/im Rückstand sein	être en retard dans le paiement
die Verzugszinsen	les intérêts de retard
seinen Verpflichtungen nachkommen (sein)	faire face à ses engagements

DIE BÖRSE : *LA BOURSE*

an der Börse gehandelt werden	être négocié en bourse
an der Börse spekulieren	spéculer en bourse
der Spekulant (en,en)	le spéculateur
der Börsenmakler(-)	l'agent de change
in Börsenkreisen	dans les milieux boursiers
der Kurs (e)	le cours
die Kursnotierung (en)	la cotation en bourse
notiert werden	être côté en bourse
die Wertpapiere	les titres/les valeurs
die Aktie (n)	l'action
der Pfandbrief (e)	l'obligation hypothécaire
die Anleihe (n)	l'emprunt
die Obligation (en)	l'obligation
die Wandelanleihe (en)	l'emprunt convertible
die Schatzanweisung (en)	le bon du trésor
die Dividende (n)	le dividende
das festverzinsliche Papier	la valeur à revenu fixe
der Ausgabekurs (e)	le taux d'émission
der Briefkurs	le cours de vente (devises)
der Geldkurs	le cours d'achat (devises)
Die Kurse steigen (ie,ie)(sein).	Les cours montent.
von 100 auf 105 steigen	passer de 100 à 105
einen Gewinn erzielen	réaliser un bénéfice
das Angebot	l'offre
die Nachfrage	la demande
die Kursschwankung (en)	la fluctuation
einen Verlust erleiden (i,i)	subir une perte
Die Kurse sinken. (a,u) (sein)/ Die Kurse fallen. (ie,a,ä)(sein)	Les cours tombent.
der Kursrückgang (¨e)	la baisse des cours
der Kurssturz (¨e)	la chute des cours
der Börsenkrach	le krack boursier
der Eröffnungskurs (e)	le cours d'ouverture
der Schlußkurs (e)	le cours de clôture
der Index (e)	l'indice
das Bezugsrecht (e)	le droit de souscription
der Börsenbericht (e)	l'information boursière
der Börsenteil der Zeitung	la rubrique boursière du journal
der Devisenmarkt	le marché des changes
der Goldmarkt	le marché de l'or
der Goldbarren (-)	le lingot d'or
die Goldmünze (n)	la pièce d'or
nachgeben (a,e,i)	céder du terrain/ se replier
sich erholen	être en reprise

Sie schuldet mir 100 Mark.	Elle me doit 100 marks.
Sie ist mir eine Antwort schuldig.	Elle me doit une réponse.
Unsere Artikel wenden sich an junge Leute.	Nos articles s'adressent aux jeunes.
Er ist auf Geschäftsreise.	Il est en voyage d'affaires.
Geschäft ist Geschäft.	Les affaires sont les affaires.
Er verdient recht und schlecht seinen Lebensunterhalt.	Il gagne sa vie tant bien que mal.
Sie haben einen Umsatz von über einer Million erzielt.	Ils ont réalisé un chiffre d'affaires de plus d'un million.
Er hat sich aus dem Geschäft zurückgezogen.	Il s'est retiré des affaires.
Er kümmert sich um die laufenden Geschäfte.	Il s'occupe des affaires courantes.
Der Handel floriert.	Le commerce est florissant.

DIE UMWELTVERSCHMUTZUNG UND DER UMWELTSCHUTZ
LA POLLUTION ET LA PROTECTION DE L'ENVIRONNEMENT

die Umwelt	l'environnement
das Bundesministerium für Umweltschutz	le ministère fédéral de l'environnement
der Umweltminister (-)	le ministre chargé de l'environnement
der Umweltschutz	la protection de l'environnement
das Umweltbewußtsein fördern	favoriser la prise de conscience des problèmes écologiques
das umweltbewußte Verhalten	le comportement écologique
Maßnahmen zum Schutz der Umwelt ergreifen (i,i)	prendre des mesures pour protéger l'environnement
umweltfreundlich/ umweltverträglich/ umweltgerecht/ umweltschonend	non-polluant/ écologique
die Umwelt schonen	ménager l'environnement
die Umwelt schützen	protéger l'environnement
mit der Umwelt sorgsam umgehen (sein)	traiter l'environnement avec précaution
sich für den Umweltschutz einsetzen	s'engager pour la protection de l'environnement
der Umweltschützer (-)	l'écologiste
die Umweltzerstörung (en)	la destruction de l'environnement
Umweltschäden anrichten	causer des nuisances à l'environnement
umweltschädlich	qui nuit à l'environnement
die Umwelt schädigen/ der Umwelt schaden	nuire à l'environnement
die Umwelt belasten	polluer l'environnement
die Umweltbelastung/ die Umweltverschmutzung	la pollution de l'environnement
eine Umweltbedrohung darstellen	constituer une menace pour l'environnement
das Umweltvergehen/ das Umweltdelikt(e)	le délit contre l'environnement
der Umweltsünder(-)	le pollueur
die Selbstvernichtung der Menschheit	l'autodestruction de l'humanité
das Fortbestehen des Lebens	le maintien de la vie
das ökologische Gleichgewicht	l'équilibre écologique
der Naturschutz	la protection de la nature/des sites
der Naturschützer (-)	le protecteur/ défenseur de la nature
der Naturschutzverein (e)	l'association pour la protection de la nature
das Naturschutzgebiet (e)	la réserve naturelle

um der Natur willen	pour l'amour de la nature
der Raubbau	l'exploitation abusive
Raubbau an der Natur treiben (ie,ie)	exploiter la nature de façon abusive

DIE LUFTVERSCHMUTZUNG
LA POLLUTION DE L'AIR

die Luft verschmutzen/ belasten/ verpesten/ verunreinigen	polluer l'air
der Schadstoff (e)	la substance nocive
die Freisetzung von Schadstoffen	le dégagement de matières toxiques
das Kohlendioxid (CO)	le gaz carbonique
das Blei	le plomb
der Schwefel	le soufre
die Schwefel-emission reduzieren	réduire l'émission de soufre
das Schwermetall(e)	le métal lourd
der Staub	la poussière
das Kohlenmonoxid	l'oxyde de carbone
dioxinhaltig	contenant de la dioxine
für die Verschmutzung verantwortlich	responsable de la pollution
die Verbrennung	la combustion
der Rauch	la fumée
die Müllverbrennungs-anlage (n)	l'usine d'incinération des déchets
die Abgase	les gaz d'échappement
das Ozon	l'ozone
die Ozonschicht	la couche d'ozone
das Loch in der Ozonschicht	le trou dans la couche d'ozone
der Abbau der Ozonschicht	la diminution de la couche d'ozone
sich abbauen	se réduire
abnehmen (a,o,i)	diminuer
der Treibhauseffekt	l'effet de serre
die UV-Strahlung	le rayonnement ultra-violet
der Hautkrebs	le cancer de la peau
der Smog	le smog
der Smogalarm	l'alerte au smog
der saure Regen	la pluie acide
die Schäden an den Bauwerken	la détérioration des édifices
besorgniserregend	préoccupant/ inquiétant
gesundheits-gefährdend	dangereux pour la santé
krebserregend	cancérigène
das bleifreie Benzin	l'essence sans plomb
das Katalysatorauto (s)	la voiture à catalyseur
der Katalysator(en)	le catalyseur

DIE WASSERVERSCHMUTZUNG
LA POLLUTION DE L'EAU

die Wasser-versorgung	l'alimentation en eau
das Trinkwasser	l'eau potable
das Grundwasser	la nappe phréatique
das Gewässer (-)	les eaux
das stehende Gewässer	les eaux stagnantes
die Kläranlage (n)	la station d'épuration
(un)geklärt	(non)épuré
Wasser aufbereiten	retraiter l'eau
das Abwasser (¨)	l'eau usée
in einen Fluß einleiten	déverser dans un fleuve
die Abwässer-einleitung	le déversement d'eaux usées
der Sauerstoff	l'oxygène
der Sauerstoff-gehalt	la teneur en oxygène
der Giftstoff (e)	la substance toxique
das Quecksilber	le mercure
der Salzgehalt	la teneur en sel
salzhaltig	contenant du sel
das Nitrat (e)	le nitrate
das Waschmittel (-)	la lessive
das Reinigungs-mittel (-)	le détergent
das Phosphat (e)	le phosphate

um die Hälfte senken — réduire de moitié
die Alge (n) — l'algue
die Kloake (n) — le cloaque

DIE ÖLPEST — LA MAREE NOIRE
das Erdöl — le pétrole
das Altöl (e) — l'huile usée
Öl ablassen (ie,a,ä) — déverser/évacuer l'huile usée
der Ölteppich (e) — la nappe de pétrole
sich ausweiten/sich ausbreiten — se répandre
das Öl absaugen — aspirer le pétrole
die ölfressenden Bakterien — les bactéries dévoreuses de pétrole
ins Meer laufen/strömen (sein) — se déverser dans la mer
ölverschmutzt — souillé par le pétrole
das brennende Ölfeld (er) — le champ de pétrole en flammes
in Flammen aufgehen (i,a)(sein) — flamber
die Qualmwolke (n) — le nuage de fumée
die verheerenden Folgen — les conséquences désastreuses
die Öko-Katastrophe (n) — la catastrophe écologique

DIE BODENVERSCHMUTZUNG
LA POLLUTION DU SOL

der Dünger (-) — l'engrais
düngen — mettre de l'engrais
das Pestizid (e) — le pesticide
einsickern — s'infiltrer
das Insekten-vernichtungs-mittel(-) — l'insecticide
ins Grundwasser gelangen (sein) — atteindre la nappe phréatique
(das) Unkraut vernichten — détruire les mauvaises herbes
der fruchtbare Boden (¨) — le sol fertile

DAS WALDSTERBEN
LE DEPERISSEMENT DES FORETS

der Lebensraum — l'espace vital
geschädigt — endommagé
den Wald lichten — éclaircir la forêt
roden — déboiser
einen Baum fällen — abattre un arbre
den Wald aufforsten — reboiser la forêt
der Schädling (e) — le parasite
der Waldbrand (¨e) — l'incendie de forêt
der Tropenwald(¨er) — la forêt tropicale

DER TIERSCHUTZ
LA PROTECTION DES ANIMAUX

bedroht — menacé
aussterben (a,o,i) (sein) — disparaître
vom Aussterben bedroht — menacé de disparition
vor dem Aussterben bewahren — protéger de la disparition
ausrotten — exterminer
ums Überleben kämpfen — combattre pour survivre
das Elfenbein — l'ivoire
der Handel mit Elfenbein — le commerce de l'ivoire
der Seehund (e) — le phoque
Tiere quälen — être cruel envers les animaux
die Tierquälerei (en) — la cruauté envers les animaux
der Tierschutz-verein (e) — la société protectrice des animaux
der Tierversuch (e) — l'expérimentation faite sur les animaux

DIE ABFALLBESEITIGUNG
L'ELIMINATION DES DECHETS

der Abfall (¨e)/ der Müll	les déchets
der Abfalleimer(-)/ der Mülleimer (-)	la poubelle
die Abfalltonne(-)/ die Mülltonne (n)	la grande poubelle
das Altglas	le verre usagé
der Altglas-Container (-)	le container pour verre usagé
die Pfandflasche(n)	la bouteille consignée
die Einwegflasche (n)	la bouteille non consignée
die Mehrwegflasche (n)	la bouteille réutilisable
die Wegwerfflasche (n)	la bouteille à jeter
die Verpackung (en)	l'emballage
die Müllabfuhr	l'enlèvement des ordures
die Deponie (n)/ die Müllhalde (n)/ die Müllkippe (n)	la décharge
abladen (u,a,ä)	décharger
die Müllverbrennungsanlage (n)	l'usine d'incinération des déchets
die Abfälle verbrennen (a,a)	incinérer les déchets
die Wiederverwertung der Abfälle/ die Müllentsorgung	le recyclage des déchets
den Hausmüll aussortieren	faire le tri des ordures ménagères
der Sondermüll/ der Giftmüll	les déchets toxiques
der Atommüll	les déchets atomiques
radioaktiv	radioactif
die Strahlung (en)	le rayonnement
die Endlagerung	le stockage définitif
das verseuchte Gebiet (e)	la région çontaminée

STAAT UND POLITIK
L'ETAT ET LA POLITIQUE

DAS GRUNDGESETZ UND DIE BUNDESSTAATLICHE ORDNUNG
LA LOI FONDAMENTALE ET L'ORGANISATION FEDERALE

DAS GRUNDGESETZ	LA LOI FONDAMENTALE
die Verfassung	la constitution
das Grundrecht(e)	le droit fondamental
die Menschenrechte	les droits de l'homme
die Glaubensfreiheit	la liberté de croyance
die Meinungsfreiheit	la liberté d'opinion
die Versammlungsfreiheit	la liberté de réunion
die Gleichheit vor dem Gesetz	l'égalité devant la loi
die Gleichberechtigung von Mann und Frau	l'égalité des droits de l'homme et de la femme
die Freizügigkeit	la liberté de choisir son domicile
der Schutz der Menschenwürde	la protection de la dignité humaine
die Unverletzlichkeit der Menschenrechte	l'inviolabilité des droits de l'homme
die Demokratie (en)	la démocratie
der Rechtsstaat(en)	l'Etat de droit
der Sozialstaat(en)	l'Etat social
der Bundesstaat(en)	l'Etat fédéral
an das Gesetz gebunden sein	être soumis à la loi
verfassungswidrig	contraire à la constitution
das Grundrecht achten	respecter le droit fondamental
die Staatsgewalt (en)	le pouvoir public
vom Volke ausgehen (i,a)(sein)	émaner du peuple
die Trennung der Gewalten/ die Gewaltenteilung	la séparation des pouvoirs
die Gesetzgebung/ die gesetzgebende Gewalt	le pouvoir législatif
die vollziehende Gewalt	le pouvoir exécutif
die Rechtssprechung	le pouvoir judiciaire
die Nationalhymne (n)	l'hymne national
das « Deutschlandlied »	l'hymne national allemand
die Flagge (n)	le drapeau
das Wappen (-)	les armes/les armoiries
DIE BUNDESSTAATLICHE ORDNUNG	L'ORGANISATION FEDERALE
die föderative Ordnung	le régime fédératif
der Föderalismus	le fédéralisme
der Bund	la Fédération
der Bundesstaat(en)	l'Etat fédéral
das (Bundes)land (¨er)	l'Etat (de la Fédération)
die Eigenständigkeit der Länder	l'autonomie des « Länder »
der Staatenbund	la confédération d'Etats

die Abschaffung der Monarchie	l'abolition de la monarchie
die Errichtung eines Staates	la création d'un état
die Besatzungszone	la zone d'occupation
die Zuständigkeit (en) des Bundes	la compétence de la Fédération
die auswärtigen Angelegen-heiten	les affaires étrangères
die Verteidigung	la défense
die Staats-angehörigkeit	la nationalité
das Münzwesen	la monnaie
die Raumordnung	l'aménagement du territoire
überregional	suprarégional
die Verwaltung	l'administration
das Kulturgut	le patrimoine culturel
die Förderung	la promotion
die Forschung	la recherche
die Ständige Konferenz der Kultusminister	la conférence permanente des ministres de l'éducation
der Landtag (e)	la Diète régionale (du land)
die Landesregierung	le gouvernement régional (du land)
der Minister-präsident (en)	le ministre-président (du land)

DIE VERFASSUNGSORGANE
LES ORGANES CONSTITUTIONNELS

DER BUNDES-PRÄSIDENT	LE PRESIDENT FEDERAL
das Staatoberhaupt (¨er)	le chef d'Etat
auf 5 Jahre gewählt werden	être élu pour 5 ans
einen Vertrag unterzeichnen	signer un traité
jn ernennen (a,a)	nommer qn
die Ernennung	la nomination
einen Straftäter begnadigen	grâcier un criminel
die Begnadigung	la grâce
der Orden (-)	la décoration
jm einen Orden verleihen (ie,ie)	décerner une décoration à qn
das Parlament auflösen	dissoudre le parlement
DER BUNDESTAG	LE PARLEMENT FEDERAL
die Volksvertretung	la représentation du peuple
das Plenum	l'assemblée plénière
der Ausschuß (üsse)	la commission
der Haushalt (e)	le budget
der Gesetzentwurf (¨e)	le projet de loi
einen Gesetzentwurf einbringen (a,a)	déposer un projet de loi
an jn weiterleiten	transmettre à qq
die qualifizierte Mehrheit	la majorité qualifiée
die Zweidrittel-mehrheit	la majorité des deux tiers
die Rechts-verordnung (en)	l'ordonnance
die Lesung (en)	la lecture
abstimmen	voter
die Legislatur-periode	la législature
der Abgeordnete/ein Abgeordneter	le député
DER BUNDESRAT	LE BUNDESRAT/ LE CONSEIL FEDERAL (représentant les Länder)
die Vertretung der Länder	la représentation des Etats (de la Fédération)
der Vermittlungs-ausschuß	la commission de médiation
der Einspruch (¨e)	l'objection/le véto
gegen etw. Einspruch einlegen	faire opposition à qn
DIE BUNDES-REGIERUNG/ DAS BUNDES-KABINETT	LE GOUVERNEMENT FEDERAL
der Bundeskanzler	le chancelier fédéral
das Mißtrauensvotum	la motion de censure
die Regierung stürzen	renverser le gouvernement
der Nachfolger (-)	le successeur
das Ministerium (ien)	le ministère
der Minister (-)	le ministre
der Außenminister	le ministre des Affaires Etrangères
das Außen-ministerium/	le Ministère des Affaires Etrangères

das Auswärtige Amt	le Ministère des Affaires Etrangères
die Außenpolitik	la politique étrangère
das Verteidigungsministerium	le Ministère de la Défense
das Innenministerium/ das Ministerium für Inneres	le Ministère de l'Intérieur
DIE BOTSCHAFT (en)	L'AMBASSADE
der Botschafter (-)	l'ambassadeur
die Diplomatie	la diplomatie
der Diplomat(en,en)	le diplomate
die Diplomatenlaufbahn einschlagen (u,a,ä)	embrasser la carrière diplomatique
diplomatisch	diplomatique
die diplomatischen Beziehungen abbrechen (a,o,i)	rompre les relations diplomatiques
der Abbruch der Beziehungen	la rupture des relations
das diplomatische Korps	le corps diplomatique
der diplomatische Dienst	le service diplomatique
diplomatische Schritte unternehmen	entreprendre des démarches diplomatiques
das Abkommen (-)	l'accord
der Vertrag (¨e)	le traité
einen Vertrag abschließen (o,o)	conclure un traité
die Gipfelkonferenz (en)	la conférence au sommet
das Scheitern	l'échec
der Staatsbesuch(e)	la visite officielle
Verhandlungen aufnehmen	entamer des négociations
eine Vereinbarung treffen (a,o,i)	conclure un accord
DAS BUNDESVERFASSUNGSGERICHT	LE TRIBUNAL CONSTITUTIONNEL FEDERAL
verfassungswidrig	contraire à la constitution
die Beschwerde (en)	le recours/ la plainte
eine Beschwerde einlegen/erheben (o,o)	déposer une plainte

PARTEIEN UND WAHLEN
LES PARTIS ET LES ELECTIONS

die Partei (en)	le parti
eine Partei gründen	fonder un parti
einer Partei beitreten (sein)/ in eine Partei eintreten (sein)	adhérer à un parti
einer Partei angehören	être membre (d'un parti)
die Parteizugehörigkeit	l'appartenance à un parti
einen Parteitag abhalten (ie,a,ä)	tenir des assises (parti)
die Parteispaltung	la scission d'un parti
sich spalten	se scinder
der Parteiapparat (e)	l'appareil du parti
der Parteivorstand	le comité directeur d'un parti
der Vorsitzende/ein Vorsitzender	le président
der Generalsekretär	le secrétaire général
der Genosse (n)	le camarade
die Parteilinie (n)	la ligne du parti
die Satzung (en)	les statuts (d'un parti)
eine Partei auflösen	dissoudre un parti
die Parteibasis	la base du parti
aus der Partei ausgeschlossen werden	être exclu du parti
die Parteienfinanzierung	le financement des partis
die Parteispende(n)	la donation à un parti
der Mitgliedsbeitrag (¨e)	la cotisation
seinen Beitrag entrichten/ bezahlen	payer sa cotisation
einen Beitrag erheben (o,o)	percevoir une cotisation
der staatliche Zuschuß (üsse)	la subvention de l'Etat

das Mitglied (er)	le membre
die Mitgliedschaft bei einer Partei	l'affiliation à un parti
die Mitgliederzahl (en)	le nombre des adhérents
der Anhänger(-)/ der Sympathisant (en,en)	le sympathisant
die Splitterpartei (en)	le groupuscule
das Zweiparteien-system	le système bipartite
die Rechtspartei	le parti de droite
die Linkspartei	le parti de gauche
die Rechte	la droite
die Linke	la gauche
der rechte Flügel	l'aile droite
der linke Flügel	l'aile gauche
die Mitte	le centre
die rechtsradikale Partei (en)	le parti d'extrême droite
der Linksradikale/ ein Linksradikaler	le gauchiste
die Volkspartei(en)	le parti populaire/ populiste
der Rechtsextreme/ ein Rechts-extremer	l'extrémiste de droite
rechtsextrem	d'extrême droite
der Neonazi (s)	le néo-nazi
der Faschist(en,en)	le fasciste
die Republikaner	les Républicains (parti d'ext. droite)
der Kommunismus	le communisme
der Kommunist (en,en)	le communiste
kommunistisch	communiste
der Sozialismus	le socialisme
der Sozialist (en,en)	le socialiste
sozialistisch	socialiste
die Sozial-demokratie	la social-démocratie
der Sozialdemokrat (en,en)	le social-démocrate
sozialdemokratisch	social-démocrate
christlich	chrétien
der Christdemokrat (en,en)	le chrétien-démocrate
nationalistisch	nationaliste

die CDU = die Christilich- Demokratische Union
die CSU = die Christlich- Soziale Union
die SPD = die Sozialdemokratische Partei Deutschlands
die FDP = die Freie Demokratische Partei
die PDS = die Partei des Demokratischen Sozialismus
die Grünen = les Verts

DAS WAHLSYSTEM (e)	LE SYSTEME ELECTORAL
die Wahl (en)	l'élection
die Parlamentswahl/ die Bundes-tagswahl (Allemagne)	les élections législatives
die Präsident-schaftswahl (France)	les élections présidentielles
die vorgezogene Wahl	les élections anticipées
der Wähler (-)	l'électeur
die geheime Wahl	le scrutin secret
die Wahl durch Handaufheben	le vote à main levée
wählen	voter
eine Partei wählen	voter pour un parti
die Briefwahl	le vote par correspondance
das allgemeine Wahlrecht	le suffrage universel
das Mehrheits-wahlrecht	le scrutin majoritaire
das Verhältnis-wahlrecht	le scrutin proportionnel
wahlberechtigt sein	avoir le droit de vote
wählbar sein	être éligible
mit vollendetem 18. Lebensjahr	à l'âge de 18 ans révolus
einen Kandidaten aufstellen	présenter un candidat
der Wahlkreis (e)	le district électoral
der Wahlkampf (¨e)	la campagne électorale
das Wahlplakat (e)	l'affiche électorale
die Wahlkundgebung (en)	la réunion électorale
eine Wahlrede halten (ie,a,ä)	faire un discours électoral
der Handzettel (-)	le tract
verteilen	distribuer
ausgepfiffen werden	se faire siffler
das Wahlversprechen (-)	la promesse électorale
zerstritten sein	être déchiré
die inner-parteilichen Spannungen	les tensions à l'intérieur d'un parti
der Wahltag	le jour des élections
das Wahllokal (e)	le bureau de vote
die Wahlurne (n)	l'urne

die Wahlkabine (n)	l'isoloir
der Stimmzettel (-)	le bulletin de vote
seinen Stimmzettel abgeben	déposer son bulletin de vote (dans l'urne)
einen Namen ankreuzen	cocher/mettre une croix devant un nom
die Stimme (n)	la voix
seine Stimme abgeben	voter
für einen Kandidaten stimmen	voter pour un candidat
der erste Wahlgang	le premier tour de scrutin
die Stichwahl	le ballotage
die Wahlbeteiligung	la participation électorale
sich der Stimme enthalten (ie,a,ä)	s'abstenir
die Stimmenthaltung (en)	l'abstention
die ungültige Stimme	le bulletin nul
die Stimmenzählung (en)	le dépouillement du scrutin
die Stimmen auszählen	compter les voix
die Hochrechnung (en)	les estimations
das Wahlergebnis (se)	le résultat des élections
die absolute/ relative Mehrheit	la majorité absolue/ relative
die Minderheit	la minorité
in der Minderheit sein	être en minorité
die Fünfprozent-klausel	la clause des 5 pour cent
der Sitz (e)	le siège
die Sitzverteilung	la répartition des sièges
die Sperrklausel überwinden (a,u)	dépasser la barre (des 5%)
das Mandat (e)	le mandat
5% der Stimmen auf sich vereinigen	obtenir 5% des voix
die Koalition (en)	la coalition
die Regierung bilden	former le gouvernement
die Minderheits-regierung	le gouvernement minoritaire

DEUTSCHE GESCHICHTE BIS 1945
L'HISTOIRE ALLEMANDE JUSQU'EN 1945

Karl der Große	Charlemagne
das Heilige Römische Reich Deutscher Nation	le Saint Empire Romain-Germanique
das Mittelalter	le Moyen Age
mittelalterlich	moyenâgeux/médiéval
der Ritter (-)	le chevalier
die Burg (en)	le château-fort
die Rüstung (en)	l'armure
der Schild (e)	le bouclier
die Neuzeit	les temps modernes
die Hanse	la Hanse
die Hansestadt (¨e)	la ville hanséatique
der Dreißigjährige Krieg	la Guerre de Trente Ans
das Zeitalter (-)	l'époque/l'ère
das Zeitalter der Aufklärung	le Siècle des Lumières
die Großmacht (¨e)	la grande puissance
das Bürgertum	la bourgeoisie
der Adel	la noblesse
adelig	noble
der Adelstitel (-)	le titre de noblesse
das Reich (e)/ das Kaiserreich (e)	l'empire
das Königreich (e)	le royaume
der Herrscher (-)	le souverain
herrschen (über+Akk.)	régner (sur)
der König (e)	le roi
der Herzog (¨e)	le duc
der Graf (en,en)	le comte
der Prinz (en,en)	le prince
der Thron (e)	le trône
den Thron besteigen (ie,ie)	monter sur le trône
der Thronfolger (-)	le successeur au trône
die Krone (n)	la couronne
der Kronprinz (en,en)	le dauphin
die Krönung	le couronnement
der Hof (¨e)	la cour
der Kaiser (-)	l'empereur
die Abdankung (en)	l'abdication
der Erste Weltkrieg	la Première Guerre Mondiale

abdanken	abdiquer
die Weimarer Republik	la République de Weimar
die Republik ausrufen (ie,u)	proclamer la république
der Reichstagsbrand	l'incendie du Reichstag
der Brandstifter(-)	l'incendiaire
die Macht	la puissance/ le pouvoir
der Machthaber (-)	le détenteur du pouvoir
die Machtergreifung	la prise de pouvoir
der Reichskanzler	le chancelier du Reich
zum Kanzler ernannt werden	être nommé chancelier
die Ernennung	la nomination
ernennen (a,a)	nommer
die Gewaltherrschaft	la tyrannie
die Willkür	l'arbitraire
willkürlich	arbitraire

DAS NS-REGIME : *LE REGIME NAZI*

die NSDAP (Nationalsozialistische Deutsche Arbeiterpartei	le NSDAP (parti national-socialiste des travailleurs allemands
der Nationalsozialismus	le national-socialisme
der Nationalsozialist (en,en)	le national-socialiste
der Nazi (s)	le nazi
zur Nazizeit	au temps du nazisme
das tausendjährige Reich	le Reich millénaire
die Gestapo (Geheime Staatspolizei)	la gestapo (police secrète d'Etat)
die SA (Sturmabteilung)	la SA (section d'assaut)
die SS (Schutz-Staffel)	les SS (sections de protection)
die Hitlerjugend	la jeunesse hitlérienne
die Rasse (n)	la race
rassistisch	raciste
rassistisch eingestellt sein	être raciste
der Rassismus	le racisme
der Rassist (en,en)	le raciste
die Rassendiskriminierung	la discrimination raciale
die « entartete Kunst«	l'art »dégénéré«
DAS JUDENTUM	LE JUDAISME
der Jude (n,n)	le juif
die Jüdin (nen)	la juive
jüdisch	juif
die Judenverfolgung	la persécution des juifs
verfolgen	persécuter
judenfeindlich	antisémite
der Antisemitismus	l'antisémitisme
der Antisemit (en,en)	l'antisémite
das KZ (Konzentrationslager)(-)	le camp de concentration
die Endlösung	la solution finale
die Gaskammer (n)	la chambre à gaz
vergasen	gazer
die Deportation	la déportation
deportieren	déporter
der Deportierte/ein Deportierter	le déporté
der Stacheldraht	les barbelés
der Wachturm (¨e)	le mirador
die Vernichtung	l'extermination
das Massengrab(¨er)	la fosse commune
die Zwangsarbeit	les travaux forcés
das Ghetto (s)	le ghetto
das Verbrechen gegen die Menschheit	le crime contre l'humanité
das Kriegsverbrechen (-)	le crime de guerre
der Kriegsverbrecher (-)	le criminel de guerre
die Gedenkstätte(n)	le lieu commémoratif
die Verjährung	la prescription
die Weltwirtschaftskrise	la crise économique mondiale
der Anschluß	l'Anschluß/ l'annexion
der Widerstand	la résistance
der Widerstandskämpfer (-)	le résistant
das Standgericht(e)	la cour martiale
die Hinrichtung(en)	l'exécution
der Überläufer (-)	le transfuge
zum Feind überlaufen (ie,au,äu) (sein)	passer à l'ennemi

der Kollaborateur (e)	le collaborateur
der Spitzel (-)	le mouchard
der Verrat	la trahison
der Verräter (-)	le traître
verraten (ie,a,ä)	trahir
der Zusammenbruch	l'effondrement
die bedingungslose Kapitulation	la capitulation sans condition
die Vergeltung	les représailles
die Entnazifizierung	la dénazification

DIE NACHKRIEGSZEIT : *L'APRES-GUERRE*

der Alliierte/ein Alliierter	l'allié
der Viermächtestatus	le statut quadripartite
die Siegermächte	les puissances victorieuses
die Westmächte	les puissances occidentales
die Teilung Deutschlands	la division de l'Allemagne
teilen (in+Akk.)	diviser (en)
das geteilte Deutschland	l'Allemagne divisée
der Kalte Krieg	la Guerre Froide
der Ostblock	le block de l'est
die Berlin-Blockade	le blocus de Berlin
die Luftbrücke (n)	le pont aérien
der Eiserne Vorhang	le Rideau de Fer
die deutsche Frage	la question allemande
der Ost-West-Konflikt	le conflit entre l'Est et l'Ouest
Berlin, die Viersektorenstadt	Berlin, la ville aux quatre secteurs
der Sektor (en)	le secteur
die Oder-Neiße-Linie	la ligne Oder-Neiße
unter polnischer Verwaltung	sous administration polonaise
DIE DDR (Deutsche Demokratische Republik)	LA RDA (République Démocratique Allemande)
die Volkskammer	la Chambre du Peuple
das Politbüro	le Politbureau/le bureau politique
das Zentralkomitee	le comité central
der Staatsrat	le conseil d'Etat
der Staatsratsvorsitzende	le Président du Conseil d'Etat (RDA)
das Ministerium für Staatssicherheit	le Ministère pour la Sécurité de l'Etat
die Stasi (Staatssicherheit)	la Sécurité de l'Etat
die Volkspolizei	la police populaire
der Vopo(s) = Volkspolizist (en,en)	le vopo
die NVA = Nationale Volksarmee	l'Armée Nationale Populaire (RDA)
die SED = Sozialistische Einheitspartei Deutschlands	le SED = Parti socialiste unifié d'Allemagne
die Arbeiterklasse	la classe ouvrière
der Genosse (n,n)	le camarade
die Enteignung	l'expropriation
enteignen	exproprier
das Volkseigentum	la propriété collective
DIE BERLINER MAUER	LE MUR DE BERLIN
errichten	ériger
der Mauerbau	la construction du mur
verminen	miner
der Schießbefehl(e)	la consigne de tir
die automatische Schießanlage(n) /die Selbstschußanlage (n)	le dispositif de tir automatique
der Republikflüchtling (e)	le fuyard
die Grenze verletzen	violer la frontière
der Fahnenflüchtige ein Fahnenflüchtiger/der Deserteur (e)	le déserteur
der Warnschuß(üsse)	le coup de semonce
einen Warnschuß abgeben (a,e,i)	tirer un coup de semonce
die Grenzpolizei	la police frontalière
die Grenzstreife(n)	la patrouille de gardes frontières
der Grenzzwischenfall (¨e)	l'incident de frontière
eine Sperre überwinden (a,u)	passer à travers une barricade
die Unterdrückung	l'oppression
die Schikane (n)	la chicane/la tracasserie

Schikanen hinnehmen	subir des chicanes
der Transitverkehr	la circulation de transit
der Zwangsumtausch	le change obligatoire
DIE BRD (die Bundesrepublik Deutschland)	la République Fédérale d'Allemagne = la RFA
die Gründung	la création
gründen	créer/fonder
die Übergangszeit	la période de transition
die Ostpolitik	l'ostpolitik (la politique à l'égard de l'Est)
die innerdeutschen Beziehungen	les relations inter-allemandes
die Wiedergutmachung	l'indemnisation
DIE DEUTSCHE EINHEIT	L'UNITE ALLEMANDE
die Wiedervereinigung	la réunification
der Fall der Mauer	la chute du mur
das Brandenburger Tor	la Porte de Brandebourg
eine Bresche in die Mauer schlagen (u,a,ä)	ouvrir une brèche dans le mur
das geeinte Deutschland	l'Allemagne unie
der Jubel	l'allégresse
jubeln	pousser des cris d'allégresse
die jubelnde Menschenmenge	la foule en liesse
zusammengehören	appartenir à une même communauté
das Zusammengehörigkeitsgefühl	le sentiment d'appartenir à une même communauté
die Freiheit	la liberté
die Freiheit erlangen	obtenir la liberté
die Ausreiseerlaubnis	l'autorisation de quitter le pays
die Demonstration (en)	la manifestation
demonstrieren	manifester
der Rücktritt (e)	la démission
zurücktreten(a,e,i) (sein)	démissionner
Gespräche aufnehmen (a,o,i)	ouvrir des pourparlers
die Währungsunion	l'union monétaire
die Anerkennung der Oder-Neiße-Grenze	la reconnaissance de la frontière Oder-Neiße
eine Grenze anerkennen (a,a)	reconnaître une frontière
in Kraft treten (a,e,i)(sein)	entrer en vigueur
die Verhandlung(en) (über+Akk.)	la négociation (sur)
das Bündnis (se)	l'alliance
die Beratung (en)	la délibération
der Einigungsvertrag (¨e)	le Traité d'unification
die Unterzeichnung (en)	la signature
einen Vertrag unterzeichnen	signer un traité
das Inkrafttreten	l'entrée en vigueur
der Beitritt (zu)	l'adhésion (à)
das neue/alte Bundesland (¨er)	le nouveau/l'ancien Land
gesamtdeutsch	panallemand
die ehemalige DDR	l'ex-RDA

DIE VERWALTUNG
L'ADMINISTRATION

DIE ÖFFENTLICHEN FINANZEN
LES FINANCES PUBLIQUES

die öffentlichen Ausgaben	les dépenses publiques
der öffentliche Dienst	le service public
der Staatshaushalt	le budget de l'Etat
die Steuereinnahmen	les recettes fiscales
das Steuerwesen	le système fiscal
die Steuer (n)	l'impôt
die Abgabe (n)	la contribution/ la redevance
die (in)direkten Steuern	les impôts (in)directs
besteuern	imposer/taxer
steuerpflichtig	imposable
eine Steuer erheben (o,o)	percevoir un impôt
der Steuerzahler(-)	le contribuable
die Steuererklärung (en)	la déclaration d'impôts
der Steuerbescheid (e)	l'avis d'imposition
fällig sein	être exigible
die Steuer stunden	accorder un délai pour le paiement de l'impôt
die Steuerhinterziehung (en)	la fraude fiscale
die Steuern hinterziehen (o,o)	frauder le fisc
das Finanzamt (¨er)	la perception/le centre des impôts
die Lohnsteuer (n)	l'impôt sur les salaires
die Einkommensteuer	l'impôt sur le revenu
die Umsatzsteuer	la taxe sur le chiffre d'affaires
die Mehrwertsteuer	la taxe sur la valeur ajoutée (T.V.A.)
die Vermögenssteuer	l'impôt sur la fortune
die Erbschaftssteuer	les droits de succession
die Kraftfahrzeugsteuer	l'impôt sur les automobiles
die Grunderwerbssteuer	l'impôt sur les transactions immobilières
die Hundesteuer	la taxe sur les chiens
die Kirchensteuer	l'impôt destiné à l'Eglise

DIE POST : *LA POSTE*

das Post- und Fernmeldewesen	les postes et télécommunications
das Postamt (¨er)	le bureau de poste
der Postbeamte/ein Postbeamter	l'employé des postes
auf die Post/zur Post gehen	aller à la poste
mit der Post schicken	envoyer par la poste
der Postbote (n,n)/ der Briefträger (-)	le facteur
die Post austragen (u,a,ä)/die Post zustellen	distribuer le courrier
die Zustellung	la distribution
der Briefkasten (¨)	la boîte aux lettres
die Leerung (en)	la levée
DER SCHALTER (-)	LE GUICHET
einen Brief am Schalter aufgeben	déposer une lettre au guichet
das Postfach (¨er)	la boîte postale
die Postgebühren	les tarifs postaux

die Briefmarke (n)/ das Postwertzeichen (-)	le timbre
aufkleben	coller
das Porto	le port
einen Brief frankieren	affranchir une lettre
unfrankiert	non affranchi
« Porto bezahlt »	« port payé »
ungenügend frankiert	insuffisamment affranchi
postlagernd	en poste restante
portofrei	en franchise
der Zuschlag (¨e)	le supplément
per Luftpost	par avion
per Eilboten	par exprès
der Eilbrief (e)	la lettre exprès
per Einschreiben	en recommandé
der eingeschriebene Brief/ Einschreibebrief (e)	la lettre recommandée
die Drucksache (n)	l'imprimé
bitte nachsenden	faire suivre, s.v.p.
der Poststempel (-)	le tampon de la poste
(ab)stempeln	tamponner
das Päckchen (-)	le petit colis
das Paket (e)	le colis
das Telegramm (e)	le télégramme
ein Telegramm aufgeben	envoyer un télégramme
das Postscheckamt (¨er)	le bureau des chèques postaux
der Postscheck (s)	le chèque postal
das Postscheckkonto (ten)	le compte-chèque postal
die Postanweisung (en)	le mandat postal
die Postleitzahl (en)	le code postal
die Adresse (n)/ die Anschrift (en)	l'adresse
der Empfänger (-)	le destinataire
der Absender (-)	l'expéditeur

DAS TELEFON	LE TELEPHONE
der Telefonapparat (e)	l'appareil de téléphone
der Hörer (-)	l'écouteur
(den Hörer) abnehmen	décrocher
die Nummer wählen	composer le numéro
das Tonzeichen (-)	la tonalité
der Anruf (e)	l'appel
jn anrufen (ie,u)	appeler qn
mit jm telefonieren	téléphoner à/avec qn
sich melden	répondre
einhängen	raccrocher
jn am Telefon verlangen	demander qn au téléphone
am Apparat bleiben (ie,ie)(sein)	rester à l'appareil
besetzt	occupé
unterbrochen werden	être coupé
der Teilnehmer (-)	le correspondant
jn erreichen	joindre qn
das Telefonbuch (¨er)	l'annuaire
das Ortsgespräch(e)	la communication locale/urbaine
das Auslandsgespräch (e)	la communication internationale
die Wetteransage(n)	le service météo
die Zeitansage (n)	l'horloge parlante
die Störung (en)	le dérangement
die Fernsprechauskunft (¨e)	les renseignements téléphoniques
der Weckdienst (e)	le réveil par téléphone
der automatische Anruf-beantworter(-)	le répondeur automatique
die Telefongebühr (en)	le tarif des communications
die Gebühreneinheit (en)	l'unité téléphonique
die Telefonrechnung (en)	la facture de téléphone
die Telefonzelle(n)	la cabine téléphonique
der Münzfernsprecher (-)	l'appareil à pièces

DIE VERSICHERUNG : *L'ASSURANCE*

das Versicherungswesen	les assurances
versichert sein	être assuré
sich gegen etw. versichern lassen	se faire assurer contre qc
der Versicherte/ein Versicherter	l'assuré
die Versicherungsgesellschaft (en)	la compagnie d'assurance
die Prämie (n)	la prime

die Höhe der Prämie	le montant de la prime
das Risiko (ken)	le risque
ein Risiko decken	couvrir un risque
der Versicherungsschutz	la garantie/ la couverture
die Versicherungspolice (n)	la police d'assurance
eine Versicherung abschließen (o,o)	contracter une assurance
die Zusatzversicherung (en)	l'assurance complémentaire
die Versicherungssumme (n)	la somme assurée
bei höherer Gewalt	en cas de force majeure
unterversichert sein	être sous-assuré
die Lebensversicherung (en)	l'assurance-vie
die Haftpflichtversicherung	l'assurance de responsabilité civile
die Kraftfahrzeugsversicherung	l'assurance-automobile
die Vollkaskoversicherung	l'assurance tous risques
die Feuerversicherung	l'assurance-incendie
die Unfallversicherung	l'assurance contre les accidents
die Krankenversicherung	l'assurance-maladie
die Arbeitslosenversicherung	l'assurance-chômage
der Schaden (¨)	le dommage/le dégât/ le préjudice
für den Schaden aufkommen (a,o) (sein)	payer des dégâts
jm Schaden zufügen	causer du tort à qn
im Schadensfall	en cas de sinistre
die Entschädigung (en)	le dédommagement
entschädigt werden	être dédommagé
der Schadenersatz	l'indemnité/ l'indemnisation
Schadenersatz verlangen/ beanspruchen	réclamer des dommages-intérêts
die Erstattung von Kosten	le remboursement de(s) frais
erstatten	rembourser
erstattet bekommen (a,o)	recevoir en remboursement

Ich hätte gerne Briefmarken zu einer Mark.	Je voudrais des timbres à un mark.
Haben Sie Sondermarken ?	Avez-vous des timbres de collection ?
Wieviel Porto kommt auf diesen Brief ?	A combien faut-il affranchir cette lettre ?
Ich hätte gerne die Auskunft.	Je voudrais avoir les renseignements.
Wählen Sie die ...	Faites le ...
Bleiben Sie am Apparat.	Restez en ligne.
Herr B. spricht gerade. Wollen Sie warten ? Oder soll er Sie zurückrufen ?	M. B est en communication. Vous pouvez patienter ? Ou voulez-vous qu'il vous rappelle ?
Sie haben sich verwählt.	Vous vous êtes trompé de numéro.
Die Verbindung ist sehr schlecht.	La liaison est très mauvaise.

DIE JUSTIZ
LA JUSTICE

das Recht	le droit
die Rechtsprechung/ die Justiz	la justice
das bürgerliche Recht	le droit civil
das Strafrecht	le droit pénal
das öffentliche Recht	le droit public
das Gesetz (e)	la loi
gelten (a,o,i)	être en vigueur
im Namen des Gesetzes	au nom de la loi
ein Gesetz übertreten (a,e,i)	transgresser une loi
das Gesetz umgehen (i,a)	tourner la loi
Er hat das Gesetz umgangen.	Il a tourné la loi.
gegen das Gesetz verstoßen (ie,o,ö)	violer la loi
ein Gesetz aufheben (o,o)	abroger une loi
gesetzmäßig	légal
das Bürgerliche Gesetzbuch	le code civil
das Strafgesetzbuch	le code pénal
DAS GERICHT (e)	LE TRIBUNAL
das zuständige Gericht	le tribunal compétent
ein Gericht erster Instanz	un tribunal de première instance
das Amtsgericht (e)	le tribunal d'instance
das Landgericht (e)	le tribunal de grande instance
die Berufung	l'appel
Berufung einlegen	faire appel
das Oberlandesgericht (e)	la cour d'appel
die Revision	la cassation
Revision einlegen	se pourvoir en cassation
der Bundesgerichtshof	la cour fédérale de justice
das Schwurgericht (e)	la cour d'assises
der Kläger (-)	le plaignant/ le demandeur
der Angeklagte/ein Angeklagter	l'accusé/le prévenu
der Verteidiger (-)	l'avocat de la défense
ein amtlich bestellter Verteidiger	un avocat commis d'office
die Verteidigung übernehmen (a,o,i)	se charger de la défense
die Verteidigung niederlegen	renoncer à la défense
der Rechtsanwalt(¨e)	l'avocat
der Staatsanwalt (¨e)	le Procureur de la République
der Geschworene/ein Geschworener	le juré
der Richter (-)	le juge
der Gerichtsvollzieher (-)	l'huissier de justice
der Rechtspfleger (-)	le fonctionnaire de justice
DIE ANZEIGE (n)	LA PLAINTE
gegen jn Anzeige erstatten/jn anzeigen	porter plainte contre qn
die Anklage (n)	l'accusation
jn anklagen	accuser qn
gegen jn Anklage erheben (o,o)	déposer une plainte contre qn
unter Anklage stehen (a,a)	être accusé
wegen Mordes angeklagt werden	être accusé de meurtre
wegen Diebstahls	pour (cause de) vol
jn (vor Gericht) verklagen	intenter un procès à qn
DER VERDACHT	LE SOUPÇON
begründet	fondé
jn verdächtigen	soupçonner qn
der Verdächtigte/	le suspect

ein Verdächtiger	
der Durchsuchungsbefehl (e)	le mandat de perquisition
der Haftbefehl (e)	le mandat d'arrêt
einen Haftbefehl erlassen (ie,a,ä)	lancer un mandat d'arrêt
jn festnehmen/ jn verhaften	arrêter qn
die (vorläufige) Festnahme (n)	l'arrestation (provisoire)
jn inhaftieren/ jn einsperren/ jn in Haft nehmen	écrouer qn
jn wieder auf freien Fuß setzen	remettre qn en liberté

DIE UNTERSUCHUNG (en)	L'ENQUETE
eine Untersuchung einleiten	ouvrir une enquête
die Untersuchungshaft	la détention préventive
der Untersuchungsrichter (-)	le juge d'instruction
einen Fall überprüfen	examiner un cas
in rechtlicher Hinsicht	sur le plan juridique
der Sachverhalt/ der Tatbestand	les faits
den Sachverhalt klären	clarifier les faits
die Beweisaufnahme (n)	l'instruction
der Beweis (e)	la preuve
aus Mangel an Beweisen	faute de preuves
seine Unschuld beweisen (ie,ie)	prouver son innocence
das Verhör (e)/die Vernehmung (en)	l'interrogatoire
jn verhören/ jn vernehmen	interroger qn
das Kreuzverhör (e)	l'interrogatoire contradictoire
jn ins Kreuzverhör nehmen	soumettre qn à un interrogatoire contradictoire
die Gegenüberstellung (en)	la confrontation

DAS VERFAHREN (-)	LA PROCEDURE
die Verhandlung(en)	l'audience
die öffentliche Verhandlung	l'audience publique
das Verbrechen (-)	le crime
der Verbrecher (-)	le criminel
ein Verbrechen begehen (i,a)	commettre un crime
das Vergehen (-)	le délit
der Täter (-)	l'auteur (d'un délit/d'un crime)
die Tat einsehen (a,e,ie)	reconnaître les faits
die Tat leugnen	nier les faits
die Tat bestreiten (i,i)	contester les faits
gestehen (a,a)/ zugeben (a,e,i)	avouer
das Geständnis (se)	l'aveu
ein Geständnis ablegen	faire un aveu
unter Ausschluß der Öffentlichkeit	à huis clos
mildernde Umstände	des circonstances atténuantes
der Zeuge (n,n)	le témoin
der Kronzeuge (n,n)	le témoin principal
einen Zeugen bestechen (a,o,i)	corrompre un témoin
aussagen	faire une déposition
die Aussage (n)	la déposition/ la déclaration
etw. bezeugen	témoigner de qc
der Eid (e)	le serment
einen Eid leisten/ ablegen	prêter serment
einen Meineid leisten	faire un parjure
schwören (o,o)	jurer
eine eidesstattliche Erklärung	une déclaration tenant lieu de serment
jn belasten	charger qn
der Belastungszeuge (n,n)	le témoin à charge
der Entlastungszeuge (n,n)	le témoin à décharge

DAS URTEIL (e)	LE JUGEMENT/ LE VERDICT
das Urteil verkünden	prononcer le verdict
in Abwesenheit des Angeklagten	par contumace
ein Urteil aufheben (o,o)	annuler un jugement
ein Urteil anfechten (o,o,i)	attaquer un jugement
das Urteil sprechen	rendre le verdict
den Prozeß gewinnen (a,o)	obtenir gain de cause
der Urteilsspruch (¨e)	la sentence

Einspruch erheben (o,o)	faire opposition
der Freispruch (¨e)	l'acquittement
jn freisprechen	acquitter qn

DIE VERURTEILUNG (en)	LA CONDAMNATION
jn verurteilen	condamner qn
zum Tode verurteilen	condamner à mort
zu einem Jahr Gefängnis verurteilen	condamner à un an de prison
schuldig/unschuldig (an+Dat.)	coupable/innocent (de qc)
schuldig gesprochen werden	être déclaré coupable
sich schuldig bekennen (a,a)	avouer sa culpabilité
für schuldig befunden werden	être reconnu coupable
die Schuld	la culpabilité/ la faute
die Unschuld	l'innocence
die Begnadigung (en)	la grâce

DIE STRAFE (n)	LA PEINE
eine milde/schwere Strafe	une peine légère/ lourde
eine Strafe verhängen	infliger une peine
jm eine Strafe erlassen (ie,a,ä)	remettre une peine à qn
zu einer Gefängnis-strafe verurteilt werden	être condamné à une peine de prison
die Todesstrafe (n)	la peine de mort
die Todestrafe verlangen	réclamer la peine de mort
die Todesstrafe abschaffen	abolir la peine de mort
der Henker (-)	le bourreau
die Hinrichtung(en)	l'exécution
hingerichtet werden	être exécuté
enthauptet werden	être décapité
das Schafott	l'échafaud
der Tod durch den Strang	la pendaison
jn erhängen	pendre qn
der Galgen (-)	la potence
das Fallbeil/ die Guillotine	la guillotine
der Scheiterhaufen (-)	le bûcher
die Zwangsarbeit	les travaux forcés

DAS GEFÄNGNIS(se)	LA PRISON
ins Gefängnis kommen	aller en prison
der Gefangene/ein Gefangener	le prisonnier
jn ins Gefängnis stecken/werfen (a,o,i)	mettre/jeter qn en prison
im Gefängnis sitzen (a,e)	faire de la prison
eine Gefängnis-strafe absitzen (a,e)	faire son temps de prison
Gefängnis mit Bewährung	prison avec sursis
die Gefängniszelle (n)	la cellule (de prison)
der Gefängniswärter (-)	le gardien de prison
aus dem Gefängnis ausbrechen (a,o,i) (sein)	s'évader de prison
der Gefängnis-ausbruch (¨e)	l'évasion de prison
geglückt/mißglückt	réussi/manqué
die Haft	la détention
der Häftling (e)/ der Sträfling (e)	le détenu
aus der Haft entlassen werden	être relâché

PROBLEME UNSERER ZEIT
PROBLEMES DE NOTRE TEMPS

DIE EINWANDERUNG
L'IMMIGRATION

der Einwanderer (-)	l'immigré
der Gastarbeiter(-)	l'ouvrier étranger
der Flüchtling (e)	le réfugié
die Flucht	la fuite
die Flucht ergreifen (i,i)	prendre la fuite
fliehen (o,o)(sein)	fuir/s'enfuir
der Aussiedler (-)	l'immigré (de souche allemande)
aus Osteuropa stammen	être originaire de l'Europe de l'Est
der Übersiedler (-)	le réfugié de l'ancienne RDA
das Asyl	l'asile
der Asylant(en,en)/ der Asylbewerber(-)	le demandeur d'asile
das Asylrecht	le droit d'asile
das Asylrecht einschränken	restreindre le droit d'asile
um Asyl anfragen	demander asile
der Antrag (¨e)	la demande
einen Antrag auf Asyl stellen/ Asyl beantragen	faire une demande d'asile
einen Antrag abweisen (ie,ie)	refuser une demande
obdachlos	sans abri
der Obdachlose/ ein Obdachloser	le sans abri
die Unterbringung	l'hébergement
jn unterbringen (a,a)	héberger qn
das Auffanglager(-)	le centre d'accueil
menschenunwürdig	indigne d'un être humain
überbelegt	archicomble
die Wohnungsnot	la pénurie de logements
die Familienzusammenführung	le rapprochement familial
die Eingemeindung	l'intégration
die Quote (en)	le quota
die Quotenregelung	le règlement par quotas
die Einbürgerung (en)	la naturalisation
die Aufenthaltserlaubnis	le permis de séjour
die materielle Unterstützung	le soutien matériel
der Illegale/ ein Illegaler	le clandestin
untertauchen	disparaître dans la clandestinité
schwarz arbeiten	travailler au noir
der Hungerlohn (¨e)	le salaire de misère
jn ausweisen (ie,ie)	expulser qn
die Ausweisung (en)	l'expulsion
die einheimische Bevölkerung	la population locale
fremdenfeindlich	xénophobe
aufgebracht	outré/en colère
die Unruhen	les troubles
der Zigeuner (-)	le gitan
das Zigeunerlager (-)	le campement de gitans
zigeunerhaft	bohémien
betteln	mendier
der Bettler (-)	le mendiant
aufdringlich	importun/collant

RAUSCHGIFT : *LA DROGUE*

das Rauschgift	le stupéfiant
die Droge (n)	la drogue
der Stoff	la came
der Drogensüchtige/ ein Drogensüchtiger	le toxicomane
die Abhängigkeit	la dépendance
drogenabhängig sein	être dépendant (de la drogue)
auf eine härtere Droge umsteigen (ie,ie)(sein)	passer à une drogue plus forte
den Drogentod sterben (a,o,i)	mourir de la drogue
der Drogentote/ ein Drogentoter/ das Rauschgiftopfer (-)	la victime de la drogue
das Kokain	la cocaïne
das Haschisch	le haschisch
das Opium	l'opium
das Crack	le crack
das Lösungsmittel (-)	le solvant
das Heroin	l'héroïne
schnupfen/sniefen	priser
sich eine Droge spritzen	s'injecter une drogue
die Spritze (n)	la piqûre/ la seringue
die Einwegspritze (n)	la seringue jetable
die Wirkung	l'effet
anhalten (ie,a,ä)	durer
die Nachwirkung (en)	l'effet secondaire
das Wohlbefinden	le bien-être
das euphorische Gefühl	la sensation d'euphorie
die Gewalttätigkeit	la violence
schmerzstillend wirken	atténuer la douleur
die Verhaltensstörung	le trouble du comportement
der Verfolgungswahn	la manie de la persécution
die Entziehungskur (en)	la cure de désintoxication
die Entzugserscheinung (en)	le symptôme de manque
die Ersatzdroge (n)	la drogue de remplacement
der Rückfall (¨e)	la rechute
rückfällig werden	récidiver
der Drogenhandel	le trafic de drogue
das Verteilernetz (e)	le réseau de distribution
der Drogenhändler (-)	le trafiquant de drogue
die Polizeirazzia (ien)	la razzia
die Beschaffungskriminalität	la criminalité pour se procurer de la drogue
sich Stoff verschaffen	se procurer de la drogue
der Treffpunkt für Dealer	le lieu de rendez-vous des dealers

DIE ABTREIBUNG : *L'AVORTEMENT*

die Abtreibung (en)	l'avortement
abtreiben (ie,ie)	avorter
die Schwangerschaft (en)	la grossesse
schwanger sein	être enceinte
der Schwangerschaftsabbruch (¨e)	l'interruption de grossesse
eine Schwangerschaft abbrechen (a,o,i)	interrompre une grossesse
einen Schwangerschaftsabbruch vornehmen	pratiquer une interruption de grossesse
die Notlage (n)	la situation de détresse
die Familienplanung	le planning familial
die Sexualaufklärung	l'éducation sexuelle
das Verhütungsmittel (-)	le moyen contraceptif
die Pille nehmen	prendre la pilule
das Kondom (e)/ das Präservativ (e)	le préservatif
das Ungeborene schützen	protéger l'enfant non encore né
das Lebewesen (-)	l'être vivant
die Kinderfeindlichkeit	l'hostilité envers les enfants
ein Kind auf die Welt bringen (a,a)	mettre un enfant au monde
das Kind behalten (ie,a,ä)	garder l'enfant
die Ehrfurcht vor dem Leben	le respect de la vie

DIE GEWALT : *LA VIOLENCE*

die Jugendkriminalität	la délinquance juvénile
überhand nehmen	s'étendre
der Raubüberfall (¨e)	l'attaque à main armée
jn überfallen (ie,a,ä)	agresser qn
der Überfall (¨e)	l'agression
jn niederstechen (a,o,i)	poignarder qn
der Messerstich (e)	le coup de couteau
das Verbrechen (-)	le crime
der Verbrecher (-)	le criminel
gewalttätig	violent/brutal
die Gewalttat (en)	l'acte de violence
die Verbrechenswelle (n)	la vague de crimes
(die) Körperverletzung	(les) coups et blessures
vorsätzlich	volontaire
fahrlässig	involontaire
der tödliche Ausgang	l'issue fatale
der Schläger (-)	le casseur
randalieren	faire du tapage
jn belästigen	importuner qn
die Belästigung (en)	la tracasserie
die Graffiti	les graffitis
der Graffitisprayer (-)	le tagger
die Sachbeschädigung (en)	le dégât matériel
Wände beschmieren	souiller les murs
die Spraydose (n)	la bombe aérosol
Wände besprühen	projeter de la peinture sur les murs
das Wachpersonal	les vigiles
der Wächter (-)	le gardien/le vigile
der Wachhund (e)	le chien de garde
die Streife (n)	la patrouille
der Rundgang (¨e)	la ronde
auf Streife gehen	patrouiller
jn ausrauben	dépouiller qn
die Pistole (n)	le pistolet
jn mit einer Pistole bedrohen	menacer qn d'un pistolet
umzingeln	encercler
der Bankraub	le hold-up
der Tatort (e)	le lieu du crime
das Versteck (e)	la cachette
der Punker (-)	le punk
der Skinhead (s)	le skinhead
das Gesindel	la racaille

sich herumtreiben (ie,ie)	traîner
ein Auto knacken	forcer la serrure d'une voiture
der Autoknacker (-)	le voleur de voiture
die Notwehr	la légitime défense
die Selbsthilfe	l'auto-défense
das Tränengas	le gaz lacrimogène
sich zur Wehr setzen/sich verteidigen	se défendre
der Einbrecher (-)	le cambrioleur
der Einbruch (¨e)	le cambriolage/ l'effraction
in ein Haus einbrechen (a,o,i) (sein)	cambrioler une maison
der Tresor (e)/ der Safe (s)	le coffre-fort
einen Safe aufbrechen (a,o,i)	forcer un coffre-fort
aufschweißen	ouvrir au chalumeau
der Mörder (-)	l'assassin
der Mord (e)	l'assassinat
einen Mord begehen (i,a)	commettre un assassinat
jn ermorden	assassiner qn
die Vergewaltigung (en)	le viol
vergewaltigen	violer
die Kindesmißhandlung	les sévices infligés à des enfants
ein Kind mißhandeln	exercer des sévices sur un enfant
ein Kind mißbrauchen	abuser d'un enfant
die Blutschande/ der Inzest	l'inceste
die Erpressung (en)	le chantage
jn erpressen	faire chanter qn
der Erpresser (-)	le maître-chanteur
der Komplize (n,n)	le complice
der Diebstahl (¨e)	le vol
der Dieb (e)	le voleur
stehlen (a,o,ie)	voler
der Ladendiebstahl (¨e)	le vol à l'étalage
der Schwindel (-)	l'escroquerie
der Schwindler (-)	l'escroc
der Heiratsschwindler (-)	l'escroc au mariage
fälschen	contrefaire/ faire un faux
der Geldfälscher(-)	le faussaire
die Hehlerei	le recel

der Hehler (-)	le receleur
die Unterschlagung (en)	le détournement de fonds
Geld unterschlagen (u,a,ä)	détourner de l'argent
der Schmuggel (-)	la contrebande
der Schmuggler (-)	le contrebandier
schmuggeln	faire de la contrebande
die Brandstiftung (en)	l'incendie volontaire
der Brandstifter(-)	l'incendiaire
in Brand stecken	incendier

AIDS : *LE SIDA*

die Aids	le SIDA
das Virus (Viren)	le virus
sich mit dem Aids-Virus infizieren	contracter le virus du SIDA
der Infizierte/ ein Infizierter	le contaminé
HIV-infiziert/ seropositiv	séro-positif
der Erreger (-)	l'agent pathogène
übertragen werden	se transmettre
die Immunschwäche (n)	la déficience immunitaire
auf Aids-Viren untersuchen	faire le dépistage du virus du SIDA
der Aids-Impfstoff (e)	le vaccin contre le SIDA
der Ausbruch der Krankheit	l'apparition de la maladie
ausbrechen (a,o,i) (sein)	éclater
hinauszögern	retarder
an Aids erkranken	attraper le SIDA
an Aids sterben (a,o,i)(sein)	mourir du SIDA
an den Folgen von Aids sterben	mourir des suites du SIDA
die Lebenserwartung	l'espérance de vie
unheilbar	incurable
die Risikogruppe(n)	le groupe à risque
das Sexualverhalten	le comportement sexuel
die Bluterkrankheit	l'hémophilie
der Bluter (-)	l'hémophile
der Blutspender (-)	le donneur de sang

DIE STREITKRÄFTE
LES FORCES ARMEES

die Landesverteidigung	la défense du territoire
(sich) verteidigen	(se) défendre
der Verteidunsminister (-)	le ministre de la défense
die Bundeswehr	la Bundeswehr (l'armée allemande)
die Wehrmacht	l'armée allemande (sous le 3è Reich)
der Generalinspekteur	le chef d'état-major des armées
die Landstreitkräfte/das Heer	l'armée de terre
die Luftwaffe	l'armée de l'air
die Marine	la marine
der Führungsstab	l'état-major

DIE EINBERUFUNG (en)	L'APPEL (sous les drapeaux)
einberufen werden	être appelé sous les drapeaux
die allgemeine Wehrpflicht	le service militaire obligatoire
der Wehrdienst/der Militärdienst	le service militaire
der Wehrpflichtige/ein Wehrpflichtiger	l'appelé/le conscrit
der Rekrut (en,en)	la recrue
die Musterung	le conseil de révision
der Wehrsold	la solde
der Jahrgang (¨e)	la classe
der zivile Ersatzdienst (e)	le service civil (de remplacement)
Zivildienst leisten	effectuer le service civil
der Kriegsdienstverweigerer (-)	l'objecteur de conscience

DIE GRUNDAUSBILDUNG	LA FORMATION DE BASE
ausgemustert werden	être réformé
tauglich	bon pour le service
untauglich	inapte au service
stillgestanden !	garde à vous !
rührt euch !	repos !
weggetreten !	rompez les rangs !
Abteilung halt !	section, halte !
der Gleichschritt	le pas cadencé
im Gleichschritt gehen	marcher au pas (cadencé)
der Revierdienst (e)	la corvée
Dienst haben	être de service
die Wache	la garde
Wache stehen (a,a)	monter la garde
das Gewehr reinigen	nettoyer le fusil
in Reih und Glied stehen	être en rangs
der Befehl (e)	l'ordre
einen Befehl erhalten (ie,a,ä)	recevoir un ordre
antreten (a,e,i)	se mettre en rangs
die Uniform (en)	l'uniforme
der Ausgehanzug (¨e)	la tenue de sortie
der Arbeitsanzug	le costume de travail
der Fleckentarnanzug	la tenue léopard
der Stahlhelm (e)	le casque
der Tornister (-)	le sac
das Kochgeschirr	la gamelle
die Kaserne (n)	la caserne
die Stube (n)	la chambrée
der Zapfenstreich (e)	l'extinction des feux
der Übungsplatz (¨e)	le terrain de manœuvres

DAS HEER : *L'ARMEE DE TERRE*

die Armee (n)	l'armée
das Korps	le corps d'armée
die Division (en)	la division
die Brigade (n)	la brigade
das Regiment (er)	le régiment
das Bataillon (e)	le bataillon
die Kompanie (n)	la compagnie
die Abteilung (en)/ der Zug (¨e)	la section
DIE WAFFEN-GATTUNG (en)	L'ARME
die Truppe (n)	la troupe
der Gebirgsjäger(-)	le chasseur alpin
die Fernmeldetruppe	les transmissions
die Panzer-aufklärung	les unités blindées de reconnaissance
die Luftlandetruppe	les unités aéroportées
die Panzer-grenadiere	l'infanterie blindée
die Pioniertruppe	le génie
der Sanitäter (-)	l'infirmier
das Lazarett (e)	l'hôpital de campagne
DER DIENSTGRAD(e)	LE GRADE
der Soldat (en,en)	le soldat
der Berufssoldat	le militaire de carrière
der Freiwillige auf Zeit	l'engagé
der Gefreite/ ein Gefreiter	le caporal
der Obergefreite	le caporal-chef
der Unteroffizier (e)	le sous-officier/ le sergent
der Feldwebel (-)	l'adjudant
der Offizier (e)	l'officier
der Offiziers-anwärter (-)	l'aspirant
der Leutnant (e)	le sous-lieutenant
der Oberleutnant (e)	le lieutenant
der Hauptmann (leute)	le capitaine
der Major (e)	le commandant
der Oberst (en,en)	le colonel
der Brigadegeneral (e)	le général de brigade
der Generalmajor (e)	le général de division
der Generalleutnant	le général de corps d'armée
der General (e)	le général d'armée
der Ober-befehlshaber (-)	le général en chef
der Generalfeld-marschall	le maréchal
die Beförderung (en)	l'avancement
zum Major befördert werden	être promu commandant
der Vorgesetzte/ein Vorgesetzter	le supérieur
der Orden (-)	la décoration
die Tresse (n)	le galon
befördert werden	monter en grade
DIE BEWAFFNUNG	L'ARMEMENT
die Waffe (n)	l'arme
die konventionellen Waffen	les armes conventionnelles
die atomare Bewaffnung	l'armement nucléaire
die chemischen Waffen	les armes chimiques
die Schußwaffe (n)	l'arme à feu
schießen (o,o)	tirer
auf jn schießen	tirer sur qn
jn erschießen (o,o)	fusiller qn
der Schuß (üsse)	le coup (de feu)
einen Schuß abgeben (a,e,i)	tirer un coup de feu
das Geschoß (sse)	le projectile
die Patrone (n)	la cartouche
die Platzpatrone (n)	la cartouche à blanc
die Kugel (n)	la balle
von einer Kugel getroffen werden	être atteint par une balle
die Pistole (n)	le pistolet
das Gewehr (e)	le fusil
der Lauf (¨e)	le canon (de fusil)
der Kolben (-)	la crosse
das Magazin (e)	le chargeur
der Abzug (¨e)	la gâchette
abdrücken	appuyer sur la gachette
die Maschinen-pistole (n)	le pistolet-mitrailleur
das Maschinen-gewehr (e)	la mitrailleuse
die Munition (en)	les munitions
der Mörser (-)	le mortier
die Kanone (en)	le canon
die Fliegerabwehr-kanone (FLAK)	la DCA
die Panzerfaust (¨e)	le bazooka
der Panzer (-)	le char/le tank
die Panzerung	le blindage
das Geländefahrzeug (e)	le véhicule tout terrain

die Granate (n)	l'obus
die Handgranate (n)	la grenade
entsichern	dégoupiller
die Mine (n)	la mine
die Panzermine (n)	la mine antichars
das Minensuchgerät (e)	le détecteur de mines
platzen	éclater
explodieren	exploser
sprengen	faire sauter
der Sprengstoff (e)	l'explosif

DIE LUFTWAFFE : *L'ARMEE DE L'AIR*

die Luftstreitkräfte	les forces aériennes
der Flugzeugführer (-)/der Pilot (en,en)	le pilote
das Geschwader (-)	l'escadre
die Staffel (n)	l'escadrille
das Flugzeug (e)	l'avion
das Aufklärungsflugzeug (e)	l'avion de reconnaissance
das Jagdflugzeug (e)	le chasseur
der Abfangjäger (-)	le chasseur d'interception
der Jagdbomber (-)	le chasseur bombardier
das Kampfflugzeug (e)	l'avion de combat
der Düsenjäger (-)	le chasseur à réaction
der Hubschrauber (-)	l'hélicoptère
der Schleudersitz (e)	le siège éjectable
der Fallschirm(e)	le parachute
der Fallschirmjäger (-)	le parachutiste
mit dem Fallschirm abspringen (a,u) (sein)	sauter en parachute
der Flugkörper (-)	le missile
der Marschflugkörper (-)	le missile à tête chercheuse
der Sprengkopf (¨e)	l'ogive
die Rakete (n)	la fusée
die Raketenabschußrampe (n)	la rampe de lancement de fusées
die Giftgasrakete (n)	la fusée à tête chimique
die Flugabwehrrakete (n)	le missile de défense anti-aérienne
die Atombombe (n)	la bombe atomique
eine Bombe abwerfen (a,o,i)	lancer une bombe
der Atombombenversuch (e)	l'essai nucléaire

DIE MARINE :*LA MARINE*

die Seestreitkräfte	les forces navales
der Marinestützpunkt (e)	la base navale
das Kriegsschiff (e)	le navire de guerre
die Flotte (n)	la flotte
der Verband (¨e)	la formation
der Flugzeugträger(-)	le porte-avions
der Minenleger (-)	le mouilleur de mines
das Minensuchboot (e)	le dragueur de mines
das U-Boot (e)	le sous-marin
ein U-Boot orten	repérer un sous-marin
der Zerstörer (-)	le contre-torpilleur
das Torpedoboot (e)	le torpilleur
der Torpedo (s)	la torpille
torpedieren	torpiller
ein Schiff versenken	couler un bateau
sinken (a,u)/ untergehen (i,a) (sein)	couler
die Küstenwache	les garde-côtes
die Mannschaft (en)/ die Besatzung (en)	l'équipage
der Matrose (n,n)	le matelot
der Admiral (¨e)	l'amiral
der Marineinfanterist (en,en)	le fusilier marin

KRIEG UND FRIEDEN : *LA GUERRE ET LA PAIX*

DER KRIEG (e)	LA GUERRE
einem Land den Krieg erklären	déclarer la guerre à un pays
die Kriegserklärung (en)	la déclaration de guerre
in einen Krieg hineingezogen werden	être entraîné dans une guerre

der Kriegsausbruch (¨e)	le déclenchement de la guerre
ausbrechen (a,o,i) (sein)	éclater/ se déclencher
Krieg gegen jn führen	faire la guerre contre qn
in den Krieg ziehen (o,o)(sein)	partir à la guerre
eingezogen werden	être appelé (sous les drapeaux)
die Einziehung	l'appel
Truppen einsetzen	engager des troupes
der Einsatz von Truppen	l'engagement de troupes
die Einsatzbereit-schaft	la disponibilité opérationnelle
in ein Land einfallen (ie,a,ä) (sein)	envahir un pays
der Einmarsch in ein Land	l'entrée des troupes dans un pays
in ein Land einmarschieren (sein)	entrer (militairement) dans un pays
besetzen	occuper
die besetzten Gebiete	les territoires occupés
die Besatzungsmacht (¨e)	l'occupant
die Besatzungs-truppen	les forces d'occupation
die Besatzungszone(n)	la zone d'occupation
angreifen (i,i)	attaquer
der Angriff auf ein Land	l'attaque d'un pays
zum Angriff übergehen (i,a) (sein)	passer à l'attaque
der Nichtangriffs-pakt (e)	le pacte de non-agression
der Aufstand (¨e)	le soulèvement
einen Aufstand niederschlagen (u,a,ä)	écraser un soulèvement
die Schlacht (en)	la bataille
die Kesselschlacht (en)	la bataille d'encerclement
einkesseln	encercler
das Schlachtfeld(er)	le champ de bataille
der Feldzug (¨e)	la campagne (militaire)
der Nachschub	les renforts
der Rückzug (¨e)	la retraite
den Rückzug antreten (a,e,i)	battre en retraite
jm den Weg abschneiden (i,i)	barrer le chemin à qn
die Front (en)	le front
an der Front	sur le front
im Fronteinsatz sein	être sur le front
der Durchbruch (¨e)	la percée
der Schützengraben (¨)	la tranchée
der Kampf (¨e)	le combat
kämpfen	combattre
der Nahkampf	le corps à corps
an der Front fallen (ie,a,ä)(sein)	mourir sur le front
abgekämpft sein	être exténué (par le combat)
die Gefangenschaft	la captivité
in Gefangenschaft geraten (ie,a,ä) (sein)	être fait prisonnier
der Kriegsgefangene/ ein Kriegs-gefangener	le prisonnier de guerre
das Gefangenenlager (-)	le camp de prisonniers
entkommen (a,o) (sein)	s'évader
der Fluchtversuch (e)	la tentative d'évasion
einen Fluchtversuch unternehmen (a,o,i)	faire une tentative d'évasion
der Feind (e)	l'ennemi
die Feindschaft (en)	l'inimitié
die Feindlichkeiten	les hostilités
jm feindlich gesinnt sein	être hostile à qn
den Feind vernichten	anéantir l'ennemi
die Überlegenheit	la supériorité
jm überlegen sein	être supérieur à qn
sich ergeben (a,e,i)	se rendre
aushungern	réduire par la famine
die Kriegsbeute	le butin de guerre
plündern	piller
die Plünderung	le pillage
das Kriegsopfer (-)	la victime de guerre
der Verwundete/ein Verwundeter	le blessé
der Verschollene/ ein Verschollener	le disparu
das Kriegerdenkmal (¨er)	le monument aux morts
die Kriegerwitwe (n)	la veuve de guerre

die Kriegsverletzung (en)	la blessure de guerre
die Heimat	la patrie/le pays
der Vertriebene/ein Vertriebener	la personne expulsée (de son pays)
aus seiner Heimat vertrieben werden	être expulsé de son pays
die Vertreibung	l'expulsion
die Kriegswirren (pl.)	le chaos/ les désordres de la guerre

DER FRIEDEN — LA PAIX

Frieden schließen (o,o)	conclure la paix
vermitteln	servir de médiateur
eine Vermittlerrolle spielen	jouer un rôle de médiateur
der Waffenstillstand	le cessez-le-feu
Friedensverhandlungen aufnehmen (a,o,i)	engager des négociations de paix
die Friedensbedingungen	les conditions de paix
die Kriegsreparationen	les réparations de guerre
die Wiedergutmachung (en)	l'indemnisation

DIE SICHERHEITSPOLITIK — LA POLITIQUE DE SECURITE

die NATO	l'OTAN
das Bündnis (se)	l'alliance
der Bündnispartner (-)	le partenaire de l'alliance
die Verteidigung	la défense
die Sicherheit	la sécurité
die Aufrüstung	l'armement
die Wiederbewaffnung	le réarmement
die Abrüstung	le désarmement
die Rüstungskontrolle (n)	le contrôle des armements
der Rüstungswettlauf	la course aux armements
abrüsten	désarmer
die militärische Abschreckung	la dissuasion militaire
das militärische Gleichgewicht	l'équilibre militaire
die Nuklearmacht(¨e)	la puissance nucléaire
der Blauhelm (e)	le casque bleu
die Vereinten Nationen	les Nations Unies

RELIGION UND KIRCHEN
LA RELIGION ET LES EGLISES

die Religion (en)	la religion
religiös	religieux
die Religionszugehörigkeit (en)	la (l'appartenance à une) religion
der Christ (en,en)	le chrétien
das Christentum	le christianisme
die Christenheit	la chrétienté
(römisch)katholisch	catholique (romain)
der Katholik (en,en)	le catholique
die katholische Kirche	l'Eglise catholique
der Katholizismus	le catholicisme
der Protestant (en,en)	le protestant
evangelisch-(lutherisch)	(évangélique) luthérien
der Lutheraner (-)	le luthérien
der Kalvinist (en,en)/der Reformierte/ein Reformierter	le calviniste
die Reformation	la Réforme
die Reformationszeit	l'époque de la Réforme
die Kirchenspaltung	le schisme

DER GOTTESDIENST (e)	LE CULTE
die Messe (n)	la messe
die Messe lesen (a,e,ie)	dire la messe
die Vesper (n)	les vêpres
die Andacht (en)	le recueillement/ les prières
andächtig	recueilli
fromm	pieux
die Frömmigkeit	la piété
frömmelnd	bigot
die Frömmelei	la bigoterie
sich hinknien	s'agenouiller
das Gebet (e)	la prière
beten	prier
zu Gott beten	prier Dieu
die Fürbitte (n)	l'intercession
das Vaterunser	le Notre-Père
die Hände falten	joindre les mains
das Kreuzzeichen	le signe de croix
der Kreuzweg	le chemin de croix
der Segen	la bénédiction
segnen	bénir
die Predigt (en)	le sermon
die Beichte (n)/	la confession
die Ohrenbeichte	la confession individuelle
die Gemeinschaftsbeichte	la cérémonie pénitentielle
jm die Beichte abnehmen (a,o,i)	confesser qn
beichten	se confesser
der Beichtstuhl (¨e)	le confessionnal
das Gewissen	la conscience
sich das Gewissen erleichtern	se soulager la conscience
die Seele	l'âme
die Reue	le repentir
die Sünde (n)	le péché
sündigen	pécher
bereuen	regretter
die Erbsünde	le péché originel
die Todsünde (n)	le péché mortel
die sieben Hauptsünden	les sept péchés capitaux
der Sünder (-)	le pécheur
die Vergebung der Sünden	la rémission des péchés
die Buße	la pénitence
Buße tun (a,a)	faire pénitence
vergeben (a,e,i)	pardonner

DAS ABENDMAHL	LA COMMUNION (protest.)
die Kommunion	la communion (cathol.)

zum Abendmahl/zur Kommunion gehen	communier
die Wandlung	la transsubstantiation
das Sakrament (e)	le sacrement
die Taufe	le baptême
taufen	baptiser
das Taufbecken(-)/ der Taufstein (e)	les fonts baptismaux
Johannes der Täufer	Jean-Baptiste
die Konfirmation	la confirmation (protest.)
die Firmung	la confirmation (cath.)
die Trauung	le mariage
die (kirchliche) Trauung	la célébration du mariage
jn trauen	marier qn
die Letzte Ölung	l'Extrême-Onction
die Beerdigung (en)	l'enterrement
die Gnade	la grâce/la clémence
gnädig	clément
die Barmherzigkeit	la miséricorde
barmherzig	charitable/ miséricordieux
der barmherzige Samariter	le Bon Samaritain
aus Barmherzigkeit	par charité
das Almosen	l'aumône
der Altar (e)	l'autel
der Altaraufsatz(¨e)	le rétable
der Rosenkranz (¨e)	le chapelet
das Kirchenlied (er)	le cantique
der Kirchenchor (¨e)	la chorale

DER CHRISTLICHE GLAUBE	LA FOI CHRETIENNE
an Gott glauben	croire en Dieu
der Gläubige/ein Gläubiger	le croyant
das Wort Gottes	la Parole de Dieu
göttlich	divin
die Bibel	la Bible
die Heilige Schrift	l'Ecriture Sainte
das Alte Testament	l'Ancien Testament
das Neue Testament	le Nouveau Testament
das Evangelium(ien)	l'Evangile
die Offenbarung	la révélation
die Überlieferung	la tradition
der Glaubenssatz (¨e)/ das Dogma (men)	le dogme
der Katechismus	le catéchisme
die Schöpfung	la Création
die Welt erschaffen (u,a)	créer le monde
das Ebenbild (er) Gottes	l'image de Dieu
das Paradies	le paradis
die Hölle	l'enfer
der Teufel	le diable
der Engel (-)	l'ange
der Schutzengel (-)	l'ange gardien
der Erzengel (-)	l'archange
das Feg(e)feuer	le purgatoire
das Opfer (-)	le sacrifice
opfern	sacrifier
das Gebot (e)	le commandement
gegen ein Gebot verstoßen (ie,o,ö)	enfreindre un commandement
der Prophet (en,en)	le prophète
die Prophezeiung(en)	la prophétie
prophezeien	prophétiser

JESUS CHRISTUS	JESUS-CHRIST
Christi Geburt	la nativité
vor Christus/ vor Christi Geburt	avant Jésus-Christ
die Jungfrau Maria	la Vierge Marie
die Heiligen Drei Könige	les Rois Mages
der Messias	le Messie
der Erlöser	le Rédempteur
die Frohe Botschaft	la Bonne Nouvelle
das Gleichnis (se)	la parabole
das Wunder (-)	le miracle
ein Wunder tun (a,a)	faire un miracle
die Auferstehung	la résurrection
auferstanden sein	être ressuscité
der Jünger (-)	le disciple
der Apostel (-)	l'apôtre
die Versuchung	la tentation
der Versuchung erliegen (a,e) (sein)	succomber à la tentation
das Leiden Christi	la Passion du Christ
das Kreuz (e)	la croix
gekreuzigt werden	être crucifié
die Kreuzigung	la crucifixion
der Heilige Geist	le Saint Esprit
die Heilige Dreifaltigkeit	la Sainte Trinité
das Jüngste Gericht	le Jugement Dernier
der Weltuntergang	la fin du monde
der Auserwählte/ein Auserwählter	l'Elu
die Ewigkeit	l'éternité
ewig	éternel
das Jenseits	l'au-delà

DER KLERUS	LE CLERGE
der Geistliche/ein Geistlicher	l'ecclésiastique

der Pfarrer (-)/der Pastor (en)	le curé/le pasteur
das Pfarramt(¨er) (kath.)	le presbytère/ la cure
das Pfarrhaus (¨er) (prot.)	la maison du pasteur
die Pfarrkirche (n)	l'église paroissiale
die Pfarrgemeinde(n) (kath.)	la paroisse
die Kirchengemeinde (prot.)	la paroisse
der Priester (-)	le prêtre
zum Priester geweiht werden	être ordonné prêtre
die Priesterweihe (n)	l'ordination/ la prêtrise
der Vikar (e)	le vicaire
der Laienpriester (-)	le prêtre séculier
der Arbeiter-priester (-)	le prêtre-ouvrier
der Domherr (n, en)	le chanoine
der Dekan (e)	le doyen
das Bistum (¨er)	l'évêché
der Bischof (¨e)	l'évêque
der Erzbischof (¨e)	l'archevêque
die Diözese (n)	le diocèse
der Kardinal (¨e)	le cardinal
der Papst (¨e)	le Pape
der Heilige Stuhl	le Saint Siège
der Vatikan	le Vatican
der Päpstliche Nuntius	le nonce apostolique
das Papsttum	la papauté
das Konzil (e)	le concile
der Bischofsstab	la crosse
die Bischofsmütze	la mitre
der Bischofshut (¨e)	le chapeau d'évêque
der Patriarch(en,en)	le patriarche
der Pope (n)	le pope

DER ORDEN (-)	L'ORDRE
in einen Orden eintreten (a,e,i) (sein)	prendre le voile/ l'habit
der Ordensbruder (¨)	le frère/ le religieux
die Ordens-schwester (n)	la sœur/ la religieuse
das Ordens-gelübde(-)	le vœu monastique
sein Ordensgelübde ablegen	prononcer ses vœux
der Mönch (e)	le moine
Mönch werden	se faire moine
der Bettelmönch (e)	le moine mendiant
der Benediktiner (-)	le bénédictin
der Franziskaner(-)	le franciscain
der Dominikaner (-)	le dominicain
der Zisterzienser(-)	le cistercien
der Kartäuser (-)	le chartreux
die Mönchskutte (n)	le froc
der Schleier (-)	le voile
die Keuschheit	la chasteté
keusch	chaste
das Keuschheits-gelübde	le vœu de chasteté
sich kasteien	se mortifier
die Kasteiung	la mortification
die Züchtigung (en)	le châtiment
jn züchtigen	châtier qn
die Tonsur (en)	la tonsure
ins Kloster gehen	entrer au couvent
die Klosterzelle (n)	la cellule (de couvent)
klösterlich	monacal/monastique
der Abt (¨e)	le Père Supérieur/ l'abbé
die Äbtissin (nen)	l'abbesse
die Mutter Oberin	la Mère Supérieure

DER MISSIONAR (e)	LE MISSIONNAIRE
der Heide (n,n)	le païen
das Heidentum	le paganisme
bekehren	convertir
die Bekehrung	la conversion
sich zum Christentum bekehren	se convertir au christianisme
der Götze (n,n)	l'idole
Götzen anbeten	adorer des idoles
der Kreuzzug (¨e)	la croisade

DER JUDE (n)	LE JUIF
die Jüdin (nen)	la Juive
die jüdische Gemeinde	la communauté juive
das Judentum	le judaïsme
der Sabbat	le sabbat
der Rabbiner (-)	le rabbin
das auserwählte Volk	le peuple élu
der Alte Bund	l'Ancienne Alliance
die Synagoge (n)	la synagogue
der Talmud	le Talmud
die Thora	la Thora
das Passahfest	la Pâque
der Tempel (-)	le temple

DER MOHAMMEDANER (-)/ DER MOSLEM (s)	LE MUSULMAN
die Moslem-bruderschaft	les Frères Musulmans
Mohammed	Mahomet

der Islam	l'islam
der Koran	le coran
die Moschee (n)	la mosquée
das Minarett (e)	le minaret
der Buddhist (en,en)	le bouddhiste
der Buddhismus	le bouddhisme
der Bonze (n,n)	le bonze
der Hindu (s)	l'hindou
der Hinduismus	l'hindouisme
die Seelenwanderung	la métempsychose
die Reinkarnation	la réincarnation
DIE SEKTE (n)	LA SECTE
in eine Sekte eintreten (a,e,i) (sein)	adhérer à une secte
jm hörig sein	être soumis à qn
die Lehre (n)	la doctrine
jn in eine Lehre einweihen	initier qn à une doctrine
abtrünnig werden (u,o,i)	renier sa foi
der Abtrünnige/ein Abtrünniger	le renégat
die Zeugen Jehovas	les Témoins de Jéhovah
der Atheist (en,en)	l'athée
die Existenz Gottes leugnen	nier l'existence de Dieu

DIE KIRCHLICHEN FEIERTAGE
LES FETES RELIGIEUSES

der Feiertag (e)	le jour férié
feiern	fêter
Weihnachten	Noël
der Christbaum (¨e)/ der Weihnachtsbaum (¨e)	l'arbre de Noël
der Weihnachtsmann (¨er)	le Père Noël
das Christkind	l'Enfant Jésus
der Christbaumschmuck	la décoration de l'arbre de Noël
schmücken	décorer
die Bescherung	la distribution des cadeaux de Noël
der Dreikönigstag	la fête des Rois
die Fastnacht	mardi gras
der Aschermittwoch	le mercredi des Cendres
der Palmsonntag	le dimanche des Rameaux
die Karwoche	la semaine sainte
der Gründonnerstag	le jeudi saint
der Karfreitag	le vendredi saint
Ostern	Pâques
der Ostermontag	le lundi de Pâques
Pfingsten	la Pentecôte
Fronleichnam	la Fête-Dieu
Christi Himmelfahrt	l'Ascension
Mariä Himmelfahrt	l'Assomption
Allerheiligen	la Toussaint
Allerseelen	la fête des Morts

Hilf dir selbst, so hilft dir Gott.	Aide-toi, le ciel t'aidera.
Um Gottes willen ! Um Himmels willen !	Pour l'amour de Dieu !
Gott sei Dank !	Dieu merci !
Das schreit zum Himmel !	C'est révoltant !
Mir ist himmelangst !/Ich habe Heidenangst !	J'ai une peur bleue !
Er macht ihr das Leben zur Hölle.	Il lui rend la vie impossible.
Der Teufel soll dich holen !	Que le diable t'emporte !

DIE ZWISCHEN-MENSCHLICHEN BEZIEHUNGEN
LES RELATIONS HUMAINES

JM LEID ZUFÜGEN	FAIRE DU MAL A QN
das Leid (en)	le mal/la peine/ la souffrance
das Weh (e)	le mal/la douleur
leiden (i,i)	souffrir
weh tun	faire mal
die Qual (en)	le tourment
quälen	tourmenter
die Verzweiflung	le désespoir
jm in die Verzweiflung treiben (ie,ie)	pousser qn au désespoir
verzweifeln	(se) désespérer
die Gewalt	la violence
Gewalt anwenden (a,a)	user de violence
die Gewalttat (en)	l'acte de violence
gewalttätig	violent/brutal
mißhandeln	maltraiter
die Mißhandlung (en)	le mauvais traitement
verprügeln	rouer de coups
die Prügel (Pl.)	la correction/ la raclée
Greueltaten verüben	commettre des atrocités
demütigen	humilier
die Demütigung (en)	l'humiliation
Demütigungen erleiden (i,i)	subir des humiliations
jn kleinkriegen	faire céder/venir à bout de qn
jn gefügig machen	faire plier qn
jn in die Enge treiben (ie,ie)	pousser qn dans ses derniers retranchements
foltern	torturer
die Folterung (en)	la torture
verfolgen	persécuter
die Judenverfolgung	la persécution des Juifs
jm Unrecht antun(a,a)	causer du tort à qn
DRUCK AUSÜBEN	EXERCER UNE PRESSION
der Druck	la pression
der Zwang (¨e)	la contrainte
jn zu etw. zwingen (a,u)	contraindre qn à qc
jm drohen/ jn bedrohen	menacer qn
jm mit etw. drohen	menacer qn de qc
die Bedrohung (en)	la menace
bedrohlich/drohend	menaçant
jn beeinflussen	influencer qn
der Einfluß (¨sse)	l'influence
auf jn Einfluß ausüben	exercer de l'influence sur qn
auf jn angewiesen sein	être tributaire de qn
jm ausgeliefert sein	être livré à qn
jn zum Schweigen bringen (a,a)	réduire qn au silence
jm etw. auferlegen	imposer qc à qn
jn bestechen (a,o,i)	corrompre/ soudoyer qn
die Bestechung	la corruption
das Bestechungsgeld	le pot-de-vin
überzeugen	convaincre
die Überzeugung	la conviction
die Überzeugunskraft	la force de persuasion
jn zu etw. überreden	persuader qn de faire qc
befehlen (a,o,ie)	ordonner

der Befehl (e)	l'ordre
einen Befehl erteilen	donner un ordre
einen Befehl ausführen	exécuter un ordre
jn manipulieren	manipuler qn
jn irreführen	induire qn en erreur
jn betrügen (o,o)	tromper qn
jn anlügen/belügen (o,o)	mentir à qn
jn einschüchtern	intimider qn
schüchtern	timide
verbieten (o,o)	interdire
das Verbot (e)	l'interdiction
untersagen	interdire
ein Verbot übertreten(a,e,i)	enfreindre une interdiction

VERTRAUEN/ MIßTRAUEN — FAIRE CONFIANCE/ SE MEFIER

jm vertrauen	faire confiance à qn
jm trauen	avoir confiance en qn
das Vertrauen in (+ Akk.)	la confiance en
sich jm anvertrauen	se confier à qn
sich auf jn verlassen (ie,a,ä)	compter sur qc
verläßlich/ zuverlässig	sur qui on peut compter
jm mißtrauen	se méfier de qn
das Mißtrauen (gegen)	la méfiance (envers)
an jm/etw. zweifeln	douter de qn, qc
der Zweifel (-)	le doute
verdächtigen	soupçonner
der Verdacht (gegen)	le(s) soupçon(s) (envers)
verdächtig	suspect
jn bespitzeln/ jm nachspionieren	espionner qn

ANNEHMEN/ ABLEHNEN — ACCEPTER/REFUSER

die Annahme (n)	l'acceptation
dulden	supporter
duldsam	indulgent/tolérant
die Duldsamkeit	l'indulgence/ la patience
eine Einladung ablehnen	décliner une invitation
die Ablehnung (en)	le refus
sich weigern (etw. zu tun)	refuser (de faire qc)
jm etw. verweigern	refuser qc à qn
die (Ver)weigerung (en)	le refus
absagen	annuler/décommander
die Absage (n)	l'annulation
sich von jm abwenden (a,a)	se détourner de qn

BILLIGEN/ MIßBILLIGEN — APPROUVER/ DESAPPROUVER

etwas billigen	approuver qc
die Billigung	l'approbation
jm zustimmen	approuver qn
die Zustimmung	l'approbation
mit jm/etw. einverstanden sein	être d'accord avec qn/qc
das Einverständnis	le consentement
jm schmeicheln	flatter qn
schmeichelhaft	flatteur
sich bei jm einschmeicheln	chercher à se faire bien voir de qn
etwas mißbilligen	désapprouver qc
die Mißbilligung	la désapprobation
jn/etw. kritisieren/ über jn/etw. Kritik üben	critiquer qn/qc
jm etw. vorwerfen (a,o,i)	reprocher qc à qn
der Vorwurf (¨e)	le reproche
in einem vorwurfs-vollen Ton	d'un ton plein de reproches
tadeln	désapprouver/blâmer
der Tadel	la désapprobation/ le blâme
einwenden	objecter
der Einwand (¨e)	l'objection

ANKLAGEN/ VERTEIDIGEN — ACCUSER/ DEFENDRE

die Anklage (n)	l'accusation
jn einer Sache anklagen	accuser qn de qc
mit Recht/zu Unrecht anklagen	accuser avec raison/ à tort
gegen jn eine Anklage erheben(o,o)	porter une accusation contre qn
beleidigen	offenser
die Beleidigung (en)	l'offense
beschimpfen	injurier/insulter
die Beschimpfung	l'injure/l'insulte
die Gewalt anprangern	dénoncer la violence
die Verteidigung	la défense
der Verteidiger (-)	le défenseur
für jn Partei ergreifen (i,i)	prendre parti pour qn
für jn Verständnis haben/zeigen	avoir/montrer de la compréhen-sion pour qn
jm zur Seite stehen	être aux côtés de qn

unterstützen	soutenir
die Unterstützung	le soutien
schützen	protéger
der Schutz	la protection
jn schonen	ménager qn
jm helfen (a,o,i)/ behilflich sein	aider qn
die Hilfe (n)	l'aide
jm Hilfe leisten	apporter de l'aide à qn
auf jn Rücksicht nehmen (a,o,i)	prendre des égards envers qn
die Rücksicht (en)	l'égard
rücksichtsvoll	plein d'égards

WIDERSTEHEN (a,a)	RESISTER
der Widerstand	la résistance
der Widerstands-kämpfer (-)	le résistant
die Widerstands-bewegung (en)	le mouvement de résistance
Widerstand leisten (Dat.)	résister à
gegen jn/etw. kämpfen/jn bekämpfen	combattre (contre) qn
jm trotzen	défier qn
jn an etw. (Dat.) hindern	gêner/empêcher qn de faire qc
gegen etwas rebel-lieren/sich gegen etw. auflehnen	se révolter contre qc
die Auflehnung	la révolte
der Aufruhr/die Rebellion	le soulèvement/ l'émeute
Der Aufruhr bricht los.	L'émeute éclate.
Der Aufruhr wird unterdrückt.	L'émeute est réprimée.
protestieren	protester
der Protest (e)	la protestation
sich jm widersetzen	s'opposer à qn

NACHGEBEN/ AUFGEBEN (a,e)	CEDER/ABANDONNER
sich mit etw. abfinden(a,u)/ etw. hinnehmen (a,o,i)	s'accommoder/prendre son parti de qc
sich beugen (Dat.)/ sich fügen (Dat.)	se soumettre à
sich anpassen	s'adapter
den Kampf aufgeben (a,e,i)	abandonner le combat
resignieren	se résigner
die Resignation	la résignation
auf etw. (Akk.) verzichten	renoncer à
der Verzicht	le renoncement
der Zusammenbruch	l'effondrement
zusammenbrechen (a,o,i)(sein)	s'effondrer
dem Druck erliegen (a,e)(sein)	céder à la pression
scheitern	échouer
das Scheitern	l'échec
gestehen (a,a)	avouer
das Geständnis (se)	l'aveu
jm ein Geständnis entlocken	arracher un aveu à qn
ein Geständnis ablegen	faire un aveu

DIE ZEIT
LE TEMPS (QUI PASSE)

DIE ZEIT (EN)	LE TEMPS
vergehen (i,a)	passer
keine Zeit haben	ne pas avoir le temps
seine Zeit verschwenden	gaspiller son temps
die Zeit totschlagen (u,a,ä)	tuer le temps
sich (Dat.) Zeit lassen	prendre son temps
sich (Dat.) die Zeit vertreiben (mit)(ie,ie)	passer son temps (à)
von Zeit zu Zeit	de temps en temps
vor kurzer Zeit/ vor kurzem	il y a peu de temps
vor einiger Zeit	il y a quelque temps
der Zeitmangel	le manque de temps
aus Zeitmangel	par manque de temps
die gute alte Zeit	le bon vieux temps
für alle Zeiten	à jamais
zu meiner Zeit	de mon temps
nächstes Jahr um diese Zeit	l'année prochaine à la même époque
morgen um diese Zeit	demain à cette heure
zur Zeit	en ce moment/ à présent
zur rechten Zeit	au bon moment
zu jeder Zeit	à tout moment
zur gleichen Zeit	au même moment
gleichzeitig	en même temps
rechtzeitig	à temps
eine Zeitlang	pendant un certain temps

DIE UHRZEIT	L'HEURE
um ein Uhr/um eins	à une heure
es ist fünf nach eins	il est une heure cinq
es ist Viertel nach eins/Viertel zwei	il est une heure et quart
es ist halb zwei	il est une heure et demie
es ist fünf vor halb zwei	il est 1 heure 25
es ist fünf nach halb zwei	il est 2 heures moins 25
es ist Viertel vor zwei/dreiviertel zwei	il est 2 heures moins le quart
es ist Punkt zwölf	il est midi/minuit pile
die Sekunde (n)	la seconde
die Minute (n)	la minute
die Stunde (n)	l'heure
eine Dreiviertelstunde	trois quarts d'heure
eine halbe Stunde	une demi-heure
eine Viertelstunde	un quart d'heure
in anderthalb Stunden	dans une heure et demie
auf die Minute	à la minute
in letzter Minute	à la dernière minute
zwei Stunden lang	pendant deux heures
es ist kurz nach eins	il est un peu plus d'une heure
es ist höchstens zwei Uhr	il est tout au plus deux heures
gegen drei (Uhr)	vers trois heures
um fünf Uhr nachmittags	à 5 heures de l'après-midi
um acht Uhr morgens	à 8 heures du matin
um acht Uhr abends	à 8 heures du soir
um ein Uhr nachts	à une heure du matin
heute	aujourd'hui
gestern	hier
vorgestern	avant-hier
morgen	demain
übermorgen	après-demain

DER MORGEN	LE MATIN
am Morgen/morgens	le matin (adv.)
gestern morgen	hier matin
heute morgen	ce matin

am nächsten Morgen	le lendemain matin
morgen früh	demain matin
morgen mittag	demain à midi
morgen abend	demain soir
von heute bis morgen	d'ici à demain
morgen in acht Tagen/in einer Woche	demain en huit
von heute auf morgen	du jour au lendemain
DER VORMITTAG (E)	LA MATINEE
am Vormittag/ vormittags	dans la matinée
der Mittag (e)	le midi
heute mittag	ce midi/à midi
der Nachmittag (e)	l'après-midi
im Laufe des Nachmittags	dans le courant de l'après-midi
am späten Nachmittag	tard dans l'après-midi
DER ABEND (E)	LE SOIR
am Abend/abends	le soir (adv.)
heute abend	ce soir
gestern abend	hier soir
morgen abend	demain soir
am Abend davor	la veille au soir
eines Abends	un soir
die Nacht (¨e)	la nuit
in der Nacht/nachts	la nuit/pendant la nuit
mitten in der Nacht	en pleine nuit
DER TAG (E)	LE JOUR
jeden Tag	tous les jours/ chaque jour
den ganzen Tag	toute la journée
drei Tage lang	trois jours durant
eines (schönen) Tages	un (beau) jour
am gleichen Tag	le même jour
am Tage	de jour/pendant la journée
am nächsten Tag/am folgenden Tag/ am Tag darauf(danach)	le lendemain
am Tag davor/ am Vortag	la veille
am Tag vor meinem Geburtstag	la veille de mon anniversaire
am übernächsten Tag	le surlendemain
in den nächsten Tagen	dans les prochains jours
in etwa acht Tagen	dans une huitaine de jours
jeden zweiten Tag	un jour sur deux
in vierzehn Tagen	dans quinze jours

tagaus, tagein	jour après jour
tagsüber	dans la journée
tagtäglich	quotidiennement
zweimal pro Tag/ täglich	deux fois par jour
vom ersten Tage an	dès le premier jour
Tag und Nacht	jour et nuit
tagelang	des journées entières
bei Tagesanbruch	au lever du jour
Montag	lundi
Dienstag	mardi
Mittwoch	mercredi
Donnerstag	jeudi
Freitag	vendredi
Samstag/Sonnabend	samedi
Sonntag	dimanche
die Woche (n)	la semaine
am Montag/montags	le lundi
am Montag nachmittag	le lundi après-midi
letzte/nächste Woche	la semaine dernière/ prochaine
zweimal wöchentlich/ in der Woche	deux fois par semaine
der Wochentag	le jour de semaine
der Werktag(e)	le jour ouvrable
der Feiertag (e)	le jour férié
(das) Neujahr	le Nouvel An
Silvester	la Saint-Sylvestre
DER MONAT (E)	LE MOIS
Januar	janvier
Februar	février
März	mars
April	avril
Mai	mai
Juni	juin
Juli	juillet
August	août
September	septembre
Oktober	octobre
November	novembre
Dezember	décembre
das Jahr (e)	l'année
Anfang März	début mars
Mitte Juni	(à la) mi-juin
(am) Ende dieses Monats	à la fin de ce mois
monatlich	mensuel
zweimal pro Monat/ im Monat/ monatlich	deux fois par mois
jahrelang	pendant des années
das ganze Jahr über	pendant toute l'année

das Jahrzehnt (e)	la décennie
das Jahrhundert (e)	le siècle
das Jahrtausend (e)	le millénaire
das Datum (en)	la date
am 1. (ersten) Mai	le premier mai
im Juni	en juin
(im Jahre) 1992	en 1992
früh/spät	tôt/tard
jetzt/nun	maintenant
bald/demnächst	bientôt
gleich/sogleich/ sofort	tout-de-suite
nachher	après/ensuite
dann	ensuite
später	plus tard
immer	toujours
vorher	avant
früher	autrefois
damals	alors/à cette époque
einst	jadis
daraufhin	là-dessus
kurz darauf	peu de temps après
von jeher	de tout temps
nie/niemals	jamais
neulich	récemment
schon lange	il y a déjà longtemps
manchmal	parfois
mehrmals	plusieurs fois
ab und zu/mitunter/ bisweilen	de temps en temps
nach und nach/ allmählich	peu à peu
plötzlich/auf einmal	soudain
meistens	la plupart du temps
oft/öfters	souvent/ assez souvent
selten	rarement
binnen kurzem	sous peu/d'ici peu
über kurz oder lang	tôt ou tard
gewöhnlich	habituellement
wie gewöhnlich/wie üblich	comme d'habitude
stets/ständig	constamment
häufig	fréquemment
noch einmal/ nochmals	encore une fois

Haben Sie die genaue Uhrzeit ?	Avez-vous l'heure exacte ?
Die Uhr geht vor.	La montre avance.
Die Uhr geht nach.	La montre retarde.
Die Uhr geht fünf Minuten nach.	La montre retarde de cinq minutes.
Ich stelle die Uhr.	Je mets la montre à l'heure.
Heute ist der 3. (dritte) Juli.	Aujourd'hui, c'est le 3 juillet.
Heute haben wir den 4. (vierten) Mai.	Aujourd'hui, nous sommes le 4 mai.
Ulm, den 7. (siebten) Juni	Ulm, le 7 juin
Den wievielten haben wir heute ?	Le combien sommes-nous aujourd'hui ?
Je früher desto besser.	Le plus tôt sera le mieux.
Er hat es im Nu gemacht.	Il l'a fait en un rien de temps.
Mir wird die Zeit lang.	Je trouve le temps long.
Er gibt Deutschstunden.	Il donne des cours particuliers d'allemand.
am hellen Tag	en plein jour
Es ist heller Tag.	Il fait plein jour.
Sie lebt in den Tag hinein.	Elle vit au jour le jour.
Sie geht auf die Fünfzig.	Elle approche la cinquantaine.

ZAHLEN, MENGEN, MAßE UND GEWICHTE
LES NOMBRES, LES QUANTITES, LES MESURES ET LES POIDS

die Zahl (en)	le nombre
die Ziffer (n)	le chiffre
die Nummer (n)	le numéro
die Anzahl	le nombre
in beschränkter Anzahl	en nombre restreint
zählen	compter
null	0
eins	1
zwei	2
drei	3
vier	4
fünf	5
sechs	6
sieben	7
acht	8
neun	9
zehn	10
elf	11
zwölf	12
dreizehn	13
vierzehn	14
fünfzehn	15
sechzehn	16
siebzehn	17
achtzehn	18
neunzehn	19
zwanzig	20
einundzwanzig	21
dreißig	30
vierzig	40
fünfzig	50
sechzig	60
siebzig	70
achtzig	80
neunzig	90
hundert	100
hunderteins	101
hundertzwei	102
hundertelf	111
zweihundert	200
tausend	1000
eine Million	un million
eine Milliarde	un milliard
der erste	le premier
der zweite	le deuxième
der dritte	le troisième
der siebte	le septième
der achte	le huitième
der neunzehnte	le dix-neuvième
der zwanzigste	le vingtième
der hundertste	le centième
der tausendste	le millième
der letzte	le dernier
der vorletzte	l'avant-dernier
einmal	une fois
zweimal	deux fois
erstens	premièrement
zweitens	deuxièmement
drittens	troisièmement
DIE MENGE (n)	LA QUANTITE
das Doppelte	le double
doppelt	double
doppelt soviel zahlen	payer le double
die Hälfte (n)	la moitié
halb	demi/la moitié de
ein halbes Päckchen	un demi-paquet
das Viertel (-)	le quart
das Drittel (-)	le tiers
das Sechstel (-)	le sixième
das Hundertstel (-)	le centième
das Dutzend (e)	la douzaine

dutzendweise	par douzaines
das Ganze	le tout/l'ensemble
ganz	tout/entier
das ganze Brot	tout le pain
verdoppeln	doubler
verdreifachen	tripler
viel	beaucoup
zu viel	trop
viel zu viel	beaucoup trop
etwa/zirka/ungefähr/ rund	à peu près/environ
genug	assez
mehrere	plusieurs
zahlreich	nombreux
wenig	peu
ein wenig/ein bißchen	un peu
mehrfach	multiple (adj.)/à différentes reprises (adv.)
DAS MAß (e)	LA MESURE
das (der) Meter (-)	le mètre
der Quadratmeter	le mètre carré
der Kubikmeter	le mètre cube
das (der) Zentimeter	le centimètre
das (der) Dezimeter	le décimètre
der Kilometer	le kilomètre
zwei Meter lang sein	avoir deux mètres de long
zehn Zentimeter breit sein	avoir dix centimètres de large
hoch	haut
tief	profond
die Länge	la longueur
die Breite	la largeur
die Höhe	la hauteur
die Tiefe	la profondeur
das (der) Liter	le litre
DAS GEWICHT	LE POIDS
wiegen (o,o)	peser
die Waage (n)	la balance
nach Gewicht	au poids
die Gewichtseinheit (en)	l'unité de poids
das Gramm	le gramme
das Kilo (gramm)	le kilo(gramme)
das Pfund	la livre
der Zentner	le demi-quintal
der Doppelzentner	le quintal
die Tonne (n)	la tonne
das Deka	le décagramme (en Autriche)
anderthalb Kilo	un kilo et demi
ein halbes Pfund	une demi-livre
das Nettogewicht	le poids net
leicht/schwer	léger/lourd

den Preis um ein Drittel erhöhen	augmenter le prix d'un tiers
Doppelt genäht, hält besser.	Deux précautions valent mieux qu'une.
Wie weit ist es von hier nach Wien ?	Quelle distance y a-t-il d'ici à Vienne ?
Wie breit ist der Schrank ?	Quelle est la largeur de l'armoire ?
eine Tüte voll Bonbons	une poche pleine de bonbons
Seine Meinung hat Gewicht.	Son opinion a du poids.
in ganz Europa	dans toute l'Europe
ein ganz klein wenig	un tout petit peu
ganz oder teilweise	entièrement ou en partie
ein Buch ganz lesen	lire un livre en entier
vom Hundertsten ins Tausendste kommen	parler à n'en plus finir
jedes vierte Kind	un enfant sur quatre
Ludwig der zweite (Ludwig II.)	Louis II
zu zweit/zu dritt/zu viert	à deux/à trois/à quatre
Sie hat den erstbesten geheiratet.	Elle a épousé le premier venu.
eins von beiden	de deux choses l'une
Tausende von Menschen	des milliers de gens
Sie kamen zu Tausenden	Ils arrivaient par milliers
zum ersten/letzten Mal	pour la première/dernière fois

ZUM KOMMENTAR
POUR LE COMMENTAIRE

DER TEXT (e) : *LE TEXTE*

DER AUTOR(en)/ DER VERFASSER (-) L'AUTEUR
die Autorin (nen) la femme auteur
der Schriftsteller(-) l'écrivain
der Dichter (-) le poète
der Erzähler (-) le narrateur
der Romanschrift-steller (-) le romancier
der Pamphletist (en,en) le pamphlétaire
der Märchenerzähler le conteur
der Fabeldichter (-) le fabuliste
der Journalist(en,en) le journaliste
der Kritiker (-) le critique

DIE LITERARISCHEN BEWEGUNGEN LES MOUVEMENTS LITTERAIRES
das Epos (pen) l'épopée/le poème épique
episch épique
der Heldendichter le poète épique
der Minnesang le « Minnesang »/ la poésie des troubadours
der Minnesänger (-) le troubadour
die Reformation la Réforme
die Aufklärung la philosophie des lumières
das Zeitalter der Aufklärung le siècle des lumières
der Sturm und Drang le « Sturm und Drang » (mouvement romantique caractérisé par le déchaînement des passions)
die Klassik le classicisme
klassisch classique
der Klassiker (-) l'auteur classique
die Romantik le romantisme
romantisch romantique
der Romantiker(-) l'auteur romantique
der Naturalismus le naturalisme
naturalistisch naturaliste
der Naturalist (en,en) le naturaliste
der Expressionismus l'expressionisme
expressionistisch expressioniste
der Expressionist (en,en) l'expressioniste

DIE LITERARISCHE GATTUNG (en) LE GENRE LITTERAIRE
die Dichtung/ die Poesie la poésie
die Prosa la prose
das Theater le théâtre
die Literatur (en) la littérature
die Jugendliteratur la littérature pour la jeunesse
die Gegenwarts-literatur la littérature contemporaine
die Nachkriegs-literatur la littérature d'après guerre

DAS WERK (e) L'OEUVRE
das Gedicht (e) le poème
der Roman (e) le roman
der Liebesroman le roman d'amour
der gesellschafts-kritische Roman le roman social
der Thesenroman le roman à thèse
der Abenteuerroman le roman d'aventure
der Kriminalroman/ der Krimi (s) le roman policier
der Science-Fiction Roman le roman de science-fiction
die Novelle (n) la nouvelle
die Kurz-geschichte(n) l'histoire brève
das Märchen (-) le conte
das Theaterstück (e) la pièce de théâtre
das Drama (en) le drame
die Tragödie (n) la tragédie
die Komödie (n)/ das Lustspiel (e) la comédie
das Tagebuch (¨er) le journal (intime)
die Fabel (n) la fable
das Pamphlet (e) le pamphlet
der Zeitungsartikel (-) l'article de journal

DIE TEXTSORTE LE TYPE DE TEXTE
die Erzählung (en) le récit
der Monolog (e) le monologue

der innere Monolog	le monologue intérieur
der Dialog (e)/das Zwiegespräch (e)	le dialogue
der Zeitungsausschnitt (e)	la coupure de presse
der Leitartikel (-)	l'article de fond/ l'éditorial
die (Meinungs) umfrage (n)	le sondage (d'opinion)
das Interview (s)	l'interview
die Rede (n)	le discours
der Vortrag (¨e)	l'exposé
die Podiumsdiskussion (en)/ die Debatte (n)	le débat
der Bericht (e)	le compte-rendu
die Chronik (en)	la chronique

DIE HERKUNFT DES TEXTES	L'ORIGINE DU TEXTE
der Auszug (¨e)aus/ der Ausschnitt (e) aus	l'extrait de
die Quelle (n)	la source
entstammen (Dat.)/ stammen aus/ entnommen sein aus	être tiré de
aus dem 17. Jahrhundert stammen	dater du 17ᵉ siècle
von jm abschreiben (ie,ie)	plagier qn
das Plagiat (e)	le plagiat

DER INHALT (e)	LE CONTENU
die Geschichte (n)	l'histoire
eine unwahrscheinliche Geschichte	une histoire invraisemblable/ à dormir debout
das Thema (en)	le sujet/le thème
der Text handelt von ...	le texte parle/ traite de ...
im Text handelt es sich um ...	dans le texte, il est question de...
ein Thema behandeln	traiter un sujet
ein aktuelles Thema	un sujet actuel
vom brennender Aktualität	d'une actualité brûlante
ein heikles Thema	un sujet délicat
ein brisantes Thema	un sujet explosif
das Hauptthema	le thème principal
ein Thema behandeln	traiter un thème
einen breiten Raum einnehmen (a,o,i)	occuper une large place
sich mit einem Problem befassen	s'occuper d'un problème
sich mit einem Problem auseinandersetzen	étudier un problème
die Handlung (en)	l'action
spielen/sich abspielen	se passer/se dérouler
berichten über (Akk.)	relater/rapporter
die Kernfrage (n)	la question centrale
die Schlüsselfrage(n)	la question clé
der Zusammenhang/ der Kontext	le contexte
in diesem Zusammenhang	dans ce contexte/ à ce propos
zitieren	citer
das Zitat (e)	la citation

DER TON UND DER STIL	LE TON ET LE STYLE
polemisch	polémique
die Polemik	la polémique
realistisch	réaliste
der Realismus	le réalisme
ironisch/die Ironie	ironique/l'ironie
geistreich/der Geist	plein d'humour/ l'humour
witzig/der Witz (e)	comique/ la plaisanterie
anklagend	accusateur
die Anklage (n)	l'accusation
typisch für/ charakteristisch für	typique/ caractéristique de
sich über jn/etw. lustig machen	se moquer de qn/qc
jn/etw. lächerlich machen	ridiculiser qn/qc
über jn/etwas spotten	railler/tourner en dérision qn/qc
der Spott	la raillerie
in einem spöttischen Ton	d'un ton railleur
der Scherz (e)/der Spaß (¨e)	la plaisanterie
in einem spaßigen Ton	sur le ton de la plaisanterie
ernst/der Ernst	sérieux/le sérieux
emphatisch	emphatique
geschwollen	ampoulé
schlicht	dépouillé
knapp/die Knappheit	concis/la concision

bildlich	imagé
platt/die Plattheit	plat/la platitude
veraltet	désuet
gepflegt	soigné
das Paradox (e)	le paradoxe
paradox	paradoxal
paradoxerweise	paradoxalement
das Wortspiel (e)	le jeu de mots

DER AUFBAU DES TEXTES	L'ORGANISATION DU TEXTE
der Texte (e)	le texte
die Sturktur/ die Gliederung eines Textes	la structure/ la composition d'un texte
der Teil (e)	la partie
der Absatz (¨e)/ der Abschnitt (e)/ der Paragraph (en,en)	le paragraphe
bestehen (a,a) aus/ gegliedert sein in (Akk.)	se composer de
der Text besteht aus drei Teilen/ der Text setzt sich aus drei Teilen zusammen	le texte comprend trois parties
sich unterteilen	se subdiviser
die Unterteilung	la subdivision
der Satz (¨e)	la phrase
die Zeile (n)	la ligne
das Wort (¨er)	le mot
die Strophe (n)	la strophe
der Vers (e)	le vers
das Vorwort (e)	la préface/ l'avant-propos
die Einführung (en)/ die Einleitung (en)	l'introduction
der Schluß (¨sse)	la conclusion
zum Schluß/ abschließend	en conclusion

DIE STELLE IM TEXT	L'ENDROIT DU TEXTE
im dritten Teil	dans la troisième partie
in der neunten Zeile	à la ligne neuf
Der dritte Teil geht von Zeile 19 bis Zeile 32.	La troisième partie va de la ligne 19 à la ligne 32.
ab Zeile 10	à partir de la ligne 10
ungefähr in der Mitte des zweiten Absatzes	à peu près au milieu du deuxième paragraphe
die Stelle (im Text)/der Passus (-)	le passage
weiter oben/unten	plus haut/bas
etwas weiter	un peu plus loin

DIE ABSICHT DES AUTORS	L'INTENTION DE L'AUTEUR
die Absicht (en)	l'intention
darstellen	représenter
die Darstellung	la représentation
durch ein Beispiel veranschaulichen	illustrer par un exemple
beweisen (ie,ie)	prouver
der Beweis (e)	la preuve
überzeugen	convaincre
die Überzeugung	la conviction
die Überzeugungs-kraft	la force de persuasion
rühren	émouvoir
eine rührende/ ergreifende Geschichte	une histoire touchante/ émouvante
js Aufmerksamkeit auf etw. (Akk.) lenken/ziehen (o,o)	attirer l'attention de qn sur qc
auf etw. (Akk.) Wert legen	accorder de l'importance à qc
ermutigen	encourager
die Ermutigung	l'encouragement
entmutigen	décourager
die Entmutigung	le découragement
auf eine Idee Nachdruck legen	insister sur une idée
zum Lachen/Weinen/ Nachdenken bringen	faire rire/pleurer/ réfléchir
beeinflussen	influencer
der Einfluß (¨e)	l'influence
beeindrucken	impressionner/faire impression
der Eindruck (¨e)	l'impression

DIE WIRKUNG AUF DEN LESER	L'EFFET SUR LE LECTEUR
wirken	produire un effet
die Wirkung	l'effet
bewundern	admirer
die Bewunderung	l'admiration
bewundernswert	admirable
ein Buch genießen (o,o)	savourer un livre

ein wahrer Genuß sein	être un vrai régal
fesselnd	passionnant
enttäuschen	décevoir
die Enttäuschung (en)	la déception
gleichgültig	indifférent
die Gleichgültigkeit	l'indifférence
uninteressant	inintéressant
ohne jegliches Interesse	sans le moindre intérêt
langweilig	ennuyeux
die Langeweile	l'ennui
sich langweilen	s'ennuyer
sich zu Tode langweilen	s'ennuyer à mourir
das Interesse des Lesers wecken	éveiller l'intérêt du lecteur
ein Gefühl des Mitleids auslösen	provoquer un sentiment de pitié
was einem sofort auffällt...	ce qui nous frappe tout de suite...
sich an ein bestimmtes Publikum wenden	s'adresser à un public particulier
für ein bestimmtes Publikum gedacht sein	être destiné à un public particulier
einen Eindruck von ... vermitteln	produire une impression de...

DIE ANALYSE	L'ANALYSE
beschreiben (ie,ie)	décrire
die Beschreibung (en)	la description
vermuten	supposer
die Vermutung (en)	la supposition
feststellen	constater
die Feststellung (en)	la constatation
beobachten	observer
die Beobachtung(en)	l'observation
wiederholen	répéter
die Wiederholung (en)	la répétition
bestätigen	confirmer
die Bestätigung (en)	la confirmation
bemerken	remarquer
die Bemerkung (en)	la remarque
erklären	expliquer
die Erklärung (en)	l'explication
erläutern	commenter
die Erläuterung (en)	le commentaire
auf etw. (Akk.) anspielen	faire allusion à
die Anspielung auf (Akk.)	l'allusion à
aufzählen	énumérer
die Aufzählung (en)	l'énumération
betonen	accentuer/souligner
die Betonung (en)	l'accentuation
hervorheben (o,o)	mettre en relief
die Hervorhebung (en)	la mise en relief
zusammenfassen	résumer
die Zusammenfassung (en)	le résumé
das Beispiel (e)	l'exemple
ein Beispiel anführen	donner un exemple
die Ansicht (en)/ die Meinung (en)	l'avis/l'opinion
eine Ansicht teilen	partager une opinion
meiner Meinung nach/ meines Erachtens	à mon avis
eine Meinung äußern	exprimer une opinion
eine Meinung widerlegen	réfuter une opinion
der Standpunkt (e)	la position/ la manière de voir
den Standpunkt vertreten, daß...	être d'avis que
von diesem Standpunkt aus betrachtet	considéré sous cet angle
der Gesichtspunkt(e)	le point de vue
die Auffassung (en)	la conception
einwenden	objecter
der Einwand (¨e)	l'objection
das Bedenken (-)	la réserve
Bedenken äußern	émettre des réserves
beurteilen	juger
das Urteil über (Akk.)	le jugement sur
das Vorurteil (e)	le préjugé
voreingenommen sein	avoir du parti pris
die Voreingenommenheit	le parti pris
beweisen (ie,ie)	prouver
der Beweis (e)	la preuve
argumentieren	argumenter
das Argument (e)	l'argument
sich eines Arguments bedienen	se servir d'un argument
der Grundsatz (¨e)/ das Prinzip (ien)	le principe
grundsätzlich	fondamentalement/ par principe

im Prinzip	en principe
die Regel (n)	la règle
in der Regel	en règle générale
die Ausnahme (n)	l'exception
ausnahmsweise	exceptionnellement
die Hauptsache	l'essentiel
hauptsächlich	principalement
die Nebensache	la chose de moindre importance
nebensächlich	accessoirement
das Symbol (e)/das Sinnbild (er)	le symbole
symbolisieren/ versinnbildlichen	symboliser
ähnlich	semblable
die Ähnlichkeit(en)	la ressemblance
Ähnlichkeiten aufweisen (ie,ie)	présenter des similitudes
das Gegenteil (e)	le contraire
der Gegensatz (¨e)/ der Kontrast (e)	le contraste
im Gegensatz zu	contrairement à
der Unterschied (e)	la différence
im Unterschied zu/ zum Unterschied von	à la différence de
vergleichen (ie,ie)	comparer
der Vergleich (e)	la comparaison
im Vergleich mit	en comparaison avec
kurz zusammengefaßt	en résumé
in bezug auf (Akk.)	en rapport avec
diesbezüglich	à ce sujet
betreffen (a,o,i)/ angehen (i,a)	concerner
was mich betrifft/ angeht	en ce qui me concerne

DAS BILD : *L'IMAGE*

DER FOTOGRAF (en,en)	LE PHOTOGRAPHE
der Zeichner (-)	le dessinateur
der humoristische Zeichner (-)	le dessinateur humoristique
der Karikaturist (en,en)	le caricaturiste
der Künstler (-)	l'artiste
der Maler (-)	le peintre
DAS BILD (er)	L'IMAGE
das Foto (s)	la photo
das Schwarzweißfoto (s)	la photo en noir et blanc
das Farbfoto (s)	la photo en couleur
die Fotomontage (n)	le montage photographique
der Schnappschuß (¨sse)	la photo prise sur le vif/l'instantané
die Aufnahme (n)	la prise de vue
die Nahaufnahme	le gros plan
das Titelbild (er)	la couverture (d'un magazine)
DIE ZEICHNUNG (en)	LE DESSIN
die humoristische Zeichnung der Cartoon (s)	le dessin humoristique
die Bildgeschichte (n)/die Comics (Plur.)	la bande dessinée
die Karikatur (en)	la caricature
die Sprechblase (n)	la bulle
DAS KUNSTWERK(e)	L'OEUVRE D'ART
das Gemälde (-)	la peinture
malen	peindre
das Porträt (s)	le portrait
jn porträtieren	faire le portrait de qn
das Stilleben (-)	la nature morte
DIE WERBUNG (en)	LA PUBLICITE
das Werbeplakat (e)	l'affiche publicitaire
das Schild (er)	l'écriteau/ le panneau
werben für	faire de la publicité pour
der Werbespruch (¨e)/ der Slogan (s)	le slogan
DER AUFBAU DES BILDES	LA COMPOSITION DE L'IMAGE
die Einzelheit (en)/ das Detail (s)	le détail
im Vordergrund	au premier plan
im Hintergrund	à l'arrière-plan
in der Mitte	au milieu
oben/rechts	en haut/à droite
unten/links	en bas/à gauche
links/rechts im Bild	sur l'image à gauche/à droite
die Bildecke (n)	le coin de l'image
der Rand (¨er)	le bord/la bordure
DIE FIGUR (en)	LE PERSONNAGE
die Hauptfigur	le personnage principal
jm den Kopf zuwenden (a,a)	tourner la tête vers qn

den Blick richten auf (Akk.)	diriger le regard vers
vor sich hinsehen (a,e,ie)	regarder droit devant soi
seitwärts blicken	regarder sur le côté
jm den Rücken zukehren	tourner le dos à qn
sich an etwas (Akk.) lehnen	s'adosser à qc
sich auf etwas (Akk.) stützen	s'appuyer contre qc
sich über jn/etw. beugen	se pencher sur qn/qc

DER KONTRAST (e)	LE CONTRASTE
sich von etw. abheben (o,o)	se détacher sur
unterstreichen (i,i)	faire ressortir/ accentuer
in Kontrast zu etw. stehen (a,a)	contraster avec
überragen	dominer/surplomber
sich beißen (i,i) mit	jurer avec
Grün beißt sich mit Blau.	Le vert jure avec le bleu.

DER EINDRUCK (¨e)	L'IMPRESSION
einen Eindruck von... vermitteln	produire une impression de
an etw. (Akk.) erinnern	faire penser à/ rappeler qc
Gefühle hervorrufen/ wecken/ entstehen lassen	faire naître/ éveiller des sentiments
sich gut für Karikaturen eignen	se prêter bien à la caricature

Die Szene spielt in einem Vorort von Berlin.	La scène se passe dans la banlieue de Berlin.
Beim ersten Hinsehen könnte man meinen, daß es sich um ein Märchen für Kinder handelt.	A première vue, on pourrait penser qu'il s'agit d'un conte pour enfants.
Bei näherem Hinsehen stellt sich heraus, daß sich der Autor an ein anderes Publikum wendet.	En y regardant de plus près, il s'avère que l'auteur s'adresse à un autre public.
Hinter der Ironie verbirgt sich eine Angst vor der Zukunft.	Derrière l'ironie se cache une peur de l'avenir.
Dieser Absatz hat keinerlei Zusammenhang mit den vorausgegangenen.	Ce paragraphe n'a aucun rapport avec les précédents.
Die Frage ist, ob ...	La question est de savoir si ...
Inwiefern hat der Autor recht, wenn er behauptet, daß ... ?	Dans quelle mesure l'auteur a-t-il raison quand il affirme que ... ?
Diese Behauptung stimmt nur zum Teil.	Cette affirmation n'est vraie qu'en partie.
Darum/deshalb/deswegen hat der Roman einen solchen Erfolg gehabt./Das ist der Grund, warum der Roman einen solchen Erfolg gehabt hat.	C'est la raison pour laquelle le roman a eu un tel succès.
Seinem Benehmen nach zu urteilen, hat er Angst.	A en juger par son comportement, il a peur.
Das ist ein Teufelskreis.	C'est un cercle vicieux.
Die zwei Personen haben nichts miteinander gemein.	Les deux personnages n'ont rien en commun.
Sie sind grundverschieden.	Ils sont radicalement différents.

PRINCIPAUX VERBES SUIVIS DU GENITIF :

Sich bedienen : se servir de

Er bedient sich eines Taschenrechners : il se sert d'une calculatrice de poche.

Bedürfen : avoir besoin de

Das bedarf einer Erklärung : cela exige une explication.

Sich bemächtigen : s'emparer de

Der Feind bemächtigte sich der Stadt : l'ennemi s'empara de la ville.

Sich bewußt sein : être conscient de
Ich bin mir des Problems bewußt : je suis conscient du problème.

Sich erbarmen : avoir pitié de (religieux)

Jesus erbarmte sich der Kranken und der Sünder : Jésus a eu pitié des malades et des pécheurs.

Sich erfreuen : jouir de

Er erfreut sich eines guten Rufs : il jouit d'une bonne réputation.

Sich schämen : avoir honte
Du brauchst dich dessen nicht zu schämen : tu n'as pas à en avoir honte.

PRINCIPAUX VERBES SUIVIS DU DATIF :

Ähneln : ressembler à

Er ähnelt seinem Großvater : il ressemble à son grand-père.

Ausweichen (i,i)(sein) : éviter

Der Fahrer konnte dem Fußgänger nicht ausweichen : le chauffeur n'a pas pu éviter le piéton.

Begegnen (sein) : rencontrer

Ich bin ihm auf der Straße begegnet : je l'ai rencontré dans la rue.

Beitreten (a,e,i)(sein) : adhérer

Er ist vor kurzem dem Verein beigetreten : il a adhéré au club récemment.

Danken : remercier

Ich danke Ihnen für Ihre Aufmerksamkeit : je vous remercie de votre attention.

Dienen : servir

Womit kann ich Ihnen dienen ? : qu'y a-t-il pour votre service ?

Drohen : menacer

Er drohte mir mit der Faust : il me menaça du poing.

Einfallen (ie,a,ä)(sein) : venir à l'esprit

Der Name fällt mir nicht ein : le nom ne me vient pas à l'esprit.

Entgegenkommen (a,o)(sein) : venir à la rencontre de

Er kam mir freudestrahlend entgegen : il vint à ma rencontre rayonnant de joie.

Entsprechen (a,o,i) : correspondre à

Das entspricht meinen Erwartungen : cela répond à mes attentes.

Fehlen : manquer

Das fehlte mir gerade noch ! : il ne me manquait plus que cela !

Folgen (sein) : suivre

Sie folgt der neuesten Mode : elle suit la dernière mode.

Gehorchen : obéir à

Er gehorcht ihr aufs Wort : il lui obéit au doigt et à l'œil.

Gehören : appartenir à

Dieses Buch gehört mir : ce livre m'appartient.

Gefallen (ie,a,ä) : plaire à

Dein Benehmen gefällt mir gar nicht : ton attitude ne me plait pas du tout.

Gelingen (a,u)(sein) : réussir

Es gelang mir nicht, ihn davon abzuhalten : je n'ai pas réussi à l'en dissuader.

Glauben : croire qn

Ich glaube es dir nicht : je ne te crois pas.

Gleichen (i,i) : ressembler à

Sie gleicht ihrer Schwester aufs Haar : c'est tout le portrait de sa sœur.

Gratulieren : féliciter

Ich gratuliere dir zur bestandenen Prüfung : je te félicite de ton succès à l'examen.

Helfen (a,o,i) : aider

Hilf dir sebst, so hilft dir Gott : aide-toi, le ciel t'aidera.

Imponieren : en imposer à

So kannst du mir nicht imponieren : ce n'est pas comme cela que tu m'en imposeras.

Kündigen : congédier

Dem Angestellten wurde zum Monatsende gekündigt : l'employé fut congédié pour la fin du mois.

Mißfallen (ie,a,ä) : déplaire

Sein Benehmen hat mir sehr mißfallen : son comportement m'a beaucoup déplu.

Mißlingen (a,u)(sein) : échouer, rater

Alle drei Sprünge sind ihm mißlungen : il a raté ses trois sauts.

Nachlaufen (ie,au,äu)(sein) : courir après qn

Er läuft allen Mädchen nach : il court après toutes les filles.

Nachsehen (a,e,ie) : suivre des yeux

Er sieht dem abfahrenden Zug nach : il suit du regard le train qui part.

Sich nähern : s'approcher de

Niemand durfte sich der Unfallstelle nähern : personne ne pouvait s'approcher du lieu de l'accident.

Passieren : arriver à

Hoffentlich ist ihm nichts Schlimmes passiert : espérons qu'il ne lui est rien arrivé de grave.

Schaden : nuire à

Rauche nicht so viel, es schadet deiner Gesundheit : ne fume pas tant, cela nuit à ta santé.

Trotzen : défier

Er trotzt der Gefahr : il défie le danger.

Verdanken : être redevable

Ich verdanke ihm meinen Erfolg : je luis dois mon succès.

Vertrauen : faire confiance à

Sie vertraut ihm blind : elle lui fait une confiance aveugle.

Verzeihen (ie,ie) : pardonner

Das verzeihe ich ihm nie : je ne lui pardonnerai jamais.

Widersprechen (a,o,i) : contredire, être contraire à

Das widerspricht der Wahrheit : c'est contraire à la vérité.

Widerstehen (a,a) : résister

Ich konnte der Verlockung nicht widerstehen : je n'ai pas pu résister à la tentation.

Widmen : consacrer à

Er hat sein Leben der Wissenschaft gewidmet : il a consacré sa vie à la science.

Zuhören : écouter

Hören Sie mir gut zu : écoutez-moi bien.

Zusehen (a,e,ie) : regarder

Ich sehe den Kindern beim Spielen zu : je regarde les enfants jouer.

Zustimmen : approuver

Alle stimmten seinem Vorschlag zu : tout le monde approuva sa proposition.

PRINCIPAUX VERBES SUIVIS DE L'ACCUSATIF :

Anlügen (o,o) : mentir à

Das Kind hat seine Eltern angelogen : l'enfant a menti à ses parents.

Anreden/ansprechen (a,o,i) : adresser la parole à, aborder qn

Ein Fremder hat das junge Mädchen auf der Straße angesprochen : un inconnu a adressé la parole à la jeune fille dans la rue.

Auslachen : rire de

Sie lachen ihn wegen seiner Frisur aus : ils se moquent de lui à cause de sa coiffure.

Bitten (a,e) : demander poliment à

Ich bitte dich um Verständnis : je te demande de la compréhension.

Brauchen : avoir besoin de

Brauchst du das Wörterbuch noch ? : as-tu encore besoin du dictionnaire ?

Fragen : demander à

Er hat mich nach dem Weg gefragt : il m'a demandé le chemin.

Genießen (o,o) : jouir de, profiter de

Genießt euer Leben ! : profitez de la vie !

Kosten : coûter

Es hat mich 3 DM gekostet : cela m'a coûté 3 marks.

Lehren : enseigner

Er lehrt die Kinder das Zeichnen : il apprend le dessin aux enfants.

Loswerden (u,o,i) : se débarrasser de

Sie weiß nicht, wie sie ihn loswerden kann : elle ne sait pas comment se débarrasser de lui.

Sprechen (a,o,i) : parler, avoir un entretien

Darf ich Sie einen Augenblick sprechen ? puis-je vous parler un instant ?

Überleben : survivre à

Die alte Frau hat ihre zwei Kinder überlebt : la vieille femme a survécu à ses deux enfants.

Vermissen : regretter l'absence de

Ich vermisse dich sehr : tu me manques beaucoup.

PRINCIPAUX VERBES SUIVIS D'UNE PREPOSITION ET DU DATIF :

AN

Ändern : changer à

Ich habe an diesem Text nichts geändert : je n'ai rien changé à ce texte.

Arbeiten : travailler à

Er arbeitet seit Jahren an diesem Roman : il travaille à ce roman depuis des années.

Sich beteiligen : participer à

Alle Kollegen haben sich an seinem Abschiedsgeschenk beteiligt : tous les collègues ont participé à son cadeau d'adieu.

Erkennen (erkannte, erkannt) : reconnaitre à

Ich erkannte ihn an seiner Stimme : je le reconnus à sa voix.

Fehlen : manquer de

Es fehlte uns an Lebensmitteln : nous manquions de vivres.

Sich freuen : prendre plaisir à

Sie freut sich am Glück anderer : le bonheur des autres lui fait plaisir.

Hängen (i,a) : tenir à, être attaché à

Er hängt sehr an seiner Mutter : il est très attaché à sa mère.

Leiden (i,i) : souffrir de

Er leidet an Rheumatismus : il souffre de rhumatismes.

Sich rächen : se venger de

Sie wird sich an ihm rächen : elle se vengera de lui.

Sterben (a,o,i)(sein) : mourir

Er ist an Lungenkrebs gestorben : il est mort d'un cancer du poumon.

Teilnehmen (a,o,i) : prendre part à

Er hat an dem Fest teilgenommen : il a pris part à la fête.

Vorbeigehen (i,a) : passer devant

Ich gehe am Rathaus vorbei : je passe devant la mairie.

Zweifeln : douter de

Ich zweifle an seiner Aufrichtigkeit : je doute de sa sincérité.

AUF

Beruhen : reposer sur

Das beruht auf einem Irrtum : cela repose sur une erreur.

Bestehen (a,a) : insister sur, ne pas démordre de

Er besteht auf seinem Standpunkt : il ne démord pas de son point de vue.

AUS

Bestehen (a,a) : se composer de, comprendre

Der Text besteht aus drei Teilen : le texte comprend trois parties.

Schließen (o,o) : conclure de

Was kann man aus diesem Ergebnis schließen ? : que peut-on conclure de ce résultat ?

Werden (u,o) : advenir de

Was ist aus ihm geworden ? : qu'est-il advenu de lui ?

Sich zusammensetzen : se composer de

Dieser Artikel setzt sich aus zwei Teilen zusammen : cet article se compose de deux parties.

IN

Bestehen (a,a) : consister en

Worin besteht seine Arbeit ? : en quoi consiste son travail ?

MIT

Anfangen (i,a,ä) : commencer par

Fangen wir mit dem Anfang an ! : commençons par le commencement !

Angeben (a,e,i) : se vanter de, crâner avec

Er gibt mit seinem neuen Motorrad an : il crâne avec sa nouvelle moto.

Aufhören : cesser

Höre mit dem Geschrei auf ! : cesse de crier !

Sich befassen : s'occuper de

Sie befaßt sich mit den Problemen der Jugendarbeitslosigkeit : elle s'occupe des problèmes du chômage des jeunes.

Beginnen (a,o) : commencer par

Womit wollen wir beginnen ? : par quoi allons-nous commencer ?

Sich begnügen : se contenter de

Die alte Frau muß sich mit einer kleinen Rente begnügen : la vieille femme doit se contenter d'une petite retraite.

Sich beschäftigen : s'occuper de

Er beschäftigt sich gern mit seinen Briefmarken : il aime s'occuper de ses timbres.

Drohen : menacer de

Die Arbeiter drohten mit einem Streik : les ouvriers menacèrent de faire grève.

Enden : finir par

Der Tag endete mit einem gemeinsamen Abendessen : la journée se termina par un repas en commun.

Meinen : vouloir dire par

Was meinen Sie mit dieser Bemerkung ? : que voulez-vous dire par cette remarque ?

Prahlen : faire étalage de

Er prahlt mit seinem Geld : il fait étalage de son argent.

Rechnen : s'attendre à

Alle rechnen mit einer Preiserhöhung : tout le monde s'attend à une hausse des prix.

NACH

Sich erkundigen : se renseigner sur

Ich erkundige mich nach den Abfahrtzeiten der Züge : je me renseigne sur les heures de départ des trains.

Fahnden : rechercher (police)

Die Polizei fahndet nach dem Verbrecher : la police recherche le criminel.

Fragen : demander, s'enquérir de

Ich habe sie nach ihrem Vornamen gefragt : je lui ai demandé son prénom.

Sich richten : se conformer à

Ich habe mich nach deinen Anweisungen gerichtet : je me suis conformé à tes instructions.

Riechen (o,o) : sentir

Es riecht nach Gas : cela sent le gaz.

Schmecken : avoir goût de

Das schmeckt nach Knoblauch : cela a le goût d'ail.

Sich sehnen : avoir la nostalgie de

Sie sehnt sich nach ihrer Heimat : elle a la nostalgie de son pays natal.

Suchen : être à la recherche de

Es wird nach einem Kompromiß gesucht : on est à la recherche d'un compromis.

Streben : chercher à atteindre, aspirer à

Er strebt nach Ruhm : il aspire à la célébrité.

UNTER

Leiden (litt,gelitten) : souffrir de

Sie leidet unter seiner Gleichgültigkeit : elle souffre de son indifférence.

Verstehen (a,a) : entendre par

Was verstehen Sie darunter ? : qu'entendez-vous par là ?

VON

Abhängen (i,a) : dépendre de

Das hängt vom Wetter ab : cela dépend du temps.

Abraten (ie,a,ä) : déconseiller

Ich rate dir von diesem Kauf ab : je te déconseille cet achat.

Denken (dachte,gedacht) : penser de

Was denken Sie davon ? : qu'en pensez-vous ?

Erzählen : parler de

Er erzählt gern von seiner Kindheit : il aime parler de son enfance.

Handeln : traiter de

Der Film handelt von der Jugendkriminalität : le film traite de la délinquence juvénile.

Hören : entendre parler de

Haben Sie von ihm gehört ? : avez-vous entendu parler de lui ?

Sprechen (a,o,i) : parler de

Sprechen wir nicht mehr davon ! : n'en parlons plus !

Überzeugen : convaincre

Er konnte den Richter von seiner Unschuld überzeugen : il a pu convaincre le juge de son innocence.

Sich verabschieden : prendre congé de

Er verabschiedet sich von seinen Mitarbeitern : il prend congé de ses collaborateurs.

VOR

Angst haben : avoir peur de

Er hat Angst vor der Prüfung : il a peur de l'examen.

Sich ekeln : être dégoûté de

Ich ekle mich vor Spinnen : les araignées me dégoûtent.

Sich fürchten : avoir peur de, craindre

Er fürchtet sich vor der Dunkelheit : il craint l'obscurité.

Schützen : protéger contre

Dieses Öl schützt gut vor Sonnenbrand : cette huile protège bien contre les coups de soleil.

Sterben (a,o,i) : mourir de

Er ist vor Kummer gestorben : il est mort de chagrin.

Warnen : mettre en garde contre

Wir haben dich vor ihm gewarnt : nous t'avons mis en garde contre lui.

Zittern : trembler

Ich zittere vor Kälte : je tremble de froid.

ZU

Beitragen (u,a,ä) : contribuer à

Alle Spieler haben zum Sieg der Mannschaft beigetragen : tous les joueurs ont contribué à la victoire de l'équipe.

Dienen : servir à

Wozu dient dieses Gerät ? : à quoi sert cet appareil ?

Einladen (u,a,ä) : inviter à

Er hat mich zu seiner Hochzeit eingeladen : il m'a invité à son mariage.

Gehören : faire partie de

Sie gehört zu unserer Familie : elle fait partie de notre famille.

Gratulieren : féliciter de, pour

Ich gratuliere dir zur bestandenen Prüfung : je te félicite de ton succès à l'examen.

Neigen : avoir tendance à

Sie neigt zu Depressionen : elle a tendance à avoir des dépressions.

Passen : bien aller avec

Rotwein paßt nicht zu Fisch : le vin rouge ne va pas bien avec le poisson.

Verurteilen : condamner à

Der Dieb wurde zu drei Monaten Gefängnis verurteilt : le voleur a été condamné à trois mois de prison.

Zählen : compter parmi

Er zählt zu den größten Wissenschaftlern unserer Zeit : il compte parmi les plus grands savants de notre époque.

PRINCIPAUX VERBES SUIVIS D'UNE PREPOSITION ET DE L'ACCUSATIF :

AN

Denken (dachte,gedacht) : penser à

Er denkt oft an seine Heimat : il pense souvent à son pays natal.

(Sich) erinnern : se souvenir de, (se) rappeler

Erinnern Sie sich noch an ihn ? : vous souvenez-vous encore de lui ?

(Sich) gewöhnen : s'habituer à

Ich habe mich nie an das Klima gewöhnen können : je n'ai jamais pu m'habituer au climat.

Glauben : croire à

Glaubst du noch an den Weihnachtsmann ? : crois-tu encore au Père Noël ?

Sich klammern : se cramponner à

Er klammert sich an diese letzte Hoffnung : il se cramponne à ce dernier espoir.

Sich machen : se mettre à

Macht euch an die Arbeit ! : mettez-vous au travail !

Schreiben (ie,ie) : écrire à

Ich schreibe an ihn : je lui écris.

(Sich) wenden (wandte,gewandt) : s'adresser à

Diese Zeitschrift wendet sich vor allem an Frauen : ce magazine s'adresse surtout aux femmes.

AUF

Achten : faire attention à

Achte auf deine Gesundheit ! : fais attention à ta santé !

Achtgeben (a,e,i) : faire attention à

Gib auf die Kinder acht ! : fais attention aux enfants !

Angewiesen sein : être dépendant de, réduit à

Er war aufs Betteln angewiesen : il en était réduit à mendier.

Ankommen (a,o) : dépendre de

Das kommt auf dich an : cela dépend de toi.

Anspielen : faire allusion à

Er spielte auf den Vorfall an : il fit allusion à l'incident.

Antworten : répondre à

Hast du schon auf ihren Brief geantwortet ? : as-tu déjà répondu à sa lettre ?

Aufpassen : faire attention à

Paß auf deinen Bruder auf ! : fais attention à ton frère !

Sich beschränken : se limiter à

Wir haben uns auf das Notwendigste beschränkt : nous nous sommes limités au strict nécessaire.

Sich beziehen (o,o) : se référer à, se rapporter à

Wir beziehen uns auf Ihr Schreiben vom 5. dieses Monats : nous nous référons à votre lettre du 5 courant.

Drängen : insister sur

Die Firma drängt auf schnelle Zahlung : la firme insiste sur un paiement rapide.

Sich freuen : se réjouir à l'avance

Wir freuen uns auf deinen Besuch : nous nous réjouissons de ta prochaine visite.

Gefaßt sein : s'attendre à

Ich bin auf das Schlimmste gefaßt : je m'attends au pire.

Gespannt sein : être impatient de

Ich bin auf das Ergebnis gespannt : je suis impatient de connaître le résultat.

Hinweisen (ie,ie) : attirer l'attention sur

Ich weise dich auf die Gefahr eines solchen Unternehmens hin : j'attire ton attention sur le risque d'une telle entreprise.

Hoffen : espérer

Hoffen wir auf bessere Tage ! : espérons des jours meilleurs !

Stoßen (ie,o,ö) : se heurter à

Wir sind auf unerwartete Schwierigkeiten gestoßen : nous nous sommes heurtés à des difficultés inattendues.

Sich verlassen (ie,a,ä) : se fier à

Auf ihn kannst du dich verlassen : tu peux te fier à lui.

Sich verstehen (a,a) : s'y connaître

Er versteht sich aufs Fotografieren : il s'y connaît en photo.

Verzichten : renoncer à

Er hat auf seinen Plan verzichtet : il a renoncé à son projet.

(Sich) vorbereiten : (se) préparer à

Er bereitet sich auf die Prüfung vor : il se prépare à l'examen.

Warten : attendre

Ich warte auf den Bus : j'attends le bus.

Zählen : compter sur

Auf sie kann man zählen : on peut compter sur elle.

Zurückführen : être dû à

Es ist auf das Wetter zurückzuführen : c'est dû au temps.

FÜR

Sich ausgeben (a,e,i) : se faire passer pour

Er gab sich für einen Journalisten aus : il se fit passer pour un journaliste.

Sich bedanken : remercier de

Ich bedanke mich für den freundlichen Empfang : je vous remercie de votre aimable accueil.

Danken : remercier de

Ich danke dir für den guten Rat : je te remercie pour le bon conseil.

Gelten (a,o,i) : passer pour

Er gilt für einen Ehrenmann : il passe pour être homme d'honneur.

Halten (ie,a,ä) : considérer comme, prendre pour

Ich halte ihn für meinen besten Freund : je le considère comme mon meilleur ami.

Sich interessieren : s'intéresser à

Interessierst du dich für Theater ? : t'intéresses-tu au théâtre ?

Schwärmen für : raffoler de

Sie schwärmt für italienische Küche : elle raffole de cuisine italienne.

Sorgen : veiller à

Er sorgt für die Zukunft seiner Kinder : il veille à l'avenir de ses enfants.

IN

Sich fügen : se plier à

Du mußt dich in die Umstände fügen : tu dois te plier aux circonstances.

Geraten (ie,a,ä)(sein) : entrer, se mettre dans

Er geriet in heftigen Zorn : il entra dans une violente colère.

Sich gliedern : se diviser en

Der Text gliedert sich in drei Teile : le texte se divise en trois parties.

Teilen in : partager

Der Eiserne Vorhang teilte Deutschland in zwei Teile : le rideau de fer partageait l'Allemagne en deux parties.

Übersetzen : traduire en

Er hat das Stück aus dem Deutschen ins Französische übersetzt : il a traduit la pièce de l'allemand en français.

Sich verlieben : tomber amoureux de

Er verliebte sich in die Schwester seines Freundes : il tomba amoureux de la sœur de son ami.

Zerfallen (ie,a,ä)(sein) : se diviser en

Der Text zerfällt in drei Teile : le texte se divise en trois parties.

ÜBER

Sich ärgern : se fâcher contre, s'irriter de

Er ärgerte sich über meine Bemerkung : il s'irrita de ma remarque.

Sich aufregen : s'irriter de

Er regt sich über Nichtigkeiten auf : il s'irrite pour des riens.

Sich äußern : s'exprimer

Der Minister hat sich über das Thema geäußert : le ministre s'est exprimé sur le sujet.

Sich beklagen : se plaindre de

Der Kunde beklagt sich über die schlechte Qualität des Produkts : le client se plaint de la mauvaise qualité du produit.

Sich entrüsten : s'indigner

Ich entrüste mich über sein Benehmen : je m'indigne de sa conduite.

Sich freuen : se réjouir de

Ich freue mich über deinen Erfolg : je me réjouis de ton succès.

Herrschen : règner

Er herrschte lange Jahre über das Land : il régna de longues années sur le pays.

Lachen : rire de

Ich lache über seine Bemerkung : je ris de sa remarque.

Sich lustig machen : se moquer de

Die Kinder machen sich über seinen Akzent lustig : les enfants se moquent de son accent.

Nachdenken (dachte,gedacht) : réfléchir à

Denken Sie über mein Angebot nach : réfléchissez à ma proposition.
Spotten : se moquer de
Die Kinder spotten über ihre komische Frisur : les enfants se moquent de sa coiffure bizarre.
Sprechen (a,o,i) : parler de
Man kann ruhig darüber sprechen : on peut en parler tranquillement.
Verfügen : disposer de
Das Hotel verfügt über einen Privatstrand : l'hôtel dispose d'une plage privée.
Sich wundern : s'étonner de
Er wunderte sich über ihre Reaktion : il s'étonna de sa réaction.

UM

Angst haben : craindre pour
Er hat Angst um sein Leben : il craint pour sa vie.
Bangen : craindre pour
Wir bangen um seine Gesundheit : nous craignons pour sa santé.
Beneiden : envier
Er beneidet ihn um sein neues Auto : il lui envie sa nouvelle voiture.
Sich bewerben (a,o,i) : postuler (un emploi)
Er bewirbt sich um den Posten : il postule la place.
Bitten (a,e) : demander poliment
Darf ich Sie um Feuer bitten ? : puis-je vous demander du feu ?
Sich handeln : s'agir de
Es handelt sich um ein Mißverständnis : il s'agit d'un malentendu.
Sich kümmern : se soucier, s'occuper de
Kümmere dich um deine eigenen Angelegenheiten : occupe-toi de tes propres affaires.
Sich sorgen : se faire du souci pour
Er sorgt sich um die Zukunft der Firma : il se fait du souci pour l'avenir de l'entreprise.
Sich streiten (i,i) : se quereller
Sie streiten sich oft um nichts : ils se querellent souvent pour rien.

ADJECTIFS REGISSANT LE GENITIF :

Bewußt : conscient de
Er ist sich seiner Verantwortung bewußt : il est conscient de sa responsabilité.
Sicher : sûr de
Ich bin mir meiner Sache sicher : je suis sûr de mon affaire.
Schuldig : coupable de
Er hat sich eines Verbrechens schuldig gemacht : il s'est rendu coupable d'un crime.
Verdächtig : suspect de
Er wird des Mordes verdächtigt : il est soupçonné de meurtre.
Würdig : digne de
Ich bin deines Vertrauens nicht würdig : je ne suis pas digne de ta confiance.

ADJECTIFS REGISSANT LE DATIF :

Ähnlich : semblable à
Er ist seinem Vater ähnlich : il ressemble à son père.
Behilflich : serviable
Kann ich Ihnen behilflich sein ? : puis-je vous aider ?
Bekannt : connu de
Er ist mir wohl bekannt : je le connais bien.
Böse : fâché contre
Bist du mir böse ? : est-ce que tu m'en veux ?
Dankbar : reconnaissant à
Ich bin Ihnen sehr dankbar dafür : je vous en suis très reconnaissant.
Egal/gleich/gleichgültig : indifférent à
Es ist mir egal (gleich) : cela m'est indifférent.
Fremd : étranger à
Ein solcher Gedanke ist mir ganz und gar fremd : une telle pensée m'est totalement étrangère.
Nahe : proche de
Er stand mir sehr nahe : il m'était très proche.
Nützlich : utile à
Dein Rat war mir sehr nützlich : ton conseil m'a été très utile.
Schädlich : nuisible à
Der Frost ist den Bäumen schädlich : la gelée est nuisible aux arbres.
Treu : fidèle à
Er bleibt seinen Grundsätzen treu : il reste fidèle à ses principes.
Überlegen : supérieur à
Er ist mir überlegen : il m'est supérieur.
Willkommen : bienvenu
Du bist mir stets willkommen : tu es toujours le bienvenu.

ADJECTIFS REGISSANT L'ACCUSATIF :

Hoch : haut
Der Zaun ist einen Meter hoch : la clôture a un mètre de hauteur.
Lang : long
Der Tisch war einen Meter lang : la table avait un mètre de long.
Satt : las
Er hatte dieses Leben satt : il en avait assez de cette vie.
Wert : valable, qui vaut
Das ist keinen Pfennig wert : cela ne vaut pas un pfennig.

N.B : les adjectifs de mesure, de poids, de durée, de longueur, de valeur régissent l'accusatif.

ADJECTIFS SUIVIS D'UNE PREPOSITION ET DU DATIF :

Arm an : pauvre en

Das Land ist arm an Rohstoffen : le pays est pauvre en matières premières.

Bereit zu : prêt à

Er ist zur Mitarbeit bereit : il est prêt à collaborer.

Fähig zu : capable de

Er ist zu allem fähig : il est capable de tout.

Fern von : éloigné de

Das Haus war fern von der Straße : la maison était éloignée de la route.

Fertig mit : qui en a terminé avec

Ich bin mit meiner Arbeit fertig : j'ai terminé mon travail.

Frei von : libre de

Er lebte frei von Sorgen : il vivait libre de tout souci.

Freundlich/lieb/nett zu : aimable/gentil avec

Alle sind nett zu mir : tout le monde est gentil avec moi.

Geizig mit : avare de

Er ist geizig mit seiner Zeit : il est avare de son temps.

Interessiert an : intéressé par

Wir sind an Ihren Produkten sehr interessiert : nous sommes très intéressés par vos produits.

Nötig zu : nécessaire à

Das Geld, das zur Reise nötig ist : l'argent qui est nécessaire pour le voyage.

Sicher vor : à l'abri de

Wir sind sicher vor der Gefahr : nous sommes à l'abri du danger.

Überlegen an : supérieur en

Er ist mir an Kraft überlegen : il m'est supérieur en force.

Ungerecht zu : injuste envers

Der Lehrer war ungerecht zu mir : le professeur a été injuste envers moi.

ADJECTIFS SUIVIS D'UNE PREPOSITION ET DE L'ACCUSATIF :

Aufmerksam auf : attentif à

Er machte mich auf das Thema aufmerksam : il attira mon attention sur le sujet.

Besorgt um : inquiet de/pour

Er ist um seine Zukunft besorgt : il est inquiet pour son avenir.

Betrübt über : peiné de

Ich bin über seinen Tod betrübt : je suis peiné de sa mort.

Böse auf : fâché contre

Ich habe den Eindruck, daß er böse auf mich ist : j'ai l'impression qu'il est fâché contre moi.

Dankbar für : reconnaissant de/pour

Ich bin dir für deine Hilfe dankbar : je te suis reconnaissant de ton aide.

Eifersüchtig auf : jaloux de

Sie ist auf ihre Nachbarin eifersüchtig : elle est jalouse de sa voisine.

Entrüstet über : indigné de

Ich bin über sein Benehmen entrüstet : je suis indigné de son comportement.

Froh über : joyeux de

Ich bin froh über dein Kommen : je me réjouis de ta venue.

Gefaßt auf : qui s'attend à

Ich bin auf das Schlimmste gefaßt : je m'attends au pire.

Gewöhnt an : habitué à

Ich bin an eine solche Kälte nicht gewöhnt : je ne suis pas habitué à un tel froid.

Hart gegen : dur envers

Er ist hart gegen seine Konkurrenten : il est dur envers ses concurrents.

Neidisch auf : envieux de

Sie ist neidisch auf ihre Freundin : elle est envieuse de son amie.

Stolz auf : fier de

Ich bin stolz auf deinen Erfolg : je suis fier de ton succès.

Typisch für : typique de

Solche Häuser sind typisch für diese Gegend : de telles maisons sont typiques de cette région.

Verantwortlich für : responsable de

Der Diktator ist für den Tod vieler Menschen verantwortlich : le dictateur est responsable de la mort de nombreuses personnes.

Zuständig für : compétent pour, qualifié pour

Welches Gericht ist für Mordsachen zuständig ? : quel est le tribunal compétent pour les affaires criminelles ?

PRINCIPALES PARTICULES DE MODALISATION :

Aber

Du hast aber heute ein hübsches Kleid an ! : tu en as une jolie robe aujourd'hui !

Auch

Warum hast du auch nie Geld bei dir ? : pourquoi donc n'as-tu jamais d'argent sur toi ?

Bloß

Sag bloß niemandem, daß ich da war : surtout ne dis à personne que j'étais là.

Denn

Wo warst du denn die ganze Zeit ? : mais où étais-tu donc pendant tout ce temps ?

Doch

Geh doch endlich ! : mais va t'en, à la fin !

Eben

Das ist eben das Problem : c'est bien cela le problème.

Etwa

Hättest du etwa Angst ? : aurais-tu peur ?

Ja

Ich habe es ja gewußt : je le savais bien.

Nicht einmal

Er kann sich nicht einmal ein Auto leisten : il ne peut même pas se payer une voiture.

Nur

Was macht sie nur den ganzen Tag ? : que peut-elle bien faire toute la journée ?

Schon

Sag es schon ! : allez, dis-le !

Überhaupt

Ob er es überhaupt weiß ? : est-ce qu'il le sait au moins ?

Wohl

Du hast wohl den Kopf verloren ! : mais tu as perdu la tête !

PRINCIPAUX ADVERBES DE MODALISATION :

ADVERBES EXPRIMANT LA CONCESSION

Allerdings	il est vrai que, toutefois
Eigentlich	en fait, à vrai dire
Freilich	certes
Immerhin	quand même
Jedenfalls	en tout cas
Zwar ..., aber ...	certes ..., mais ...

ADVERBES EXPRIMANT L'INSISTANCE

Bestimmt	sûrement
Gewiß	assurément
Natürlich	naturellement
Offenbar	manifestement
Offensichtlich	manifestement
Schließlich	finalement
Selbstverständlich	évidemment
Sicher	sûrement
Sicherlich	sûrement
Sowieso	de toute façon
Tatsächlich	effectivement
Unbedingt	absolument
Wirklich	réellement
Zweifellos	sans aucun doute
Zweifelsohne	sans aucun doute

ADVERBES EXPRIMANT UN DOUTE, UNE POSSIBILITE

Angeblich	à ce que l'on dit
Höchstwahrscheinlich	très probablement
Möglicherweise	il se peut que
Vermutlich	probablement
Vielleicht	peut-être
Wahrscheinlich	vraisemblablement
Womöglich	peut-être, si possible

ADVERBES EXPRIMANT UNE REACTION AFFECTIVE

Glücklicherweise	heureusement
Hoffentlich	espérons que
Leider	malheureusement
Unglücklicherweise	malheureusement

LISTE ALPHABETIQUE DES VERBES FORTS :

Infinitif/Présent	Prétérit	Parfait	
backen/bäckt	**buk**	**hat gebacken**	cuire au four
befehlen/befiehlt	**befahl**	**hat befohlen**	commander
beginnen/beginnt	**begann**	**hat begonnen**	commencer
beißen/beißt	**biß**	**hat gebissen**	mordre
bergen/birgt	**barg**	**hat geborgen**	cacher
bersten/birst	**barst**	**ist geborsten**	éclater
bewegen/bewegt	**bewog**	**hat bewogen**	inciter
biegen/biegt	**bog**	**hat gebogen**	courber
bieten/bietet	**bot**	**hat geboten**	offrir
binden/bindet	**band**	**hat gebunden**	lier
bitten/bittet	**bat**	**hat gebeten**	prier
blasen/bläst	**blies**	**hat geblasen**	souffler
bleiben/bleibt	**blieb**	**ist geblieben**	rester
braten/brät	**briet**	**hat gebraten**	rôtir
brechen/bricht	**brach**	**hat gebrochen**	casser
dreschen/drischt	**drosch**	**hat gedroschen**	battre (le grain)
dringen/dringt	**drang**	**ist gedrungen**	pénétrer
empfangen/empfängt	**empfing**	**hat empfangen**	recevoir
erschrecken/ erschrickt	**erschrak**	**ist erschrocken**	s'effrayer
essen/ißt	**aß**	**hat gegessen**	manger
fahren/fährt	**fuhr**	**ist gefahren**	aller (en véhicule)
fallen/fällt	**fiel**	**ist gefallen**	tomber
fangen/fängt	**fing**	**hat gefangen**	attraper
fechten/ficht	**focht**	**hat gefochten**	se battre (à l'épée)
finden/findet	**fand**	**hat gefunden**	trouver
flechten/flicht	**flocht**	**hat geflochten**	tresser
fliegen/fliegt	**flog**	**ist geflogen**	voler
fliehen/flieht	**floh**	**ist geflohen**	fuir
fließen/fließt	**floß**	**ist geflossen**	couler
fressen/frißt	**fraß**	**hat gefressen**	manger (animaux)
frieren/friert	**fror**	**hat gefroren**	geler/avoir froid
geben/gibt	**gab**	**hat gegeben**	donner

gedeihen/gedeiht	**gedieh**	**ist gediehen**	prospérer
gehen/geht	**ging**	**ist gegangen**	aller
gelingen/gelingt	**gelang**	**ist gelungen**	réussir
gelten/gilt	**galt**	**hat gegolten**	valoir/être en vigueur
genesen/genest	**genas**	**ist genesen**	guérir
genießen/genießt	**genoß**	**hat genossen**	jouir de
geschehen/geschieht	**geschah**	**ist geschehen**	se passer
gewinnen/gewinnt	**gewann**	**hat gewonnen**	gagner
gießen/gießt	**goß**	**hat gegossen**	verser
gleichen/gleicht	**glich**	**hat geglichen**	ressembler
gleiten/gleitet	**glitt**	**ist geglitten**	glisser
graben/gräbt	**grub**	**hat gegraben**	creuser
greifen/greift	**griff**	**hat gegriffen**	saisir
halten/hält	**hielt**	**hat gehalten**	tenir
hängen/hängt	**hing**	**hat gehangen**	être suspendu
hauen/haut	**hieb/haute**	**hat gehauen**	battre
heben/hebt	**hob**	**hat gehoben**	lever
heißen/heißt	**hieß**	**hat geheißen**	s'appeler
helfen/hilft	**half**	**hat geholfen**	aider
klingen/klingt	**klang**	**hat geklungen**	sonner
kommen/kommt	**kam**	**ist gekommen**	venir
kriechen/kriecht	**kroch**	**ist gekrochen**	ramper
laden/lädt	**lud**	**hat geladen**	charger
lassen/läßt	**ließ**	**hat gelassen**	laisser
laufen/läuft	**lief**	**ist gelaufen**	courir
leiden/leidet	**litt**	**hat gelitten**	souffrir
leihen/leiht	**lieh**	**hat geliehen**	prêter
lesen/liest	**las**	**hat gelesen**	lire
liegen/liegt	**lag**	**hat gelegen**	être couché
lügen/lügt	**log**	**hat gelogen**	mentir
mahlen	**mahlte**	**hat gemahlen**	moudre
meiden/meidet	**mied**	**hat gemieden**	éviter
melken/melkt	**melkte/molk**	**hat gemolken**	traire
messen/mißt	**maß**	**hat gemessen**	mesurer
nehmen/nimmt	**nahm**	**hat genommen**	prendre
pfeifen/pfeift	**pfiff**	**hat gepfiffen**	siffler
preisen/preist	**pries**	**hat gepriesen**	louer/vanter
quellen/quillt	**quoll**	**ist gequollen**	jaillir
raten/rät	**riet**	**hat geraten**	conseiller/deviner
reiben/reibt	**rieb**	**hat gerieben**	frotter
reißen/reißt	**riß**	**hat gerissen**	déchirer
reiten/reitet	**ritt**	**ist geritten**	chevaucher
riechen/riecht	**roch**	**hat gerochen**	sentir
ringen/ringt	**rang**	**hat gerungen**	lutter
rinnen/rinnt	**rann**	**ist geronnen**	ruisseler
rufen/ruft	**rief**	**hat gerufen**	appeler
saufen/säuft	**soff**	**hat gesoffen**	boire (animaux)
saugen/saugt	**saugte/sog**	**hat gesaugt/gesogen**	aspirer
schaffen/schafft	**schuf**	**hat geschaffen**	créer
scheiden/scheidet	**schied**	**hat geschieden**	séparer
		ist geschieden	quitter
scheinen/scheint	**schien**	**hat geschienen**	paraître/briller
schelten/schilt	**schalt**	**hat gescholten**	gronder

scheren/schert	**schor**	**hat geschoren**	tondre
schieben/schiebt	**schob**	**hat geschoben**	pousser
schießen/schießt	**schoß**	**hat geschossen**	tirer (arme)
schlafen/schläft	**schlief**	**hat geschlafen**	dormir
schlagen/schlägt	**schlug**	**hat geschlagen**	battre
schleichen/ schleicht	**schlich**	**ist geschlichen**	se faufiler
schleifen/schleift	**schliff**	**hat geschliffen**	aiguiser/ polir
schließen/schließt	**schloß**	**hat geschlossen**	fermer
schlingen/schlingt	**schlang**	**hat geschlungen**	enlacer
schmeißen/schmeißt	**schmiß**	**hat geschmissen**	jeter
schmelzen/schmilzt	**schmolz**	**ist geschmolzen**	fondre
schneiden/schneidet	**schnitt**	**hat geschnitten**	couper
schreiben/schreibt	**schrieb**	**hat geschrieben**	écrire
schreien/schreit	**schrie**	**hat geschrien**	crier
schreiten/schreitet	**schritt**	**ist geschritten**	marcher
schweigen/schweigt	**schwieg**	**hat geschwiegen**	se taire
schwellen/schwillt	**schwoll**	**ist geschwollen**	enfler
schwimmen/schwimmt	**schwamm**	**hat/ist geschwommen**	nager
schwingen/schwingt	**schwang**	**hat geschwungen**	brandir
schwören/schwört	**schwor**	**hat geschworen**	jurer
sehen/sieht	**sah**	**hat gesehen**	voir
singen/singt	**sang**	**hat gesungen**	chanter
sinken/sinkt	**sank**	**ist gesunken**	sombrer
sitzen/sitzt	**saß**	**hat gesessen**	être assis
speien/speit	**spie**	**hat gespien**	cracher
spinnen/spinnt	**spann**	**hat gesponnen**	filer
sprechen/spricht	**sprach**	**hat gesprochen**	parler
sprießen/sprießt	**sproß**	**ist gesprossen**	bourgeonner
springen/springt	**sprang**	**ist gesprungen**	sauter
stechen/sticht	**stach**	**hat gestochen**	piquer
stehen/steht	**stand**	**hat gestanden**	être debout
stehlen/stiehlt	**stahl**	**hat gestohlen**	voler
steigen/steigt	**stieg**	**ist gestiegen**	monter
sterben/stirbt	**starb**	**ist gestorben**	mourir
stinken/stinkt	**stank**	**hat gestunken**	sentir mauvais
stoßen/stößt	**stieß**	**hat gestoßen**	pousser
streichen/streicht	**strich**	**hat gestrichen**	enduire/étendre
		ist gestrichen	errer
streiten/streitet	**stritt**	**hat gestritten**	se quereller
tragen/trägt	**trug**	**hat getragen**	porter
treffen/trifft	**traf**	**hat getroffen**	atteindre/ rencontrer
treiben/treibt	**trieb**	**hat getrieben**	pousser (trans.)
treten/tritt	**trat**	**ist getreten**	entrer/marcher
triefen/trieft	**troff/triefte**	**hat getroffen/ getrieft**	ruisseler
trinken/trinkt	**trank**	**hat getrunken**	boire
trügen/trügt	**trog**	**hat getrogen**	tromper
tun/tut	**tat**	**hat getan**	faire
verderben/ verdirbt	**verdarb**	**ist verdorben**	s'abîmer
		hat verdorben	gâter/gâcher
verdrießen verdrießt	**verdroß**	**hat verdrossen**	contrarier
vergessen/vergißt	**vergaß**	**hat vergessen**	oublier
verlieren/verliert	**verlor**	**hat verloren**	perdre

verschleißen/ verschleißt	**verschliß**	**hat verschlissen**	user
verschwinden/ verschwindet	**verschwand**	**ist verschwunden**	disparaître
verzeihen/verzeiht	**verzieh**	**hat verziehen**	pardonner
wachsen/wächst	**wuchs**	**ist gewachsen**	croître
waschen/wäscht	**wusch**	**hat gewaschen**	laver
weben/webt	**wob**	**hat gewoben**	tisser
weichen/weicht	**wich**	**ist gewichen**	se retirer
weisen/weist	**wies**	**hat gewiesen**	indiquer
werben/wirbt	**warb**	**hat geworben**	briguer/ faire de la publicité
werden/wird	**wurde**	**ist geworden**	devenir
werfen/wirft	**warf**	**hat geworfen**	jeter
wiegen/wiegt	**wog**	**hat gewogen**	peser
winden/windet	**wand**	**hat gewunden**	tordre
ziehen/zieht	**zog**	**hat gezogen**	tirer
zwingen/zwingt	**zwang**	**hat gezwungen**	forcer/ contraindre

VERBES FAIBLES IRREGULIERS :

brennen	**brannte**	**hat gebrannt**	brûler
bringen	**brachte**	**hat gebracht**	apporter
denken	**dachte**	**hat gedacht**	penser
kennen	**kannte**	**hat gekannt**	connaître
nennen	**nannte**	**hat genannt**	nommer
rennen	**rannte**	**ist gerannt**	courir
senden	**sandte**	**hat gesandt**	envoyer
wenden	**wandte**	**hat gewandt**	tourner

VERBES DE MODALITE :

müssen/muß	**mußte**	**hat gemußt**	devoir (nécessité)
sollen/soll	**sollte**	**hat gesollt**	devoir (obligation morale)
können/kann	**konnte**	**hat gekonnt**	pouvoir (capacité)
dürfen/darf	**durfte**	**hat gedurft**	pouvoir (autorisation)
wollen/will	**wollte**	**hat gewollt**	vouloir (volonté)
mögen/mag	**mochte**	**hat gemocht**	aimer/désirer

EINVERSTANDEN/NICHT EINVERSTANDEN SEIN
ETRE/NE PAS ETRE D'ACCORD

Ich bin damit einverstanden.	Je suis d'accord.
Hast du etwas dagegen ?	Y vois-tu un inconvénient ?
Ich bin dafür.	Je suis pour.
Du hast recht.	Tu as raison.
Ich bin deiner Meinung.	Je suis de ton avis.
Ich teile ganz und gar deine Meinung.	Je partage tout à fait ton avis.
Ich stimme Ihnen zu.	Je vous approuve.
Ich stimme mit Ihnen überein.	Je suis du même avis que vous.
Das stimmt/das ist richtig/das trifft zu.	C'est exact.
Unsere Ansichten stimmen weitgehend überein.	Nous avons une assez grande convergence de vues.
Abgemacht !	Entendu !
In Ordnung !	D'accord !
Solange du minderjährig bist, brauchst du das Einverständnis deiner Eltern.	Tant que tu es mineur, tu as besoin du consentement de tes parents.
Ich weiß nicht so recht.	Je ne sais pas trop.
Das täte mich wundern !	Cela m'étonnerait !
Überhaupt nicht !/keineswegs !	Pas du tout !
Nicht im geringsten !	Pas le moins du monde !
Unsinn !	C'est stupide !
So ein Blödsinn ! (familier)	Quelle bêtise !
Das kann nicht sein !	Cela ne peut pas être vrai !
Nie im Leben !	Jamais de la vie !
Ich bin dagegen.	Je suis contre.
Das läßt sich nicht bestreiten.	C'est incontestable.
Das kann niemand bestreiten.	Personne ne peut contester cela.
Ich bin da anderer Meinung.	Je ne suis pas de cet avis.
Du täuschst dich !/du irrst dich !	Tu te trompes !
Du hast unrecht.	Tu as tort.
Das war ein Fehler von dir.	C'était une erreur de ta part.
Da mache ich nicht mit !	Là, je ne marche pas !
Ohne mich !	Ne compte pas sur moi !
Das kommt nicht in Frage !	Il n'en est pas question !
Ich weigere mich, die Uniform zu tragen.	Je refuse de porter l'uniforme.
Widersprich mir nicht andauernd !	Ne me contredis pas tout le temps !
Im Gegensatz zu dir denke ich, daß wir die Wahl gewinnen werden.	Contrairement à toi, je pense que nous gagnerons les élections.
Die Meinungen sind geteilt.	Les avis sont partagés.
Wir sind völlig gegensätzlicher Meinung.	Nos avis divergent complètement.

ETWAS BEHAUPTEN
PRETENDRE QUELQUE CHOSE

Der Schüler behauptet, seinen Aufsatz allein gemacht zu haben.	L'élève prétend avoir fait sa rédaction tout seul.
Er behauptet das felsenfest.	Il le soutient mordicus.
Wie kannst du so etwas behaupten ?	Comment peux-tu prétendre une chose pareille ?
Das ist eine bloße Behauptung.	C'est une affirmation gratuite.
Nichts kann diese Behauptung bestätigen.	Rien ne permet de confirmer cette affirmation.
Diese Behauptung ist aus der Luft gegriffen.	Cette affirmation est dénuée de tout fondement.
Er geht von seiner Behauptung nicht ab.	Il ne démord pas de ce qu'il a dit.
Die Angeklagte beteuerte ihre Unschuld.	L'accusée clamait son innocence.
Er beteuert hoch und heilig, daß er von dieser Sache nichts wußte.	Il affirme haut et fort qu'il ne savait rien de cette affaire.
Er ist unschuldig. Dafür würde ich meine Hand ins Feuer legen !	Il est innocent. J'en mettrais ma main au feu !
Das ist so und nicht anders !	C'est ainsi et pas autrement !

MÖGEN/NICHT MÖGEN
AIMER/NE PAS AIMER

Ich liebe dich.	Je t'aime.
Ulrike ist schon wieder verliebt.	Ulrike est à nouveau amoureuse.
Sie hat sich in ihren Chef verliebt.	Elle est tombée amoureuse de son patron.
Ich liebe diese Stadt.	J'adore cette ville.
(Mein) Liebling !	(Mon) chéri ! (Ma) chérie !
Du bist meine große Liebe !	Tu es mon grand amour !
Ich habe euch alle gleich lieb !	Je vous aime tous autant !
Unser Hausmeister ist ein lieber Mensch. Alle haben ihn gern.	Notre concierge est un brave homme. Tout le monde l'aime bien.
Ich mag ihn überhaupt nicht.	Moi, je ne l'aime pas du tout.
Den neuen Sportlehrer ? Den mag ich ganz gern !	Le nouveau prof de gym ? Je l'aime bien !
Den Englischlehrer kann ich nicht leiden. Und du ? - Ich kann ihn gut leiden.	Je n'aime pas le prof d'anglais. Et toi ? - Moi, je l'aime bien.
Ich kann diese Frau nicht ausstehen.	Je ne supporte pas cette femme.
Moderne Malerei sagt mir nichts.	La peinture moderne ne me dit rien.
Magst du Austern ?	Tu aimes les huitres ?
Ich höre schrecklich/furchtbar/ wahnsinnig gerne Jazzmusik.	J'adore écouter du jazz.
Mir gefällt deine neue Frisur sehr (gut).	J'aime beaucoup ta nouvelle coiffure.
Hat euch der Abend bei Horst gefallen ?	Vous avez aimé la soirée chez Horst ?
Das hört man gerne !	Cela fait plaisir à entendre !
Ich mache mir nichts aus Pralinen.	Les chocolats, ça ne me dit rien.
Ich kann solche Bemerkungen nicht vertragen.	Je ne supporte pas ce genre de remarques.

Interessiert ihr euch für Politik ?	Vous intéressez-vous à la politique ?
Sie hat eine Schwäche für Süßigkeiten.	Elle a un faible pour les friandises.
Er ist versessen auf Stierkämpfe.	C'est un enragé des corridas.
Er ist verrückt auf Rennautos.	Il est fou des voitures de course.

UM ERLAUBNIS BITTEN
DEMANDER L'AUTORISATION /LA PERMISSION

Darf hier geraucht werden ?	Peut-on fumer ici ?
Dürfte ich mal kurz anrufen ?	Pourrais-je donner un bref coup de fil ?
Ist es erlaubt, hier zu parken ?	Le stationnement est-il autorisé ici ?
Erlauben Sie, daß ich Sie beim Vornamen rufe ?	Permettez-vous que je vous appelle par votre prénom ?
Stört es Sie, wenn ich rauche ?	Ça ne vous dérange pas que je fume ?
Bitte, kann ich Sie einen Moment sprechen ?	Puis-je vous parler un instant ?
Gestatten Sie, daß ich Sie bis zum Taxistand begleite ?	Vous permettez que je vous accompagne jusqu'à la station de taxis ?
Ich würde gern gehen, wenn du nichts dagegen hast.	J'aimerais partir, si tu n'y vois pas d'inconvénient.
Macht es dir nichts aus, wenn ich eine Freundin mitbringe ?	Cela ne te dérange pas si j'emmène une amie ?
Können Sie mir bitte einen Gefallen tun ?	Pourriez-vous me rendre un service s'il-vous-plait ?
Kann ich mir mal dein Wörterbuch ausleihen ?	Je peux t'emprunter ton dictionnaire ?
Hättest du jetzt etwas Zeit für mich ?	Aurais-tu un peu de temps pour moi maintenant ?
Wären Sie so nett, den Brief für mich einzuwerfen ?	Auriez-vous la gentillesse de poster la lettre pour moi ?
Darf ich dich kurz unterbrechen ?	Puis-je t'interrompre un petit instant ?

WARNEN
METTRE EN GARDE

Paß auf !/gib acht !/Vorsicht !	Attention !
Achtung auf Gleis 8 ! Der Zug fährt ein.	Attention, quai n° 8 ! Le train entre en gare .
Achtung Aufnahme !	Silence, on tourne !
Vorsicht Stufe.	Attention à la marche.
Vorsicht bissiger Hund.	Attention : chien méchant.
Vorsicht Glatteis.	Attention au verglas.
Vorsicht Rutschgefahr.	Attention : chaussée glissante.
Paß auf dich auf !	Fais attention à toi !
Fahren Sie vorsichtig !	Soyez prudent !
Gib acht, daß du nichts vergißt !	Fais attention de ne rien oublier !
Vor Taschendieben wird gewarnt.	Attention aux pickpockets !

Tu das nicht. Das geht sicher daneben.	Ne fais pas cela. Ça va sûrement rater.
Ich habe dich gewarnt.	Je t'ai prévenu.
Das soll dir eine Warnung sein !	Que cela te serve de leçon !
Sei auf der Hut !	Tiens-toi sur tes gardes !
Hüte dich vor ihm !	Méfie-toi de lui !
Laß mich bloß in Ruhe, sonst wirst du was erleben !	Laisse-moi tranquille, sinon tu vas voir ce que tu vas voir !
Sag das noch mal, wenn du dich traust !	Répète un peu pour voir !
Der Polizist gab zwei Warnschüsse.	Le policier tira deux coups de semonce.

EINE MEINUNG AÜßERN
EXPRIMER UNE OPINION

Was wollen Sie damit sagen ?/ wie meinen Sie das ?	Que voulez-vous dire ?/ qu'entendez-vous par là ?
Ich bin der Meinung, daß wir sein Angebot annehmen sollten.	Je suis d'avis que nous devrions accepter sa proposition.
Meiner Meinung nach handelt es sich um einen Irrtum.	A mon avis, il s'agit d'une erreur.
Wir sind derselben Meinung.	Nous sommes du même avis.
Ich bin auch deiner Meinung.	Je suis de ton avis.
In diesem Punkt gehen unsere Meinungen auseinander.	Sur ce point nos avis diffèrent.
Er hat seine Meinung geändert.	Il a changé d'avis.
Welche Ansicht vertreten Sie in diesem Punkt ?	Quel est votre point de vue à ce sujet ?
Das kann man so oder so auslegen.	On peut interpréter cela de plusieurs façons.
Ich sehe das aber ganz anders.	Moi, je vois cela tout à fait autrement.
Ich nehme an, daß Sie die Spielregeln kennen.	Je suppose que vous connaissez les règles du jeu.
Ich vermute, daß ihn jemand gewarnt hat.	Je suppose que quelqu'un l'a averti.
Ehrlich gesagt, ich habe keine Lust auszugehen.	A vrai dire, je n'ai pas envie de sortir.
Offen gesagt, mir gefällt das Bild nicht.	A franchement parler, ce tableau ne me plaît pas.
Was mich betrifft, so sehe ich da nur Vorteile.	En ce qui me concerne, je n'y vois que des avantages.

FÄHIG SEIN/ETWAS KÖNNEN
ETRE CAPABLE/SAVOIR FAIRE QUELQUE CHOSE

Können Sie mit einer Videokamera umgehen ?	Savez-vous vous servir d'une caméra vidéo ?
Sie kann einfach alles !	Elle sait tout faire !

Weißt du, wie man dieses Gerät bedient ?	Tu sais te servir de cet appareil ?
Sie stellt sich geschickt an.	Elle s'y prend bien.
Sie ist sprachbegabt.	Elle est douée pour les langues.
Er kommt in Mathe nicht mehr mit.	Il ne suit plus en maths.
Fremdsprachen sind nicht meine Stärke.	Les langues étrangères ne sont pas mon fort.
Boris Becker hat es nicht geschafft, ins Finale zu kommen.	Boris Becker n'a pas réussi à aller en finale.
Warum versuchst du es immer wieder ? Du weißt doch, daß du es nicht schaffst !	Pourquoi essaies-tu toujours ? Tu sais très bien que tu n'y arriveras pas !
Wir sind in der Lage, die Maschinen binnen drei Wochen zu liefern.	Nous sommes en mesure de livrer les machines dans un délai de trois semaines.
Seit seinem Sturz ist er nicht mehr imstande, Treppen zu steigen.	Depuis sa chute, il n'est plus capable de monter les escaliers.
Er versteht es, den Leuten Geld aus der Tasche zu ziehen.	Il s'y entend à soutirer de l'argent aux gens.
Traust du mir so etwas wirklich zu ?	Me crois-tu vraiment capable d'une chose pareille ?
Um Karriere zu machen, ist er zu allem fähig !	Pour faire carrière, il est capable de tout !
In Mathematik ist er eine Null !	Il est nul en mathématiques !

SICHER SEIN
ETRE CERTAIN

Das ist ganz sicher !	C'est sûr !
Das ist todsicher !	C'est sûr et certain !
Das kann man mit Sicherheit behaupten.	On peut affirmer cela à coup sûr.
Ich komme bestimmt.	Je viendrai, c'est sûr et certain.
Das ist hundertprozentig sicher !	C'est sûr à cent pour cent !
Es handelt sich gewiß nur um einen dummen Scherz.	Il ne s'agit certainement que d'une mauvaise plaisanterie.
Es besteht kein Zweifel, daß er der Täter ist.	Il ne fait aucun doute que c'est lui le coupable.
Nach und nach erlangte ich die Gewißheit, daß er nicht die Wahrheit sagte.	J'ai acquis peu à peu la certitude qu'il ne disait pas la vérité.
Sie hat zweifelsohne recht.	Elle a raison sans aucun doute.
Sie ist ganz offensichtlich nicht die richtige Frau für ihn.	Il est évident que ce n'est pas la femme qu'il lui fallait.
Wir wissen aus sicherer Quelle, daß die Steuern erhöht werden.	Nous savons de source sûre que les impôts vont être augmentés.

ÄRGER/ENTRÜSTUNG AUSDRÜCKEN
EXPRIMER LA COLERE/L'INDIGNATION

Das ist nicht zum Aushalten !	C'est insupportable !
Ich halte dieses ewige Gejammer nicht mehr aus !	Je ne supporte plus ces éternelles plaintes !

Das ist unerhört !	C'est inouï !
So geht das nicht weiter !	Cela ne peut pas continuer ainsi !
Das hat gerade noch gefehlt !	Il ne manquait plus que cela !
Das ist ja wohl die Höhe !	C'est un comble !
Das schlägt dem Faß den Boden aus !	C'est le bouquet !
Was zuviel ist, ist zuviel !	Trop c'est trop !
Ich habe die Nase voll !	J'en ai ras-le-bol !
Jetzt reicht's aber !	Ça suffit comme ça !
Mir reicht's !	J'en ai assez !
Das hängt mir zum Halse raus !	J'en ai par-dessus la tête !
Jetzt aber Schluß damit !	C'est fini maintenant !
Mir reicht's/langt's jetzt aber !	J'en ai assez maintenant.
Wir haben die Nase voll davon !	Nous en avons marre.
Ich habe dein ewiges Kritisieren satt.	J'en ai assez de tes éternelles critiques.
Daß ich nicht lache !	Tu me fais/vous me faites rire !
Du gehst mir auf die Nerven !	Tu m'énerves !
Du gehst mir auf den Wecker !	Tu me tapes sur les nerfs !
Wie kannst du es wagen, so etwas zu behaupten !	Comment peux-tu oser affirmer une chose pareille !
Laß mich in Ruhe/in Frieden !	Laisse-moi tranquille !
Kümmere dich um deine eigenen Angelegenheiten !	Occupe-toi de tes propres affaires !
Du bringst mich noch auf die Palme !	Tu m'exaspères !
Mir läuft die Galle über.	La moutarde me monte au nez.
Das schreit zum Himmel !	C'est révoltant !
Ihr seid heute unausstehlich !	Vous êtes insupportables aujourd'hui !

VERGLEICHE ZIEHEN
FAIRE DES COMPARAISONS

Die zwei Mannschaften sind gleich gut.	Les deux équipes sont aussi bonnes l'une que l'autre.
Jochen ist genauso dickköpfig wie sein Vater.	Jochen est aussi têtu que son père.
Es ist nicht so einfach wie du denkst.	Ce n'est pas aussi simple que tu le penses.
Es ist einfacher als ich es mir vorgestellt hatte.	C'est plus simple que je ne me l'étais imaginé.
Nadia ist bei weitem die beste Schülerin ihrer Klasse.	Nadia est de loin la meilleure élève de sa classe.
Je älter er wird, desto unausstehlicher wird er.	Plus il vieillit, plus il devient insupportable.
Je mehr sie sich bemüht, desto weniger Erfolg hat sie.	Plus elle se donne de mal, moins elle a de succès.
Sie sieht ihrer Schwester zum Verwechseln ähnlich.	Elle ressemble à sa sœur au point de s'y méprendre.
Das hört sich nach Mozart an.	On dirait du Mozart.
Das schmeckt nach Fisch.	Cela a le goût de poisson.
Er ähnelt seinem Vater/er sieht seinem Vater ähnlich.	Il ressemble à son père.
Sie ist ihrer Großmutter wie aus dem Gesicht geschnitten.	C'est tout le portrait de sa grand-mère.

Sie gleichen sich wie ein Ei dem anderen.	Ils se ressemblent comme deux gouttes d'eau.
Gleich und gleich gesellt sich gern.	Qui se ressemble s'assemble.
Er verdient dreimal soviel wie ich.	Il gagne trois fois plus que moi.
Du sagst genau das Gegenteil von dem, was du vorhin gesagt hast !	Tu dis exactement le contraire de ce que tu as dit tout-à-l'heure !
Die zwei Modelle unterscheiden sich nur durch die Stärke des Motors.	Les deux modèles ne se distinguent que par la puissance du moteur.
Im Vergleich zu/Verglichen mit unserer vorigen Wohnung ist diese viel ruhiger.	En comparaison avec notre ancien appartement, celui-ci est beaucoup plus tranquille.
Die zwei Fälle sind nicht miteinander vergleichbar.	Les deux cas ne sont pas comparables.
Die Landschaft ist ganz anders als ich dachte.	Le paysage est tout à fait différent de ce que je pensais.
Charakterlich sind wir ganz verschieden.	Nos caractères sont totalement différents.

(NICHT) VERSTEHEN
(NE PAS) COMPRENDRE

Ich verstehe kein Wort !	Je ne comprends pas un mot !
Man kann sein eigenes Wort nicht verstehen !	On ne s'entend plus !
Wie bitte ? Können Sie bitte wiederholen ?	Comment ? Pouvez-vous répéter s'il-vous-plait ?
Könnten Sie etwas langsamer sprechen ?	Pourriez-vous parler un peu plus lentement ?
Da bin ich nicht ganz mitgekommen.	Je n'ai pas tout à fait suivi.
Ich habe den Faden verloren. Wo waren wir stehengeblieben ?	J'ai perdu le fil. Où en étions-nous restés ?
Das geht über meinen Verstand.	Cela me dépasse.
Ich habe vergeblich versucht, ihm meine Einstellung verständlich zu machen.	J'ai essayé en vain de lui faire comprendre ma position.
Du hast mich mißverstanden, so habe ich es nicht gemeint.	Tu ne m'as pas bien compris ; ce n'est pas cela que je voulais dire.
Das war ein Mißverständnis.	C'était un malentendu.
Das ist doch selbstverständlich !	C'est évident !
Er hat kein Verständnis für meine schwierige Lage gezeigt.	Il n'a montré aucune compréhension pour ma situation difficile.
Ich verstehe überhaupt nichts mehr. Ich bringe alles durcheinander.	Je n'y comprends plus rien. Je confonds tout.
Begreifst du nicht, was das für mich bedeutet ?	Ne te rends-tu pas compte de ce que cela signifie pour moi ?
Ich habe ihm klargemacht, daß er mit mir nicht mehr rechnen kann.	Je lui ai fait comprendre qu'il ne devait plus compter sur moi.
Er hat mehr Glück als Verstand.	Il a plus de chance que d'intelligence.
Kapiert ?	Tu piges ? (familier)
Ich habe nichts kapiert !	Je n'ai rien pigé ! (familier)
Er versteht immer nur Bahnhof.	Il ne comprend rien de rien. (péjoratif)
Das verstehe, wer wolle !	Comprenne qui pourra !

JEMANDEN TRÖSTEN
CONSOLER QUELQU'UN

So schlimm ist es nun wieder auch nicht !	Ce n'est pas si grave que cela !
Ist es so wichtig ?	Est-ce si important ?
Nehmen Sie es doch nicht so schwer !	N'y accordez donc pas trop d'importance !
Du nimmst dir das zu sehr zu Herzen !	Tu prends cela trop à cœur !
Das kommt schon wieder in Ordnung !	Cela va s'arranger !
Nimm's auf die leichte Schulter !	Ne le prends pas trop au sérieux !
Laß den Kopf nicht hängen !	Ne te laisse pas décourager !
Mach dir deswegen keine Gedanken !	Ne te fais pas de souci pour cela !
Nimm es doch nicht so ernst !	Ne prends pas cela tellement au sérieux !
Mach dir nichts draus, es wird schon wieder werden !	Ne t'en fais pas, cela va s'arranger !
Das kann dir doch egal sein !	Qu'est-ce-que ça peut te faire !
In ein paar Tagen denkst du nicht mehr dran !	D'ici quelques jours tu n'y penseras plus !
Zerbrechen Sie sich doch nicht den Kopf darüber !	Ne vous tourmentez donc pas à ce sujet !
Wenn dich das trösten kann, ich habe auch Ärger mit meinen Eltern.	Si cela peut te consoler, j'ai aussi des ennuis avec mes parents.
Das ist zwar nur ein schwacher Trost, aber ...	Ce n'est sans doute qu'une maigre consolation, mais ...
Versuch, darüber hinwegzukommen !	Essaie d'oublier cela !
Es besteht doch kein Grund, beunruhigt zu sein !	Il n'y a pas lieu de s'inquiéter !

ANWEISUNGEN GEBEN
DONNER DES DIRECTIVES

Steh auf !	Lève-toi !
Los, aufstehen !	Allons, debout !
Beeilung !	Pressons-nous !
Aufgepaßt !	Attention !
Licht aus !	Eteins/Eteignez la lumière !
Alle aussteigen !	Tout le monde descend !
So wird's gemacht !	Voilà comment il faut faire !
Montagehinweise genauestens beachten.	Respecter scrupuleusement les instructions de montage.
Gebrauchsanweisung genau durchlesen.	Lire attentivement le mode d'emploi.
HAUSORDNUNG :	REGLEMENT INTERIEUR :
Mülltonnen vor 8 Uhr auf die Straße stellen.	Sortir les poubelles avant 8 heures.
Fahrräder nur im Keller abstellen.	Déposer les vélos seulement à la cave.
Es wird gebeten, nach 22 Uhr Radio- und Fernsehgeräte leiser zu stellen.	Prière de baisser les radios et les téléviseurs après 22 heures.

REZEPT :	RECETTE DE CUISINE :
Kartoffeln schälen.	Peler des pommes de terre.
Zwiebeln kurz anbraten.	Faire revenir des oignons.
Man nehme zwei weiche Avocados, halbiere sie und entferne den Kern.	Prendre deux avocats assez mûrs, les partager en deux et enlever le noyau.
Ihr habt euch genau an die Vorschriften zu halten.	Vous devez appliquer strictement les consignes.
Wir haben seine Anweisungen befolgt.	Nous avons suivi ses instructions.
Der Vermittler hatte den Auftrag/wurde beauftragt, einen Kompromiß zu finden.	Le médiateur a été chargé de trouver un compromis.

ZWEIFELN/ZÖGERN
DOUTER/HESITER

Bist du dir da ganz sicher ?	Tu en es bien sûr ?
Ich habe da so meine Zweifel !	J'ai quelques doutes !
Ich zweifle an seiner Aufrichtigkeit.	Je doute de sa sincérité.
Das bezweifle ich !	J'en doute !
Er ist in ein zweifelhaftes Geschäft verwickelt.	Il est mêlé à une affaire douteuse.
Es würde mich sehr wundern, wenn er käme.	Je serais très étonné qu'il vienne.
Es ist ziemlich unwahrscheinlich, daß er auf unseren Vorschlag eingeht.	Il est peu probable qu'il accepte notre proposition.
Das kann ich mir kaum vorstellen !	J'ai peine à l'imaginer !
Warum zögerst du eigentlich noch ?	Pourquoi donc hésites-tu encore ?
Die Antwort kam zögernd.	La réponse vint, hésitante.
Nach einigem Zögern unterschrieb er den Vertrag.	Après quelques hésitations, il signa le contrat.
Ich bin mir noch unschlüssig, ob ich die Stelle annehmen soll.	J'hésite encore à accepter ce poste.
Nach vielem Hin und Her hat er schließlich doch das Haus gekauft.	Après maintes hésitations, il a quand même fini par acheter la maison.
Du mit deinem ewigen Wenn und Aber wirst nie eine Frau finden !	Toi et tes éternelles hésitations, tu ne trouveras jamais de femme !
Ich weiß nicht so recht.	Je ne sais pas trop.
Was soll ich bloß antworten ?	Qu'est-ce que je peux bien répondre ?
Nun, ich würde sagen, daß ...	Eh bien je dirais que ....
Er ist ein unentschlossener Mensch, er ergreift nie die Initiative.	C'est un indécis, il ne prend jamais d'initiative.
Ich kann mich einfach nicht entscheiden/entschließen.	Je n'arrive pas à me décider.

DAUER/ZEITSPANNE ANGEBEN
INDIQUER LA DUREE

Wie lange dauert die Vorstellung ?	Combien de temps dure la représentation ?
Wie lange braucht man zu Fuß bis zum Strand ?	Combien faut-il de temps pour aller à la plage à pied ?

Seit wann sind Sie arbeitslos ?	Depuis quand êtes-vous au chômage ?
Bis wann habt ihr Ferien ?	Jusqu'à quand êtes-vous en vacances ?
Ab wann dürfen wir kommen ?	A partir de quand pouvons-nous venir ?
Ich bin bald fertig. Ich brauche höchstens noch eine Viertelstunde.	Je serai bientôt prêt. J'en ai tout au plus pour un quart d'heure.
Die Vorstellung hat zwei Stunden gedauert.	La représentation a duré deux heures.
Ich war den ganzen Tag zu Hause.	J'étais à la maison toute la journée.
Einen Monat lang haben wir uns jeden Tag getroffen.	Pendant un mois, nous nous sommes vus tous les jours.
Binnen kurzer Zeit hat er sein ganzes Geld ausgegeben.	En peu de temps, il a dépensé tout son argent.
Das Geschäft ist vorübergehend geschlossen.	Le magasin est provisoirement fermé.
Tagsüber bin ich unter dieser Nummer zu erreichen.	Dans la journée, on peut me joindre à ce numéro.
Unter der Woche gehen wir nur selten aus.	En semaine, nous ne sortons que rarement.
Jahrelang ließ er nichts von sich hören.	Pendant des années, il n'a donné aucune nouvelle.
Du fragst andauernd dasselbe.	Tu poses constamment la/les même(s) question(s).
Die Tankstelle ist durchgehend geöffnet.	La station service est ouverte sans interruption.
Wir haben bis spät in die Nacht diskutiert.	Nous avons discuté jusque tard dans la nuit.
Er blieb über Nacht bei uns.	Il a passé la nuit chez nous.
Im Nu war die Arbeit getan.	Le travail fut fait en un rien de temps.
Über kurz oder lang wird er uns verlassen.	Tôt ou tard, il nous quittera.
Das Schiff sank innerhalb weniger Minuten.	Le bateau coula en l'espace de quelques minutes.
Innerhalb von drei Tagen haben wir fünfzig Anrufe bekommen.	En l'espace de trois jours, nous avons reçu cinquante appels.
Ab morgen gilt der neue Fahrplan.	A partir de demain, le nouvel horaire entre en vigueur.
Während des Golfkriegs starben Tausende von Menschen.	Pendant la guerre du Golfe, il y a eu des milliers de morts.
Ich warte schon eine halbe Stunde/ seit einer halben Stunde auf dich.	Je t'attends depuis une demi-heure.
Vom 5. bis zum 31. August sind wir auf Urlaub.	Nous serons en vacances du 5 au 31 Août.
Du kannst bleiben solange du willst.	Tu peux rester aussi longtemps que tu le veux.
Ich muß noch einen Koffer packen ; inzwischen/währenddessen kannst du die Taschen runtertragen.	Je dois encore faire une valise ; en attendant, tu peux descendre les sacs.

JEMANDEN ERMUTIGEN
ENCOURAGER QUELQU'UN

Nur Mut !/Kopf hoch !	Courage !
Halte durch !/Gib nicht auf !	Tiens bon ! N'abandonne pas !
Gut so !/Prima !	C'est bien !

Mach weiter so !	Continue comme ça !
Nicht aufgeben !/Durchhalten !	N'abandonne pas !
Los !	Vas-y !
Reiß dich zusammen !	Secoue-toi !
Laß dir nichts gefallen !	Ne te laisse pas faire !
Am besten, du sprichst mit deinen Eltern darüber !	Le mieux, c'est que tu en parles avec tes parents !
Das ist schon viel/wesentlich besser !	C'est déjà beaucoup mieux !
Du hast es fast geschafft !	Tu y es presque !
Das war gar nicht so schlecht !	Ce n'était pas si mal !
Du bist auf dem richtigen Weg !	Tu es sur la bonne voie !
Das nächste Mal wird es bestimmt noch besser !	Je suis sûr que tu feras encore mieux la prochaine fois !
Beiß die Zähne zusammen !	Serre les dents !
Versuch's noch mal !	Essaie encore une fois !

AUSRUFE/SCHALLWÖRTER
EXCLAMATIONS/ONOMATOPEES

Aua !/au !	Aïe !
Aua, das tut weh !	Aïe ! cela fait mal !
Au Backe !	Oh ! là, là ! (exprime l'étonnement)
Ach !	Hélas !
Ach, wie schade !	Quel dommage !
Ach, das bist du !	Ah, tiens, c'est toi !
Ätsch !	C'est bien fait !
Basta !	Assez !
Und damit basta !	Cela suffit !
Bim, bam !	Ding, dong !
Du heiliger Bim Bam !	Bonté divine !
Buh !	Bouh !
Sie haben ihn ausgebuht.	Ils l'ont chahuté/hué.
Bums !	Boum ! (explosion)
Dalli, dalli !	Vite, vite ! ; et que ça saute !
Dufte !	Chouette !
Ei, ja doch !	Mais si !
Futsch !	Perdu/fichu !
Haha, da muß ich lachen !	Ça me fait bien rire !
Hu, wie kalt !	Brrr, il fait froid !
Hü !	Hue !
I !	Pouah !
I, wie scheußlich !	Pouah, c'est dégoutant !
I, bewahre !	Mais non ! ; pensez-vous !
Los !/los, jetzt !/los, voran !	Allez !
Mist !	Zut !
Na !	Eh bien !
Na, also !	Eh bien, tu vois !/vous voyez !
Nanu !	Par exemple !
Na, und ?	Et alors ?/et après ?
Oho !	Oh, là, là !
Peng ! Peng !	Pan ! Pan ! (révolver, fusil)
Pfui !/Pfui Teufel, nochmal !	Pouah !
Pst !	Psitt !/chut !
Puh !	Pouah !/peuh !

Quatsch !	Quelle bêtise !
Ruck, hauruck !	Oh ! hisse !
Ruck zuck !	Vite, vite !
Ruhe !	Silence !
Schluß !	Fini ! Terminé !
Schön !	Bien. D'accord !
Soso !	Ah ! Ah !
So ist das also !	C'est ça, alors !
Tja, tja !	Et oui et oui !
Verflixt !	Zut !
Verflixt und zugenäht !	Nom d'un chien !

SICH ENTSCHULDIGEN
S'EXCUSER

Entschuldigung !/Verzeihung !/Pardon !	Pardon !
Es tut mir leid !	Je suis désolé !
Es tut mir sehr/furchtbar/schrecklich leid !	Je suis vraiment désolé !
Entschuldigen Sie, wenn ich störe !	Excusez-moi de vous déranger !
Ich bitte um Entschuldigung !	Je vous prie de m'excuser !
Ich bitte vielmals/tausendmal um Entschuldigung !	Je vous fais toutes mes excuses !
Ich möchte mich für mein Mißtrauen entschuldigen.	Excusez-moi pour mon manque de confiance.
Entschuldigung, das war nicht meine Absicht.	Excusez-moi, ce n'était pas mon intention.
Verzeihung, das war ein Mißverständnis.	Pardon. C'était un malentendu.
Entschuldigen Sie bitte meine Verspätung.	Veuillez excuser mon retard.
Hoffentlich kommen wir nicht zu früh.	J'espère que nous n'arrivons pas trop tôt.
Es tut mir leid. Das wollte ich nicht.	Je suis désolé ; ce n'était pas mon intention.
Das habe ich nicht absichtlich getan.	Je ne l'ai pas fait exprès.
Verzeih, das habe ich doch nur zum Spaß gesagt.	Excuse-moi ; je plaisantais.
Ich bedaure, aber ich hatte keine andere Wahl.	Je regrette, mais je n'avais pas le choix.
Das ist nicht meine Schuld.	Ce n'est pas ma faute.
Keine Ursache !/das macht nichts !	Il n'y a pas de quoi !
Bitte !	Je vous en prie !
Das ist nicht so schlimm !	Ce n'est pas grave !
Ich kann nichts dafür !	Je n'y peux rien !

HÄUFIGKEIT AUSDRÜCKEN
EXPRIMER LA FREQUENCE

Wie oft wart ihr schon in Italien ?	Combien de fois êtes-vous déjà allés en Italie ?
Öfters schon. Vier-oder fünfmal.	Assez souvent. Quatre ou cinq fois.

Wir gehen ab und zu/von Zeit zu Zeit/ hin und wieder ins Restaurant.	Nous allons de temps en temps au restaurant.
Er geht nur ganz selten in die Kirche.	Il ne va que très rarement à l'église.
Ich höre jeden Tag Nachrichten.	J'écoute les nouvelles tous les jours.
Bei uns kommt die Müllabfuhr jeden zweiten Tag.	Chez nous, les éboueurs passent tous les deux jours.
Ich muß diese Arznei alle drei Stunden nehmen.	Je dois prendre ce remède toutes les trois heures.
Er gerät häufig in Wut.	Il se met fréquemment en colère.
Wieviel verdient er monatlich ?	Combien gagne-t-il par mois ?
Das Geschäft ist an Sonn-und Feiertagen geschlossen.	Le magasin est fermé les dimanches et jours fériés.
Sonntags schlafen wir aus.	Le dimanche, nous faisons la grasse matinée.
Wir treffen uns alle vierzehn Tage im Café Tomaselli.	Nous nous rencontrons tous les quinze jours au café Tomaselli.
Ihr seid jederzeit bei uns willkommen.	Vous êtes toujours les bienvenus.
Sie kommt gewöhnlich zwischen 17 und 18 Uhr.	Elle vient, d'habitude, entre 17 et 18 heures.
Ich höre meinen Wecker manchmal nicht.	Parfois, je n'entends pas mon réveil.
Immer wieder macht ihr dieselben Fehler !	Vous faites toujours les mêmes fautes !
Tagaus, tagein sehe ich dieselben Gesichter !	Jour après jour, je vois les mêmes visages !
Tagtäglich schickt er ihr eine rote Rose.	Tous les jours, il lui envoie une rose rouge.
Es kommt vor, daß ich wochenlang niemanden sehe.	Il m'arrive de ne voir personne pendant des semaines.

ZUKÜNFTIGES AUSDRÜCKEN
EXPRIMER LE FUTUR

Er hat eine glänzende Zukunft vor sich.	Il a un brillant avenir devant lui.
Liest du gern Zukunftsromane ?	Tu aimes les romans d'anticipation ?
In Zukunft werde ich vorsichtiger sein.	A l'avenir, je serai plus prudent.
Seine zukünftige/künftige Frau stammt aus wohlhabender Familie.	Sa future femme est issue d'une famille aisée.
Ihr werdet bald von mir hören !	Vous entendrez bientôt parler de moi !
Von nun an werde ich ihn meiden.	A partir de maintenant, je l'éviterai.
In Erwartung Ihrer baldigen Antwort, ...	Dans l'attente d'une prompte réponse, ...
Er wird bald vierzig.	Il approche de la quarantaine.
Sie wird so bald/so schnell nicht wiederkommen.	Elle ne reviendra pas de si tôt.
Ich komme so bald wie möglich nach.	Je viendrai te/vous rejoindre dès que possible.
Die Außenminister der EG.Staaten werden sich demnächst in Rom treffen.	Les ministres des Affaires Etrangères des pays de la Communauté Européenne se rencontreront prochainement à Rome.
Ich komme gleich !	J'arrive tout de suite.
Morgen ist auch ein Tag.	A chaque jour suffit sa peine.

Kommt Zeit, kommt Rat.	Laissons le temps faire son œuvre.
Wir hoffen, daß Sie unsere Bestellung baldmöglichst ausführen können.	Nous espérons que vous pourrez exécuter notre commande dans les plus brefs délais.
Für die nächste Zukunft rechnen die Experten mit einer Zunahme der Arbeitslosigkeit.	Pour l'avenir immédiat, les experts s'attendent à une montée du chômage.
In nicht allzuferner Zukunft wird man das Geschlecht seiner Kinder selbst bestimmen können.	Dans un avenir pas trop lointain, on pourra déterminer soi-même le sexe de ses enfants.

GLEICHGÜLTIGKEIT AUSDRÜCKEN
EXPRIMER L'INDIFFERENCE

Das ist mir (völlig) gleich/egal/ gleichgültig !	Cela m'est (totalement) égal ; je m'en moque !
Das ist mir Wurst/Wurscht !	Je m'en fiche !
Das ist mir Schnuppe !	Je m'en fiche ! (en Allemagne du Nord)
Das läßt mich kalt !	Cela me laisse froid !
Das berührt mich nicht !	Cela ne me touche pas !
Er kann sagen, was er will.	Il peut dire ce qu'il veut.
Er ist mir gleichgültig.	Il m'est indifférent.
Es macht mir nichts aus, allein zu bleiben.	Cela ne me fait rien de rester seul.
Egal, was du tust/was immer du tust, kein Mensch wird dich unterstützen.	Quoi que tu fasses, personne ne te soutiendra.
Es lohnt sich nicht/es rentiert sich nicht, etwas zu unternehmen.	Cela ne vaut pas la peine d'entreprendre quelque chose.
Du hast schon drei Bier getrunken ! - Na und ?	Tu as déjà bu trois bières ! - Et alors ?
Das ist nicht der Rede wert.	Ce n'est pas la peine d'en parler.

JEMANDEN BELEIDIGEN
INSULTER QUELQU'UN

Du dumme Ziege !/du blöde Kuh !/ du dumme Gans !/du dummes Huhn !	Idiote !/Gourde ! ... (pour une femme)
So ein Dummkopf !/du Trottel !/ du Esel !/du Depp !/du blöder Hund !	Idiot !/Crétin ! ... (pour un homme)
Hau ab !/Verdufte !	Fiche le camp !
Scher dich zum Teufel !	Va au diable !
Er hat das Pulver nicht erfunden.	Il n'a pas inventé la poudre.
Das ist totaler Schwachsinn !	C'est complètement idiot !
Bist du von Sinnen ?	Tu as perdu la tête ?
Du spinnst wohl !/du bist verrückt !	Tu es fou !
Bei dir piept's wohl !/du tickst wohl nicht richtig !/du hast einen Vogel !/bei dir ist eine Schraube locker !	Ça va pas la tête ?

So ein Faulpelz !/so ein Faulenzer !	Quel paresseux !/quel fainéant !
Wie kann man nur so faul sein ?	Comment peut-on être aussi paresseux ?
Er stinkt vor Faulheit.	C'est un cossard fini.
Er kommt mir arbeitsscheu vor.	Il me donne l'impression de craindre le travail.
Er hat einen miesen/fiesen Charakter.	Il a un sale caractère.
Du Meckerziege !	Rouspéteuse !
Alter Meckerer !	Râleur !
Du benimmst dich wie ein Flegel/ein Lümmel.	Tu te conduis comme un goujat.
Er hat sich wie ein Schuft benommen.	Il s'est conduit comme une crapule.
Was für ein Waschlappen/ein Schlappschwanz !	Quelle chiffe molle !
So ein Drückeberger !	Quel tire-au-flanc !
Er ist ein Kriecher !	C'est un lèche-botte !
Er will sich nur einschmeicheln.	C'est un faillot.
Du kleines Biest !	Petite peste !
So ein Luder !/ein Miststück !	Quelle peste !
Er ist ein Angeber.	C'est un prétentieux.
Du Feigling !	Lâche !
Angsthase !	Trouillard !
Flasche !	Empoté !
Lügner !	Menteur !
Du lügst wie gedruckt !	Tu mens comme tu respires !
Du schummelst !	Tu triches !
Geizhals !/Geizkragen !	Avare !/radin ! ...
Du bist ein Dickkopf !	Tu es une tête de mule !
Wie kann man nur so dickköpfig sein !	Comment peut-on être aussi entêté !
Er säuft wie ein Loch. (grossier)	Il boit comme un trou.
Was für eine Nervensäge !	Quelle enquiquineuse !
Mußt du überall deinen Senf dazugeben ?	Faut-il que tu fourres ton nez partout ?
Du Würstchen !/du Gartenzwerg !/du Knirps !	Espèce d'avorton !/de nabot !
So eine lange Bohnenstange !	Quelle grande perche !
Was für ein Knochengerippe ! Sie hat nur Haut und Knochen.	C'est un véritable squelette. Elle n'a que la peau sur les os.
Schaut euch diesen Fettwanst an !	Regardez-moi ce gros lard !
Sie ist häßlich wie die Nacht.	Elle est laide comme un pou.
Sie sieht aus wie eine Vogelscheuche.	Elle ressemble à un épouvantail.
Ich wollte dich nicht beleidigen.	Je n'avais pas l'intention de t'offenser.
Er ist schwer beleidigt.	Il est piqué au vif.
Sie ist schnell beleidigt.	Elle se vexe pour un rien.
Diese Beleidigung lasse ich nicht auf mir sitzen.	Je n'accepte pas cette insulte.

BEUNRUHIGUNG/ANGST AUSDRÜCKEN
EXPRIMER L'INQUIETUDE/LA PEUR

Wir waren sehr beunruhigt.	Nous étions très inquiets.
Ich mache mir Sorgen.	Je me fais du souci.
Ich hatte gleich ein ungutes Gefühl !	J'ai eu tout de suite un mauvais pressentiment !
Sie ist über ihren Gesundheitszustand beunruhigt.	Son état de santé la préoccupe.

Hoffentlich kommen wir rechtzeitig an !	Espérons que nous arriverons à temps !
Das geht nicht gut aus !	Cela finira mal !
Wir befürchten das Schlimmste !	Nous craignons le pire !
Als ich klein war, fürchtete ich mich vor der Dunkelheit.	Quand j'étais petit, j'avais peur de l'obscurité.
Ich zittere vor Angst !	Je tremble de peur !
Ihr habt mir Angst eingejagt !	Vous m'avez fait une de ces peurs !
Hast du Angst vor dem Tod ?	As-tu peur de la mort ?
Ich hatte eine Heidenangst !	J'avais une peur bleue !
Du willst mir nur Angst machen !	Tu veux seulement me faire peur !
Da hat mich die Angst gepackt.	Alors, la peur s'est emparée de moi.
Da habe ich Gänsehaut gekriegt !	J'en ai eu la chair de poule !
Vor lauter Angst wußte ich weder ein noch aus.	J'avais tellement peur que je ne savais plus quoi faire.
Ich habe wahnsinnige Angst vor dem Fliegen.	J'ai une peur bleue de voyager en avion !
Sei nicht immer so ängstlich !	Ne sois pas toujours aussi peureux !
Mal den Teufel nicht an die Wand !	Ne parle pas de malheur !
Wir kamen mit dem Schrecken davon.	Nous en avons été quittes pour la peur.
Es lief mir eiskalt über den Rücken.	Ca m'a donné froid dans le dos.
Du bist kreidebleich !	Tu es blanc comme un linge !

VERBIETEN
INTERDIRE

Nicht hinauslehnen.	Ne pas se pencher au-dehors.
So etwas tut man nicht !	Cela ne se fait pas !
Rauchen verboten !	Interdit de fumer !
Betreten der Baustelle verboten !	Chantier interdit !
Es ist strengstens verboten, an einer Tankstelle zu rauchen.	Il est formellement interdit de fumer dans une station-service.
Das ist polizeilich verboten !	C'est interdit par la police !
Halteverbot !	Interdiction de stationner !
Das Flugzeug hat noch keine Landeerlaubnis erhalten.	L'avion n'a pas encore reçu l'autorisation d'atterrir.
Rasen bitte nicht betreten.	Prière de ne pas marcher sur la pelouse.
Sie haben die Baugenehmigung immer noch nicht.	Ils n'ont toujours pas le permis de construire.
Es ist nicht gestattet, nach 22 Uhr Besuch zu empfangen.	Les visites après 22 heures ne sont autorisées.
Sie dürfen hier nicht fotografieren.	Vous n'avez pas le droit de prendre des photos ici.
Du darfst das niemandem weitersagen.	Tu ne dois le répéter à personne.
Das kommt nicht in Frage !	Il n'en est pas question !
Es kommt überhaupt nicht in Frage, daß dein Freund bei uns wohnt.	Il est hors de question que ton ami habite chez nous.
Hier können Sie nicht essen.	Vous ne pouvez pas manger ici.
Man kann hier nicht in Jeans hinkommen.	On ne peut pas venir ici en jeans.
Ich verbiete Ihnen, in diesem Ton mit mir zu reden.	Je vous interdis de me parler sur ce ton.
Ich lasse mich nicht von dir herumkommandieren !	Je n'ai pas d'ordre à recevoir de toi !
Zutritt strengstens verboten. Lebensgefahr.	Accès formellement interdit. Danger de mort.

JEMANDEN EINLADEN
INVITER QUELQU'UN

Ich möchte euch zu meiner Geburtstagsfeier einladen.	J'aimerais vous inviter à ma fête d'anniversaire.
Darf ich dich zu einem Eis einladen ?	Je peux t'inviter à manger une glace ?
Würde es dir Spaß machen, zum Skilaufen mitzukommen ?	Cela te plairait d'aller faire du ski avec moi ?
Jetzt gehen wir einen trinken !	Maintenant, on va prendre un pot !
Die nächste Runde geht auf mich !/ ich spendiere die nächste Runde !	Je paie la prochaine tournée !
Ich gebe einen aus !/Ich gebe eine Runde aus !	J'offre la tournée générale.
Komm doch mit !	Viens donc !/Allons, viens !
Hättet ihr Lust, heute abend auf ein Glas vorbeizukommen ?	Cela vous dirait de venir prendre un pot à la maison ce soir ?
Ich bezahle. Ihr seid meine Gäste !	C'est moi qui paie ! Vous êtes mes invités !

EINE EINLADUNG ANNEHMEN	ACCEPTER UNE INVITATION
Ich komme gern.	Je viendrai avec plaisir.
Das ist sehr nett von dir. Bis morgen dann.	C'est gentil de ta part. A demain, donc.
Vielen Dank, ich freue mich schon darauf.	Merci beaucoup, je m'en réjouis déjà.
Na klar !	Bien sûr !
Einverstanden. Aber was kann ich mitbringen ?	D'accord. Qu'est-ce-que je peux apporter ?

EINE EINLADUNG ABLEHNEN	DECLINER UNE INVITATION
Vielen Dank, aber leider sind wir schon verabredet für heute abend.	Merci beaucoup, mais malheureusement, nous sommes déjà pris ce soir.
Tut mir leid, aber ich kann nicht.	Désolé, mais je ne peux pas.
Schade, heute geht es nicht. Wie wär's mit nächster Woche ?	C'est dommage, c'est impossible ce soir. La semaine prochaine, peut-être ?
Ich fürchte, ich muß absagen.	Je crains de devoir refuser.
Ich bin leider gerade an diesem Abend verhindert.	J'ai malheureusement un empêchement ce soir-là.
Wir wären gern gekommen, aber unser Auto ist in der Werkstatt.	Nous serions bien venus, mais notre voiture est au garage.
Ich bedaure, aber wir haben diese Woche jeden Abend etwas vor.	Je regrette, mais nous sommes pris tous les soirs de cette semaine.
Kannst du nicht deine Party auf nächstes Wochenende verlegen ?	Tu ne pourrais pas remettre ta fête au week-end prochain ?

SICH FREUEN
SE REJOUIR

Ich freue mich schon darauf.	Je m'en réjouis d'avance.
Wir freuen uns wahnsinnig auf den Urlaub.	Nous nous réjouissons énormément à l'idée des vacances.

Ich habe mich sehr über Ihren Besuch gefreut.	Votre visite m'a fait bien plaisir.
Wir sind sehr erfreut über diesen Vorschlag.	Nous sommes très heureux de cette proposition.
Es ist erfreulich zu sehen, wie schnell er sich erholt hat.	Cela fait plaisir de voir comme il s'est vite remis.
Es ist eine erfreuliche Nachricht.	C'est une nouvelle qui fait plaisir.
Sie strahlt vor Freude.	Elle rayonne de joie.
Er ist außer sich vor Freude.	Il ne se sent plus de joie.
Er hat viel Freude an seiner neuen Arbeit./Seine neue Arbeit bereitet ihm viel Freude.	Son nouveau travail lui cause beaucoup de satisfaction.
Die junge Frau erwartet ein freudiges Ereignis.	La jeune femme attend un heureux événement.
Welch glücklicher Zufall !	Quel heureux hasard !
Ich bin überglücklich.	Je suis transporté de joie.
So ein Glückspilz !	Quel veinard !
Genial !/Spitze !/Super !/Toll !	Fantastique !/Super ! ...
Schadenfreude ist die beste Freude.	Le malheur d'autrui est la meilleure des joies.
Er ist von seinem neuen Auto begeistert.	Il est enchanté de sa nouvelle voiture.

VERGANGENES DARSTELLEN
PRESENTER LE PASSE

Das ist doch alles Vergangenheit !	Tout cela, c'est du passé !
Sie haben vor zwei Jahren geheiratet.	Ils se sont mariés il y a deux ans.
Sie sind seit zwei Jahren verheiratet.	Ils sont mariés depuis deux ans.
Als ich zehn war, wollte ich Astronaut werden.	Quand j'avais dix ans, je voulais devenir astronaute.
Wenn Oma kam, brachte sie immer viele Geschenke mit.	Quand grand-mère venait, elle apportait toujours beaucoup de cadeaux.
Nachdem er zehn Stunden geschlafen hatte, fühlte er sich wieder in Form.	Après avoir dormi dix heures, il se sentit de nouveau en forme.
In den dreißiger Jahren herrschte eine große Arbeitslosigkeit.	Dans les années trente, il y avait beaucoup de chômage.
Damals war ich noch ein Kind.	Je n'étais alors qu'un enfant.
Früher trugen die Frauen Krinolinen.	Autrefois, les femmes portaient des crinolines.
Der zweite Weltkrieg brach (im Jahre) 1939 aus.	La deuxième guerre mondiale éclata en 1939.
Er ist am Tag vor meiner Ankunft abgereist.	Il est parti la veille de mon arrivée.
Am Tag davor war bei uns eingebrochen worden.	La veille, on avait cambriolé chez nous.
Diogenes lebte im 4. Jahrhundert vor Christus/vor Christi Geburt.	Diogène vivait au 4ème Siècle avant Jésus Christ.
Zur Zeit Ludwigs XIV. war Frankreich das mächtigste Land Europas.	Au temps de Louis XIV, la France était le pays le plus puissant d'Europe.
Vorige/letzte/vergangene Woche hat es fast jeden Tag geregnet.	La semaine dernière, il a plu presque tous les jours.
Er ist gerade/eben/soeben angekommen.	Il vient d'arriver.
Von Jugend auf interessiert er sich für Rennautos.	Depuis son jeune âge, il s'intéresse aux voitures de course.

Es war einmal ein König und eine Königin.	Il était une fois un roi et une reine.
Die Anzeige stand in der gestrigen Zeitung.	L'annonce se trouvait dans le journal d'hier.

SICH BEKLAGEN
SE PLAINDRE

Das ist ärgerlich !	C'est ennuyeux !
Es ärgert mich, daß ich nicht früher kommen konnte.	Cela m'ennuie de n'avoir pas pu venir plus tôt.
So etwas darf nicht passieren !	Ceci est inacceptable !
Ich habe nichts als Ärger mit der neuen Waschmaschine.	Je n'ai que des ennuis avec la nouvelle machine à laver.
Ich könnte mich grün und blau ärgern !	J'enrage !
Es ist eine Unverschämtheit, so eine hohe Miete zu verlangen !	C'est du toupet de réclamer un loyer aussi élevé !
Hör auf mit deinem ewigen Nörgeln !	Arrête de rouspéter tout le temps !
Ich werde mich beim Direktor beschweren !	Je me plaindrai auprès du directeur !
Dieser Apparat taugt nichts.	Cet appareil ne vaut rien.
Diese Wohnung entspricht nicht ganz unserem Geschmack.	Cet appartement ne correspond pas tout à fait à notre goût.
Es muß sich um einen Irrtum handeln.	Il s'agit sûrement d'une erreur.
Die Bedienung hier ist unter aller Kritik !	Le service est en-dessous de tout ici !
Ich bringe Ihnen diese Joghurts zurück, das Datum ist abgelaufen.	Je vous rapporte ces yaourts, la date de fraîcheur est dépassée.
Da ist Ihnen sicher ein Fehler unterlaufen.	Il doit y avoir une erreur.
Sie haben mir ein Telefongespräch zuviel berechnet.	Vous m'avez compté un appel de trop.
Ich finde Ihre Kritik wirklich nicht gerechtfertigt.	Je trouve que votre critique n'est pas fondée.
Das ist ein starkes Stück !	C'est fort !

BESITZVERHÄLTNISSE AUSDRÜCKEN
EXPRIMER UN RAPPORT DE POSSESSION

Er besitzt drei Autos.	Il possède trois voitures.
In Deutschland müssen Hundebesitzer eine Hundesteuer bezahlen.	En Allemagne, les propriétaires de chiens doivent payer un impôt pour les chiens.
Trotz ihres hohen Alters ist sie noch im vollen Besitz ihrer geistigen Kräfte.	En dépit de son grand âge, elle est encore en possession de tous ses moyens intellectuels.
Der Besitz von Waffen ist verboten.	La détention d'armes est interdite.
Wessen Schuld ist das ?	A qui la faute ?
Wem gehört dieser Mantel ?	A qui appartient ce manteau ?

Peters Zimmer ist nie aufgeräumt.	La chambre de Pierre est toujours en désordre.
Unser Haus ist größer als eures.	Notre maison est plus grande que la la vôtre.
Sie hat ein eigenes Zimmer.	Elle a une chambre à elle.
Diese Gegenstände sind mein persönliches Eigentum.	Ces objets m'appartiennent personnellement.

EINE MÖGLICHKEIT/EINE EVENTUALITÄT AUSDRÜCKEN
EXPRIMER UNE POSSIBILITE/ UNE EVENTUALITE

Wahrscheinlich stimmt das.	C'est probablement vrai.
Das kann schon sein./Das mag zutreffen.	Cela se peut.
Schon möglich !	C'est bien possible !
Das ist nicht ausgeschlossen.	Ce n'est pas impossible.
Höchstwahrscheinlich kommt er morgen früh vorbei.	Il passera très probablement demain matin.
Aller Wahrscheinlichkeit nach wird die Hitzewelle noch einige Tage andauern.	Selon toute vraisemblance, la canicule va encore durer quelques jours.
Ich werde wahrscheinlich nicht kommen können.	Je ne pourrai sans doute pas venir.
Sie hatte unglaubliches/unwahrscheinliches Glück.	Elle a eu une chance incroyable.
Mag sein, daß er davon wußte.	Il est possible qu'il ait été au courant.
Unter Umständen hat er von unserem Vorhaben gewußt.	Il se peut qu'il ait été au courant de notre projet.
Gegebenenfalls komme ich zu Fuß.	Le cas échéant, je viendrai à pied.
Eventuell komme ich auch.	Eventuellement, je viendrai aussi.
Er kann schon morgen oder übermorgen kommen.	Il se peut qu'il vienne dès demain ou après-demain.
Er dürfte 40 Jahre alt sein.	Il devrait avoir 40 ans.
Er ist sonst immer pünktlich. Es muß etwas passiert sein.	D'habitude, il est toujours à l'heure. Il a dû se passer quelque chose.
Er mag wohl krank gewesen sein.	Il se peut qu'il ait été malade.
Sollte er anrufen, sag, ich bin nicht da.	Si jamais il téléphone, dis que je ne suis pas là.

GEGENWÄRTIGES MITTEILEN
RAPPORTER UN EVENEMENT PRESENT

Die Gegenwart interessiert ihn nicht.	Le présent ne l'intéresse pas.
Sie ist gerade beim Frühstücken.	Elle est juste en train de prendre son petit déjeuner.

Herr Fischer ist im Augenblick leider nicht zu sprechen.	Je regrette, il n'est pas possible de parler à M. Fischer pour le moment.
Wo hält sie sich zur Zeit auf ?	Où séjourne-t-elle actuellement ?
Im Moment steht das Spiel eins zu eins.	Pour l'instant, on en est à un partout.
Momentan kann ich meine Schulden nicht zurückbezahlen.	Je ne peux pas rembourser mes dettes pour le moment.
Heutzutage kann sich jeder ein Auto leisten.	De nos jours, chacun peut se payer une voiture.
Die gegenwärtige Lage ist beunruhigend.	La situation actuelle est préoccupante.
Der Artikel steht in der heutigen Zeitung.	L'article se trouve dans le journal d'aujourd'hui.
Ich bin am Kofferpacken.	Je suis en train de faire les valises.
Sie ist gerade dabei, ihr Zimmer aufzuräumen.	Elle est en train de ranger sa chambre.
Ich habe den Eindruck, du bist im Begriff, eine Dummheit zu machen.	J'ai l'impression que tu es sur le point de faire une bêtise.
Was sagst du nun/jetzt ?	Et maintenant, que dis-tu ?
Das ist nun einmal so !	Que voulez-vous, c'est ainsi !

SICH VORSTELLEN/JEMANDEN VORSTELLEN
SE PRESENTER/PRESENTER QUELQU'UN

Darf ich mich vorstellen ? Sabine Hafemann.	Je me présente : Sabine Hafemann.
Guten Tag, ich bin Andreas Fellenz./ Guten Tag, ich heiße Andreas Fellenz./ Guten Tag, mein Name ist Andreas Fellenz.	Bonjour, je m'appelle Andreas Fellenz.
Ich möchte dir meine Schwester Michaela vorstellen.	Je te présente ma sœur Michaela.
Darf ich Ihnen meine Mutter vorstellen ?	Puis-je vous présenter ma mère ?
Darf ich euch miteinander bekannt-machen ? Klaus Krüger-Alexis Merville.	Puis-je faire les présentations ? Klaus Krüger-Alexis Merville.
Kennt ihr euch schon ?	Vous vous connaissez déjà ?
Nein, ich hatte noch nicht das Vergnügen.	Non, je n'ai pas encore eu ce plaisir.
Ich habe schon viel von Ihnen gehört.	J'ai déjà beaucoup entendu parler de vous.
Es freut mich, Sie kennenzulernen./ Es freut mich, Ihre Bekanntschaft zu machen.	Je suis ravi de faire votre connaissance.
Sehr erfreut !/Angenehm !	Enchanté !
Ich freue mich, Sie kennengelernt zu haben.	Je suis heureux d'avoir fait votre connaissance.
Haben wir uns nicht schon einmal gesehen ?	Ne nous sommes-nous pas déjà rencontrés ?
Sie sind sicher/bestimmt Steffis Bruder ?	Vous devez être le frère de Steffi ?

EINE MENGE/EINE ANZAHL ANGEBEN
INDIQUER UNE QUANTITE/UN NOMBRE

Er verdient viel Geld.	Il gagne beaucoup d'argent.
Er liebt dich sehr.	Il t'aime beaucoup.
Dieses hübsche Mädchen hat jede Menge Verehrer.	Cette jolie fille a un tas d'admirateurs.
In dieser Kleinstadt gibt es jede Menge Katzen und Hunde.	Dans cette petite ville, il y a des chats et des chiens en veux-tu, en voilà.
Bei uns ist alles halb so teuer wie bei euch.	Chez nous, tout est moitié moins cher que chez vous.
Das ist halb so schlimm !	Ce n'est pas si grave !
Du mußt doppelt so viel arbeiten !	Tu dois travailler deux fois plus !
Er verdient dreimal so viel wie ich.	Il gagne trois fois plus que moi.
Danach ein ganz klein wenig/ein ganz klein bißchen Senf hinzufügen.	Ajouter ensuite un tout petit peu de moutarde.
Du ißt zuviel Süßigkeiten, Vanessa !	Tu manges trop de sucreries, Vanessa !
Besser zuviel als zuwenig.	Plutôt trop que pas assez.
Wieviel Einwohner hat Berlin ?	Combien y a-t-il d'habitants à Berlin ?
Ich habe nicht genug geschlafen.	Je n'ai pas assez dormi.
Er ist ziemlich jung.	Il est assez jeune.
Ich habe noch etwas Zeit.	J'ai encore un peu de temps.
Der Benzinpreis ist etwas gesunken.	Le prix de l'essence a un peu baissé.
Ich bin in ein paar Tagen wieder da.	Je serai de retour dans quelques jours.
Eine gewisse Anzahl von Schülern wird das Abitur nicht schaffen.	Un certain nombre d'élèves ne réussiront pas au baccalauréat.
Diese Villa ist Millionen wert.	Cette villa vaut des millions.
Sie hat fünf Kilo zugenommen.	Elle a grossi de cinq kilos.
40 Prozent der Befragten sehen beim Essen fern.	40% des personnes interrogées regardent la télévision en mangeant.
Hunderte von Flüchtlingen gingen über die Grenze.	Des centaines de réfugiés ont traversé la frontière.
Keiner von euch hat daran gedacht.	Aucun d'entre vous n'y a pensé.

EMPFEHLEN/RATEN/VORSCHLAGEN
RECOMMANDER/CONSEILLER/PROPOSER

Diesen Zahnarzt kann ich Ihnen empfehlen.	Je vous recommande ce dentiste.
Ich komme auf Empfehlung meines Hausarztes.	Je viens sur la recommandation de mon médecin de famille.
Es empfiehlt sich, warme Kleidung mitzunehmen.	Il est recommandé d'emporter des vêtements chauds.
Ich würde dir raten, eine Stunde vorher da zu sein.	Je te conseille d'arriver une heure à l'avance.
Wenn ich dir einen guten Rat geben darf, geh nicht hin !	Si je peux te donner un bon conseil, n'y va pas !
Ich rate Ihnen von dem Kauf ab.	Je vous déconseille cet achat.
Warum haben Sie meine Ratschläge nicht befolgt ?	Pourquoi n'avez-vous pas suivi mes conseils ?
Es wäre ratsam, früh aufzubrechen.	Il serait bon de partir de bonne heure.

Am besten wäre es, gleich nach dem Frühstück zu fahren.	Le mieux serait de partir immédiatement après le petit déjeuner.
Wie wäre es, wenn wir noch einen Tag blieben ?	Et si on restait encore un jour ?
Das solltest du dir überlegen !	Tu devrais y réfléchir !
An deiner Stelle würde ich keine Minute länger bleiben.	A ta place, je ne resterais pas une minute de plus.
Weißt du was ? Wir gehen einen trinken !	Tu sais quoi ? On va boire un coup !
Was haltet ihr von einem Bummel durch Schwabing ?	Que diriez-vous d'une balade à Schwabing ?
Ich gebe dir einen Tip : setze auf die Nummer 6.	Je te donne un tuyau : mise sur le numéro 6.
Ich schlage vor, jeder bezahlt die Hälfte.	Je propose que chacun paie la moitié.
Auf Ihren Vorschlag hin haben wir uns den Reichstag angesehen.	Sur votre conseil, nous avons visité le Reischstag.
Das wäre mein Vorschlag. Haben Sie einen Gegenvorschlag ?	Voilà ma proposition. Avez-vous une contre-proposition ?
Ich möchte folgendes anregen.	J'aimerais suggérer la chose suivante.
Diese Anregung kommt im richtigen Augenblick.	Cette suggestion arrive à point nommé.
Kommt Zeit, kommt Rat.	Laissons le temps faire son œuvre.
Guter Rat kommt über Nacht.	La nuit porte conseil.
Tu nichts. Überschlaf's erst mal !	Ne fais rien. Laisse d'abord passer la nuit.

ETWAS BEDAUERN
REGRETTER QUELQUE CHOSE

Schade !	Dommage !
Wie schade !	Quel dommage !
Schade, daß du nicht kommen kannst !	Dommage que tu ne puisses pas venir !
Das ist sehr bedauerlich.	C'est très regrettable.
Wir bedauern dieses Mißverständnis.	Nous regrettons ce malentendu.
Ich bereue, diese Bemerkung gemacht zu haben.	Je regrette d'avoir fait cette remarque.
Es ist ein Jammer, daß man diesen Wald nicht retten konnte.	C'est lamentable qu'on n'ait pas pu sauver cette forêt.
Leider haben wir nichts machen können.	Nous n'avons malheureusement rien pu faire.
Es tut mir leid, Sie enttäuschen zu müssen.	Je regrette de vous décevoir.
Wenn ich nur Ihrem Rat gefolgt wäre !	Si seulement j'avais suivi votre conseil !
Wenn Sie bloß auf mich gehört hätten !	Si seulement vous m'aviez écouté !
Ich habe dich sehr vermißt.	Tu m'as beaucoup manqué.
Ich hatte gehofft, sie würde sich an mich erinnern.	J'avais espéré qu'elle se souviendrait de moi.
Verflixt, es regnet schon wieder !	Zut, il recommence à pleuvoir !
Mist !/So ein Mist !	Mince alors !

SICH BEDANKEN
REMERCIER

Danke !/Danke schön !	Merci !
Danke sehr !/Danke vielmals !/Vielen Dank !/Besten Dank !/Herzlichen Dank !	Merci beaucoup !
Das wäre aber nicht nötig gewesen !	Il ne fallait pas !
Vielen Dank für alles !	Merci pour tout !
Ich danke dir.	Je te remercie.
Ich bin Ihnen sehr dankbar.	Je vous suis très reconnaissant.
Hast du dich bei Herrn Huber bedankt ?	As-tu remercié M. Huber ?
Ich danke Ihnen von/aus ganzem Herzen.	Je vous remercie de tout cœur
Ich danke Ihnen für Ihre Aufmerksamkeit.	Je vous remercie de votre attention.
Ich möchte Ihnen im Namen aller Kollegen danken.	Je tiens à vous remercier au nom de tous les collègues.
Das ist ein dankbares Publikum.	C'est un bon public.
Zum Dank für Ihre Gastfreundschaft möchten wir Ihnen dieses kleine Geschenk überreichen.	En remerciement pour votre hospitalité, nous aimerions vous remettre ce petit cadeau.
Gott sei Dank !	Dieu merci !
Bitte !/Bitte sehr !/Bitte schön !/ Schon gut !	De rien !
Gern geschehen !	Avec plaisir !
Keine Ursache !/Das war doch selbstverständlich !/Das ist nicht der Rede wert !	Il n'y a pas de quoi !/Cela va de soi !

VORWÜRFE MACHEN
FAIRE DES REPROCHES

Das ist deine Schuld !	C'est de ta faute !
Wie dumm von dir !	Comme c'est bête de ta part !
Das hätten Sie doch wissen müssen !	Vous auriez dû le savoir !
Wie konntest du nur so etwas tun !	Comment as-tu pu faire une chose pareille !
Das ist keine Entschuldigung !	Ce n'est pas une excuse !
Das kann jeder sagen/behaupten !	N'importe qui peut dire cela !
Das ist eure Sache/Angelegenheit !	C'est votre affaire !
Ihr hättet uns wenigstens Bescheid sagen können !	Vous auriez pu au moins nous mettre au courant !
Du hättest ruhig etwas freundlicher sein können !	Tu aurais pu être un peu plus aimable !
Warum bloß hast du dich auf diese Sache eingelassen ?	Pourquoi diable t'es-tu laissé embarquer dans cette affaire ?
Warum um Himmels willen hast du nicht gleich die Wahrheit gesagt ?	Pourquoi, bon Dieu, n'as-tu pas dit tout de suite la vérité ?
Das war ein großer Fehler von dir.	C'était une grave erreur de ta part.

Du hast schon wieder gefehlt ; du übertreibst wirklich !	Tu as encore manqué ; tu exagères vraiment !
Das geht dich nichts an !	Cela ne te regarde pas !
Da hast du einen großen Schnitzer gemacht !	Tu as commis une belle gaffe !
An Ihrer Stelle hätte ich nicht so gehandelt.	A votre place, je n'aurais pas agi de la sorte.
Könntest du nicht wenigstens einmal auf mich hören ?	Tu ne pourrais pas, pour une fois, faire ce que je te dis ?
Das wird man dir später vorhalten !/ Das wird man dir später zum Vorwurf machen !	On te le reprochera plus tard !
Du hast wohl Nerven !	Tu ne manques pas de toupet !
Und sonst vielleicht noch was ?	Et puis quoi encore ?
Misch dich nicht in meine Angelegenheiten !	Ne te mêle pas de mes affaires !

JEMANDEN (BE)GRÜßEN
SALUER QUELQU'UN

Guten Tag !	Bonjour !
Guten Morgen !	Bonjour ! (jusqu'à environ 10 h du matin)
Guten Abend !	Bonsoir !
Gute Nacht !	Bonne nuit !
Grüß Gott !/Grüß dich !/Servus !	Bonjour ! (en Allemagne du sud et en Autriche)
Guten Tag zusammen !	Boujour tout le monde !
Guten Tag, Frau Müller !	Bonjour, Madame Müller !

SICH VERABSCHIEDEN
PRENDRE CONGE

Leider muß ich mich jetzt verabschieden.	Malheureusement je dois prendre congé maintenant.
Auf Wiedersehen !/Auf Wiederschaun !	Au revoir !
Auf Wiederhören !	Au revoir ! (au téléphone)
Tschüß !	Salut !
Servus !	Salut ! (plutôt en Autriche)
Mach's gut !/Macht's gut !	Bon courage !/Salut !/Au revoir !
Alles Gute !	Bonne chance !
Einen schönen Abend noch !	Bonne fin de soirée !
Bis bald !	A bientôt !
Bis demnächst !	A un de ces jours !
Bis morgen !	A demain !
Bis nachher !	A tout à l'heure !
Bis nächsten Sonntag !	A dimanche prochain !
Bis nächste Woche !	A la semaine prochaine !
Ich hoffe, wir sehen uns recht bald wieder !	A très bientôt, j'espère !
Ruf mich mal an !	Donne-moi un coup de fil !
Melde dich wieder !	Fais-moi/nous signe !

Viele Grüße an alle !	Bonjour à tout le monde !
Grüße deine Eltern von mir !	Dis bonjour à tes parents de ma part !
Gute Reise !	Bon voyage !
Gute Fahrt und passen Sie auf !	Bonne route et soyez prudents !
Bis zum nächsten Mal !	A la prochaine fois !

WISSEN/NICHT WISSEN
SAVOIR/NE PAS SAVOIR

Wer weiß ?	Qui sait ?
Weißt du das Neueste ?	Tu connais la dernière ?
Wir wissen von nichts.	Nous n'en savons rien.
Bist du auf dem Laufenden ?	Es-tu au courant ?
Mir hat niemand Bescheid gesagt.	Personne ne m'a mis au courant.
Ich weiß über seine Pläne Bescheid.	Je suis au courant de ses projets.
Steffi kennt sich in Schwerin gut aus.	Steffi connaît très bien Schwerin.
Weißt du zufällig, ob sie Kinder haben ?	Sais-tu, par hasard, s'ils ont des enfants ?
Ich weiß nur/lediglich/bloß, daß er schon zweimal geschieden ist.	Tout ce que je sais, c'est qu'il a déjà divorcé deux fois.
Woher soll ich das wissen ?	Comment voulez-vous que je le sache ?
Du hast ja keine Ahnung, wie es dort zugeht !	Tu n'as pas idée de ce qui se passe là-bas !
Sie hat nicht die geringste Ahnung !	Elle n'en a pas la moindre idée !
Wir waren völlig ahnungslos.	Nous ne nous doutions de rien.
Das konnte ich nicht ahnen.	Je ne pouvais pas le deviner.
Man kann nie wissen !	On ne sait jamais !
Man weiß nicht so recht, ob er Spaß macht oder ob er es ernst meint !	On ne sait trop s'il plaisante ou s'il est sérieux !

SICH ETWAS WÜNSCHEN/SICH ETWAS ERHOFFEN
SOUHAITER/ESPERER QUELQUE CHOSE

Was wünschst du dir zum Geburtstag ?	Que veux-tu pour ton anniversaire ?
Sie wünschen ?	Vous désirez ?
Haben Sie noch einen Wunsch ?/Darf es noch was sein ?	Vous désirez autre chose ? (dans un magasin)
Darf ich einen Wunsch aussprechen ?	Puis-je formuler un vœu ?
Sein sehnlichster Wunsch ist, einen Hund zu besitzen.	Son vœu le plus cher est de posséder un chien.
Wir möchten gerne eine Kreuzfahrt auf dem Mittelmeer machen.	Nous aimerions faire une croisière en Méditerranée.
Gudrun hätte gerne noch ein zweites Kind.	Gudrun aimerait avoir un deuxième enfant.

Es wäre sehr wünschenswert, daß Sie den Bericht vor der Sitzung lesen.	Il serait très souhaitable que vous lisiez le rapport avant la réunion.
Ich sterbe vor Hunger !	Je meurs de faim !
Wenn ich nur diese Stelle bekommen könnte !	Si seulement je pouvais avoir cette place !
Ich habe Lust auf ein Bier !	J'ai envie d'une bière !
Hoffentlich wird es ein Mädchen !	Espérons que ce sera une fille !
Hoffen wir, daß alles gut geht !	Espérons que tout ira bien !
Ich gebe die Hoffnung nicht auf, daß sie zurückkommt.	Je ne perds pas tout espoir qu'elle revienne.
Sie sind meine letzte Hoffnung !	Vous êtes mon dernier espoir !

(SICH) ERINNERN/VERGESSEN
(SE) RAPPELER/OUBLIER

Erinnerst du dich noch, wie schön sie war ?/Weißt du noch, wie schön sie war ?	Tu te rappelles comme elle était belle ?
Ich erinnere mich noch ganz genau an unser Hotel in Tirol.	Je me souviens encore très bien de notre hôtel au Tyrol.
Soweit ich mich erinnern kann, hat sie zwei Kinder gehabt.	Pour autant que je me souvienne, elle a eu deux enfants.
Wenn ich mich recht erinnere, habe ich dir zehn und nicht fünf Mark geliehen.	Si j'ai bonne mémoire, je t'ai prêté dix marks et non pas cinq.
Sie erinnert mich an meine Mutter.	Elle me rappelle ma mère.
Die Erinnerung an seinen Tod macht mich unglücklich.	Le souvenir de sa mort me rend malheureux.
Erinnere mich, ihn vor zwölf anzurufen.	Rappelle-moi de lui téléphoner avant midi.
Erinnere mich daran !	Rappelle-le moi !
Sie hat ein gutes Gedächtnis.	Elle a une bonne mémoire.
Du hast ein gutes Gedächtnis für Namen !	Tu as une bonne mémoire des noms !
Vergiß nicht, die Blumen zu gießen !	N'oublie pas d'arroser les fleurs !
Du hast ein kurzes Gedächtnis !	Tu as la mémoire courte !
Ich habe eine Gedächtnislücke.	J'ai un trou de mémoire.
Mein Gedächtnis läßt mich immer mehr im Stich.	La mémoire me fait de plus en plus défaut.
Du hast ein Gedächtnis wie ein Sieb !	Tu n'as aucune mémoire !
Aus den Augen, aus dem Sinn.	Loin des yeux, loin du cœur.

ÜBERRASCHUNG/UNGLÄUBIGKEIT AUSDRÜCKEN
EXPRIMER LA SURPRISE/ L'INCREDULITE

Na so was !	Ca alors !
Ach du lieber Gott !/Großer Gott !	Grand Dieu !

Ach du meine Güte !	Grand Dieu !
Hast du Worte !/Das ist nicht zu fassen !	C'est incroyable !
Das darf doch nicht wahr sein !	Ce n'est pas vrai !
Ich träume wohl !	Je rêve !
Wer hätte das gedacht, daß wir uns so schnell wiedersehen ?	Qui aurait cru que nous nous reverrions aussi vite ?
Das ist aber eine Überraschung !	Ca, c'est une surprise !
Ich bin völlig überrascht !	Je suis tout à fait surpris !
Wie groß war unsere Überraschung, als wir erfuhren, daß sie geheiratet hatte.	Quelle ne fut pas notre surprise d'apprendre qu'elle s'était mariée.
Was für ein Zufall !	Quelle coïncidence !
Das ist ja nicht zu glauben !/Das ist ja unglaublich !	Ce n'est pas croyable !
Ich bin völlig sprachlos !/Das verschlägt mir die Sprache !	J'en suis bouche bée !
Da staunst du, nicht wahr ?	Ca t'étonne, pas vrai ?
Ich traue meinen Augen nicht !	Je n'en crois pas mes yeux !
Das ist zu schön, um wahr zu sein.	C'est trop beau pour être vrai.
Das ist ja ganz was Neues !	Première nouvelle !
Du willst mich wohl auf den Arm nehmen !	Tu te paies ma tête !
Was Sie nicht sagen !	Vous m'en direz tant !
Daß ich nicht lache !	Tu me fais/vous me faites rire !
Das ist doch nicht dein Ernst !	Tu ne parles pas sérieusement !
Das hätte ich nie von dir erwartet !	Je n'aurais jamais cru cela de toi !
Ich glaube kein einziges Wort davon !	Je n'en crois pas un mot !

GUTE WÜNSCHE ÄUßERN
FORMULER DES VOEUX

IM ALLTÄGLICHEN LEBEN	DANS LA VIE DE TOUS LES JOURS
Mach's gut !	Bon courage !
Viel Glück !/Hals-und Beinbruch !	Bonne chance !
Toi, toi, toi !	Touchons du bois !
Viel Vergnügen !/Viel Spaß !	Amusez-vous bien !
Gesundheit !	A tes souhaits !
(Ein) schönes Wochenende !	Bon week-end !
Einen schönen Urlaub !/Schöne Ferien !	Bonnes vacances !
Einen schönen Aufenthalt !	Bon séjour !
Schlaf gut und träume süß !	Dors bien et fais de beaux rêves !
Guten Appetit !	Bon appétit !
Mahlzeit !	Bon appétit ! (en Allemagne du sud)
Zum Wohl !/Auf Ihr Wohl !	A votre santé !
Prost !	A la tienne !/à la vôtre !
Ex !	Cul sec !
Gute Besserung !	Bonne santé !
Ich wünsche dir eine baldige Genesung.	Je te souhaite un prompt rétablissement.
Gute Erholung !/Erholen Sie sich gut !	Reposez-vous bien !
Skiheil !	Bon ski !
ZU BESONDEREN ANLÄSSEN	POUR DES CIRCONSTANCES PARTICULIERES
Wir beglückwünschen Sie zur Geburt Ihres Sohnes./Wir gratulieren Ihnen zur Geburt Ihres Sohnes.	Nous vous adressons nos meilleurs vœux à l'occasion de la naissance de votre fils.
Alles Gute zu deinem Geburtstag.	Joyeux anniversaire.

Herzlichen Glückwunsch zu deinem Geburtstag.	Joyeux Anniversaire.
Wir gratulieren zur Hochzeit./ Wir gratulieren Euch von ganzem Herzen zu Eurer Hochzeit.	Nous vous adressons tous nos vœux de bonheur à l'occasion de votre mariage.
Herzliches Beileid !	Mes condoléances.
Ich möchte Ihnen zum Tode Ihrer Großmutter meine aufrichtige Anteilnahme ausdrücken.	A la suite du décès de votre grand-mère, je tiens à vous exprimer mes sincères condoléances.
Fröhliche Weihnachten !/Ein frohes Weihnachtsfest !	Joyeux Noël !
Ein gutes Neues Jahr !/Alles Gute für das kommende Jahr !	Bonne année !
Einen guten Rutsch ins Neue Jahr !	Joyeuses fêtes de fin d'année !
Frohe Ostern !	Joyeuses Pâques !
Ich halte dir die Daumen !	Bonne chance !
Viel Glück bei der Prüfung !	Bonne chance pour ton examen !

Imprimé sur les presses de l'imprimerie Campin